$$ax^2+bx+c=0$$

$$x=\frac{-b\pm\sqrt{b^2-4ac}}{2a}$$

$$x+y=?$$
$$4x+2y=?$$

用代數來思考

修訂版

來吧！

再也不用怕數學

上大學前
你必須全面掌握
的數學概念

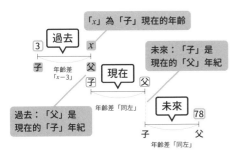

「x」為「子」現在的年齡

| 過去 | x |

3

子 父
年齡差「$x-3$」

未來：「子」是
現在的「父」年紀

| 現在 | |
子 父
年齡差「同左」

過去：「父」是
現在的「子」年紀

| 未來 | 78 |
子 父
年齡差「同左」

Q：請問「父」與「子」現在分別為幾歲？

王富祥・游雪玲／編著

八方出版

目錄

Contents

目錄

Contents

本書導讀與特色

壹、導讀

　　本系列數學書，預計一套四冊，主題包含《實數的生存法則》、《用代數來思考》、《歡迎來到函數世界》、《形體全攻略》，收錄從國小接觸到數學開始到高中考上大學前，你會遇到的所有數學觀念與考試題型，通通一網打盡！讓你不用再多花錢四處買參考書，只要你把這 4 本書依序念到精通，算到透徹，管他什麼平時考、月考、期中考、期末考、複習考、會考、聯考、任何升學考都難不倒你。

　　《實數的生存法則》：適用國小 4～6 年級、國中 1～3 年級、高中 1、3 年級。

　　《用代數來思考》：適用國小 5～6 年級、國中 1～3 年級、高中 1～3 年級。

　　《歡迎來到函數世界》：適用國中 1～3 年級、高中 1～3 年級。

　　《形體全攻略》：適用國小 4～6 年級、國中 1～3 年、高中 1～3 年級。

1. 前半段例題：依應用策略的先後次序，逐一舉例，並不厭其煩地「備註、備註、再備註」。其目的就是要「洗你的腦、又洗你的腦、再洗你的腦」，洗到你很自然地記住這些「策略及相關工具」。
2. 後半段例題：打散應用策略的次序，隨機安排例題，並減少備註，以利提供在考場面對多變試題時，能在「不預期一定是某段落的某策略應用」的狀態下，有能力自行「看出解題的所以然」來！

貳、特色

1. 什麼都有→不用到處找問題&解答。
2. 如同老師坐在你身邊，一步一步帶著你，掌握解題脈絡及節奏，順利完成解題→不用求人、不用找家教。
3. 這本書講得很囉唆→就是要你在疲勞轟炸下、在頻繁接觸中，莫名其妙把數學定理、公式、策略、處理程序、應留意的小陷阱……」理所當然地「占為己有」。
4. 這本書解題很乾淨俐落→因為「解題的重要程序及過程」都只留必要的「算式及因果陳述」。
5. 這本書對你有莫大的幫助→因為「解說、提醒、構思、推想」通通用「獨立的備註框」來呈現。當你在不知不覺中，把「備註框」的「內容」潛移默化到你的腦袋後，對那些「備註框內容」就可採取「不予理會」的態度略而不見。

作者序

　　在超過三十幾年，以糟蹋學生為職志的教學生涯中，我最常看到的真實「教學現場」是：在「莫名其妙及理所當然」的交錯作用下，在不知不覺中，「施教者及受教者」在彼此相互浪費生命的「教學互動」中渡過！

「施教者」：　　　　　　　　　　　　　　　　　　　　　「受教者」：

莫名其妙　懂了！　——期待「受教者」理所當然——　也懂了！　　V.S.　嗯！不確定！

莫名其妙　見多識廣了！　——期待「受教者」理所當然——　也增廣見聞了！　　V.S.　努力記憶 ing！

莫名其妙　當上老師了！　——期待「受教者」理所當然——　也能出類拔萃！　　V.S.　我也希望啊！

講解問題　莫名其妙　寫了第一步！　——期待「受教者」理所當然——　也寫得出來！　　V.S.　好像可以！

推演過程　莫名其妙　有了第N步！　——期待「受教者」理所當然——　也推得出來！　　V.S.　有點卡卡的！

獲得答案　莫名其妙　就找到了呀！　——期待「受教者」理所當然——　也可順利得解！　　V.S.　救郎啊！

理所當然——問「受教者」會了嗎？　　　　　　　　　　　V.S.　應該會吧！

理所當然——以為已善盡「施教者」的責任　　　　　　　　V.S.　謝謝老師！

理所當然——認定「再不會解，一定是受教者出了問題」！　V.S.　唉！可能是吧！

王富祥、游雪玲　2019

CHAPTER 1

「帶符號算式」可能是用「等式」，
也可能用「不等式」來呈現

「代數式」是什麼？簡單地說：
代數式＝由一些「已知數」及一些「未知數代號」組成的數學算式
　　　　又稱
　　　＝ 帶符號算式

代數式的表達與處理

引進「自我設定」的「未知數代號」時,一定要
「交待清楚」這個「未知數代號」所代表的意義!

重點整理1-1　「符號」的表達原則

 表達 1 ── 「無括號」介入的表達原則

加號、乘號省略原則:

$\begin{cases} +3x+5y \\ \times 2y-5x \end{cases}$ 是錯誤的表示法!

其正確表示為:$\begin{cases} 3x+5y \\ 2y-5x \end{cases}$

如:$3 \times x = 3x$;$x \times y = xy$;
　　$3 \times (2-x) = 3(2-x)$;
　　$x \times (2-y+7) = x(2-y+7)$;
　　$(x-1) \times (2-y) = (x-1)(2-y)$

如:$3 \times 4 = 12$ 讀作 一拾二
　　$\ne 34$ 讀作 三拾四

「在算式最前面」的「加號、乘號一定要省略」
且「已知數跟符號」或「符號跟符號」;
或「已知數跟括號」或「符號跟括號」或「括號跟括號」的「中間乘號可省略」
但:「已知數跟已知數」的「中間乘號不可(恣意)省略」

「已知數」跟「根號數(如:$\sqrt{2}, \sqrt{3}, ...$)」的「中間乘號可省略」
但「省略時,是當成不可分割的整體」
而「不省略時,是當成可分割的非單一整體」。
如:$2 \times \sqrt{3} = 2\sqrt{3}$,$5 \times \sqrt{3} = 5\sqrt{3}$;
　　但『$6 \div 2\sqrt{3} = 6 \times \dfrac{1}{2\sqrt{3}}$ 而 $6 \div 2 \times \sqrt{3} = 6 \times \dfrac{1}{2} \times \sqrt{3}$』

亦即:「根號數」同時具「已知數與符號」的「部份」特質

「有括號」介入的表達原則

表達 2

「不可分開的單一整體」 $\overset{等同}{=}$ 有一個「隱性括號」圈住所有東西，如：

$$\begin{cases} 3y = (3 \times y) \\ 2x = (2 \times x) \\ xy = (x \times y) \end{cases}$$

在「資訊系統中，程式計算的原理就是根據此項「表達」原則在運作

「已知數跟符號」及「符號跟符號」的「中間乘號省略」時，應視為「不可分開的單一整體」，而「已知數跟 括號 」及「符號跟 括號 」及「括號跟 括號 」的「中間乘號省略」時，應視為「可以分開的非單一整體」！

這項「 括號 」具單獨處理的 最高 優先性」原則在進行「除法」時，甚為重要！

無括號介入：「$3y$」與「$2x$」分別是一個「整體」，本質如同有一個「隱性小括號」包住它們

如：$3y \div 2x = \dfrac{3y}{2x} = (3 \times y) \div (2 \times x) \neq \begin{cases} \dfrac{3y}{2} \times x \\ 3 \times \dfrac{y}{2} \times x \end{cases}$，

無括號介入：「xy」視為一個「整體」，本質如同有一個「隱性小括號」包住他們

$3 \div xy = \dfrac{3}{xy} = 3 \div (x \times y) \neq \dfrac{3}{x} \times y$，

$3 \div 2(x-1) = 3 \div 2 \times (x-1) = \dfrac{3}{2} \times (x-1)$，

$3 \div y(x-1) = 3 \div y \times (x-1) = \dfrac{3}{y} \times (x-1)$，

$3 \div (y+2)(x-1) = 3 \div (y+2) \times (x-1) = \dfrac{3}{y+2} \times (x-1)$

如果你想讓『$2(x-1)$，$y(x-1)$，$(y+2)(x-1)$』不會因「小括號」這個「超級小三」的介入而破壞了『2，y，$(y+2)$』與『$(x-1)$』綁在一起行動的「整體性」。那最好的『表達方式』就應改為：$[2(x-1)]$，$[y(x-1)]$，$[(y+2)(x-1)]$，亦即：再補一個「中括號」，把它們『綁成一個整體』

有括號介入：

∵「括號」具最高優先性

∴跟「非括號」的「其他項」絕不可能「同步」，

亦即：不能視為一個整體！

表達 3

「除化倒數乘」

> 如：「$x \div 5$」，可改記為「$\dfrac{x}{5}$」

「除號可用分式」來表現。

> 這只是「避免犯錯的建議」，並不強制一定要「將負號給分子」

「分式」的「負號」優先考慮「給分子」

 表達 4

> 如：「$x \times x \times x$」，可改記為「x^3」

相同符號「連乘」，可用「次方」來表現。

 表達 5

> 如：「負$3x$」或「負 3 個 x」應記為「$-3x$」而不是「$3-x$ 或 $3x-$」

「正負號」需在「已知數」的前面。

 表達 6

> 如：$\boxed{3x} = 3 \times x = x \times 3 \underset{記為}{\overset{但不可}{=}} \boxed{x3}$

「已知數」需在「符號」的前面。

 表達 7

「正、負一個 x」用「x，$-x$」來表示就好，不要畫蛇添足用「$1x$，$-1x$」來表示！

 表達 8

> 如同有一個「隱性括號」

「未知數代號」具「不可分割」的「整體性」！

因此，若欲代入「指定已知數」取代「變數符號」，除了要用「相同位置、等量代換」外，還要留意：

運用「相同位置，等量代換」原則進行「用已知數取代符號」動作時，應先將「算式」的「運算形態」化「相同」後，再去判斷「誰代換誰」！

如：「$ax^2 + bx + c$」的判別式 $\Delta \overset{定義}{=} b^2 - 4 \times a \times c$

　　現考慮「$-3x^2 - 2x + 5$」，$\Delta = (-2)^2 - 4 \times (-3) \times 5$

$\because -3x^2 - 2x + 5 \underset{寫成}{\overset{先改}{=}} (-3)x^2 + (-2)x + 5$ v.s. 「$ax^2 + bx + c$」

$\therefore$ 可得：$a = -3$，$b = -2$ 且 $c = 5$

(A)「不止兩個」變數符號進行「新式運算」時，先求「前兩個」變數符號的「新式運算」結果，再求跟「第三個」變數符號的「新式運算」結果！

(B)「變數符號」被代入「負數」或「四則運算組合式（整串算式）」的「指定已知數」時，記得「補上括號」，以提醒自己「變數符號」是一個「整體性」概念！

如：$a \otimes b = a \times b - 5$
$\Rightarrow \boxed{2 \otimes 3 \otimes 4} = (2 \otimes 3) \otimes 4 = (2 \times 3 - 5) \otimes 4 = 1 \otimes 4 = 1 \times 4 - 5 = -1$

如：$x = -5$
$\Rightarrow -5^0 \neq \boxed{x^0} = (-5)^0 = 1$ ；$-5^2 \neq \boxed{x^2} = (-5)^2 = 25$

「補上括號」突顯是一個「整體」

如：$x = 2 \times 3$
$\Rightarrow 2 = 2 \times 1 = 2 \times 3^0 \neq \boxed{x^0} = (2 \times 3)^0 = 1$ ；$2 \times 3^3 \neq \boxed{x^3} = (2 \times 3)^3 = 2^3 \times 3^3$

(C)「整串式子，負數」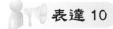「$\pm \times \div$，次方」，應先「加（小）括號」。

表達 9

應用問題，對「未知待求項」，先設定「代表符號」。再依題目敘述，「對代表符號，作相同的運算動作」以條列代數關係式。

表達 10

其他未盡論及的狀況，悉依「《實數的生存法則》整數運算要領」之規範執行！

重點整理1-2 「帶符號算式」的整理原則

也就是「代數式」

 整理 1

「帶符號算式」的整理，一如「＋、－、×、÷的綜合運算」般，應「有括號，最優先處理」（先處理「小括號」，再處理「中括號」，最後才處理「大括號」），其次是「先乘除、後加減」。

應特別留意：「括號前有負號」，去括號時，括號內的「所有項，都應變號」。

為了在「整理過程」，能「更清楚±×÷」的特性，必要時「要先把已隱藏的±×÷」，及「該視為整體」的「隱性括號」先寫出來，以方便整理。但：「整理完成」，仍應依「符號表達原則」處理（該隱、該捨，都要不手軟）

分數 $\dfrac{q}{p}$ 「乘」未知數 x 時，將「x」寫進「分子」

亦即：$\dfrac{q}{p} \times x = \dfrac{qx}{p}$

 整理 2

執行「帶符號分式」的「除法」時，須先將「符號」寫進「分式的應有位置」，再用「除號後面項，倒數化為乘」來處理！

如：$3 \div \dfrac{4}{5}x = 3 \div \dfrac{4x}{5} = 3 \times \dfrac{5}{4x}$ ；$3 \div \dfrac{4}{5x} = 3 \times \dfrac{5x}{4}$

整理 3

先把「$\dfrac{4}{5}x$」的「x」寫進「應有的分子位置」

「帶符號項的整理」問題**必用**：

「有公因數外提（分配律的應用）」並配合「有x、y，沒x、y分開整理、整併」。

必要時，還要進一步「分別」放在「等號、不等號」的兩邊來解題。

這些「求解要領」對
「帶符號不等式」亦適用

帶符號的「數學等式（組）」

重點整理1-3　「方程式（組）」的求解要領

見「方程式（組）」的「解」，
必「代入所有方程式（組）」，
並「使等號」成立

「解」$\overset{\text{定義}}{\Leftrightarrow}$ 代入「方程式（組）」使
「方程式（組）等號」成立的「數值」

使「方程式（組）」的「等號」都成
立的「x_0，y_0，…」，必定是，也才
是「方程式（組）」的「解」

同理見：「不等式（組）」的「解」，必
代入「所有不等式（組）」，並
「使不等號」成立

 求解 1

去括號整理：有括號時，先算「小括號」，再算「中括號」，最後才算「大括
號」；括號前是正號，可直接去括號；「括號前」是「負號」，「去括號」時，
「括號內每一項」都要「變號」。

「求解」時，需將「有符號」、「沒符號」、
分別放在「等號、不等號」的兩邊

 求解 2

移項 & 化簡：先用「帶符號算式」處理原則，再把「有 x、y，沒 x、y 分開整理、
整併」，最後「合併、化簡」等號兩邊的「所有項成單一項」。

「不同符號」、「沒有符號」都要分別「整併」

欲求「$x=$非x或沒x的式子」，需利用「等量公理」將「非x或沒x」
的項通通移到「等號另一側」！

讓「有x，沒x」分開在「等號兩側」出現

 求解 3

求解 & 驗算：進行「等量公理（等號兩側，做相同運算）」之必要運作，並將
「所求出來的數值」代入原方程式的 x、y 位置，進行驗算。

設法寫出 $\textcircled{x}=$「非x或沒x的式子」

用「負數、整串式子」取代「符號」
時，最好「先加（小）括號」

求解 4

依題意條列關係式，一般取「較小的未知數」當「主要變數」，但無從判別大小時，則隨意！

 求解 5

「含分式」方程式的「求解」問題，必先「設法去分母，予以整式化」！

> 但：方程式的「非求解」問題，如只是「要求」帶符號算式的「整理」，則不可以用「去分母化整式」來處理！

 求解 6

有「共同項」要「先處理」_或「引入新符號取代」！

 求解 7

「有 x，沒 x 分開整理、整併」，進行最後「合併、化簡」時，應謹守「符號 $\times \div$ 已知數；已知數 $\times \div$ 符號；符號 $\times \div$ 符號」的「不可任意分割、移動」原則。

> ⦿ 不同符號項，應分別整併
> ⦿ 沒符號項，彼此也應整併

> 你只能：
> $$3 \times x = x \times 3 = 3x \ ; \ 3 \div x = 3 \times \frac{1}{x} = \frac{3}{x} \ ; \ x \div 3 = x \times \frac{1}{3} = \frac{x}{3} \ ;$$
> $$x \times y = y \times x = xy = yx \ ; \ x \div y = x \times \frac{1}{y} = \frac{x}{y}$$

> 「正、負號」要跟著「尾隨（緊鄰）正、負號」的「符號、已知數」一起「移動」

 求解 8

「∓ 符號 ± 已知數；± 已知數 ∓ 符號」時，則：
① 「∓ 符號」可一起移動到別組「∓ 符號」進行「有 x、y」的「合併、化簡」
② 「± 已知數」可一起移動到別組「± 已知數」進行「沒 x、y」的「合併、化簡」

> $$\boxed{2x} + 3 \ \boxed{-3x} - 5 = (\boxed{2x}\boxed{-3x}) + (\boxed{3}\ \boxed{-5}) \ ; \ \boxed{-2x} - 3 \ \boxed{+3x} + 5 = (\boxed{-2x}\boxed{+3x}) + (\boxed{-3}\ \boxed{+5})$$

> 「有符號、沒符號」要分開「整併」

代入「負數」，最好也「先加小括號」

最好養成「先加小括號」的好習慣！

 求解 9

「整個式子」作「加、減、乘、除、次方」，一定要先視同「（整個式子）」
（整個式子有隱性括號），再作「加、減、乘、除、次方」！

如：$\dfrac{x+2y-1}{2} \boxed{-} \boxed{\dfrac{3x-y-4}{3}}$

$= \left(\dfrac{x+2y-1}{2}\right) \boxed{-} \left(\dfrac{3x-y-4}{3}\right)$

$= \left(\dfrac{3x+6y-3}{6}\right) \boxed{-} \left(\dfrac{6x-2y-8}{6}\right) = \dfrac{3x+6y-3-6x+2y+8}{6}$;

如：$\dfrac{x+y}{2} \boxed{\div} \boxed{\dfrac{3x-y}{3}} = \left(\dfrac{x+y}{2}\right) \boxed{\div} \left(\dfrac{3x-y}{3}\right) = \left(\dfrac{x+y}{2}\right) \boxed{\times} \left(\dfrac{3}{3x-y}\right)$;

如：$\dfrac{3}{5}y = 2x+7$，欲求「$y=$（x 的式子）」，應將「等號左、右邊都 $\div \dfrac{3}{5}$ 或都 $\times \dfrac{5}{3}$」！
但「等號右邊的式子，不只 1 項」，所以：
「等號右邊的式子要用括號」來強調，是「整個右側式子」都 $\div \dfrac{3}{5}$ 或 都 $\times \dfrac{5}{3}$
所以，可得：$y = (2x+7) \boxed{\div \dfrac{3}{5}} = (2x+7) \boxed{\times \dfrac{5}{3}}$

 求解 10

兩個方程式是「同義方程式」是指：兩個方程式的「解完全相同」，通常用「方程
式，經整理後」，兩個方程式呈現「完全相同」或「具某固定已知數的倍數關係（約
去倍數，「式子」就完全相同）」。

有些「0」解，會在整理過程被「剔除」

(A) 有「變數符號」出現在「二次根式」：需檢驗「有沒有使二次根式裡，有負
值」的解
(B) 有「變數符號」出現在「分母」：需檢驗「變數符號 $= 0$」是不是「未經整
理方程式的共有解」或「初步」所求的「解」會不會使某「未整理前」方程
式的「分母 $= 0$」
(C) 常需進行：可能數值的「正負、奇偶及 0 解的有無」，進行必要的分類討論

使「分母 $= 0$」的「初步解」應「剔除」！

求解 11

「列方程式」解「應用問題」的程序：

1. 仔細看完題目，找出有哪些未知項？未知項有幾個？「有哪些關鍵未知項」需給予「不同的符號」設定。

2. 由題目所給訊息找出「相等關係」，列出對應的符號方程式
   ～～～～「相等關係」通常出現在「不變量」（如：兩人的年齡差）或
   「相同量」（如：同時出發、停止的花費時間；幾何圖形的重疊處）或
   「總量」（如：平均值問題；行走相同路徑的路徑長度）或
   「重複提及物件的變化量」（如：原數、新數的差距）。

3. 解方程式。

> 利用前述「求解 1～10」要領，來解方程式

> ◉ 不合常理的「解」，不可留！
> ◉ 「所有解」都「不合常理」，則稱「本題無解」

4. 由將方程式的解，代回原題目的「文字或算式」中，檢驗是否「符合條件要求」
   及是否「合乎常理」。

> 常配合以下想法來思考：
> ◎若想用「一元（一次）方程式」來解題，當可以「判別大小」時，通常取
> 「小的數」當主變數
> ～～～～只是，一般來說，用（多元）二元（一次）聯立方程式來解，
> 列式較容易！
> ◎儘可能，先將「係數」予以「整數化，並能約先約簡化」後，再計算！

重點整理1-4　常見的「聯立方程式」求解方法——以「二元一次」聯立方程式為例

聯立方程式：$\begin{cases} a_1x+b_1y+c_1=0 \\ a_2x+b_2y+c_2=0 \end{cases}$　化等號一邊為「0」

相　　交：①恰一個解 $\Leftrightarrow \dfrac{a_1}{a_2} \neq \dfrac{b_1}{b_2}$　x、y 係數的「比值不同」

重　　合：②無限多個解 $\Leftrightarrow \dfrac{a_1}{a_2} = \dfrac{b_1}{b_2} = \dfrac{c_1}{c_2}$　x、y 係數 ﹠常數的「比值都相同」

平行不重合：③無解 $\Leftrightarrow \dfrac{a_1}{a_2} = \dfrac{b_1}{b_2} \neq \dfrac{c_1}{c_2}$　x、y 係數「比值相同」但 跟常數的「比值不同」

 方法 1

取 y 當主要變數符號、而讓 x 當次要變數符號

「代入消去法」的解題程序：

1. 先任取聯立方程式的某一個式子，「把 x 用 y 的式子來表示」

　或「把 y 用 x 的式子來表示」。　取 x 當主要變數符號、而讓 y 當次要變數符號

2. 再將「上述表示式」，「代入」聯立方程式的另一個式子，以「消去次要變數符號」。

3. 再由「留存的主要變數符號 y」或「留存的主要變數符號 x」關係式，可求得方程組的「解 y_0 或 解 x_0」。

4. 最後，把上述的「解 y_0 或 解 x_0」，代回聯立方程式的任一個式子，便可求得方程組的另一個變數「解 x_0 或 解 y_0」。

如：試用「代入消去法」求 $\begin{cases} x-2y=3 \\ 2x+3y=7 \end{cases}$ 的解？

解法：1. 取 $x-2y=3$，可得 $x=3+2y$　把 x 用 y 的式子來表示

　　　2. 代入另一式 $2x+3y=7$，

　　　　　可得：$2 \times (3+2y)+3y=7$

留意：「$x=3+2y$」代表「$3+2y$」是一個「整體」！所以，在用「$3+2y$」取代「x」時，應「養成加（小）括號」的好習慣！

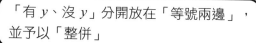

「有 y、沒 y」分開放在「等號兩邊」，並予以「整併」

$$\Rightarrow 6+4y+3y=7 \Rightarrow 7y=7-6 \Rightarrow 7y=1$$

$$\Rightarrow y=\frac{1}{7} \Rightarrow 再代回 x=3+2y，$$

可得：$x=3+2\times\frac{1}{7}=\frac{23}{7}$

∵ 由「$7y=1$」，欲求「$y=?$」，需設法「弄掉 $7y$ 的 7」！

∴「等號兩側」要同時「乘上 $\frac{1}{7}$」以便「弄掉 $7y$ 的 7」

「等號兩側，作相同運算」＝「等量公理」

 方法 2

「加減消去法」的解題程序：

1. 鎖定 x 或鎖定 y 為想要「消去」的「次要變數符號」。

2. 將兩式分別「乘、除」以某一適當數字，使兩式在進行「加或減」運算後，可以「消去」：「次要變數符號 x」或「次要變數符號 y」。

3. 再由「留存的主要變數符號 y」或「留存的主要變數符號 x」關係式，可求得方程組的「解 y_0 或解 x_0」。

4. 最後，把上述的「解 y_0 或解 x_0」，代回聯立方程式的任一個式子，便可求得方程組的另一個變數「解 x_0 或解 y_0」。

如：用「加減消去法」求 $\begin{cases} 2x-y=4 \\ x+y=2 \end{cases}$ 的解。

解法：

$\begin{cases} \boxed{2x}-y=4 \\ \boxed{x}+y=2 \cdots \times 2 \end{cases}$

∵ 鎖定「消去 x」
∴ 先讓兩式的「x 係數變相同」

上、下兩式「相減」時，應留意「被減的 $2x+2y=4$」是「整個式子」被上式「減」！所以，最好還是「養成加（小）括號」的好習慣

「$x+y=2$」的「每一項」都「乘以 2」

$\Rightarrow \begin{cases} 2x-y=4 \\ 2x+2y=4 \end{cases}$

上式減下式

$\Rightarrow (2x-y)-(2x+2y)=4-4$

不同符號，分別整併

$\Rightarrow 2x-y-2x-2y=0$

$\Rightarrow -3y=0$

$\Rightarrow y=0$

利用「等量公理」，等號兩側「同乘以 $\left(\frac{1}{-3}\right)$」可將「$-3y$ 的 (-3) 弄掉」

再將 $y=0 \overset{代回}{\Rightarrow} 2x-y=4$，

可得：$2x-0=4 \Rightarrow 2x=4 \Rightarrow x=2$

利用「等量公理」，等號兩側「同乘 $\frac{1}{2}$」可將「$2x$ 的 2 弄掉」

重點整理1-5　解開例題、弄懂策略

 精選範例

例題 1　簡記下列各式：

(1) $(-3) \times x$　(2) $(-\frac{4}{5}) \times y$　(3) $7 \times a \times (-b)$

(4) $5 \times x \times x$　(5) $(-5x) \times (-2) \times 3y$　(6) $3x \div 5 \times 4y$

▶▶▶ Sol

(1) $(-3) \times x \overset{\text{省略}}{\underset{\text{乘號}}{=}} -3x$

(2) $(-\frac{4}{5}) \times y \overset{\text{省略}}{\underset{\text{乘號}}{=}} -\frac{4}{5}y$

(3) $7 \times a \times (-b) \overset{\text{省略乘號}}{\underset{\text{負號、已知數在前}}{=}} -7ab$

(4) $5 \times x \times x \overset{\text{省略乘號}}{\underset{\text{已知數在前；連乘用次方}}{=}} 5x^2$

(5) $(-5x) \times (-2) \times 3y \overset{\text{省略乘號}}{\underset{\text{已知數在前}}{=}} 30xy$

(6) $3x \div 5 \times 4y \overset{\text{「除」化「倒數乘」}}{=} 3x \times \frac{1}{5} \times 4y \overset{\text{省略乘號}}{\underset{\text{已知數在前}}{=}} \frac{12}{5}xy$

▶▶▶ Ans

(1) $-3x$　(2) $-\frac{4}{5}y$　(3) $-7ab$　(4) $5x^2$　(5) $30xy$　(6) $\frac{12}{5}xy$

例題 2　請在下表空格中，填入各算式所代表的數：

算式　　x	5	$\frac{2}{5}$	-1	-0.6	-7
$x+3$	8	(1)	(2)	(3)	-4
$2-3x$	(4)	$\frac{4}{5}$	5	(5)	(6)
$4x-15$	(7)	(8)	(9)	-17.4	(10)

▶▶▶▶ Sol

(1) $x+3 \underset{\text{代入}\frac{2}{5}}{\overset{x\,\text{位置}}{=}} \frac{2}{5}+3 = 3\frac{2}{5}$

> 「帶符號算式」的代表數值，必用「相同位置、等量代換」概念來解題

(2) $x+3 \underset{\text{代入}-1}{\overset{x\,\text{位置}}{=}} \boxed{(-1)}+3 = -1+3 = 2$

(3) $x+3 \underset{\text{代入}-0.6}{\overset{x\,\text{位置}}{=}} \boxed{(-0.6)}+3 = -0.6+3 = 2.4$

(4) $2-3x \underset{\text{代入}5}{\overset{x\,\text{位置}}{=}} 2-3\times5 = 2-15 = -13$

(5) $2-3x \underset{\text{代入}-0.6}{\overset{x\,\text{位置}}{=}} 2-3\times\boxed{(-0.6)} = 2+1.8 = 3.8$

> 代入「含負」數值，應「先加括號」

(6) $2-3x \underset{\text{代入}-7}{\overset{x\,\text{位置}}{=}} 2-3\times\boxed{(-7)} = 2+21 = 23$

(7) $4x-15 \underset{\text{代入}5}{\overset{x\,\text{位置}}{=}} 4\times5-15 = 20-15 = 5$

(8) $4x-15 \underset{\text{代入}\frac{2}{5}}{\overset{x\,\text{位置}}{=}} 4\times\frac{2}{5}-15 = \frac{8}{5}-\frac{15}{1} = \frac{8}{5}-\frac{15\times5}{1\times5} = \frac{8-75}{5} = \frac{-67}{5}$

(9) $4x-15 \underset{\text{代入}-1}{\overset{x\,\text{位置}}{=}} 4\times\boxed{(-1)}-15 = -4-15 = -19$

(10) $4x-15 \underset{\text{代入}-7}{\overset{x\,\text{位置}}{=}} 4\times\boxed{(-7)}-15 = -28-15 = -43$

▶▶▶▶ Ans

(1) $3\frac{2}{5}$　(2) 2　(3) 2.4　(4) -13　(5) 3.8

(6) 23　(7) 5　(8) $\dfrac{-67}{5}$　(9) -19　(10) -43

例題3　求出下列各式所代表的數：

> 「帶符號算式」的代表數值，必用「相同位置、等量代換」概念來解題

(1) $a=-5$，則 $(-4)a^2 = $ _____

(2) $x=4$，$y=-6$，則 $5x-3y = $ _____

(3) $a=-1$，$b=2$，$c=-3$，則 $2a-3b^3+4c^2 = $ _____

▶▶▶ Sol

(1) $(-4)a^2 \underset{\substack{a \text{ 位置}\\ \text{代入}-5}}{=} (-4)\times(-5)^2 = (-4)\times(-5)\times(-5) = (-4)\times 25 = -100$

> 代入「含負」數值，應「先加括號」

(2) $5x-3y \underset{\substack{x,y \text{ 位置}\\ \text{分別代入} 4,-6}}{=} 5\times(4)-3\times\boxed{(-6)} = 20+18 = 38$

(3) $2a-3b^3+4c^2 \underset{\substack{a,b,c \text{ 位置}\\ \text{分別代入}-1,2,-3}}{=} 2\times\boxed{(-1)}-3\times(2)^3+4\times\boxed{(-3)^2} = -2-24+36 = 10$

▶▶▶ Ans

(1) -100　(2) 38　(3) 10

例題 4　(1)原子筆一打 x 元，則每枝是多少元？小明買了 10 枝，應付多少元？

　　　　(2)某人 5 年前 x 歲，則現年幾歲？5 年後幾歲？10 年前幾歲？

　　　　(3)麵粉每公斤 b 元，買 5 公斤需多少元？買半公斤需多少元？

「一打」$\overset{\text{定義}}{=}12$

> 依題意，對符號，依各敘述「做相同運算動作」以條列關係式。

▶▶▶ Sol

(1) 12 枝：原子筆 x 元 $\overset{\div 12}{\Rightarrow}$ 1 枝：原子筆 $\dfrac{x}{12}$ 元 $\overset{\times 10}{\Rightarrow}$ 10 枝：原子筆 $\dfrac{10x}{12} = \dfrac{5x}{6}$ 元

(2) 5 年前：x 歲 $\overset{+5}{\Rightarrow}$ 現在：$x+5$ 歲 $\overset{+5}{\Rightarrow}$ 5 年後：$(x+5)+5 = x+10$ 歲

　　$\Downarrow^{-5}$

　　10 年前：$x-5$ 歲

> 「有 x、沒 x」分別整併

> 「分數」之「上下能約就約」

(3) 1 公斤：b 元 $\overset{\times 5}{\Rightarrow}$ 5 公斤：$5\times b = 5b$ 元

　　$\Downarrow \times\frac{1}{2}$

　　半公斤：$b\times\dfrac{1}{2} = \dfrac{b}{2}$ 元

> 省略乘號

> 省略乘號

▶▶▶ Ans

(1) $\dfrac{x}{12}$ 元，$\dfrac{5x}{6}$ 元　(2) $x+5$ 歲，$x+10$ 歲，$x-5$ 歲　(3) $5b$ 元，$\dfrac{b}{2}$ 元

> 注意：本題只要你「整理（化簡）」算式，並不是要你「求解」。所以，千萬不要進行「去分母，化整式」

例題 5　化簡下列各式：

　　　(1) $4x-x$　(2) $\dfrac{1}{5}x-6x$　(3) $\dfrac{1}{2}x-\dfrac{1}{3}x-x$　(4) $5x-7+(-8x)+9$

> 「帶符號項的整理」問題，必用「有公因數外提（分配律的應用）」，並配合「有 x、沒 x 分開整理、整併」來解題

▶▶▶▶ Sol

(1) $4x - x \underset{\text{乘號寫出}}{\overset{\text{把隱性}}{=}} 4 \times x - 1 \times x = (4-1) \times x = 3 \times x \underset{\text{乘號}}{\overset{\text{省略}}{=}} 3x$

(2) $\dfrac{1}{5}x - 6x \underset{\text{乘號寫出}}{\overset{\text{把隱性}}{=}} \dfrac{1}{5} \times x - 6 \times x = (\dfrac{1}{5} - 6) \times x \overset{\text{負號給分子}}{=} \dfrac{-29}{5} \times x \underset{\text{乘號}}{\overset{\text{省略}}{=}} \dfrac{-29}{5}x$

(3) $\dfrac{1}{2}x - \dfrac{1}{3}x - x \underset{\text{乘號寫出}}{\overset{\text{把隱性}}{=}} \dfrac{1}{2} \times x - \dfrac{1}{3} \times x - 1 \times x = (\dfrac{1}{2} - \dfrac{1}{3} - 1) \times x \overset{\text{負號給分子}}{=} \dfrac{-5}{6} \times x$

$\underset{\text{乘號}}{\overset{\text{省略}}{=}} \dfrac{-5}{6}x$

> 「有 x、沒 x」分開整理、整併

(4) $5x - 7 + (-8x) + 9 = [5x + (-8x)] + (-7 + 9)$

> 記得「正、負號」要跟著「尾隨（緊鄰）正、負號」的「符號、已知數」一起「移動」

$\underset{\text{乘號寫出}}{\overset{\text{把隱性}}{=}} [5 \times x + (-8) \times x] + 2$

$= [(5-8) \times x] + 2 = -3 \times x + 2 \underset{\text{乘號}}{\overset{\text{省略}}{=}} -3x + 2$

> 為了「突顯 ± × ÷」特性，以便提醒我們該用「分配律」了！因此，在「整理過程」中應先將「隱性運算符號寫出」。但記得「整理完成」，仍需依「表達原則」作最後處理

▶▶▶▶ Ans

(1) $3x$　(2) $\dfrac{-29}{5}x$　(3) $\dfrac{-5}{6}x$　(4) $-3x + 2$

> 注意：本題只要你「整理（化簡）」算式，並不是要你「求解」。所以，千萬不要進行「去分母，化整式」

例題 6　化簡下列各式：

(1) $(-3)(7x)$　　(2) $(-\dfrac{1}{2}x)(-\dfrac{4}{9})$

(3) $(-3y) \div \dfrac{9}{11}$　(4) $\dfrac{5}{6}x \div (-\dfrac{1}{3}x)$

> 「帶符號項的整理」問題，必用「有公因數外提（分配律的應用）」並配合「有 x、沒 x 分開整理」來解題

記得「正、負號」要跟著「尾隨（緊鄰）正、負號」的「符號、已知數」一起「移動」

▶▶▶ Sol

(1) $(-3)(7x) \underset{\text{乘號、括號寫出}}{\overset{\text{把隱性}}{=}} (-3) \times (7 \times x)$

> 「有 x、y、沒 x、y」分開整併

$= [(-3) \times 7] \times x = -21 \times x \underset{\text{乘號}}{\overset{\text{省略}}{=}} -21x$

(2) $(-\frac{1}{2}x)(-\frac{4}{9}) \underset{\text{乘號、括號寫出}}{\overset{\text{把隱性}}{=}} [(-\frac{1}{2}) \times x] \times (-\frac{4}{9})$

> 「分數」之「上下能約就約」

$= [(-\frac{1}{2}) \times (-\frac{\overset{2}{4}}{9})] \times x = \frac{2}{9} \times x \underset{\text{乘號}}{\overset{\text{省略}}{=}} \frac{2}{9}x$

(3) $(-3y) \div \frac{9}{11} \underset{\text{除化倒數乘}}{\overset{\text{把隱性乘號、括號寫出}}{=}} [(-3) \times y] \times \frac{11}{9}$

$\underset{}{\overset{\text{負號給分子}}{=}} [(\frac{-\overset{1}{3}}{1}) \times \frac{11}{\underset{3}{9}}] \times y = \frac{-11}{3} \times y \underset{\text{乘號}}{\overset{\text{省略}}{=}} \frac{-11}{3}y$

(4) $\frac{5}{6}x \div (-\frac{1}{3}x) \underset{\text{負號給分子}}{\overset{\text{把隱性乘號、括號寫出}}{=}} (\frac{5}{6} \times x) \div (\frac{-x}{3})$

$\underset{\text{分式上下能約就約}}{\overset{\text{除化倒數乘}}{=}} \frac{5}{\underset{2}{6}} \times \frac{\overset{1}{x}}{1} \times \frac{\overset{1}{3}}{-x^{1}} = \frac{5 \times 1}{2 \times (-1)} = \frac{-5}{2}$

為了「突顯 $\pm \times \div$」特性，以便提醒我們該用「分配律」了！因此，在「整理過程」中應先將「隱性運算符號寫出」。但記得「整理完成」，仍需依「表達原則」作最後處理

▶▶▶ Ans

(1) $-21x$　(2) $\frac{2}{9}x$　(3) $\frac{-11}{3}y$　(4) $\frac{-5}{2}$

> 注意：本題只要你「整理（化簡）」算式，並不是要你「求解」。所以，千萬不要進行「去分母，化整式」

例題 7　化簡下列各式：

(1) $3a - [5a - 2(6a - 4) - 1]$

(2) $x - \{(4x - 6) - [5x - 2 - 3(x - 7)]\}$

(3) $6y - 5 - \{(-5) + 2[3y - (7y - 9)]\}$

> 「帶符號項的整理」問題，必用「有公因數外提（分配律的應用）」並配合「有 x、沒 x 分開整理」來解題

▶▶▶▶ **Sol**

(1) $3a - [5a - 2(6a - 4) - 1]$

去小括號時，別忘了：括號內的「每一項」都要變號，並都「2 倍化」

$= 3a - [5a - 12a + 8 - 1]$

「有 a，沒 a」分開整併

$= 3a - [(5a - 12a) + (8 - 1)]$

$= 3a - [-7a + 7]$

去中括號時，別忘了：括號內的「每一項」都要變號

$= 3a + 7a - 7$

$= (3a + 7a) - 7$

「有 a，沒 a」分開整併

$= 10a - 7$

先「小括號」，再「中括號」

(2) $x - \{(4x - 6) - [5x - 2 - 3(x - 7)]\}$

去小括號時，別忘了：括號內的「每一項」都要變號，並都「3 倍化」

$= x - \{4x - 6 - [5x - 2 - 3x + 21]\}$

「有 x，沒 x」分開整併

$= x - \{4x - 6 - [(5x - 3x) + (-2 + 21)]\}$

$= x - \{4x - 6 - [2x + 19]\}$

去中括號時，別忘了：括號內的「每一項」都要變號

$= x - \{4x - 6 - 2x - 19\}$

$= x - \{(4x - 2x) + (-6 - 19)\}$

「有 x，沒 x」分開整併

$= x - \{2x - 25\}$

$= x - 2x + 25$

去大括號時，別忘了：括號內的「每一項」都要變號

$= (x - 2x) + 25$

$= -x + 25$

「有 x，沒 x」分開整併

「負 1 個 x」，不要寫成「$-1x$」

先「小括號」，再「中括號」，最後才「大括號」

(3) $6y - 5 - \{(-5) + 2[3y - (7y - 9)]\}$

去小括號時，別忘了：括號內的「每一項」都要變號

$= 6y - 5 - \{-5 + 2[3y - 7y + 9]\}$

「有 y，沒 y」分開整併

$= 6y - 5 - \{-5 + 2[(3y - 7y) + 9]\}$

$= 6y - 5 - \{-5 + 2[-4y + 9]\}$

去中括號時，別忘了：括號內的「每一項」都要 2 倍化

$= 6y - 5 - \{-5 - 8y + 18\}$

$= 6y - 5 - \{(-5 + 18) - 8y\}$

「有 y，沒 y」分開整併

$= 6y - 5 - \{13 - 8y\}$

$= 6y - 5 - 13 + 8y$

去大括號時，別忘了：括號內的「每一項」都要變號

先「小括號」，再「中括號」，最後才「大括號」

$$= (6y + 8y) + (-5 - 13)$$
$$= 14y - 18$$

「有 y，沒 y」分開整併

▶▶▶ Ans

(1) $10a - 7$　(2) $-x + 25$　(3) $14y - 18$

例題 8　解下列各一元一次方程式：

(1) $2x - 5 = 9$　　(2) $-4y + 6 = 1$

(3) $3x - 2 = 5x + 8$　(4) $7x - 8 = x - 8$

「方程式的求解」問題必用：先將「有 x、沒 x 分別放在等號兩側」，再進行「等量公理（等號兩側，作相同運算）」之必要運作

▶▶▶ Sol

(1) $2x - 5 = 9$

$\Rightarrow 2x - 5 + 5 = 9 + 5$

為了讓「有 x、沒 x」在「等號兩側」分開出現！因此要用「等量公理」對「等號兩側，作相同運算」

兩側同時 $+5$，可將沒 x 的項移到等號另一側

$\Rightarrow 2x = 14$

$\Rightarrow \dfrac{2x}{2} = \dfrac{14}{2}$

把非 x 項「2」，設法去掉

等號兩側作相同運算

$\Rightarrow x = 7$

(2) $-4y + 6 = 1$

$\Rightarrow -4y + 6 - 6 = 1 - 6$

為了讓「有 y、沒 y」在「等號兩側」分開出現！因此要用「等量公理」對「等號兩側，作相同運算」

兩側同時 -6，可將沒 y 的項移到等號另一側

$\Rightarrow -4y = -5$

$\Rightarrow \dfrac{-4y}{-4} = \dfrac{-5}{-4}$

把非 y 項「-4」，設法去掉

等號兩側作相同運算

$\Rightarrow y = \dfrac{5}{4}$

(3) $3x - 2 = 5x + 8$

$\Rightarrow 3x - 2 + 2 - 5x = 5x + 8 + 2 - 5x$

有 x、沒 x 分放「等號兩側」

為了讓「有 x、沒 x」在「等號兩側」分開出現！因此要用「等量公理」對「等號兩側，作相同運算」

$$\Rightarrow -2x = 10$$

$$\Rightarrow \frac{-2x}{-2} = \frac{10}{-2}$$

把非 x 項「-2」，設法去掉 **等號兩側作相同運算**

$$\Rightarrow x = -5$$

(4) $7x - 8 = x - 8$

有 x、沒 x 分放等號兩側

$$\Rightarrow 7x - 8 + 8 - x = x - 8 + 8 - x$$

$$\Rightarrow 6x = 0$$

$$\Rightarrow \frac{6x}{6} = \frac{0}{6}$$

為了讓「有 x、沒 x」在「等號兩側」分開出現！
因此要用「等量公理」對「等號兩側，作相同運算」

$$\Rightarrow x = 0$$

把非 x 項「6」，設法去掉 **等號兩側作相同運算**

▶▶▶▶ Ans

(1) $x = 7$　(2) $y = \dfrac{5}{4}$　(3) $x = -5$　(4) $x = 0$

例題 9　解下列各一元一次方程式：

因為，本題是「方程式求解」問題
而不只是「代數算式的整理」。
所以，讀者也可以運用
「去分母，整式化」要領來解題！

(1) $5x + \dfrac{3x - 5}{2} = 6$

(2) $\dfrac{2(x+3)}{5} - \dfrac{3(x-4)}{2} = \dfrac{5}{4}x - 2\dfrac{1}{5}$

(3) $\dfrac{x}{3} - 2(\dfrac{1}{5} + \dfrac{1}{3}x) = \dfrac{3}{5}x - \dfrac{2}{3}$

「方程式的求解」問題必用：先將「有 x、沒 x 分別放在等號兩側」，
再進行「等量公理（等號兩側，作相同運算）」之必要運作

▶▶▶▶ Sol

(1) $5x + \dfrac{3x - 5}{2} = 6$

「有 x、沒 x」分別整併

$$\Rightarrow 5x + \frac{3x}{2} - \frac{5}{2} = 6$$

為了讓「有 x、沒 x」在「等號兩側」分開出現！
因此要用「等量公理」對「等號兩側，作相同運算」

$$\Rightarrow \frac{13x}{2} - \frac{5}{2} + \frac{5}{2} = 6 + \frac{5}{2}$$

兩個含 x 項，
通分合併

兩側同時 $+\dfrac{5}{2}$，可將沒
x 的項移到等號另一側

$$\Rightarrow \frac{13x}{2} = \frac{17}{2}$$

$$\Rightarrow \frac{\frac{\cancel{13}}{2}x}{\frac{\cancel{13}}{2}} = \frac{\frac{17}{2}}{\frac{13}{2}}$$

把非 x 項「$\frac{13}{2}$」，設法去掉　**等號兩側作相同運算**

$$\Rightarrow x = \frac{17 \times \cancel{2}}{\cancel{2} \times 13} = \frac{17}{13}$$

$$\frac{\quad 乙 \quad}{\underset{\underset{a}{b}}{甲}} = \frac{a \times 乙 （外乘當分子）}{b \times 甲 （內乘當分母）}$$

「分數」之「上下能約就約」

(2) $\frac{2(x+3)}{5} - \frac{3(x-4)}{2} = \frac{5}{4}x - 2\frac{1}{5}$

$$\Rightarrow \frac{2(x+3)}{5} - \frac{3(x-4)}{2} = \frac{5x}{4} - \frac{11}{5}$$　帶分式先化假分式

$$\Rightarrow 8(x+3) - 30(x-4) = 25x - 44$$　同乘「20」，先「去分母，整式化」

含「多個分式項」的方程式，最好先利用：
「同乘：分母的最小公倍」去分母、整式化，以利後續的整理運算

去括號
$$\Rightarrow 8x + 24 - 30x + 120 = 25x - 44$$　去括號時，別忘了：8 倍、30 倍化且
「前有負號，去括號時，要全部變號」

「有 x、沒 x」分別整併

$$\Rightarrow -22x + 144 = 25x - 44$$
$$\Rightarrow -22x + 144 - 144 - 25x = 25x - 44 - 144 - 25x$$

為了讓「有 x、沒 x」在「等號兩側」分開出現！
因此要用「等量公理」對「等號兩側，作相同運算」

$$\Rightarrow -47x = -188$$
$$\Rightarrow \frac{-47x}{-47} = \frac{-188}{-47}$$
$$\Rightarrow x = 4$$

把非 x 項「-47」，設法去掉　**等號兩側作相同運算**

(3) $\frac{x}{3} - 2(\frac{1}{5} + \frac{1}{3}x) = \frac{3}{5}x - \frac{2}{3}$　同乘「分母」的最小公倍數「15」，先去「分母」

$$\Rightarrow 5x - 30(\frac{1}{5} + \frac{1}{3}x) = 9x - 10$$　先「去分母，整式化」

$$\Rightarrow 5x - 6 - 10x = 9x - 10$$

$$\Rightarrow -5x - 6 = 9x - 10$$

> 「有 x、沒 x」分別整併

$$\Rightarrow -5x - 6 + 6 - 9x = 9x - 10 + 6 - 9x$$

$$\Rightarrow -14x = -4$$

> 為了讓「有 x、沒 x」在「等號兩側」分開出現！
> 因此要用「等量公理」對「等號兩側，作相同運算」

$$\Rightarrow \frac{-14x}{-14} = \frac{-4}{-14}$$

$$\Rightarrow x = \frac{2}{7}$$

> 把非 x 項「-14」，設法去掉

等號兩側作相同運算

▶▶▶▶ Ans

(1) $x = \dfrac{17}{13}$ (2) $x = 4$ (3) $x = \dfrac{2}{7}$

例題 10 $x = -3$，$y = 2$，是下列哪一組二元一次聯立方程式的解？

(1) $\begin{cases} 2x - 3y = -12 \\ 4x + y = -14 \end{cases}$ (2) $\begin{cases} 3x + 2y = -5 \\ 4x - 3y = 6 \end{cases}$

(3) $\begin{cases} -2x - 5y = -4 \\ 3x + 4y = -1 \end{cases}$ (4) $\begin{cases} 5y - 2x = 16 \\ 2x + y = 4 \end{cases}$

> 使方程組的「等號皆成立」之「數對 (x_0, y_0)」，必定是，也才是方程組的解

▶▶▶▶ Sol

亦即：x 用 -3（當 x_0）；y 用 2（當 y_0）代入方程組

(1) $\begin{cases} 2 \times (-3) - 3 \times 2 = -6 - 6 = -12 \text{（等號成立）} \\ 4 \times (-3) + 1 \times 2 = -12 + 2 = -10 \neq -14 \text{（等號不成立）} \end{cases}$
  ∴ 不為方程組之解

(2) $\begin{cases} 3 \times (-3) + 2 \times 2 = -9 + 4 = -5 \text{（等號成立）} \\ 4 \times (-3) - 3 \times 2 = -12 - 6 = -18 \neq 6 \text{（等號不成立）} \end{cases}$
  ∴ 不為方程組之解

> 將「含負」數值代入方程式（組）時，應「先加括號」

(3) $\begin{cases} -2 \times (-3) - 5 \times 2 = 6 - 10 = -4 \text{（等號成立）} \\ 3 \times (-3) + 4 \times 2 = -9 + 8 = -1 \text{（等號成立）} \end{cases}$
  ∴ 為方程組之解

(4) $\begin{cases} 5 \times 2 - 2 \times (-3) = 10 + 6 = 16 \text{（等號成立）} \\ 2 \times (-3) + 2 = -6 + 2 = -4 \neq 4 \text{（等號不成立）} \end{cases}$
  ∴ 不為方程組之解

▶▶▶▶ Ans

(3)

例題 11 用代入消去法解二元一次聯立方程式

$$\begin{cases} 4x - 3y = -1 \dots (1) \\ 2x - y = -1 \dots (2) \end{cases}$$

(a) 由(2)式得 $y = \underline{\hspace{2cm}}$

(b) 將第 (a) 題所得 y 的等式代入(1)式消去 y，可得 x 的方程式為：

$\underline{\hspace{2cm}}$

(c) 將第 (b) 題所得 x 的方程式解出，得 $x = \underline{\hspace{2cm}}$

(d) 將第 (c) 題所得 x 的值代入第 (a) 題所得 y 的等式可解出 y，

得 $y = \underline{\hspace{2cm}}$

(e) 此二元一次聯立方程式的解為 $\underline{\hspace{2cm}}$

> 依指定方程式與指定程序，逐步解出方程組之解。

▶▶▶▶ Sol

> ∵題目要求「$y=$ 非 y 或 沒 y 的式子」
> ∴用等量公理，將「所有非 y 或 沒 y」的項通通移到「等號另一側」

(a) $2x - y = -1 \Rightarrow 2x + 1 = y$

(b) 將 $y = 2x + 1$ 代入 $4x - 3y = -1$

$\Rightarrow 4x - 3 \times (2x+1) = -1$

> 用「負數或整串式子」取代「符號」時，最好「先加（小）括號」

> 別忘了：3 倍化且「括號前有負號，去括號時要全部變號」

$\Rightarrow 4x - 6x - 3 = -1$

$\Rightarrow -2x = -1 + 3$

$\Rightarrow -2x = 2$

> 「有 x，沒 x」分開在「等號兩側」且分別整併

(c) $-2x = 2 \Rightarrow \dfrac{-2x}{-2} = \dfrac{2}{-2} \Rightarrow x = -1$

> ∵題目要求「$x=$ 非 x 或 沒 x 的式子」
> ∴用等量公理，將「所有非 x 或 沒 x」的項通通移到「等號另一側」！

(d) ∵$y = 2x + 1$ 且 $x = -1$

∴$y = 2 \times (-1) + 1 = -2 + 1 = -1$

(e) 所求：$\begin{cases} x = -1 \\ y = -1 \end{cases}$

> 「符號」用「負數」代入時，應「先加括號」

▶▶▶▶ Ans

(a) $2x+1$ (b) $-2x=2$ (c) -1 (d) -1 (e) $\begin{cases} x = -1 \\ y = -1 \end{cases}$

例題 12 用「代入消去法」解下列二元一次聯立方程式：

(1) $\begin{cases} 2x+y=1 \\ x+2y=5 \end{cases}$ (2) $\begin{cases} 7y=2-3x \\ 4x+9y=3 \end{cases}$

> 利用「代入消去法」的解題程序來解題

▶▶▶ Sol

(1) $\begin{cases} 2x+y=1 \\ x+2y=5 \end{cases} \Rightarrow \begin{cases} \boxed{y=1-2x} \\ x+2y=5 \end{cases}$

> ⊙ 先求出 $y=$ 非 y 或 沒 y 的式子
> ⊙ 再將解出單獨 y 的關係式，代入下式

$\Rightarrow x+2\times(1-2x)=5$

> 用「負數或整串式子」取代「符號」時，最好「先加（小）括號」

$\Rightarrow x+\boxed{2}-4x=\boxed{5}$

$\Rightarrow \boxed{-3x}=5-2=\boxed{3}$

$\Rightarrow x=-1$

$\therefore y=1-2x \Rightarrow y=1-2\times(-1)=1+2=3$

> 將「$x=-1$」代入「$y=1-2x$」

> 「有 x，沒 x」分開「在等號兩側」分別整理、整併

(2) $\begin{cases} 7y=2-3x \\ 4x+9y=3 \end{cases} \Rightarrow \begin{cases} \boxed{y=\dfrac{2}{7}-\dfrac{3x}{7}} \\ 4x+9y=3 \end{cases}$

> ⊙ 先求出 $y=$ 非 y 或 沒 y 的式子
> ⊙ 再將已解出單獨 y 的關係式，代入下式

$\Rightarrow 4x+9\times\left(\dfrac{2}{7}-\dfrac{3x}{7}\right)=3$

> 用「負數或整串式子」取代「符號」時，最好「先加（小）括號」

$\Rightarrow 4x+\dfrac{18}{7}-\dfrac{27x}{7}=3$

> 先「去分母，整式化」

> 分式，必先去分母

$\Rightarrow 28x+\boxed{18}-27x=\boxed{21}$

$\Rightarrow x=21-18=3$

$\therefore y=\dfrac{2}{7}-\dfrac{3x}{7} \Rightarrow y=\dfrac{2}{7}-\dfrac{3\times3}{7}=\dfrac{2}{7}-\dfrac{9}{7}=\dfrac{-7}{7}=-1$

> 將「$x=3$」代入「$y=\dfrac{2}{7}-\dfrac{3x}{7}$」

▶▶▶ Ans

(1) $\begin{cases} x=-1 \\ y=3 \end{cases}$ (2) $\begin{cases} x=3 \\ y=-1 \end{cases}$

> 「有 x，沒 x」分開「在等號兩側」分別整理、整併

因為，本題的「y」係數之「絕對值」相同。
所以，也可以選擇：直接鎖定「消去 y」的方式去解題！

例題 13 用「加減消去法」解下列二元一次聯立方程式：

(1) $\begin{cases} 2x - y = 4 \\ x + y = 2 \end{cases}$ (2) $\begin{cases} 2x + y = 4 \\ 3x + y = 5 \end{cases}$

利用「加減消去法」的解題程序來解題

▶▶▶ **Sol**

(1) $\begin{cases} 2x - y = 4 \\ x + y = 2 \ldots \times 2 \end{cases} \Rightarrow \begin{cases} 2x - y = 4 \\ 2x + 2y = 4 \end{cases}$

上式減下式

鎖定「待消去目標 x」，
先將其「係數（絕對值）化相同」

$\because$「x」的係數「同號」
$\therefore$ 用「減」來消去「x 項」

$\Rightarrow (2x - y) - (2x + 2y) = 4 - 4$

整串式子被或做「$\pm \times \div$」，
應先「加括號」

$\Rightarrow 2x - y - 2x - 2y = 4 - 4$
$\Rightarrow -3y = 0$
$\Rightarrow y = 0$

「括號前有負號」，去括號時，
「原括號內的項應全部變號」

再將 $y = 0 \overset{代回}{\Rightarrow} 2x - y = 4$
可得：$2x - 0 = 4 \Rightarrow 2x = 4 \Rightarrow x = 2$

(2) $\begin{cases} 2x + y = 4 \ldots \times 3 \\ 3x + y = 5 \ldots \times 2 \end{cases}$

鎖定「待消去目標 x」，
先將其「係數（絕對值）化相同」

$\Rightarrow \begin{cases} 6x + 3y = 12 \\ 6x + 2y = 10 \end{cases}$

上式減下式

$\because$「x」的係數「同號」
$\therefore$ 用「減」來消去「x項」

$\Rightarrow (6x + 3y) - (6x + 2y) = 12 - 10$
$\Rightarrow 6x + 3y - 6x - 2y = 2$
$\Rightarrow y = 2$

「括號前有負號」，去括號時，
「原括號內的項應全部變號」

再將 $y = 2 \overset{代回}{\Rightarrow} 2x + y = 4$
可得：$2x + 2 = 4 \Rightarrow 2x = 4 - 2 \Rightarrow 2x = 2 \Rightarrow x = 1$

▶▶▶ **Ans**

(1) $\begin{cases} x = 2 \\ y = 0 \end{cases}$ (2) $\begin{cases} x = 1 \\ y = 2 \end{cases}$

「整串式子」作「$\pm \times \div$，次方」，應先「加括號」

「打 6 折」$\overset{定義}{=}$「原價」的「0.6」倍

例題 14 媽媽到百貨公司買了一件照原價打 6 折的衣服，共花了 960 元，請問這件衣服的原價是多少元？

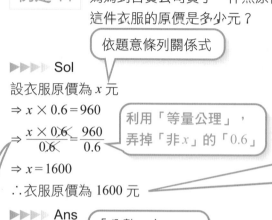

依題意條列關係式

▶▶▶▶ **Sol**

設衣服原價為 x 元

$\Rightarrow x \times 0.6 = 960$

$\Rightarrow \dfrac{x \times 0.6}{0.6} = \dfrac{960}{0.6}$

利用「等量公理」，弄掉「非 x」的「0.6」

$\Rightarrow x = 1600$

$\therefore$ 衣服原價為 1600 元

▶▶▶▶ **Ans**

1600 元

「分數」之「上下能約就約」

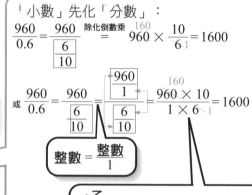

「小數」先化「分數」：

$\dfrac{960}{0.6} = \dfrac{960}{\frac{6}{10}} \overset{除化倒數乘}{=} 960 \times \dfrac{10}{6} = 1600$

或 $\dfrac{960}{0.6} = \dfrac{960}{\frac{6}{10}} = \dfrac{\frac{960}{1}}{\frac{6}{10}} = \dfrac{960 \times 10}{1 \times 6} = 1600$

整數 $= \dfrac{整數}{1}$

$\dfrac{\frac{乙}{甲}}{\frac{b}{a}} = \dfrac{a \times 乙}{b \times 甲}$（外乘當分子）（內乘當分母）

例題 15 大小兩數的和為 83，差是 47，求大小兩數？

依題意條列關係式，一般取「較小的未知數」當主要變數

▶▶▶▶ **Sol**

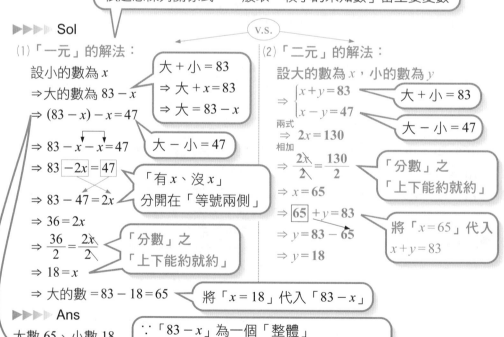

(1)「一元」的解法：

設小的數為 x

$\Rightarrow$ 大的數為 $83 - x$

$\Rightarrow (83 - x) - x = 47$

大 + 小 = 83
$\Rightarrow$ 大 + x = 83
$\Rightarrow$ 大 = $83 - x$

$\Rightarrow 83 - x - x = 47$

大 － 小 = 47

$\Rightarrow 83 - 2x = 47$

$\Rightarrow 83 - 47 = 2x$

「有 x、沒 x」分開在「等號兩側」

$\Rightarrow 36 = 2x$

$\Rightarrow \dfrac{36}{2} = \dfrac{2x}{2}$

「分數」之「上下能約就約」

$\Rightarrow 18 = x$

$\Rightarrow$ 大的數 $= 83 - 18 = 65$

將「$x = 18$」代入「$83 - x$」

▶▶▶▶ **Ans**

大數 65、小數 18

$\because$「$83 - x$」為一個「整體」

$\therefore$ 最好養成「加（小）括號」的好習慣！

(2)「二元」的解法：

設大的數為 x，小的數為 y

$\Rightarrow \begin{cases} x + y = 83 \\ x - y = 47 \end{cases}$

大 + 小 = 83

大 － 小 = 47

兩式相加 $\Rightarrow 2x = 130$

$\Rightarrow \dfrac{2x}{2} = \dfrac{130}{2}$

「分數」之「上下能約就約」

$\Rightarrow x = 65$

$\Rightarrow 65 + y = 83$

$\Rightarrow y = 83 - 65$

將「$x = 65$」代入 $x + y = 83$

$\Rightarrow y = 18$

例題 16　父子現在年齡和是 112，兩年前，父年齡為子年齡的 2 倍，求父子現在各幾歲？

依題意條列關係式，一般取「較小的未知數」當主要變數

▶▶▶ Sol

v.s.

(1)「一元」解法：

設兒子現年為 x 歲

⇒ 父親現年為 $112 - x$ 歲

父 + 子 = 112
⇒ 父 + x = 112
⇒ 父 = $112 - x$

⇒ 兩年前兒子為 $x - 2$ 歲，
而父親為 $(112 - x) - 2 = 110 - x$ 歲

用「負數 或 整串式子」取代「符號」時，最好「先加（小）括號」

「兩年前」：父 = 2 × 子

⇒ $110 - x = 2(x - 2)$
⇒ $110 \boxed{-x} = 2x \boxed{-4}$
⇒ $110 + 4 = 2x + x$
⇒ $114 = 3x$
⇒ $\dfrac{114}{3} = \dfrac{3x}{3}$

「分數」之「上下能約就約」

⇒ $38 = x$
⇒ 父親現年 $112 - 38 = 74$

▶▶▶ Ans

將「$x = 38$」代入「$112 - x$」

父 74 歲、子 38 歲

「$112 - x$」是一個「整體」，最好「先加括號」再列式

(2)「二元」解法：

設父親現年為 x 歲，兒子現年為 y 歲

⇒ $\begin{cases} x + y = 112 \\ x - 2 = 2(y - 2) \end{cases}$

現年和 = 112

「兩年前」：父 = 2 × 子

⇒ $\begin{cases} x + y = 112 \\ x \boxed{-2} = \boxed{2y} - 4 \end{cases}$

「有 x、y，沒 x、y」分開「在等號兩側」

⇒ $\begin{cases} x + y = 112 \\ x - 2y = -4 + 2 = -2 \end{cases}$

兩式相減

⇒ $y - (-2y) = 112 - (-2)$

「負數」被「± × ÷」先加「括號」

⇒ $3y = 112 + 2 = 114$
⇒ $\dfrac{3y}{3} = \dfrac{114}{3}$
⇒ $y = 38$

「分數」之「上下能約就約」

⇒ $x + \boxed{38} = 112$
⇒ $x = 112 - 38$
⇒ $y = 74$

將「$y = 38$」代入「$x + y = 112$」

例題 17 　彼得從 100 開始，以每次加 7 往上「讀數」（100、107、......），而瑪麗從 1000 開始以每次減 8 往下「讀數」（1000、992、......）。若二人的「讀數」速度相同，他們兩人同時「讀」出同一個數時，請問這個數是什麼？

依題意條列關係方程組（式）來解題

▶▶▶▶ Sol

假設這個「相同」數字 y 是他們數的第 x 個數字，則

$$\begin{cases} y = 100 + 7x \\ y = 1000 - 8x \end{cases}$$

彼：$100 + 7x$ 而
瑪：$1000 - 8x$

$\Rightarrow 0 = 900 - 15x$

$\Rightarrow 15x = 900$ ← 下式減上式

$\Rightarrow x = 60$

∴ 兩人「讀」出的「相同數」為：

$y = 100 + 7 \times 60 = 520$

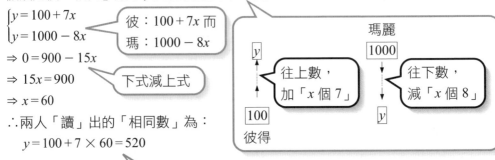

瑪麗
1000
往下數，
減「x 個 8」
y

y
往上數，
加「x 個 7」
100
彼得

▶▶▶▶ Ans

520　把「$x = 60$」代入「$y = 100 + 7x$」

例題 18 　（平均問題）某班男女生共有 50 人，若某次數學考試全班平均為 63.2 分，女生平均為 50 分，男生平均為 72 分，請問男、女各有多少人？

▶▶▶▶ Sol

依題意條列關係方程組（式）來解題，並配合：「平均」問題，必由「總量＝平均 × 個數」下手解題

設男生有 x 人，且女生有 y 人

∵ 平均問題由總量下手來列關係式：

$$\begin{cases} x + y = 50 \quad ...\boxed{\times 50} \\ 72x + 50y = \underbrace{50 \times 63.2 = 3160}_{\text{全班總分}} \end{cases}$$

鎖定「消去 y」

$\Rightarrow \begin{cases} 50x + 50y = 2500 \\ 72x + 50y = 3160 \end{cases}$

· 男 人 ＋ 女 人 ＝ 全班 人
· 男總分 ＋ 女總分 ＝ 全班總分

$\Rightarrow 22x = 660$ ← 下式減上式

$\Rightarrow x = 30$（男生人數）

再將 $x = 30 \overset{\text{代回}}{\Rightarrow} x + y = 50$，

可得：$30 + y = 50 \Rightarrow y = 20$（女生人數）

「平均（數）」$= \dfrac{總量}{總個數}$ 或

總量 ＝ 總個數 × 平均（數）

▶▶▶▶ Ans

男生 30 人，女生 20 人

CHAPTER **2**

∵「多項式」本身為一「代數式」但又兼「函數」特質

∴在「函數」專章，我們會再次詳談「多項式」的「函數」特性！

代數式的因式分解 ——以「多項式」為例

重點整理2-1　因式分解的利器──乘法公式

 公式 1

乘法展開式公式：

$(a+b)(c+d) = ac+ad+bc+bd$

～～利用分配律：$(a+b)(c+d) = a(c+d)+b(c+d) = \boxed{ac+ad}+\boxed{bc+bd}$

 公式 2

平方公式：

(A) 和的平方公式：$(a+b)^2 = a^2+2ab+b^2$

利用分配律：
$(a+b)^2 = (a+b)(a+b) = a(a+b)+b(a+b) = a^2+\underbrace{ab+ba}_{合併}+b^2 = a^2+2ab+b^2$

(B) 差的平方公式：$(a-b)^2 = a^2-2ab+b^2$

利用分配律：
$(a-b)^2 = (a-b)(a-b) = a(a-b)-b(a-b) = a^2-\underbrace{ab-ba}_{合併}+b^2 = a^2-2ab+b^2$

(C) 平方差公式：$(a+b)(a-b) = a^2-b^2$

利用分配律：
$(a+b)(a-b) = a(a-b)+b(a-b) = a^2-\underbrace{ab+ba}_{對消}-b^2 = a^2-b^2$

留意：「平方」是一個「整體性」概念！
　一定要記得「補上括號」，以提醒自己「平方」是一個「整體性」概念！

重點整理2-2　多項式及其運算

亦即：無「領導係數」概念的「多項式」，我們不談它的「次數」

x 多項式 $P(x) = a_n x^n + \cdots + a_1 x + a_0$，$\boxed{a_n \neq 0}$ 的「次數」$\overset{定義}{=} n$，

如：$P(x) = 3x^5 + 4x^2 + 1 \Rightarrow$「5 次」多項式，

$P(x) = 3 \overset{看成}{\underset{又有「非0常數」}{=}} 3x^0 \Rightarrow$「0 次」多項式，

$P(x) = $「0」$\overset{稱}{\Rightarrow}$「0」多項式

「0」不可以當「領導係數」

⊙ 稱「非零 a_n」這個「x 最高次方」的「係數」為「多項式 $P(x)$」的「領導係數」

⊙ 有「領導係數 $a_n \neq 0$」（一定不為 0）的多項式，才稱「多項式」為「n 次多項式」

⊙ 因為「$P(x) = 0$」本質是「沒有領導係數概念的 0 次」。所以，我們只稱它為「0 多項式」，而不稱它為「0 次多項式」

概念 1

多項式：

由「已知數」及「未知數代號 $x (y \cdot z \cdot \cdots)$」

在「經整理後」，「未知數代號 $x (y \cdot z \cdot \cdots)$」

不會在「分母、絕對值、根號 或 其他特殊函數的 $\boxed{變數位置}$」出現的

「代數（算）式」，其一般式形如：$a_n x^n + a_{n-1} x^{n-1} + \cdots + a_1 x + a_0$ 或

$a_{n,m} x^n y^m + a_{n-1,m} x^{n-1} y^m + \cdots + a_{1,0} xy^0 + a_{0,0}$、或 $\cdots\cdots$

其中 $a_n, \cdots, a_0$；$a_{n,m}, \cdots, a_{1,0}, a_{0,0}$ 都是任意已知（實）數且 $m \cdot n = 0, 1, 2, \cdots$

⊙ $a_n x^n + \cdots + a_0 \overset{稱}{=} x$（的）多項式

⊙ $a_{n,m} x^n y^m + \cdots + a_{0,0} \overset{稱}{=} x, y$（的）多項式

「次方」部份，亦即：「$m \cdot n$」，不可以是：「負數」，也不可以是：「非整數」

「多項式」的處理，應：

⊙「同類項、同次項」應先「整併」

⊙ 有「缺項」，務必要補「0」

⊙ 有「同型項、重複出現項」，必引入「新符號」加以取代！

概念 2

「分離係數法」是將「直式」中各項的「係數與文字符號」分開，「只寫出係數」，再進行「直式」運算的一種方法。

PS：利用「分離係數法」在「寫出係數」時，千萬要記得：「遇到缺項，務必要補 0」

> 用「橫式」做多項式的「加、減」運算，事實上就是：將「同類、同次項」的「係數」相「加、減」

「多項式的加減整理」原理：

「同類、同次項先（進行加減）整併」，且除非題目另有指定

「升冪」（由左向右、先寫次方低項）或「降冪」（由左向右，先寫次方高項），習慣上，採用「降冪寫法」，亦即：「由左向右，由最高次項」開始寫起

(A)「升冪（升次）排列」：

把多項式的各項「按 x 的次數」，

「由左至右、由小到大」排列

如：$-2x - 3x^2 + 4$ 的「升冪」排列是 $4 - 2x - 3x^2$

(B)「降冪（降次）排列」：

把多項式的各項「按 x 的次數」，

「由左至右、由大到小」排列。

如：$-2x - 3x^2 + 4$ 的「降冪」排列是 $-3x^2 - 2x + 4$

> 用「直式」做多項式的「加、減」運算，須將：「同類、同次項先上下對齊」且「欠缺的同類、同次項，用 0 補足空缺」，再將係數相加、減

概念 3

多項式的「相乘」方法

可利用「橫式_分配律、乘法公式 及 平方（差）公式 或 直式」，求算「多項式相乘」的展開式！

例① ：展開 $(10 - 20x^2 + 30x^3)(\dfrac{-4}{5}x)$

Sol ① ：橫式（分配律 及 乘法公式之應用）

$(10 - 20x^2 + 30x^3)(\dfrac{-4}{5}x)$

$= 10 \times (\dfrac{-4}{5}x) - 20x^2 \times (\dfrac{-4}{5}x) + 30x^3 \times (\dfrac{-4}{5}x)$

$= -8x + 16x^3 - 24x^4$

$= -24x^4 + 16x^3 - 8x$

> 收尾用「降冪」改寫

Sol ②：直式

$$10 - 20x^2 + 30x^3$$
$$\times)\ \dfrac{-4}{5}x$$
$$\overline{-8x + 16x^3 - 24x^4} = \boxed{-24x^4 + 16x^3 - 8x}$$

收尾用「降冪」改寫

例②：展開 $(3 + 2x)(3 - 2x)$

也可以利用：乘法展開式
$(a+b)(c+d)$
$= ac + ad + bc + bd$

Sol ①：橫式（乘法公式 及 平方（差）公式之應用）

$(3 + 2x)(3 - 2x)$
$= \boxed{3^2 - (2x)^2}$
$= \boxed{9 - 4x^2}$
$= \boxed{-4x^2 + 9}$

注意「整個 $2x$」當「平方差公式」：
$(a+b)(c+d) = a^2 - b^2$ 的「b」。
所以，最好「先加括號」再代入

收尾用「降冪」改寫

Sol ②：直式

$$3\ +\ 2x$$
$$\times)\ 3\ \ -2x$$
$$\overline{\boxed{9 - 6x + 6x - 4x^2} = \boxed{-4x^2 + 9}}$$

概念 4

又稱：「長除法」

多項式的「相除」方法：

——可利用「直式、分離係數法」（通稱：長除法），求算「多項式相除」的

「商式 及 餘式」時

應注意：多項式相除「遇到缺項，務必要用 0 來補足」！

例①：求 $(3x^2 + 4x - 8) \div (x + 2)$ 的商式及餘式

Sol ①：直式

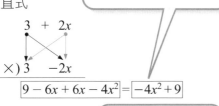

⊙ 由「$3x^2$」v.s.「x」看出要用「乘 $3x$」來逼近
⊙ 再用「$3x$」乘以「$x+2$」得「$3x^2 + 6x$」

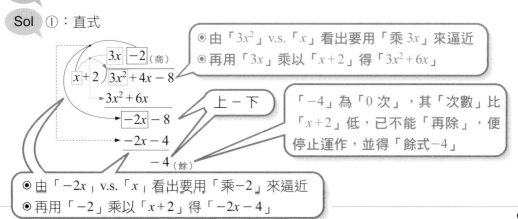

上 － 下

「-4」為「0 次」，其「次數」比「$x+2$」低，已不能「再除」，便停止運作，並得「餘式 -4」

⊙ 由「$-2x$」v.s.「x」看出要用「乘 -2」來逼近
⊙ 再用「-2」乘以「$x+2$」得「$-2x - 4$」

Sol ②：分離係數法

$$
\begin{array}{r}
\boxed{3}\ \boxed{-2}\ _{(商)}:3x-2\ _{(高次→低次)}\\
\boxed{1}+2\,)\overline{\ \boxed{3}\ +4\ -8}\\
3\ +6\\
\hline
\boxed{-2}\ -8\\
-2\ -4\\
\hline
-4\ _{(餘)}
\end{array}
$$

上－下

例②：求 $(3x^3+4x-8)\div(x^2+2)$ 的商式及餘式

Sol ①：直式

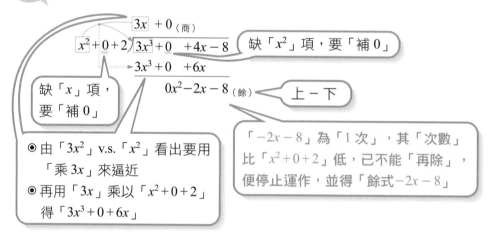

缺「x^2」項，要「補0」

$$
\begin{array}{r}
\boxed{3x}\ +0\ _{(商)}\\
\boxed{x^2}+0+2\,)\overline{3x^3+0\ +4x-8}\\
3x^3+0\ +6x\\
\hline
0x^2-2x-8\ _{(餘)}
\end{array}
$$

缺「x」項，要「補0」

上－下

• 由「$3x^2$」v.s.「x^2」看出要用「乘 $3x$」來逼近

• 再用「$3x$」乘以「x^2+0+2」得「$3x^3+0+6x$」

「$-2x-8$」為「1次」，其「次數」比「x^2+0+2」低，已不能「再除」，便停止運作，並得「餘式$-2x-8$」

Sol ②：分離係數法

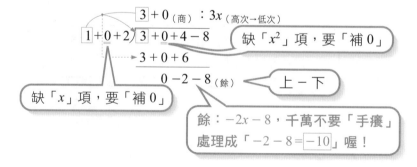

$$
\begin{array}{r}
\boxed{3}\ +0\ _{(商)}:3x\ _{(高次→低次)}\\
\boxed{1}+0+2\,)\overline{3\ +0+4\ -8}\\
3\ +0+6\\
\hline
0\ -2\ -8\ _{(餘)}
\end{array}
$$

缺「x^2」項，要「補0」

缺「x」項，要「補0」

上－下

餘：$-2x-8$，千萬不要「手癢」處理成「$-2-8=\boxed{-10}$」喔！

∵只要能寫成：多項式 ＝ 甲 × 乙 × 丙 × …，
　則甲，乙，丙，…都是「多項式」的「因式」
∴「非 0 常數」也是（任意）多項式的「因式」

注意：「0」這個常數，不是（任意）
「非 0」多項式的「因式」喔！

$$3x^2 + 4x + 1 = (3x+1)(x+1)$$

「2」是「因式」

$$= 2(3x+1)(\frac{x+1}{2})$$

$$\neq 0 \times (3x+1)(x+1)$$

「0」不是「因式」

「x 多項式（函數）$P(x)$」的根「a」
$\overset{定義}{=}$「a」代入「x 多項式（函數）$P(x)$」取代
「x」，其最終數值為「0」
$\overset{定義}{=}$「a」是「（多項）代數方程式 $P(x)=0$」
的「解」

欲求「（多項）代數方程式」的「解」
或「多項式（函數）」的「根」，一定
要先將「等號一邊化為 0」，再藉由
「因式分解」來解題！

如：$(x+1)(2x+3) = 1$

＊正確：$2x^2 + 5x + 2 = 0 \Rightarrow (2x+1)(x+2) = 0 \Rightarrow 2x+1 = 0$，$x+2 = 0 \Rightarrow x = \frac{-1}{2}$，$-2$

＊錯誤：$x+1 = \pm 1$ 或 $2x+3 = \pm 1$ 亂寫一堆算式，其關鍵錯誤在：誰說
　　「$(x+1)$，$(2x+3)$」只能是「± 1」而已！

⦿因式分解：只能「整理算式」，「外提公因（數）式」
⦿求「根解」，才能進行「去分母，平方去 $\sqrt{}$」等改變「原式」的動作

概念5

如果多項式 $f(x)$「除以」多項式 $g(x)$，所得的「餘式為 0」，則稱：

　$g(x)$「可以整除」$f(x)$，或
　$g(x)$ 為 $f(x)$ 的「因式」，或
　$f(x)$ 為 $g(x)$ 的「倍式」。

將「多項式」完全「因式分解」後，分別令
「含 x 的因式項 $=0$」，再對「含 x 的因式項 $=0$」
進行「解方程式」動作，便可得「多項式的根」！

將一個「高次多項式」寫成「兩個或兩個以上低次多項式的乘積」，
這樣的動作，我們稱之為「高次多項式」的「因式分解」

最不用傷腦筋的「因式檢驗法」是：「長除法」（直式或係數分離皆可）
PS：「長除法」常用來「檢驗」「已知或題目給定」的 $g(x)$ 為 $f(x)$ 的
　　「因式」，或 $f(x)$ 為 $g(x)$ 的「倍式」

純「因式分解」問題，題目通常
不會給「$g(x)$」。所以，（通常）
無法用「長除法」來解題！

「多項式（函數）」$P(x) \overset{令}{=} 3(x-1)(x^2+x+1)$ 的
＊「因式」有：③，$(x-1)$，(x^2+x+1) 及 它們的
　「乘法組合」
＊「根」有：$x-1 \overset{令}{=} 0$，$x^2+x+1 \overset{令}{=} 0$ 的「解」

「$x^2+x+1=0$」無「實數解」

＊「實數根」只有：$x-1 \overset{令}{=} 0$ 的「解」

含 x 的因式項 $\overset{令}{=} 0$

重點整理2-3　應用的關鍵「特徵」與「策略」

應用 1

「長除法」是判斷「已知、指定 $g(x)$」是否為「$f(x)$ 因式」的最佳方法之一

「長除法」的應用：可以用來求「除法等式」

「長除法」的附帶作用：可求「商、餘」及 相關「未知數、未知式」

用「長除法」，得「$r(x)=0$」時可以用來「判斷」因式、倍式 及 進行「因式分解」

$$f(x)=g(x)Q(x)+r(x)$$

被除式 ＝ 除式 × 商式 ＋ 餘式

其中 $0 \leq$ 餘式 $r(x)$ 的次方 ＜ 除式 $g(x)$ 的次方

「多項式相等」⇔ 經「（同類）同次整併」後，兩個多項式的「（同類）同次項係數，都個別相等 或 成相同比例」

應用 2

長除法只適用於：檢驗 $g(x)$ 為 $f(x)$ 的「因式」或 $f(x)$ 為 $g(x)$ 的「倍式」。但「只給 $f(x)$」要找 $f(x)$ 的「可能因式」時，無法用「長除法」來處理！

沒給「$g(x)$」，無法「長除」

「因式分解」第一招：

「有公因式（數）、共同項、同型項、必先外提」！

注意：必要時，需依「有較多公因式（數），先整合」原則，把原式重新安排次序、切成「可外提較多公因式（數）」的小組（用括號分組），並「外提小組」的「公因式（數）」！

如：$3ax - 3a^2x$　　有公因式 $3ax$，先外提

$\quad = 3ax(1 - a)$

PS：外提「整串算式」時，記得留下「± 1」在「括號內」！

如：$3(x-2)^2 \pm (x-2) = (x-2)[3(x-2) \pm 1]$

「$x-2$」被「整串外提」

應用 3

「長除法」只適用於「檢驗」$g(x)$ 為 $f(x)$ 的「因式」，或 $f(x)$ 為 $g(x)$ 的「倍式」。但「只給 $f(x)$」，要找 $f(x)$ 的「可能因式」時，無法用「長除法」來處理！

「因式分解」第二招：

見「平方 ± 平方」，必用「平方公式」

(A) 平方差公式：$a^2 - b^2 = (a+b)(a-b)$

(B) 和的平方公式：$a^2 + 2ab + b^2 = (a+b)^2$

(C) 差的平方公式：$a^2 - 2ab + b^2 = (a-b)^2$

注意：平方是一個整體性概念！一定要記得「先補上括號」，以提醒自己「平方」是一個「整體性」概念！

注意：必要時，需先用「因式分解」第一招：「有公因式、共同項、同型項，必先外提」處理後，才會出現「平方 ± 平方」！

「多變數算式」或「高次算式」的「因式分解」，必

⊙ 將「較少變數參與項」，設法「重組」配成「較多變數參與項」的「組合」，並善用「乘法公式」

⊙ 「同變數」分開「整併、配方」，並善用「平方公式」

⊙ 進行「（雙）十字」交乘的「可能因式組合」猜測與檢驗！

⊙ 引進「新符號」取代「複雜項、同型項」，以簡化「算式」

應用 4

「因式分解」的終極法寶：「（雙）十字交乘法」，務必要多加演練！

「（雙）十字交乘法」的解題程序：

(A) 取「待因式分解多項式」的「最高次項」與「最低次項」進行「可能因式組合的研判、猜測」；

通常為：常數項

若「中間有缺項」應先自行「猜測並補足」，再「配對、檢驗」

(B) 進行「上述可能因式組合」的「配對、檢驗」，便可完成「（雙）十字交乘」的「因式分解」工作。

注意：必要時，需先用「因式分解」第一招：「有公因式或共同項，必先外提」處理後，剩下的部份才需要「（雙）十字交乘」進行因式分解！

例①：分解 $2x^2 - 3x + 1$

Sol

1. 進行「最高次項、最低次項的可能因式組合」的「研判、猜測」：

   最高次項 $2x^2$（可以拆成 $2x$，x），最低次項 1（可以拆成 1，1 或 -1，-1）

2. 進行可能組合的「配對、檢驗」

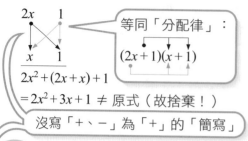

等同「分配律」：

$$(2x+1)(x+1)$$

$$2x^2+(2x+x)+1$$

$$=2x^2+3x+1 \neq$$ 原式（故捨棄！）

沒寫「＋、－」為「＋」的「簡寫」

；

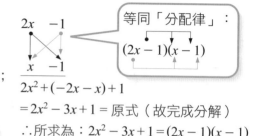

等同「分配律」：

$$(2x-1)(x-1)$$

$$2x^2+(-2x-x)+1$$

$$=2x^2-3x+1 =$$ 原式（故完成分解）

∴所求為：$2x^2-3x+1 = (2x-1)(x-1)$

例② ：分解 x^3+2x^2-2x+3

Sol

1. 進行「最高次項、最低次項的可能因式組合」的「研判、猜測」：

最高次項 x^3（可以拆成 x^2，x），最低次項 3（可以拆成 3，1 或 -3，-1）

2. 進行可能組合的「配對、檢驗」

x^2 　$\boxed{?\,x}$ 　1

注意：x^2...中間有缺 x 項...1

x 　　　　3

等同「分配律」：$(x^2 + ?\,x + 1)(x+3)$

$x^3+(3+\,?\,)x^2+(3\,?\,+1)x+3$

$\overset{令}{=} x^3+2x^2-2x+3$

比較 $\Rightarrow\ ?=-1$
係數

∵（同類）同次整併後，係數相等

∴$3+?=2$

∴$?=-1$

∴所求為：原式 $=(x^2\boxed{-x}+1)(x+3)$

例③ ：分解 $(a-c)^2-4(a-b)(b-c)$

Sol

$(a-c)^2-4(a-b)(b-c)$

將「較少變數參與項」$(a-c)^2$

$\underset{乘積項}{\overset{配出}{=}} [(a-b)+(b-c)]^2-4(a-b)(b-c)$

重組成「較多變數參與項」

$令\ A=a-b$，
$令\ B=b-c$

$\underset{簡化算式}{\overset{引入新符號}{=}} [A+B]^2-4AB$

$(a+b)^2=a^2+2ab+b^2$

$= A^2+2AB+B^2-4AB$

$= A^2-2AB+B^2$

$(a-b)^2=a^2-2ab+b^2$

$= (A-B)^2$

將 $A=a-b$ 及 $B=b-c$ 代回，但留意：「整串式子」進行「$\pm \times \div$」，應要「先加括號」才代回！

$= ((a-b)-(b-c))^2$

$= (a-2b+c)^2$

重點整理2-4　解開例題、弄懂策略

精選範例

例題 1　求 $(3x^2 + 4x - 8) \div (x + 2)$ 的商式及餘式？

> 利用「直式、分離係數法」，求算「多項式相除」後的「商跟餘」

▶▶▶ Sol

解法(1)直式：

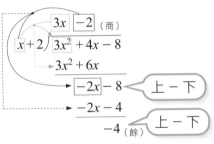

解法(2)分離係數：

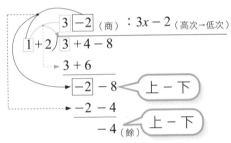

▶▶▶ Ans

$3x - 2$；-4

例題 2　一多項式除以 $2x^2 - 3x + 1$ 後，得商式為 $5x - 3$，餘式為 $-2x + 8$，試求此多項式？

> 多項式的「除、餘」關係問題，必用
> 「除法等式：$f(x)_{被除式} = g(x)_{除式} Q(x)_{商式} + r(x)_{餘式}$」

▶▶▶ Sol

由「除法等式」知：

待求多項式 $= (2x^2 - 3x + 1) \times (5x - 3) + (-2x + 8)$

$\overset{分配律}{=}$ $(10x^3 - 15x^2 + 5x) + (-6x^2 + 9x - 3) + (-2x + 8)$

$\overset{展開}{=} 10x^3 + (-15x^2 - 6x^2) + (5x + 9x - 2x) + (-3 + 8)$

$= 10x^3 - 21x^2 + 12x + 5$

> （同類）同次整併

▶▶▶ Ans

$10x^3$ ⎯ $21x^2 + 12x + 5$

例題 3 王老師作一個多項式除法示範後（如下圖），擦掉計算過程中的六個係數，並以 a、b、c、d、e、f 表示，試求 $a+b+d+e=$？

(A) 18 (B) 26 (C) 38 (D) 44

$$
\begin{array}{r}
2x + 3 \\
bx+5\,\big)\,\overline{6x^2+ax+d} \\
\underline{cx^2+10x} \\
ex+d \\
\underline{fx+15} \\
-2
\end{array}
$$

【基測 91】

Sol 利用「長除法」概念來求算「商、餘」關係的「除法等式」解題

由長除法知：

$$
\begin{array}{r}
\boxed{2x} + \boxed{3} \\
\boxed{bx}+5\,\big)\,\overline{\boxed{6x^2}+ax+d} \\
\underline{2bx^2+10x} \\
\boxed{(a-10)x}+d \\
\underline{3bx+15} \\
(d-15)
\end{array}
$$

上－下

上－下

（同類）「同次、同位置係數」相等

$$\Rightarrow \begin{cases} 6=2b=c \Rightarrow b=3, c=6 \\ a-10=e=f=\underbrace{3b=9}_{\text{上式已知「}b=3\text{」}} \Rightarrow a=19, e=f=9 \\ d-15=-2 \Rightarrow d=13 \end{cases}$$

x^2 係數

x 係數

常數（x^0 係數）

「題目給」的「長除法」v.s.「上面自己算」的「長除法」，並用「相同位置，等量代換」來處理

$\therefore a+b+d+e=19+3+13+9=44$

$\therefore$ 選 (D)

Ans

(D)

- $6x^2 \overset{\text{令}}{=} 2bx^2 = cx^2$
- $(a-10)x=3bx$
- $(a-10)x=ex$
- $3bx=fx$
- $(d-15)=-2$

例題 4　判別 $2x^3 + x^2 - 4x - 3$ 是否為 $2x - 3$ 的倍式？

對「已知、明確的 $f(x)$，$g(x)$」，可用「長除法」
來判別它們是否具備「因、倍式」關係

▶▶▶▶ Sol

整除
⇔ 餘式 = 0
⇔ 具「因、倍式」關係

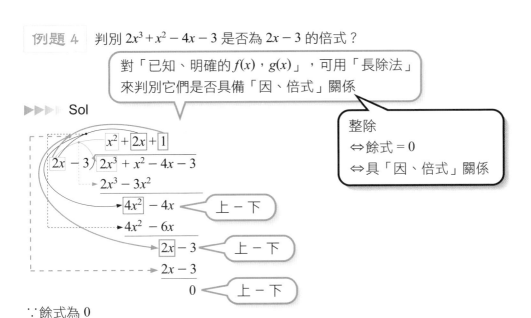

上 − 下

上 − 下

上 − 下

∵ 餘式為 0

∴ $2x^3 + x^2 - 4x - 3$ 是 $2x - 3$ 的倍式

▶▶▶▶ Ans

是

例題 5　設 $x + 1$ 是 $x^2 + mx + 2$ 的因式，求 m 值？

▶▶▶▶ Sol

利用「長除法」，並令「餘式 = 0」來求 m

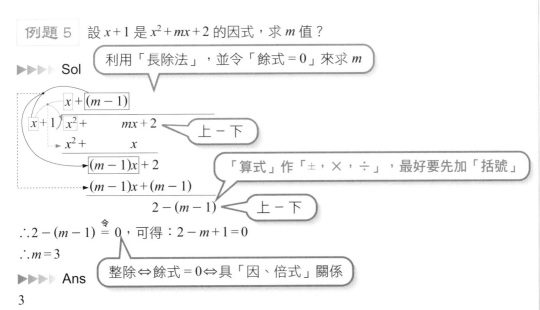

上 − 下

「算式」作「±，×，÷」，最好要先加「括號」

上 − 下

∴ $2 - (m - 1) \overset{令}{=} 0$，可得：$2 - m + 1 = 0$

∴ $m = 3$

整除 ⇔ 餘式 = 0 ⇔ 具「因、倍式」關係

▶▶▶▶ Ans

3

例題 6 因式分解：$a^3 - a^2x + ax^2 - x^3$

> ∵題目沒給「因式」
> ∴無法用「長除法」來處理！

▶▶▶ Sol

> 用「因式分解」第一招：「有公因式，必先外提」來解題

$$\underset{\text{有公因式 } a^2}{\underline{a^3 - a^2x}} + \underset{\text{有公因式 } x^2}{\underline{ax^2 - x^3}}$$

> 外提「公因式 a^2 及 x^2」

$$= \underset{\text{有公因式}(a-x)}{\underline{a^2(a-x) + x^2(a-x)}}$$

> 外提「公因式 $(a-x)$」

$$= (a-x)(a^2+x^2)$$

▶▶▶ Ans

$(a-x)(a^2+x^2)$

例題 7 因式分解：$3x^2y - 9xy^2 + 15xy$

> ∵題目沒給「因式」
> ∴無法用「長除法」來處理！

▶▶▶ Sol

> 利用「因式分解」第一招：「有公因式，必先外提」來解題

$3x^2y - 9xy^2 + 15xy$

> 有公因式 $3xy$

$= 3xy(x - 3y + 5)$

> 外提「公因式 $3xy$」

▶▶▶ Ans

$3xy(x - 3y + 5)$

> 留意：∵「a^2b^2」被外提「$-b^2$」後，會有「負號」產生
> ∴「留下的項」是「$-a^2$」

例題 8 因式分解：$1 - a^2 - b^2 + a^2b^2$

> ∵題目沒給「因式」
> ∴無法用「長除法」來處理！

> 利用「因式分解」第二招：「見平方±平方，必用平方公式」來解題

▶▶▶ Sol

$$\underset{\text{見平方 - 平方}}{\underline{1 - a^2}} \underset{\text{有公因式 } b^2}{\underline{- b^2 + a^2b^2}}$$

> 平方差：$a^2 - b^2 = (a+b)(a-b)$

$$= (1+a)(1-a) - b^2(\underset{\text{見平方 - 平方}}{\underline{1 - a^2}})$$

> 有公因式 $(1+a)(1-a)$

$$= (1+a)(1-a) - b^2(1+a)(1-a)$$

> 外提「公因式 $(1+a)(1-a)$」

$$= (1+a)(1-a)(1-b^2)$$

$$= (1+a)(1-a)(1+b)(1-b)$$

> 平方差：$a^2 - b^2 = (a+b)(a-b)$

▶▶▶ Ans

$(1+a)(1-a)(1+b)(1-b)$

> 見「平方 - 平方」：$1 - a^2 \overset{\text{看成}}{=} 1^2 - a^2$；$1 - b^2 \overset{\text{看成}}{=} 1^2 - b^2$，要聯想「平方差」公式

例題 9　因式分解：$(x+1)(x+2)^3 - (x+1)^3(x+2)$

∵題目沒給「因式」
∴無法用「長除法」來處理！

利用「因式分解」第二招：「見平方±平方，必用平方公式」來解題

▶▶▶▶ Sol

有公因式 $(x+1)(x+2)$

$(x+1)(x+2)^3 - (x+1)^3(x+2)$

$= \boxed{(x+1)(x+2)} \left[(x+2)^2 - (x+1)^2\right]$

外提「公因式 $(x+1)(x+2)$」

$= (x+1)(x+2) \boxed{\left[(x+2)+(x+1)\right]\left[(x+2)-(x+1)\right]}$

「算式」被「±，×，÷」
要先加「括號」

$= (x+1)(x+2)(2x+3) \times 1$

$= (x+1)(x+2)(2x+3)$

平方差：$a^2 - b^2 = (a+b)(a-b)$

▶▶▶▶ Ans

$(x+1)(x+2)(2x+3)$

見「平方 − 平方」：$(x+2)^2 - (x+1)^2$，必聯想「平方差」公式

例題 10　因式分解：$-x^2 + 26x - 120$

∵題目沒給「因式」
∴無法用「長除法」來處理！

利用「因式分解」的終極法寶：「（雙）十字交乘法」來解題

▶▶▶▶ Sol

原待分解式

確認「配對」的展開「恰等於原式」

$-x^2 + (6x+20x) - 120 = -x^2 + 26x - 120$

∴ $-x^2 + 26x - 120 = (-x+20)(x-6) = -(x-20)(x-6)$

▶▶▶▶ Ans

習慣上，讓 x 的最高項係數變為正

$-(x-20)(x-6)$

例題 11　因式分解：$a^2b^2x^2 + 3ab^2x - 4b^2$

> ∵題目沒給「因式」
> ∴無法用「長除法」來處理！

> 利用「因式分解」的終極法寶：「（雙）十字交乘法」來解題

▶▶▶▶ Sol

∵ $a^2b^2x^2 + 3ab^2x - 4b^2$

$= b^2(a^2x^2 + 3ax - 4)$

> 有「公因式 b^2」先外提

且

$$\dfrac{ax \quad\quad 4}{a^2x^2 + (4ax - ax) - 4} = \boxed{a^2x^2 + 3abx - 4}$$

> 剩下的待分解式

∴原式 $= b^2(ax - 1)(ax + 4)$

▶▶▶▶ Ans

$b^2(ax + 4)(ax - 1)$

> ∵題目沒給「因式」
> ∴無法用「長除法」來處理！

例題 12　因式分解：$(x^2 - 2x)^2 + 2(x^2 - 2x) - 15$

> 利用「因式分解」的終極法寶：「（雙）十字交乘法」來解題

▶▶▶▶ Sol

∵

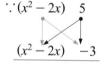

$$\dfrac{(x^2 - 2x) \quad\quad -3}{(x^2 - 2x)^2 + [(5-3)(x^2-2x)] - 15} = (x^2-2x)^2 + 2(x^2-2x) - 15$$

> 原待分解式

> 確認「配對」的展開「恰等於原式」

∴ $(x^2 - 2x)^2 + 2(x^2 - 2x) - 15$

$= (x^2 - 2x + 5)\boxed{(x^2 - 2x - 3)}$

$= (x^2 - 2x + 5)\boxed{(x - 3)(x + 1)}$

$$\dfrac{x \quad\quad -3}{x^2 + (-3x + x) - 3} = x^2 - 2x - 3$$

▶▶▶▶ Ans

$(x^2 - 2x + 5)(x - 3)(x + 1)$

> 「$x^2 - 2x + 5$」，「迄今已學」的方法，都無法再分解

例題 13 已知 $n=(5-1)(5+1)(5^2+1)(5^4+1)(5^8+1)(5^{16}+1)+1$，求 n 的個位數字？

> 見「平方 − 平方」，必聯想「平方差 $a^2-b^2=(a+b)(a-b)$」

▶▶▶▶ Sol

$\because n=[(5-1)(5+1)](5^2+1)(5^4+1)(5^8+1)(5^{16}+1)+1$

　$=[(5^2-1)(5^2+1)](5^4+1)(5^8+1)(5^{16}+1)+1$

　$=[(5^4-1)(5^4+1)](5^8+1)(5^{16}+1)+1$

　$=[(5^8-1)(5^8+1)](5^{16}+1)+1$

　$=[(5^{16}-1)(5^{16}+1)]+1$

　$=5^{32}-1+1$

　$=5^{32}$

> 找 $5^{任意次方}$ 的個位數字

且 $5^1 \rightarrow$ 個位數字是 ⑤ ; $5^2 \rightarrow$ 個位數字也還是 ⑤ ; …

$\therefore n=5^{32}$ 的個位數字為 5

> 由上，可看出：$5^{任意次方}$ 的個位數字，都是「5」

▶▶▶▶ Ans

5

例題 14 寫出下列各題的公因式

　(1) $5x^2$、$5x$　(2) $3x+3$、$x(x+1)$

　(3) $3x^3$、$7x$　(4) x^2+3x+2、$(x-1)(x+2)$

▶▶▶▶ Sol

(1) $\because 5x^2=5\times x\times x$

> 對「多項式」而言「常數」也可以是「因式」…
> 只要能將寫成：多項式 = 甲 × 乙 × 丙 × …，
> 則甲，乙，丙，…都是多項式的「因式」

　且 $5x=5\times x$

　$\therefore$ 公因式有：5 及 x

(2) $\because 3x+3=3(x+1)$ 且 $x(x+1)$

　$\therefore$ 公因式有：$(x+1)$

(3) $\because 3x^3=3\times x\times x\times x$ 且 $7x=7\times x$

　$\therefore$ 公因式有：x

(4) $\because x^2+3x+2=(x+1)(x+2)$ 且 $(x-1)(x+2)$

　$\therefore$ 公因式有：$(x+2)$

▶▶▶▶ Ans

(1) 5 及 x　(2) $x+1$　(3) x　(4) $x+2$

> 也可以說：公因式有「$5x$」

例題 15　因式分解：$(2x+3)(x-5)-(x+1)(x-5)$

利用「因式分解」第一招：「有公因式，必先外提」來解題

▶▶▶▶ Sol

$(2x+3)(x-5)-(x+1)(x-5)$

$=(x-5)[2x+3-(x+1)]$　　外提 $(x-5)$

$=(x-5)(2x+3-x-1)$

$=(x-5)(x+2)$

「式子」被 $\pm \times \div$，
最好先加括號

▶▶▶▶ Ans

$(x-5)(x+2)$

（ 　 ）前有負，去
（ 　 ）要全數變號

「多變數算式」或「高次算式」的「因式分解」，必
⊙ 將「較少變數參與項」，設法「重組」配成「較多變數參與項」
　 的「組合」，並善用「乘法公式」
⊙ 「同變數」分開「整併、配方」，並善用「平方公式」
⊙ 進行「（雙）十字」交乘的「可能因式組合」猜測與檢驗！
⊙ 引進「新符號」取代「複雜項、同型項」，以簡化「算式」

例題 16　因式分解：$x^2-y^2+4x-2y+3$

▶▶▶▶ Sol

$x^2-y^2+4x-2y+3$

「不同符號」分別「整併、配方」

$=(x^2+4x)-(y^2+2y)+3$

$=(x^2+4x+\boxed{2^2})-(y^2+2y+\boxed{1^2})+3\ \boxed{-2^2+1^2}$

前面為了「配方」多「$+2^2$ 及 -1^2」，
在後面要「扣減 及 補加回來」，
「等號」才能成立

$=(x+2)^2-(y+1)^2$

$=[(x+2)+(y+1)][(x+2)-(y+1)]$

$=(x+y+3)(x-y+1)$

▶▶▶▶ Ans

$(x+y+3)(x-y+1)$

「整串式子」被「$\pm, \times, \div$」要先加「括號」

見「平方－平方」必用「平方差」公式：
$a^2-b^2=(a+b)(a-b)$

一元二次多項式的根及其應用

「根、解」的應用問題，一定要「檢驗一下」，所求答案，是否「合乎常理」！且「所有解」都「不合常理」時，稱「本題無解」

更多關於「$y=ax^2+bx+c$」的「函數及圖形」觀念策略與例題，請參閱《歡迎來到函數世界》

重點整理3-1　求取「一元二次」多項式「根」的方法

等同：求取「一元二次」方程式「$ax^2+bx+c=0$」的「解」

「a」是多項式 $P(x)$ 的「根」⇔將「a」代入 $P(x)$ 取代「x」，其「函數值 $P(a)=0$」

「高次」多項式或方程式的「根、解」問題，常用：「引入符號，簡化算式」或「長除法，降低次數」來解題

當處理過程，涉及「用平方去：絕對值、二次根號」時，通常會有「多餘或不符合題目要求」的「多餘，理應被剔除的根、解」！

方法 1

「ax^2+bx+c，$a\neq0$」是「一元二次多項式 $P(x)$ 的定義式」，也是「方程式 $ax^2+bx+c=0$」的「非零邊」！

因式分解法

先將「ax^2+bx+c」的「等號一邊化為 0」，再予以「因式分解」，最後再令：「每一個含x因式為 0」，便可求得「多項式的根」或「方程式的解」。

將一個「（已知）數值」代入某個一元二次「方程式」的「對應未知數」中，能使該方程式「等號成立」時，我們便稱此「（已知）數值」是這個一元二次方程式的「解」

令「一次因式＝0」，可得：「x 的根、解」

見「含 √ 的根解」問題，必令「$x=$ 含 √ 的根解」，再使「√ 獨立」，並用「平方」去 √

見方程式的「解」或多項式的「根」，必將「解 或 根」代入「方程式 或 函數」，並使其「等號成立 或 函數值＝0」

「非 0 已知數 A」是「因式」，但不製造「根」！

$a_1,\cdots,a_n$ 是方程式的所有「解」
⇔ $a_1,\cdots,a_n$ 是函數的所有「根」
⇔ 方程式 或 函數，必可合併、整理成：
『$\textcircled{A}(x-a_1)\times\cdots\times(x-a_n)=$ "0" 或 $\textcircled{A}(x-a_1)\times\cdots\times(x-a_n)$

A 是某一個「非 0 已知數」
意即：是個「非 0 常數」

求「根、解」前，「一定要」先讓等號（不等號）的一邊「化成 0」。再進行「因式分解」！

「配方法」是「$ax^2+bx+c=0$」的「求解」方法中，最好的處理方法！

它的「重要性」在處理「含平方項」算式的整理！

亦即：「見含平方項」算式，一定要養成「先配方，並配合 $a^2-b^2=(a+b)(a-b)$」

來解題，是從此刻起，直到你高中畢業為止，會一直如影隨形跟在你的每一個重要

學習歷程中！

「有 x、沒 x」分開整理，
並外提「x^2 係數」

配方法：

$$\boxed{ax^2+bx+c}$$

括號「內外」$\pm\left(\dfrac{x\,係數}{2}\right)^2$

$$= \underbrace{a(x^2+\frac{b}{a}x)+c}_{\text{外提 2 次項係數，常數項獨立放置}}$$

留意：「a」的「正、負號」
會影響
$\Rightarrow$ 括號「外」的「$-a\times\left(\dfrac{b}{2a}\right)^2$」
到底是「減回去」還是「加回來」

$$= \underbrace{a[x^2+\frac{b}{a}x+(\frac{b}{2a})^2]+c-a\times(\frac{b}{2a})^2}_{\text{括號內加「}x\text{ 項係數之半的平方」並於括號外予以「扣減」}}$$

外面的「$(\dfrac{b}{2a})^2$」要記得「乘上 a」，再予以「扣減」

$$\overset{\text{平方}}{\underset{\text{公式}}{=}} a(x+\frac{b}{2a})^2+\frac{4ac-b^2}{4a}$$

$$= \boxed{a(x+\frac{b}{2a})^2-\frac{b^2-4ac}{4a}} \overset{令}{=} 0，再用「平方差」公式分解！$$

亦即：利用「配方法」，可以求算：

一元二次方程式的「解」**或** 一元二次多項式的「根」。

上述「配方法」也可以用來處理「雙變數」二次方程式的「解」問題：

(A)「將 x、y 分開整理」，並對其「分別配方」**或**

(B)「將 x 當主變數」、「將 y 當係數」，再「對主變數 x」進行

「因式分解 **或** 配方」，再配合「平方相加為 0，則各 平方項 皆為 0」

概念來解題！

方法 3

見「二次多項式（函數）、二次方程式 或 不等式」的「根、解」問題，必用：

① 先讓「等號 或 不等號一邊化為 0」

② 利用「因式分解」的技巧，將「不為 0 的那一側算式」，予以「因式分解」 或 「用長除法，來降低次方」或「引進新符號取代複雜項，同型項，來簡化算式」

③ 再不行，直接引用「解公式：$x = \dfrac{-b \pm \sqrt{b^2 - 4ac}}{2a}$」

④ 見「根、解」必「代入方程式 或 不等式，並令等號 或 不等號成立」

⑤ 善用「根、解」代入後的「結果」，來協助「複雜算式」的「簡化」

> 由「解公式」可得 α, β。再代入「$\alpha + \beta$」及「$\alpha \times \beta$」，便可得下述公式

⑥ 只討論「兩根 α、β 關係」，要用「兩根和 $\alpha + \beta = \dfrac{-b}{a}$ 且 兩根積 $\alpha \times \beta = \dfrac{c}{a}$ 來解題

⑦ x 二次式有「有理根」$\Leftrightarrow \Delta_x$ 可「開平方」$\Leftrightarrow \Delta_x$ 為「完全平方數」$\Leftrightarrow \Delta_x$ 所成二次式的「新判別式 = 0」

> $\Delta_x \overset{定義}{=} x$ 二次式的判別式

> Δ_x 已「不含 x」

⑧ 「含 $\sqrt{}$」的「根解」問題，令：$x = $ 含 $\sqrt{}$ 根解，再「平方去 $\sqrt{}$」

⑨ 善用「二次式」，必「配方」原則

⑩ 「高次式」或有「同型項」，一定要「引入新符號」予以簡化

公式解法：

「方程式」$ax^2 + bx + c = 0$ 的「解」或 「多項式（函數）」 $ax^2 + bx + c$ 的「根」為：

$$x = \frac{-b \pm \sqrt{b^2 - 4ac}}{2a}$$

> 注意：根號內 ≥ 0，「根號的值」才是有意義的「實數」，且平方根「正負」都要！

並稱 $\underset{(讀作：delta)}{\Delta} = \boxed{b^2 - 4ac}$ 為 $ax^2 + bx + c = 0$ 的「判別式」，

Step-1. 先配方，並令配方結果 = 0：

$$\boxed{ax^2 + bx + c} = a(x + \frac{b}{2a})^2 + \frac{4ac - b^2}{4a} = \boxed{a(x + \frac{b}{2a})^2 - \frac{b^2 - 4ac}{4a} \overset{令}{=} 0}$$

Step-2.「有 x、沒 x」分開在等號兩側，再將「沒 x 項」平方化：

$$(x+\frac{b}{2a})^2 = \frac{b^2-4ac}{4a^2} = \left(\pm\frac{\sqrt{b^2-4ac}}{2a}\right)^2$$

「平方根」，別忘了「±」都要

$$\Rightarrow x+\frac{b}{2a} = \pm\frac{\sqrt{b^2-4ac}}{2a}$$

$$\Rightarrow \boxed{x = \frac{-b\pm\sqrt{b^2-4ac}}{2a}}$$

也可以先看成：$(x+\frac{b}{2a})^2 - \left(\frac{\sqrt{b^2-4ac}}{2a}\right)^2 = 0$，再用「平方差公式」予以分解！

意謂：「多項式（函數）$y=ax^2+bx+c$」的圖形，其「最高點 或 最低點」在「x 軸」上

且由「判別式」可知：

1. $\Delta=0$，表兩（實）根相同（重根）皆為 $\dfrac{-b}{2a}$。

2. $\Delta>0$，表兩（實）根相異。

意謂：圖形跟「x 軸有兩個（不同）交點」

3. $\Delta<0$，表無（實數）解 或 無實（數）根。

意謂：「多項式（函數）$y=ax^2+bx+c$」的圖形跟「x 軸（「實數」線）無交點」

$\Delta=0$ 時，又稱 $ax^2+bx+c=0$ 為「完全平方式」

「負數」沒有（具「實數」意義的）「平方根」

∵ $\Delta<0$ 時，圖形與 x 軸（「實數」線）無交點

∴ 圖形會都在

⊙ x 軸上方 ∪ ：恆正 或 ⊙ x 軸下方 ∩ ：恆負

重點整理3-2　解開例題、弄懂策略

 精選範例

例題 1　試解下列各一元二次方程式：

(1) $x(x-2)=15$　(2) $(x-1)(x-2)=20$

(3) $(2x+1)^2=8x+4$

先將「等號一邊化為 0」，再配合「因式分解法」來找二次多項式、二次方程式的「根、解」

▶▶▶▶ Sol

(1) $x(x-2)=15$

$\Rightarrow x^2-2x-15=0$　◀ 先將「等號一邊化為 0」

$\Rightarrow$ 　◀ 因式分解

$\Rightarrow (x-5)(x+3)=0$

$\Rightarrow x=5$ 或 -3　◀ 再令「每個 含x 因式 = 0」

(2) $(x-1)(x-2)=20$

$\Rightarrow x^2-3x+2-20=0$　◀ 先將「等號一邊化為 0」

$\Rightarrow x^2-3x-18=0$

$\Rightarrow$ 　◀ 因式分解

$\Rightarrow (x-6)(x+3)=0$

$\Rightarrow x=6$ 或 -3　◀ 再令「每個 含x 因式 = 0」

$(3)(2x+1)^2 = 8x+4$ — 展開整理

$\Rightarrow 4x^2 + 4x + 1 - 8x - 4 = 0$ — 先將「等號一邊化為 0」

$\Rightarrow 4x^2 - 4x - 3 = 0$

$\Rightarrow$ — 因式分解

$\Rightarrow (2x+1)(2x-3) = 0$

$\Rightarrow x = \dfrac{-1}{2}$ 或 $\dfrac{3}{2}$ — 再令「每個 含x 因式 = 0」

▶▶▶ **Ans**

(1) $x = 5$，-3　(2) $x = 6$，-3　(3) $x = \dfrac{-1}{2}$，$\dfrac{3}{2}$

在數學表達中，
「$x = a$ 或 b」
等價
$\Rightarrow$ 「$x = a$，b」

例題 2　試用配方法解下列各一元二次方程式：

(1) $x^2 - 5x + 6 = 0$

(2) $3x^2 + 5x + 2 = 0$

(3) $2x^2 - 5x - 3 = 0$

利用「$ax^2 + bx + c \overset{配方}{=} (x + \dfrac{b}{2a})^2 - \dfrac{b^2 - 4ac}{4a} \overset{令}{=} 0$」來解題

▶▶▶ **Sol**

(1) $x^2 - 5x + 6$ — 「有 x、沒 x」分開整理

$= (x^2 - 5x) + 6$

$= [x^2 - 5x \boxed{+(\dfrac{-5}{2})^2}] + 6 \boxed{-(\dfrac{-5}{2})^2}$ — 括號「內外」$\pm \left(\dfrac{x \text{ 項係數}}{2}\right)^2$

$= (x - \dfrac{5}{2})^2 + 6 - \dfrac{25}{4}$

$= (x - \dfrac{5}{2})^2 + \dfrac{-1}{4} \overset{令}{=} 0$

$\Rightarrow (x - \dfrac{5}{2})^2 = \dfrac{1}{4} = (\boxed{\pm}\dfrac{1}{2})^2$

「有 x、沒 x」分開「在等號兩側」，
並將「無 x 項，予以平方化」

「平方根」別忘了「$\pm$」都要

$\Rightarrow x - \dfrac{5}{2} = \pm \dfrac{1}{2}$ — 左右兩個（ ）^{2} 內的式子「相等」

$\Rightarrow x = \dfrac{5}{2} \pm \dfrac{1}{2} = 3$ 或 2

「有 x、沒 x」分開整理，
並外提「x^2 係數」

(2) $3x^2 + 5x + 2$

$= 3(x^2 + \dfrac{5}{3}x) + 2$

$= 3[x^2 + \dfrac{5}{3}x + \boxed{(\dfrac{5}{6})^2}] + 2 \boxed{-3 \times (\dfrac{5}{6})^2}$

括號「內外」$\pm \left(\dfrac{x \text{項係數}}{2}\right)^2$ 且外面的「$-(\dfrac{5}{6})^2$」要記得「乘上 x^2 係數：3」

$= 3(x + \dfrac{5}{6})^2 + 2 - \dfrac{25}{12}$

$= 3(x + \dfrac{5}{6})^2 + \dfrac{-1}{12} \overset{令}{=} 0$

$\Rightarrow 3(x + \dfrac{5}{6})^2 = \dfrac{1}{12}$

$\Rightarrow (x + \dfrac{5}{6})^2 = \dfrac{1}{36} = (\boxed{\pm} \dfrac{1}{6})^2$

「有 x、沒 x」分開「在等號兩側」，
並將「無 x 項，予以平方化」

「平方根」別忘了「$\pm$」都要

$\Rightarrow x + \dfrac{5}{6} = \pm \dfrac{1}{6}$

$\Rightarrow x = \dfrac{-5}{6} \pm \dfrac{1}{6} = \dfrac{-2}{3}$ 或 -1

「有 x、沒 x」分開整理，
並外提「x^2 係數」

(3) $2x^2 - 5x - 3$

$= 2(x^2 - \dfrac{5}{2}x) - 3$

$= 2[x^2 - \dfrac{5}{2}x + \boxed{(\dfrac{-5}{4})^2}] - 3 \boxed{-2 \times (\dfrac{-5}{4})^2}$

括號「內外」$\pm \left(\dfrac{x \text{項係數}}{2}\right)^2$ 且外面的「$-(\dfrac{5}{4})^2$」要記得「乘上 x^2 係數：2」

$= 2(x - \dfrac{5}{4})^2 - 3 - \dfrac{25}{8}$

$= 2(x - \dfrac{5}{4})^2 - \dfrac{49}{8} \overset{令}{=} 0$

$\Rightarrow 2(x - \dfrac{5}{4})^2 = \dfrac{49}{8}$

$\Rightarrow (x - \dfrac{5}{4})^2 = \dfrac{49}{16} = (\boxed{\pm} \dfrac{7}{4})^2$

「有 x、沒 x」分開「在等號兩側」，
並將「無 x 項，予以平方化」

「平方根」別忘了「$\pm$」都要

$\Rightarrow x - \dfrac{5}{4} = \pm \dfrac{7}{4}$

$\Rightarrow x = \dfrac{5}{4} \pm \dfrac{7}{4} = 3$ 或 $\dfrac{-1}{2}$

▶▶▶▶ Ans

(1) $x = 3$，2　(2) $x = \dfrac{-2}{3}$，-1　(3) $x = 3$，$\dfrac{-1}{2}$

左右兩個 $(\quad)^2$ 內的式子「相等」

例題 3 若 a、b 為方程式 $(x-29)^2 = 247$ 的兩解,則下列敘述何者正確?

(A) a 為 247 的平方根

(B) $a+b$ 為 247 的平方根

(C) $a+29$ 為 247 的平方根

(D) $29-b$ 為 247 的平方根

> 因「已知條件方程式」已呈「配方完成」的最佳狀態,
> 故直接開方處理,就可得解(千萬別先展開,再因式分解)

▶▶▶▶ Sol

$(x-29)^2 = 247$

> 將「247」先「±開 $\sqrt{\ }$」,並予以「平方」得:$247 = (\pm\sqrt{247})^2$

$\Rightarrow (x-29)^2 = (\pm\sqrt{247})^2$

$\Rightarrow x-29 = \pm\sqrt{247}$

> 「平方根」別忘了「±」都要

$\Rightarrow x = 29 \pm \sqrt{247}$

$\therefore$ 可取:$a = 29+\sqrt{247}$,$b = 29-\sqrt{247}$

$\Rightarrow a+b = 58$,$a+29 = 58+\sqrt{247}$ 且 $29-b = \sqrt{247}$

$\therefore$ 選 (D)

▶▶▶▶ Ans

(D)

> 每一個「括號」,
> 各自「外提公因數」

> 「$\pm\sqrt{247}$」是 247 的「平方根」,但
> 「$29\pm\sqrt{247}$」,雖然跟 247 的「平方根」
> 有關,卻不是 247 的「平方根」

例題 4 試解方程式:

$$16x^2y^2 - 48x^2y + 24xy^2 + 100x^2 - 72xy + 16y^2 + 150x - 48y + 72 = 0$$

> 當「x、y 無法分開整理」,則「以 x 當主變數」而「以 y 當係數」
> 方式去整理,再配合「平方相加為 0,則各 平方項 皆為 0」概念來解題

▶▶▶▶ Sol

$16x^2y^2 - 48x^2y + 24xy^2 + 100x^2 - 72xy + 16y^2 + 150x - 48y + 72 = 0$

> 以 x 當主變數,
> 以 y 當係數

$\Rightarrow (16y^2 - 48y + 100)(x^2) + (24y^2 - 72y + 150)(x) + (16y^2 - 48y + 72) = 0$

$\Rightarrow (4)(4y^2 - 12y + 25)(x^2) + (6)(4y^2 - 12y + 25)(x) + (4)(4y^2 - 12y + 25) - 28 = 0$

$\Rightarrow (4x^2 + 6x + 4)(4y^2 - 12y + 25) - 28 = 0$

> 外提「公因數 4,6,4」且儘可能
> 「配出同型項 $4y^2 - 12y + 25$」

> 前三項,外提公因式 $4y^2 - 12y + 25$

$\Rightarrow [4(x+\frac{3}{4})^2 + \frac{7}{4}][4(y-\frac{3}{2})^2 + 16] - 28 = 0$

> 分別對「x、y」配方

$$\Rightarrow 16(x+\frac{3}{4})^2(y-\frac{3}{2})^2+64(x+\frac{3}{4})^2+7(y-\frac{3}{2})^2=0$$

> 將上式，用「分配律」予以「展開」

$$\Rightarrow x=\frac{-3}{4}，y=\frac{3}{2}$$

▶▶▶ Ans

$$x=\frac{-3}{4}，y=\frac{3}{2}$$

> ∵ 平方 + 平方 + 平方 = 0
> ⇔ 每個「平方 $\overset{都}{=}$ 0」
> ∴ $x+\frac{3}{4}\overset{令}{=}0$ 且 $y-\frac{3}{2}\overset{令}{=}0$
> ∴ $x=\frac{-3}{4}$ 且 $y=\frac{3}{2}$

> 再次強調：用「具體已知數」代換「未知項」前，一定要先將「運算形態化相同」才能準確的判斷它們的「扮演 & 代換」關係！

例題 5 試解下列各一元二次方程式：

(1) $x^2-3x-3=0$ (2) $5-3x-2x^2=0$ (3) $3x^2-6x+10=0$

> $x^2-3x-3=0$
> $\overset{改成}{\Leftrightarrow} x^2+(-3)x+(-3)=0$
> v.s. 「$ax^2+bx+c=0$」

> 利用「公式解 $x=\frac{-b\pm\sqrt{b^2-4ac}}{2a}$」來解題

▶▶▶ Sol

> 取 $a=1$，$b=-3$，$c=-3$ 代入公式

(1) $x^2-3x-3=0$

$$\Rightarrow x=\frac{-(-3)\pm\sqrt{(-3)^2-4\times1\times(-3)}}{2\times1}=\frac{3\pm\sqrt{9+12}}{2}=\frac{3\pm\sqrt{21}}{2}$$

> 先將「最高次項」的係數化為正數

> 這個「動作」也可以不用作！

(2) $5-3x-2x^2=0$

> 取 $a=2$，$b=3$，$c=-5$ 代入公式

$$\Rightarrow 2x^2+3x-5=0$$

$$\Rightarrow x=\frac{-3\pm\sqrt{3^2-4\times2\times(-5)}}{2\times2}=\frac{-3\pm\sqrt{9+40}}{4}=\frac{-3\pm\sqrt{49}}{4}=\frac{-3\pm7}{4}=1 \text{ 或 } \frac{-5}{2}$$

> $2x^2+3x-5=0$
> $\overset{改成}{\Leftrightarrow} 2x^2+3x+(-5)=0$
> v.s. 「$ax^2+bx+c=0$」

> 「負數」作「±×÷，次方」運算，最好「先加括號」

> 取 $a=3$，$b=-6$，$c=10$ 代入公式

(3) $3x^2-6x+10=0$

$$\Rightarrow x=\frac{-(-6)\pm\sqrt{(-6)^2-4\times3\times10}}{2\times3}=\frac{6\pm\sqrt{36-120}}{6}=\frac{6\pm\sqrt{-84}}{6}$$

∵「負數」沒有平方根

∴ 本題無（實數）解

> 見「二次根號」內有「負數」，應小心！

> $3x^2-6x+10=0$
> $\overset{改成}{\Leftrightarrow} 3x^2+(-6)x+10=0$
> v.s. 「$ax^2+bx+c=0$」

> $\sqrt{-84}$ 在「實數」的世界裡，無法求得其數值

▶▶▶▶ Ans

(1) $x = \dfrac{3 \pm \sqrt{21}}{2}$　(2) $x = 1$，$\dfrac{-5}{2}$　(3) 無（實數）解

> 此處的「無解」是「約定俗成」的「無實數解」

例題 6　關於方程式 $49x^2 - 98x - 1 = 0$ 的解，下列敘述何者正確？

(A)無解　　　　(B)有兩正根

(C)有兩負根　　(D)有一正根及一負根　　　　　　　　　【基測 97】

$49x^2 - 98x - 1 = 0$

$\overset{\text{改成}}{\Longleftrightarrow} 49x^2 + (-98)x + (-1) = 0$

v.s.「$ax^2 + bx + c = 0$」

> 利用「公式解 $x = \dfrac{-b \pm \sqrt{b^2 - 4ac}}{2a}$」來解題

▶▶▶▶ Sol

方程式的兩根為

> 取 $a = 49$，$b = -98$，$c = -1$ 代入公式

$x = \dfrac{-(-98) \pm \sqrt{(-98)^2 - 4 \times 49 \times (-1)}}{2 \times 49}$

$= \dfrac{98 \pm \sqrt{(98)^2 + 4 \times 49}}{2 \times 49}$

> ∵題目只要求判別「正負」
> ∴$\sqrt{(98)^2 + 4 \times 49}$ 不要去展開它

∵ $\sqrt{(98)^2 + 4 \times 49} > \sqrt{(98)^2} = \boxed{98}$

∴$98 \pm \sqrt{(98)^2 + 4 \times 49}$ 必「一正、一負」

∴選 (D)

> $98 + \sqrt{(98)^2 + 4 \times 49} > 0$，
> $98 - \sqrt{(98)^2 + 4 \times 49} < 0$

▶▶▶▶ Ans

(D)

$(98)^2 + 正 > (98)^2$

例題 7　設兩整數的和為 11，其平方和為 61，求此二數？

> 依題意條列關係式，且別忘了「檢驗答案」

▶▶▶▶ Sol

設有一個整數為 x

∴另一個整數為 $11 - x$

> ∵兩數和 = 11
> ∴$x +$ 另一數 = 11
> ∴另一數 = $11 - x$

∴依題意得：

$x^2 + (11 - x)^2 = 61$

> 平方和 = 61

> 「負數」及「整串算式」作「$\pm \times \div$，次方」運算，最好要先加「括號」

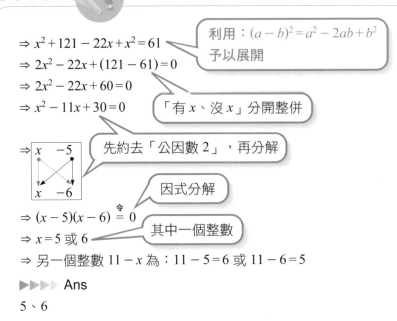

$\Rightarrow x^2 + 121 - 22x + x^2 = 61$ ← 利用：$(a-b)^2 = a^2 - 2ab + b^2$ 予以展開

$\Rightarrow 2x^2 - 22x + (121 - 61) = 0$

$\Rightarrow 2x^2 - 22x + 60 = 0$

$\Rightarrow x^2 - 11x + 30 = 0$ ← 「有 x、沒 x」分開整併

先約去「公因數 2」，再分解

$\Rightarrow (x-5)(x-6) \overset{令}{=} 0$ ← 因式分解

$\Rightarrow x = 5$ 或 6 ← 其中一個整數

$\Rightarrow$ 另一個整數 $11 - x$ 為：$11 - 5 = 6$ 或 $11 - 6 = 5$

▶▶▶▶ Ans

5、6

例題 8　兩個正方形周長和為 100 公尺，面積和為 325 平方公尺，求此兩正方形的邊長各為多少公尺？

依題意條列關係式，且別忘了「檢驗答案」

▶▶▶▶ Sol

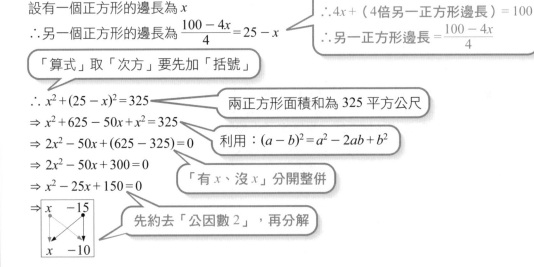

設有一個正方形的邊長為 x

∴另一個正方形的邊長為 $\dfrac{100 - 4x}{4} = 25 - x$

∵正方形「周長和」$= 100$

∴$4x +$（4倍另一正方形邊長）$= 100$

∴另一正方形邊長 $= \dfrac{100 - 4x}{4}$

「算式」取「次方」要先加「括號」

∴$x^2 + (25 - x)^2 = 325$ ← 兩正方形面積和為 325 平方公尺

$\Rightarrow x^2 + 625 - 50x + x^2 = 325$

$\Rightarrow 2x^2 - 50x + (625 - 325) = 0$ ← 利用：$(a-b)^2 = a^2 - 2ab + b^2$

$\Rightarrow 2x^2 - 50x + 300 = 0$

$\Rightarrow x^2 - 25x + 150 = 0$ ← 「有 x、沒 x」分開整併

先約去「公因數 2」，再分解

$\Rightarrow (x-15)(x-10) \overset{令}{=} 0$ 　因式分解

$\Rightarrow x=15$ 或 10 　其中一個正方形邊長

$\Rightarrow$ 另一個正方形邊長 $25-x$ 為：$25-15=10$ 或 $25-10=15$

▶▶▶▶ Ans

15 公尺、10 公尺

例題 9　試解方程式 $(x+1)(x-3)(x+2)(x+6)+19=0$？

▶▶▶▶ Sol

$\because [\underbrace{(x+1)(x+2)}_{\lceil x^2+3x\rfloor+2}][\underbrace{(x-3)(x+6)}_{\lceil x^2+3x\rfloor-18}]+19=0$ 　創造最多「共同項 x^2+3x」

$\therefore$ 令 $t=x^2+3x$ 　引進「新符號」取代「共同項 x^2+3x」

$\therefore (t+2)(t-18)+19=0$

$\therefore t^2-16t-36+19=0$ 　先展開「整併」，再分解

$\therefore t^2-16t-17=0$

$\therefore (t-17)(t+1)=0$

$\therefore t=17$ 或 $t=-1$ 　把「$t=17$，-1」代回「$t=x^2+3x$」

$\therefore x^2+3x=17$ 或 $x^2+3x=-1$

$\therefore x^2+3x-17=0$ 或 $x^2+3x+1=0$

$\therefore x=\dfrac{-3\pm\sqrt{9+68}}{2}$ 或 $\dfrac{-3\pm\sqrt{9-4}}{2}$ 　$ax^2+bx+c=0$ 的兩根為：$\dfrac{-b\pm\sqrt{b^2-4ac}}{2a}$

$\therefore x=\dfrac{-3\pm\sqrt{77}}{2}$ 或 $\dfrac{-3\pm\sqrt{5}}{2}$

▶▶▶▶ Ans　　留意：誰當公式的「a、b、c」

$\dfrac{-3\pm\sqrt{77}}{2}$, $\dfrac{-3\pm\sqrt{5}}{2}$

例題 10　若 α 是 $x^2-3x+1=0$ 的一根（解），則 $\dfrac{2\alpha^5-5\alpha^4+2\alpha^3-8\alpha^2}{\alpha^2+1}$ 的值為？

見方程式用「代號」表示的「根（解）」問題，必將「根（解）的代號」代入方程式，再「令等號成立」，並「善用根（解）代入後的式子」來解題！

▶▶▶▶ Sol

$\because \alpha$ 是 $x^2-3x+1=0$ 的一根（解）

用「α」取代「x」

將「根代號」代入方程式，並令等號成立

$\therefore \alpha^2 - 3\alpha + 1 = 0$

$\therefore \alpha^2 + 1 = \boxed{3\alpha}$

「$\alpha^2 + 1$」恰為：題目的「分母」

「高次根、解」或「有共同型」問題，常用「引入新符號，來簡化算式」或「長除法，來降低次方」！

除法等式：
被除式＝除式×商＋餘

要「善用根（解）代入後的式子」來解題

$\therefore \boxed{2\alpha^5 - 5\alpha^4 + 2\alpha^3 - 8\alpha^2} = (\alpha^2 - 3\alpha + 1)(2\alpha^3 + \alpha^2 + 3\alpha) - 3\alpha = \boxed{-3\alpha}$

用「長除法」來處理

多項式的除法等式

善用已知「$\alpha^2 - 3\alpha + 1 = 0$」及「長除法」來「降低次方，並簡化算式」

$\therefore \dfrac{2\alpha^5 - 5\alpha^4 + 2\alpha^3 - 8\alpha^2}{\alpha^2 + 1} = \dfrac{-3\alpha}{3\alpha} = -1$

▶▶▶▶ Ans

-1

分數上、下，能約就約

「長除法」來求「除法等式」

$$\begin{array}{r} 2\alpha^3 + \alpha^2 + 3\alpha \\ \alpha^2 - 3\alpha + 1 \overline{)\, 2\alpha^5 - 5\alpha^4 + 2\alpha^3 - 8\alpha^2 + \boxed{0 + 0}} \\ \underline{2\alpha^5 - 6\alpha^4 + 2\alpha^3} \\ \alpha^4 + 0 \quad - 8\alpha^2 \\ \underline{\alpha^4 - 3\alpha^3 + \alpha^2} \\ 3\alpha^3 - 9\alpha^2 + 0 \\ \underline{3\alpha^3 - 9\alpha^2 + 3\alpha} \\ -3\alpha + 0 \end{array}$$

缺項要補 0

為何要「降到 2 次」？
Ans：因為「二次式」至少有「公式解法」可以保證「解得出」方程的解

例題 11　試求 $(2x^2 - 3x + 1)^2 - 22x^2 + 33x - 1 = 0$ 的解？

「高次根、解」或「有同型項」問題，必「引入新符號」，來簡化算式！

▶▶▶▶ Sol

$\because$ 令「$t = 2x^2 - 3x + 1$」進行「代換」，可將原式先轉換成：

$t^2 - 11 \times (2x^2 - 3x + 1) + 10 = 0$

再設法再配出「$t = 2x^2 - 3x + 1$」

$\therefore$ 再進一步轉換成：$t^2 - 11t + 10 = 0$

$\therefore (t - 10)(t - 1) = 0$

因式分解

$\therefore t = 10$ 或 $t = 1$

將「$t = 10，1$」代回：$2x^2 - 3x + 1 = t$

$\therefore 2x^2 - 3x + 1 = 10$ 或 $2x^2 - 3x + 1 = 1$

$\therefore 2x^2 - 3x - 9 = 0$ 或 $2x^2 - 3x = 0$

因式分解

$\therefore (2x + 3)(x - 3) = 0$ 或 $x(2x - 3) = 0$

$\therefore x = \dfrac{-3}{2}，3，0，\dfrac{3}{2}$ 為原方程式的根

▶▶▶ **Ans**

$x = \dfrac{-3}{2}，3，0，\dfrac{3}{2}$

例題 **12** 　設 m 為 $x^2 + 2x - 7 = 0$ 的解，試求 $(m-3)(m+8)(m+5)(m-6)$ 的值？

▶▶▶ **Sol**

$\therefore m^2 + 2m - 7 = 0$

見「根、解」，必代入「方程式」，並「善用根（解）代入後的算式」來解題

$\therefore m^2 + 2m = 7$

又因：$(m - 3)(m + 8)(m + 5)(m - 6)$

$= [\ \underset{\text{可配出 } m^2+2m}{\underline{(m - 3)(m + 5)}}\ ]\ [\ \underset{\text{可配出 } m^2+2m}{\underline{(m + 8)(m - 6)}}\ ]$

「部份」重組「展開」以配出「$m^2 + 2m$」

$= (m^2 + 2m - 15)(m^2 + 2m - 48)$

$= (7 - 15)(7 - 48)$

已知「$m^2 + 2m = 7$」

$= (-8) \times (-41)$

$= 328$

▶▶▶ **Ans**

328

例題 **13** 　甲、乙同解一題一元二次方程式，甲看錯常數項，解得兩根為 2 和 3，乙看錯 x^2 項的係數，解得兩根為 -1 和 $\dfrac{14}{9}$，求此方程式的正確解？

▶▶▶▶ Sol

取 $A(x-a_1) \times \cdots \times (x-a_n)$ 的 $A=1$

甲：$(x-2)(x-3)=0$

$\Rightarrow x^2 - 5x + \boxed{6} = 0$

看錯

> 看錯的部份
> 捨棄

乙：$(x+1)(x-\dfrac{14}{9})=0$

$\Rightarrow x^2 - \dfrac{5}{9}x - \dfrac{14}{9} = 0$

$\Rightarrow \boxed{9x^2} - 5x - 14 = 0$

看錯

∵「沒看錯」的「正確項」部份，都「共同項 $-5x$」
∴直接取：甲、乙的「正確項」組成「正確方程式」

∴正確方程式為：$x^2 - 5x - 14 = 0$

$\Rightarrow (x+2)(x-7)=0$

因式分解

$\Rightarrow x = -2$ 或 7

▶▶▶▶ Ans

-2 或 7

再令「每一個 $\boxed{含\,x}$ 因式 $=0$」

「A」為某一個
「非 0 常數」

$a_1, \cdots, a_n$ 是「方程式的所有解」

$\Leftrightarrow a_1, \cdots, a_n$ 是「函數的所有根」

$\Leftrightarrow$ 「方程式」或「函數的非 0 部份」，

必可整理成：

『$A(x-a_1) \times \cdots \times (x-a_n) = $"$0$" 或

$A(x-a_1) \times \cdots \times (x-a_n)$』

因為，「係數」與「兩根」有關。

所以，也可以用「根與係數關係：$\alpha+\beta=\dfrac{-b}{a}$ 且 $\alpha\times\beta=\dfrac{c}{a}$」來解題！

如：$\alpha+\beta=\dfrac{-a}{24}$ 且 $\alpha\times\beta=\dfrac{b}{24}$，其中 $\alpha \overset{取}{=} \dfrac{3}{2}$ 且 $\beta \overset{取}{=} \dfrac{-5}{3}$

∴可得：$\dfrac{3}{2} + \dfrac{-5}{3} = \boxed{\dfrac{-1}{6}} \overset{令}{=} \boxed{\dfrac{-a}{24}}$ 且 $\dfrac{3}{2} \times \dfrac{-5}{3} = \boxed{\dfrac{-5}{2}} \overset{令}{=} \boxed{\dfrac{b}{24}} \Rightarrow \begin{cases} a=4 \\ b=-60 \end{cases}$

例題 14 一元二次方程式 $24x^2 + ax + b = 0$ 之兩根為 $\dfrac{3}{2}$ 和 $\dfrac{-5}{3}$，求 $a+b$？

> $a_1, \cdots, a_n$ 是「方程式的所有解」
> $\Leftrightarrow a_1, \cdots, a_n$ 是「函數的所有根」
> $\Leftrightarrow$「方程式」或「函數的非 0 部份」，
> 必可整理成：
> 『$A(x-a_1) \times \cdots \times (x-a_n) = "0"$ 或
> $A(x-a_1) \times \cdots \times (x-a_n)$』

「A」為某一個「非 0 常數」

▶▶▶ **Sol**

原方程式，必可整理成：$m(x - \dfrac{3}{2})(x + \dfrac{5}{3}) = 0$（$m \neq 0$）

$\therefore m(2x-3)(3x+5) = 0$　　去分母，化整式

$\therefore 6mx^2 + mx - 15m = 0$　　用「分配律」展開

$\therefore 24 \overset{令}{=} 6m$

$\therefore m = 4$　　與 $24x^2 + ax + b = 0$ 比較 x^2 的係數

多項式「相等」
$\Leftrightarrow$ 經「（同類）同次整併」後的「（同類）同次項係數」，都個別相等 或 成相同比例」

$\therefore 6mx^2 + mx - 15m \overset{將「m=4」代入}{\underset{可得}{=}} 24x^2 + 4x - 60 = 0$

$\therefore a = 4$，$b = -60$　　與 $24x^2 + ax + b = 0$ 進行 x 的「同次項係數」比較

$\therefore a + b = 4 + (-60)$
$\qquad = 4 - 60$
$\qquad = -56$

$+$加 負 $=$ $-$減 正

▶▶▶ **Ans**

-56

因為，要跟「$24x^2 + ax + b = 0$」作「係數相等」的比較。
所以，不可以「對算式」，進行「乘除的調整」！
亦即：只能用「整理算式」的概念來處理，
　　　不能用「求根、解」的概念來解題

例題 15　若 $2 + \sqrt{3}$ 為一元二次方程式 $3x^2 + ax + b = 0$ 的一解，其中 a、b 為整數，求 ab 之值？

▶▶▶ **Sol**

$\because 2 + \sqrt{3}$ 為此方程式的一解

$\therefore x \overset{令}{=} 2 + \sqrt{3}$　　見「含 $\sqrt{\ }$ 的根解」，必令「$x =$ 含 $\sqrt{\ }$ 的根解」，再使「$\sqrt{\ }$ 獨立」並用「平方」去 $\sqrt{\ }$

$\therefore x - 2 = \sqrt{3}$

$\therefore (x-2)^2 = (\sqrt{3})^2 = 3$　　平方去除 $\sqrt{\ }$

$\therefore x^2 - 4x + 4 = 3$　　利用：$(a-b)^2 = a^2 - 2ab + b^2$

$\therefore x^2 - 4x + 1 = 0$

調整成「$3x^2 + ax + b = 0$」的形態，以便進行「多項式相等」的比較

$\therefore \boxed{3x^2} - 12x + 3 = 0$ ← 平衡係數，同乘以「3」

並與「$3x^2 + ax + b = 0$」比較

$\therefore$ 可得：$a = -12$，$b = 3$

$\therefore ab = (-12) \times 3 = -36$

多項式「相等」
$\Leftrightarrow$ 經「（同類）同次整併」後的
「（同類）同次項係數」，都
「個別相等 或 成相同比例」

▶▶▶ Ans

-36

利用：x 的 2 次式有「有理根」
$\Leftrightarrow \Delta_x$ 為「可去掉 $\sqrt{}$ 的完全平方數」
$\Leftrightarrow \Delta_x$ 所成二次式的「新判別式 $= 0$」

例題 16　已知 $x^2 - (2k+1)x + 3a = 0$ 的根為「有理數」，試求 a？

▶▶▶ Sol

$\because x^2 - (2k+1)x + 3a = 0$

　的（兩）根 $x = \dfrac{-[-(2k+1)] \pm \sqrt{[-(2k+1)]^2 - 4 \times 1 \times 3a}}{2}$

「算式、帶負號式子」取
「次方」，最好先加「括號」

取：$a = 1$，
$b = -(2k+1)$，$c = 3a$

利用「解公式」：
$ax^2 + bx + c = 0$ 的兩根為 $x = \dfrac{-b \pm \sqrt{b^2 - 4 \times a \times c}}{2a}$

且題目已告知：2 次方程式的根為「有理數」

$\because$「有理數」$\overset{\text{定義}}{=}$ 分子、分母都是「整數」的「分數」
$\therefore$「有理數」必「不帶 $\sqrt{}$」

$\therefore$「$\sqrt{}$ 內」的「$[-(2k+1)]^2 - 4 \times 1 \times 3a$」必為「完全平方式，可去掉 $\sqrt{}$」

　亦即：$4k^2 + 4k + 1 - 12a = 4k^2 + 4k + (1 - 12a)$ 為「可以去掉 $\sqrt{}$ 的完全平方式」

$\therefore$ 2 次多項式「$4k^2 + 4k + (1 - 12a)$」的判別式 $4^2 - 4 \times 4 \times (1 - 12a) \overset{\text{必然}}{=} 0$

$\therefore 16 - 16(1 - 12a) = 0$

$\therefore 1 - (1 - 12a) = 0$

「$ax^2 + bx + c$」的判別式 $= b^2 - 4 \times a \times c$

$\therefore 1 - 1 + 12a = 0$

$\therefore$ 可得：$a = 0$

「求根、解」，可先約去「公因數 16」後，再求根、解

▶▶▶ Ans

$a = 0$

比例式

應先化「相同單位」，再求「比值」

重點整理4-1 淺談「比」、「比值」與「比例式」

① 應先化「相同單位」，再求「比（值）」
② 「比」的問題，必先化「比值分式」，並配合下述「比值」
　的處理原則：

使「比值」有意義的前提是「後項 $B \neq 0$」

 定義 1

⊙ 「小數，分數」需先「整數化」

通常取「最大 或 最小」單位，當「化同單位」的標準

⊙ $\dfrac{A}{B} = A \div B = A \times \dfrac{1}{B}$（倒數乘）

「除號後面」改化「倒數乘」

⊙ $\dfrac{\dfrac{\text{乙}}{\text{甲}}}{\dfrac{b}{a}} = \dfrac{a \times \text{乙}（外乘當分子）}{b \times \text{甲}（內乘當分母）}$

「比」有意義 ⇔ 「比值」有意義（定值）
⇔ 後項 ≠ 0

前項
後項

A，B 為「整串算式」或「含負數」列式時，應先「加（小）括號」以免犯錯！

「$A : B$」的「比值」$\overset{\text{定義}}{\underset{B \neq 0}{=}} \dfrac{A}{B}$

讀作 A「比」B

又稱 $A : B$ 的「比值分式」

 定義 2

「正比 及 反比：$\boxed{\dfrac{x}{y} = k}^{\text{正比}}$ 及 $\boxed{x \times y = k}^{\text{反比}}$」問題，一定要先求「正比 及 反比」常數 k。

以「$k = \pm 1$」為例，可知：
(A)「$k > 0$」時，「正比 x，y 同向，反比 x，y 反向」

x 變大，y 變小，謂之反向 或 反變

x，y 同步變大，謂之「同向 或 正變」

(B)「$k < 0$」時，「正比 x，y 反向，反比 x，y 同向」

亦即：「x，y 是否同向變化」？
同時受「固定數 k 的正負」及「正反比」影響！

Q.判斷：「A，B」兩個式子是否成「正、反比」？
Ans.先設法進行「A，B」的「相除、相乘」，再看看「是否等於（某一個）固定數」？
且任何「非 A、非 B」的微調，都需重新檢驗「前述要求」，才能「確認」是否成「正反比」？

例：$x + y = 0$
$\Rightarrow x = -y$
$\Rightarrow \begin{cases} 1 = \dfrac{-y}{x} \\ -1 = \dfrac{y}{x} \end{cases}$
$\therefore \begin{cases} (-y) \text{ 跟 } x \\ y \text{ 跟 } x \end{cases}$，都成「正比」

亦即：見「正比」必先將「成正比的算式」寫成「相除 = 固定數 k」；見「反比」必先將「成反比的算式」寫成「相乘 = 固定數 k」；再求「正比、反比」的「常數 k」

重點整理4-2　應用的關鍵「特徵」與「策略」

◎「兩個」相等的「比值分式」，恰好是本書常提及的「分數（式）等式」

◎「三個（含）以上」相等的「比值分式」，又稱「連比例式」

必用「交叉相乘相等」

多組「相等比」，因其「比值分式」也「相等」，故稱「相等的比值分式」為「（連）比例等式」或「比值等式」或「比值分式」

應用

「比 或 比值 或 比例等式」問題，必用：

不同的「比」條件，應設「不同的比例常數代號」！

(A) 「比」的問題，必先化成「比值 或 比例等式」。

(B) 「比」最好「去分母、最簡整數化 且 未知項係數 儘可能化為 1」。

(C) 「分母有變數」或「比的兩側都有變數」或「單純型比（值）問題」，必用「分式等式，交叉相乘相等」。

(D) 「分母沒變數」或「比的一側沒變數」或「不只兩式比」或「加碼（問其他更多問題）型比問題」，必「引進比例常數」來解題。

(E) 比的「整合」，必先「將共同項 & 單位化相同」，且通常取「最大 或 最小量」當比較基準量。

(F) 「正、反比」問題，必先設「$\dfrac{y}{x}=k$ 或 $\dfrac{x}{y}=k$」及「$xy=k$」，再設法求 k。

$$x:y=a:b$$

等號「單側」所有數「同乘除」相同數

$$① \Leftrightarrow \underset{\text{去分母}}{x:y} \overset{\times n}{=} na:nb \overset{\div n}{\underset{\text{最簡整數化}}{=}} \frac{a}{n}:\frac{b}{n}$$

$$② \Leftrightarrow mx:ny=ma:nb$$

等號「兩側」，「對應位置」同乘除相同數

「$x:y:z=a:b:c$」，也可以比照辦理！

$$x:y=\text{甲}:\text{乙}$$

$$\underset{\text{去分母}}{\overset{\text{乘}\,n}{\Leftrightarrow}} x:y=n\text{甲}:n\text{乙}$$

$$\underset{\text{最簡整數化}}{\overset{\text{除以}\,n}{\Leftrightarrow}} x:y=\frac{\text{甲}}{n}:\frac{\text{乙}}{n}$$

如：
$$\begin{cases} x:y=\dfrac{2}{3}:\dfrac{5}{4} \overset{\times 12}{\underset{\text{去分母}}{=}} 8:15 \\ x:y=12:9 \overset{\div 3}{\underset{\text{最簡整數化}}{=}} 4:3 \end{cases}$$

$$mx:ny=\text{甲}:\text{乙}$$

$$\underset{\text{係數都化為「1」}}{\overset{\text{將未知項}}{\Leftrightarrow}} x:y=\frac{\text{甲}}{m}:\frac{\text{乙}}{n}$$

如：$3x:5y=9:20$

$$\underset{\text{化為1}}{\overset{\text{「未知項」係數}}{\Leftrightarrow}} x:y=\frac{9}{3}:\frac{20}{5}=3:4$$

③
$\Leftrightarrow x : y : (x \pm y) \overset{\text{合比}}{=} a : b : (a \pm b)$

$\dfrac{x}{a} = \dfrac{y}{b} \overset{\text{分子、分母}}{\underset{\text{互相加減}}{=}} \dfrac{x \pm y}{a \pm b}$

留意：$n \neq 1$ 時，
$\ulcorner x^n : y^n \lrcorner \neq \ulcorner x : y \lrcorner$

等號「兩側」，同步「次方」
等號仍成立

$\ulcorner n = -1 \lrcorner$ 的「次方比」

④
$\Leftrightarrow x^n : y^n \overset{n=-1}{\underset{1,2,\ldots}{=}} a^n : b^n$

特殊狀況：$\dfrac{1}{x} : \dfrac{1}{y} \overset{\text{倒數比}}{=} \dfrac{1}{a} : \dfrac{1}{b}$

⑤
$\Leftrightarrow \dfrac{x}{y} \times \dfrac{a}{b}$（「同側前後位置」的比值相等）

且「面積」比 = 「長度平方」比；
「體積」比 = 「長度立方」比

利用「交叉相乘相等」，可知兩式同義

⑥
$\Leftrightarrow \dfrac{x}{a} \times \dfrac{y}{b}$（「兩側對應位置」的比值相等）

由比值定義，可知：
$\ulcorner x : y = a : b \lrcorner$
$\Leftrightarrow$ ⑤ $\Leftrightarrow$ ⑥ $\Leftrightarrow$ ⑦及①～④

由⑥可推出①～⑤及⑦

「同側前後位置」的比值
$\boxed{x} : \boxed{y} = \boxed{a} : \boxed{b}$　得 $\dfrac{x}{y} = \dfrac{a}{b}$；

「異側對應位置」的比值
$\boxed{x} : \boxed{y} = \boxed{a} : \boxed{b}$　得 $\dfrac{x}{a} = \dfrac{y}{b}$

⑦
$\Leftrightarrow x = ak$ 且 $y = bk$

「異側對應位置」的比值
$\boxed{x} : \boxed{y} = \boxed{a} : \boxed{b}$ $\Leftrightarrow \dfrac{x}{a} = \dfrac{y}{b} \overset{\text{令}}{=} k$，再去分母！

見「$x : y = a : b$」，要記得可直接設：$x = ak$，$y = bk$

「$x : y : z = a : b : c$」，也可以比照辦理

重點整理4-3　解開例題、弄懂策略

① 應先化「相同單位」，再求「比值」

② 「比」的問題，必先化「比值分式」，

　並配合下述「比值」處理原則：

⊙ 「小數，分數」需先「整數化」

⊙ $\dfrac{A}{B} = A \div B = A \times \dfrac{1}{B}$（倒數乘）

⊙ $\dfrac{\ \frac{乙}{甲}\ }{\ \frac{b}{a}\ } = \dfrac{a \times 乙（外乘當分子）}{b \times 甲（內乘當分母）}$

⊙ 分數（式），上下能約就約

⊙ "單純"「比（比值）」：交叉相乘相等

⊙ "加碼"「比（比值）」：引入比例常數 k

精選範例

例題 1　求下列各比的比值：

(1) 3.12：1.24

(2) 1.4 小時：2 小時 30 分

(3) $30x^3y : (-5xy^2)$

利用「$A : B$ 的比值 $= \dfrac{A}{B}$」來解題

題目給了「比的訊息」，還「加碼」問了，其他問題

▶▶▶▶ Sol

(1) 3.12：1.24 的比值

$= \dfrac{3.12}{1.24}$　同乘 100，去小數，整數化

$= \dfrac{312}{124}$　分數，上下能約就約

$= \dfrac{78}{31}$　進行最簡約分，同時除以 4

「單純」求「比（比值）」

(2) 1.4 小時：2 小時 30 分 的比值

$= \dfrac{1.4 \text{ 小時}}{2 \text{ 小時 } 30 \text{ 分}}$　先化「相同單位，再求比（值）」

$= \dfrac{1.4 \times 60 \text{ 分}}{(2 \times 60) + 30 \text{ 分}}$　化成相同單位，通常化成「（最）小單位」或「（最）大單位」

$= \dfrac{84 \text{ 分}}{150 \text{ 分}}$　分數，上下能約就約

$= \dfrac{14}{25}$　進行最簡約分，同時除以 6

(3) $30x^3y : (-5xy^2)$ 的比值

$= \dfrac{30x^3y}{-5xy^2}$　進行最簡約分，「分式」之「上下」同約 $5xy$

$= \dfrac{6x^2}{-y} = \dfrac{-6x^2}{y}$　「負號」優先給「分子」

▶▶▶▶ Ans　分數，上下能約就約

(1) $\dfrac{78}{31}$　(2) $\dfrac{14}{25}$　(3) $\dfrac{-6x^2}{y}$

> 「兩個」變數，卻只有「1」個方程式，顯然「變數過多」

例題 2 設 x、y 都不為 0，且 $3x - 4y = x + 6y$，求：

    (1) $x : y$

    (2) $(2x + y) : (x - 3y)$

> 「變數過多」的方程組問題，選定「1～2 個變數」當「留存主角」！

▶▶▶▶ **Sol**

(1) $\because 3x - 4y = x + 6y$

> 不同變數符號，分開「在等號兩側」整併！

  $\therefore 3x - x = 6y + 4y$

  $\therefore 2x = 10y$

> 上式為「分式交叉相乘相等」的逆轉

  $\therefore \dfrac{x}{y} = \dfrac{10}{2}$

  $\therefore x : y = 10 : 2 \underset{\text{最簡整數化}}{\overset{\div 2}{=}} 5 : 1$

> $x : y = a : b$
> $\overset{\times n}{=} na : nb \underset{\text{最簡整數化}}{\overset{\div n}{=}} \dfrac{a}{n} : \dfrac{b}{n}$
> 去分母

(2) $\because$ 原始「比（值）」之外，還「加碼」問更多問題

  $\therefore$ 為「加碼型比（值）」問題，必「引入比例常數 k」

  $\therefore x : y = 5 : 1$

> 引入比例常數 k

  $\therefore$ 設 $x = 5k$ 且 $y = k$

  $\therefore (2x + y) : (x - 3y) = (2 \times 5k + k) : (5k - 3 \times k)$

> $x : y = a : b$
> $\Rightarrow x = ak$ 且 $y = bk$

       $= 11k : 2k$

       $\underset{\text{最簡整數化}}{\overset{\div k}{=}} 11 : 2$

> $x : y = a : b$
> $\overset{\times n}{=} na : nb \underset{\text{最簡整數化}}{\overset{\div n}{=}} \dfrac{a}{n} : \dfrac{b}{n}$
> 去分母

▶▶▶▶ **Ans**

(1) $5 : 1$ (2) $11 : 2$

PS：

「變數個數」比「方程式個數」多「1 個」的「方程組」問題，必「視其中一個變數為已知數」，並將它「移到等號另一側」，再設法「消去這個變數」！最後再「任取一個留存變數當主變數」，並把「其他變數」用「主變數的式子來表示」！

> 常配合「比」的概念來解題

如：$\begin{cases} x + 2y - 3z = 4 \\ x - 3y + 3z = 5 \end{cases} \Rightarrow \begin{cases} x + 2y = 3z + 4 \\ x - 3y = -3z + 5 \end{cases} \Rightarrow 2x - y = 9$

> 將「$y = 2x - 9$」代入「$x + 2y - 3z = 4$」

$\Rightarrow \boxed{y = 2x - 9}$ 且 $x + \underset{2y}{\underline{2 \times (2x - 9)}} - 3z = 4 \Rightarrow 5x - 18 - 3z = 4$

> 「整串式子」、「負數」代入，最好先「加小括號」

$\Rightarrow 3z = 5x - 22 \Rightarrow \boxed{z = \dfrac{5x - 22}{3}}$

例題 3　食鹽水溶液中，食鹽與水的比是 2：3，則：

⑴ 125 公斤的食鹽水中，含有食鹽多少公斤？水多少公斤？

⑵若在 125 公斤的食鹽水中，倒入食鹽 40 公斤後，則食鹽與水的比是多少？

⑶若在 125 公斤的食鹽水中，倒入水 45 公斤後，則食鹽與水的比是多少？

> 「比」的應用問題，化成「比值分式」來解題

▶▶▶　Sol

⑴設食鹽有 x 公斤

∴水有 $125 - x$ 公斤

> ∵鹽 + 水 = 125
> ∴ x + 水 = 125
> ∴水 = $125 - x$

由題意，可知：$\dfrac{食鹽}{水} = \dfrac{2}{3}$

$\Rightarrow \dfrac{x}{125 - x} \times\!\!\!\!\!\diagdown \dfrac{2}{3}$

> 分式等式，必交叉相乘相等

$\Rightarrow 3x = 250 - 2x$

$\Rightarrow 3x + 2x = 250$

$\Rightarrow 5x = 250$

$\Rightarrow x = 50$（食鹽）$\Rightarrow$ 水重：$125 - 50 = 75$

> 將「$x = 50$」代入「$125 - x$」

> 「$A：B$」的「比值為 $\dfrac{A}{B}$」

⑵倒入食鹽 40 公斤

$\Rightarrow$ 食鹽共 $(50 + 40) = 90$ 公斤，而水仍然為 75 公斤

∴食鹽：水 $= 90：75 \underset{最簡整數化}{\overset{\div 15}{=}} = 6：5$

⑶倒入水 45 公斤

$\Rightarrow$ 水共 $(75 + 45) = 120$ 公斤，而食鹽仍然為 50 公斤

∴食鹽：水 $= 50：120 \underset{最簡整數化}{\overset{\div 10}{=}} 5：12$

▶▶▶　Ans

⑴食鹽 50 公斤，水 75 公斤

⑵ 6：5　⑶ 5：12

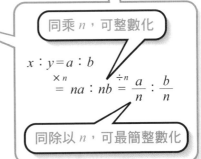

> 同乘 n，可整數化

$x：y = a：b$
$\underset{}{\overset{\times n}{=}} na：nb \overset{\div n}{=} \dfrac{a}{n}：\dfrac{b}{n}$

> 同除以 n，可最簡整數化

例題 4　老師與學生兩人現年的年齡比為 7：2，四年前老師與學生的年齡比為 19：4，請算出老師與學生兩人現年各幾歲？

「比例」問題，必「分式化，並交叉相乘 或 引入比例常數」

▶▶▶▶ Sol

設老師現年 x 歲，且學生現年 y 歲

用「單純型」觀點來解題

解法(1)：

「師：生」的「比值」為 $\dfrac{師}{生}$

依題意可得：$\begin{cases} \dfrac{x}{y} = \dfrac{7}{2} \\ \dfrac{x-4}{y-4} = \dfrac{19}{4} \end{cases}$

比值分式化

$\therefore \begin{cases} 2x = 7y \ldots \times 2 \\ 4x - 16 = 19y - 76 \end{cases}$

「分式」等式，必交叉相乘相等

$\therefore \begin{cases} 4x = 14y \\ 4x - 16 = 19y - 76 \end{cases}$

下式減上式

$\therefore -16 = 5y - 76$

$\therefore 5y = 76 - 16 = 60$

$\therefore y = 12$（學生）

再將 $y = 12 \overset{代回}{\Rightarrow} 2x = 7y$

可得：$2x = 7 \times 12 = 84 \Rightarrow x = 42$（老師）

用「加碼型」觀點來解題

解法(2)：

依題意可得：$x : y = 7 : 2$

$\therefore \dfrac{x}{7} = \dfrac{y}{2} \overset{令}{=} k$

引入「比例常數 k」

異側對應比

去分母

$\therefore x = 7k$ 且 $y = 2k$

PS：以後見「$x : y = Ⓐ : Ⓑ$，便直接假設 $x = Ⓐk$，$y = Ⓑk$」

$\therefore$ 四年前，老師 $7k - 4$ 歲且學生 $2k - 4$ 歲

$\therefore \dfrac{7k-4}{2k-4} = \dfrac{19}{4}$

$\because$ 已知：四年前，師：生 = 19：4

$\because$ 把它「比值分式化」

PS：已引入一次「比例常數」，別再引入「第 2 個」比例常數

$\therefore 4 \times (7k - 4) = 19 \times (2k - 4)$

$\therefore 28k - 16 = 38k - 76$

分式等式，必交叉相乘相等

$\therefore 10k = 60$

$\therefore k = 6$

$\therefore$ 老師 $7k = 7 \times 6 = 42$ 歲

且學生 $2k = 2 \times 6 = 12$ 歲

▶▶▶▶ Ans

老師 42 歲，學生 12 歲

例題 5　濃度 3% 與濃度 5% 的食鹽水，以比例 $a:b$ 混合，所得食鹽水的濃度為 4.2%，則 $a:b$ 為　(A) $3:2$　(B) $2:5$　(C) $3:5$　(D) $2:3$

濃度：「濃度」等於「溶質重 或 溶質體積」
除以「溶液重 或 溶液體積」，要鎖定「溶質重 或 溶質體積」來解題

▶▶▶▶ Sol

依題意可得：

混合溶液：ⓐ「溶質」：a 份「3%」溶液及 b 份「5%」溶液的「（溶質）鹽」，

共「$\dfrac{3a}{100}+\dfrac{5b}{100}$ 份」

　　　　　ⓑ「溶液」：「3%」的「溶液」有「a 份」及「5%」的「溶液」有「b 份」，共「$a+b$ 份」

$$\dfrac{\dfrac{3a}{100}+\dfrac{5b}{100}}{a+b}=\dfrac{4.2}{100}=\dfrac{42}{1000}$$

比值分式化

分式等式，必交叉相乘相等

$\therefore 30a+50b=42a+42b$

$\therefore 8b=12a$

$\therefore b=\dfrac{3}{2}a$

同除以 a　「比」要「儘可能」整數化！

$\therefore a:b=a:\dfrac{3}{2}a=1:\dfrac{3}{2}=2:3$

同乘「2」去分母

$\therefore$ 選(D)

▶▶▶▶ Ans

(D)

$$ⓜx:ⓜy\overset{\times m}{\underset{\text{去分母}}{=}}x:y\overset{\div m}{\underset{\text{最簡整數化}}{=}}\dfrac{x}{m}:\dfrac{y}{m}$$

例題 6　如下圖，將長方形分成六塊大小相同的正方形，則斜線區域面積與長方形面積的比值為何？

(A) $\frac{4}{6}$　(B) $\frac{4}{7}$　(C) $\frac{5}{12}$　(D) $\frac{7}{12}$

> 以「最小單位區域」當作「比較基準」來解題

▶▶▶▶ Sol

取 三角形面積當作比較基準：

∵ 長方形面積 = 6 塊大小相同的正方形面積 = 12 塊大小相同的三角形面積

　且斜線區域面積 = 3 塊正方形面積 + 1 塊三角形面積 = 7 塊三角形面積

∴所求 $=\dfrac{7 \text{ 個三角形面積}}{12 \text{ 個三角形面積}}=\dfrac{7}{12}$

∴選(D)

▶▶▶▶ Ans

(D)

例題 7　如圖，圓 O 的圓心為正方形兩對角線的交點，若陰影區域 ABC 的面積 = 由 $\overline{CD}$ 弦與劣弧 $\overarc{CD}$ 所組成弓形區域的面積，試求正方形邊長與圓 O 半徑的比值？

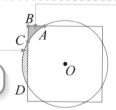

> 利用「$A:B$ 的比值 $=\dfrac{A}{B}$」來解題

▶▶▶▶ Sol

∵題目條件：陰影區域 ABC 的面積 = 由 $\overline{CD}$ 弦與劣弧 $\overarc{CD}$ 所組成弓形區域的面積

∴經「移補代換」後，可知「正方形面積 = 圓形面積」　> 已知：正方形面積 = 圓形面積

∴設正方形邊長 k，圓半徑 r，可得：$k^2 = \pi r^2$

∴「邊長：半徑」的「比值」$\dfrac{k}{r}=\sqrt{\pi}$　◀ ∵k，r 都「正」　∴比值必「正」

▶▶▶▶ Ans

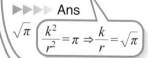

$\sqrt{\pi}$ 　$\left(\dfrac{k^2}{r^2}=\pi \Rightarrow \dfrac{k}{r}=\sqrt{\pi} \right)$

> ∵一個「正方形外，圓內」的弓形，用一個「正方形內，圓外」的陰影區域 ABC 取代
> ∴恰好得到：一個完整「正方形」及一個完整「圓形」

例題 8　下表的 x 和 y 成反比，試求 ㄅ＋ㄆ×ㄇ 的值：

x	20	15	10	5
y	ㄅ	ㄆ	10	ㄇ

「正、反」比問題有兩類：

◉ 已知「算式 A、B」成「正、反比」，

必設 $\begin{cases} \text{正比：「相除成定數」} \dfrac{A}{B}=k \\ \text{反比：「相乘成定數」} AB=k \end{cases}$

並設法「先求出常數 k」

◉ 給「A、B 的組合算式」，要你判斷「A、B」是否成「正、反比」？

設法用「除看看、乘看看」方式，化成「相除 ＝ 定數（正比）」或化成「相乘 ＝ 定數（反比）」！當可以化成上述形態的「A、B（參與：相除、相乘的式子）」就可以確認成「正、反比」

例：$x+2(y+1)=0$

$\Rightarrow x=-2(y+1)$

$\Rightarrow \begin{cases} \dfrac{x}{y+1}=\boxed{-2}\,（定數）\\ \dfrac{-x}{y+1}=2\,（定數）\end{cases}$

$\Rightarrow \begin{cases} \text{「}x\text{ 跟 }y+1\text{」成正比}\\ \text{「}-x\text{ 跟 }y+1\text{」成正比}\end{cases}$

但不可以說「x 跟 y」成正比

「反比：$x\times y=k$」問題，先求「反比常數 k」

▶▶▶ Sol　先求 k

設 $xy=k$

將「$x=10$，$y=10$」代入「$xy=k$」

$\because x=10$ 時，$y=10$

$\therefore k=10\times 10=100$

$\therefore$ 可得：$\begin{cases} 20\times ㄅ=100 \Rightarrow ㄅ=100\div 20=5\\ 15\times ㄆ=100 \Rightarrow ㄆ=100\div 15=\dfrac{20}{3}\\ 5\times ㄇ=100 \Rightarrow ㄇ=100\div 5=20 \end{cases}$

因參與「相除的式子」是「$\pm x$ 跟 $y+1$」，而不是「$\pm x$ 跟 y」

代入 $xy=100$　已知 $k=100$

$\therefore ㄅ＋ㄆ×ㄇ=5+\dfrac{20}{3}\times 20=5+\dfrac{400}{3}=\dfrac{415}{3}=138\dfrac{1}{3}$

▶▶▶ Ans

$138\dfrac{1}{3}$

例題 9 設 $(3x+5y)$ 隨 $(x+3)$ 成反比，

(1)當 $x=3$ 且 $y=4$ 時，求 x、y 之關係式？

(2)接上題，求 $x=2$ 之 y 值？

> 「反比：先設 $x \times y = k$」，再求「反比常數 k」

▶▶▶▶ Sol

(1)設 $(3x+5y)(x+3)=k$

> 將「$x=3$，$y=4$」代入上式，求 k

∴$[3 \times (3)+5 \times (4)](3+3)=k$

∴$k=174$

∴關係式為：$(3x+5y)(x+3)=174$

(2)將 $x=2$ 代入 $(3x+5y)(x+3)=174$，可得：

$[3 \times (2)+5y](2+3)=174$

∴$(6+5y) \times 5 = 174$

∴$6+5y=\dfrac{174}{5}$

∴$5y=\dfrac{174}{5}-6=\dfrac{144}{5}$

∴$y=\dfrac{144}{25}$

▶▶▶▶ Ans

(1) $(3x+5y)(x+3)=174$　(2) $y=\dfrac{144}{25}$

例題 10 在北半球中，陸地與海洋面積之比為 $2:5$，而南半球中，陸地與海洋面積之比為 $3:25$，則地球表面，陸地與海洋面積之比為多少？

> 用「總量」或「最小單位區域」當作「比較基準」，來進行「比的整合」

▶▶▶▶ Sol

∴已知：$\begin{cases} 北陸：北海＝2:5 （共分 7 份） \\ 南陸：南海＝3:25 （共分 28 份） \end{cases}$

> 「不同」的「比」算式，其「比例」的「單位基準」，在「尚未整合前」，不一定相同！

> 注意：「上下兩式」所謂的「1 份」，其大小不見得必然相同！

> 需先進行「比的基準」整合，才能處理「比的整合」

$$\therefore \begin{cases} 北陸占北半球 = \dfrac{2}{7} ; 北海占北半球 = \dfrac{5}{7} \\ 南陸占南半球 = \dfrac{3}{28} ; 南海占南半球 = \dfrac{25}{28} \end{cases}$$

> 因「北陸占北半球」是「7份」中的「2份」，同理其他！

> 南、北半球面積相同，皆為地球面積的 $\dfrac{1}{2}$

$$\therefore \begin{cases} 陸地面積 = \boxed{\dfrac{1}{2}} \times (\dfrac{2}{7} + \dfrac{3}{28}) 個地球面積 \\ 海洋面積 = \boxed{\dfrac{1}{2}} \times (\dfrac{5}{7} + \dfrac{25}{28}) 個地球面積 \end{cases}$$

$$\therefore 所求為: \dfrac{1}{2} \times (\dfrac{2}{7} + \dfrac{3}{28}) : \dfrac{1}{2} \times (\dfrac{5}{7} + \dfrac{25}{28})$$

$$= (\dfrac{2}{7} + \dfrac{3}{28}) : (\dfrac{5}{7} + \dfrac{25}{28})$$

$$= (8+3) : (20+25)$$

$$= 11 : 45$$

> $\underset{去分母}{\textcircled{m}x : \textcircled{m}y \overset{\times m}{=}} x : y \underset{最簡整數化}{\overset{\div m}{=}} \dfrac{x}{m} : \dfrac{y}{m}$

> 同乘「28」去分母，將「比」的算式，予以「整數化」

▶▶▶ Ans

$11 : 45$

例題 11　求下列各組數的連比：

(1) $a : b = 5 : 2$，$b : c = 4 : 3$

(2) $a : b = 0.5 : 0.4$，$b : c = 6 : 5$

> 「比的整合」必先「把共同項 & 單位化為相同」

▶▶▶ Sol

(1) $a : b : c$

$5 : \boxed{2} \qquad \dots \times \boxed{2}$

$4 : \boxed{3} \qquad \dots \times \boxed{1}$

> $\underset{去分母}{x : y = a : b \overset{\times n}{=}} na : nb \underset{最簡整數化}{\overset{\div n}{=}} \dfrac{a}{n} : \dfrac{b}{n}$

> 將「共同項 b」，化相同

> 取 2、4 的最小公倍數，來化相同！

$$\therefore 所求 a : b : c = 10 : \boxed{4} : 3$$

> $4 : 3$ 同乘「1」

> $5 : \boxed{2}$ 同乘「2」

先將「分數 & 小數」比化成整數比

(2) $a:b=0.5:0.4=5:4$

$a:b:c$

$5:\boxed{4}$ ... $\times\boxed{3}$

$$x:y=a:b \overset{\times n}{\underset{去分母}{=}} na:nb \overset{\div n}{\underset{最簡整數化}{=}} \frac{a}{n}:\frac{b}{n}$$

$\boxed{6}:5$ ... $\times\boxed{2}$

將「共同項 b」，化相同

取 4、6 的最小公倍數，來化相同

$\therefore$ 所求 $a:b:c=15:\boxed{12}:10$

$\boxed{6}:5$
同乘「2」

▶▶▶▶ Ans

(1) $10:4:3$　(2) $15:12:10$

$5:\boxed{4}$
同乘「3」

同乘「10」予以「整數化」

例題 12　若 $a:b=3:2$，$b:c=5:4$，則 $a:b:c=$?

(A) $3:2:4$　　(B) $6:5:4$

(C) $15:10:8$　(D) $15:10:12$

「比的整合」，必設法使「共同項 & 單位」，先化為「相同」

▶▶▶▶ Sol

$a:\quad b:c$

$3:\quad\boxed{2}\quad\quad\times\boxed{5}$

$$x:y=a:b \overset{\times n}{\underset{去分母}{=}} na:nb \overset{\div n}{\underset{最簡整數化}{=}} \frac{a}{n}:\frac{b}{n}$$

$\boxed{5}:4\cdots\times\boxed{2}$

將「共同項 b」，化相同

$15:\boxed{10}:8$

取 2、5 的最小公倍數，來化相同

$\therefore$ 選(C)

▶▶▶▶ Ans

(C)

例題 13 求下列各（雙項型）比例式中的 x 值：

(1) $1\dfrac{3}{7} : 8 = 3\dfrac{4}{7} : x$

(2) $(3x-1) : (2x+3) = 2 : 3$

(3) $(2x+3) : 5 = (3x+1) : 7$

> 「比例」問題必「分式化」，並用「分式等式，交叉相乘相等」
> 且必要時再引入「比例常數」來解題

▶▶▶ Sol

(1) $\because 1\dfrac{3}{7} : 8 = 3\dfrac{4}{7} : x$

> 「前項對前項、後項對後項」變成分式

$\therefore$ 可得：

$$\dfrac{1\dfrac{3}{7}}{3\dfrac{4}{7}} = \dfrac{8}{x} \xRightarrow[\text{假分數}]{\text{化}} \dfrac{\overset{2}{\dfrac{10}{7}}}{\underset{5}{\dfrac{25}{7}}} = \dfrac{8}{x}$$

> 「帶分數」先化「假分數」

> 「分數」之「上下能約就約」

$\therefore \dfrac{2}{5} = \dfrac{8}{x}$

$\therefore 2x = 40 \Rightarrow x = 20$

> 分式等式，必交叉相乘相等

(2) $\because \boxed{(3x-1)} : (2x+3) = \boxed{2} : 3$

> 「前項對前項、後項對後項」變成分式

$\therefore$ 可得：

$$\dfrac{3x-1}{2} = \dfrac{2x+3}{3}$$

> 分式等式，必交叉相乘相等

$\therefore 2 \times (2x+3) = 3 \times (3x-1)$

$\therefore 4x + 6 = 9x - 3$

> 「整串式子」作「$\pm\times\div$」，最好「先加括號」

$\therefore 6 + 3 = 9x - 4x$

$\therefore 9 = 5x \Rightarrow x = \dfrac{9}{5}$

> 「有 x、沒 x」，分別在等號兩側整併

(3) $\because$ $(2x+3)$: $5 = (3x+1)$: 7

$\therefore$ 可得：

$$\dfrac{2x+3}{3x+1} \neq \dfrac{5}{7}$$

「前項對前項、後項對後項」變成分式

$\therefore 7 \times (2x+3) = 5 \times (3x+1)$

分式等式，必交叉相乘相等

$\therefore 14x+21 = 15x+5$

$\therefore 21-5 = 15x-14x$

「有 x、沒 x」，分別在等號兩側整併

$\therefore x = 16$

「整串式子」作「$\pm \times \div$」，最好「先加括號」

▶▶▶▶ Ans

(1) 20　(2) $\dfrac{9}{5}$　(3) 16

例題 14　若 $x:y=2:1$，且 $2x+y=20$，則 $(x-1):(y+1)$ 之比值為何？

(A) $\dfrac{1}{2}$　(B) 2　(C) $\dfrac{7}{5}$　(D) $\dfrac{5}{7}$

「加碼型比例問題」必引入「比例常數」。亦即，
若 $x:y=a:b$，則可把 x 設為 ak，y 設為 bk，$k \neq 0$。

▶▶▶▶ Sol

$\because x:y=2:1$

$\therefore$ 可設 $x=2k$，$y=k$（k 為比例常數）

將「$x=2k$，$y=k$」代入 $2x+y=20$

見「$x:y=\underset{\text{已知數}}{a:b}$」且「題目」有「加碼」

問更多「非原比（值）」的問題，必直接
設「$x=\textcircled{a}k$ 且 $y=\textcircled{b}k$」

$\therefore 2 \times 2k + k = 20 \Rightarrow 5k = 20 \Rightarrow k=4$

$\therefore x=8$，$y=4$

將「$k=4$」代入：$x=2k$ 且 $y=k$

$\therefore (x-1):(y+1) = (8-1):(4+1) = 7:5$

$\therefore$ 比值為 $\dfrac{7}{5}$

「$A:B$」的比值為「$\dfrac{A}{B}$」

$\therefore$ 選(C)

▶▶▶▶ Ans

(C)

同乘「4」予以「去分母」，同除「k」予以「最簡整數化」

例題 15 若 $(x+y):(3x-y)=2:5$，

求：(1) $x:y$　(2) $(x+2y):(x-y)$

> 「加碼型比例」問題必引入「比例常數」來解題。

▶▶▶ Sol

$\because (x+y):(3x-y)=2:5$

> 見「$x:y=\underset{\text{已知數}}{a:b}$」且「題目」有「加碼」
> 問更多「非原比（值）」的問題，必直接
> 設「$x=\textcircled{a}k$ 且 $y=\textcircled{b}k$」

$\therefore$ 可設：$\begin{cases} x+y=2k \\ 3x-y=5k \end{cases}$

$\therefore x=\dfrac{7k}{4}$ 且 $y=\dfrac{k}{4}$

$\therefore$ (1) $x:y=\dfrac{7k}{4}:\dfrac{k}{4}=7:1$

> $\textcircled{m}x:\textcircled{m}y \overset{\times m}{\underset{\text{去分母}}{=}} x:y$
> $\overset{\div m}{\underset{\text{最簡整數化}}{=}} \dfrac{x}{m}:\dfrac{y}{m}$

> 此處的「機會」，是一種
> 「機率值」概念。亦即，
> 是指：$\dfrac{\text{全校 }O\text{ 型學生數}}{\text{全校學生數}}$

(2) $(x+2y):(x-y)$

$=(\dfrac{7k}{4}+\dfrac{2k}{4}):(\dfrac{7k}{4}-\dfrac{k}{4})$

$=\dfrac{9k}{4}:\dfrac{6k}{4}=9:6=3:2$

> 同除以 3，化「最簡整數」

▶▶▶ Ans

(1) $7:1$　(2) $3:2$

> ⊙同乘以「4」予以「去分母」
> ⊙同除以「k」予以「最簡整數化」

例題 16 某校男、女生人數的比為 $3:5$，男生血型中有 $\dfrac{1}{3}$ 是 O 型，女生血型

中有 $\dfrac{1}{2}$ 是 O 型。若從全校學生中任選 1 人，則選到 O 型學生的「機

會」是多少？

> 「加碼型比例」問題，
> 必「引入比例常數」

> 見「$x:y=\underset{\text{已知數}}{a:b}$」，必設
> 「$x=\textcircled{a}k$ 且 $y=\textcircled{b}k$」

> O 型男生數 + O 型女生數
> = 全校 O 型學生數

▶▶▶ Sol

設男生有 $3k$ 人，女生有 $5k$ 人

> 「分數」之上下能約就約

$\therefore$ 所求為：

$\dfrac{\boxed{\dfrac{1}{3}}\times 3k+\boxed{\dfrac{1}{2}}\times 5k}{3k+5k}=\dfrac{k+\dfrac{5}{2}k}{8k}=\dfrac{\dfrac{7}{2}k}{8k}=\dfrac{7}{16}$

> $\dfrac{\dfrac{7}{2}k}{8k}=\dfrac{\dfrac{7k}{2}}{\dfrac{8k}{1}}=\dfrac{7k}{16k}=\dfrac{7}{16}$

▶▶▶ Ans

$\dfrac{7}{16}$

> 所求 = $\dfrac{\text{全校 }O\text{ 型學生數}}{\text{全校學生數}}$

> 「內」乘「$2\times 8k$」當「分母」，
> 「外」乘「$1\times 7k$」當「分子」

> 男生人數 + 女生人數 = 全校學生人數

例題 17 設 $3x = 8y$，試求 $(x^2 + xy + y^2) : (x^2 - xy + y^2)$ 之比值？

等同：$\dfrac{x}{y} = \dfrac{8}{3}$ 的「分式等式，交叉相乘相等」$\Leftrightarrow x : y = 8 : 3$

▶▶▶▶ Sol

$\because 3x = 8y$

$\therefore x : y = 8 : 3$

「加碼型比例」問題，必「引入比例常數」

$\therefore$ 設 $x = 8k$ 且 $y = 3k$

見「$x : y = \underset{\text{已知數}}{a : b}$」，必設「$x = \circledast{a} k$ 且 $y = \circledast{b} k$」

$\therefore \dfrac{x^2 + xy + y^2}{x^2 - xy + y^2}$

$= \dfrac{(8k)^2 + (8k)(3k) + (3k)^2}{(8k)^2 - (8k)(3k) + (3k)^2}$

「整串式子」作「$\pm \times \div$」，最好「先加括號」

$= \dfrac{(64 + 24 + 9)\,k^2}{(64 - 24 + 9)\,k^2}$

將「$x = 8k$ 且 $y = 3k$」代入算式

$= \dfrac{97}{49}$

「分式」上下同約「k^2」

▶▶▶▶ Ans

$\dfrac{97}{49}$

「單純型」比（值）問題
定義 $=$ 只聚焦在「已給的比（值）」算式上，提問

例題 18 求下列各題中的 x 與 y 的值：

(1) $5 : 6 : 8 = x : 8 : y$

(2) $2 : x : (-6) = \dfrac{1}{6} : \dfrac{1}{3} : y$

「單純型連比例」問題必先「分式化」，並用「分式等式，必交叉相乘相等」

▶▶▶▶ Sol

(1) $5 : 6 : 8 = x : 8 : y$

$\Rightarrow \dfrac{5}{x} = \dfrac{6}{8} = \dfrac{8}{y}$

「異側」之「對應（次序）項」比值相等

$\Rightarrow 6x = 40$ 且 $6y = 64$

$\Rightarrow x = \dfrac{20}{3}$ 且 $y = \dfrac{32}{3}$

「含未知項」分式 v.s.「全已知項」分式，
兩兩應用「分式等式，必交叉相乘相等」

(2) $2 : x : (-6) = \dfrac{1}{6} : \dfrac{1}{3} : y$

$\Rightarrow \dfrac{2}{\boxed{\dfrac{1}{6}}} = \dfrac{x}{\boxed{\dfrac{1}{3}}} = \dfrac{-6}{\boxed{y}}$

「異側」之「對應（次序）項」比值相等

$\Rightarrow \dfrac{1}{6}x = \dfrac{2}{3}$ 且 $2y = -1$

「含未知項」分式 v.s.「全已知項」分式，
兩兩應用「分式等式，必交叉相乘相等」

$\Rightarrow x = 4$ 且 $y = \dfrac{-1}{2}$

▶▶▶▶ Ans

(1) $x = \dfrac{20}{3}$，$y = \dfrac{32}{3}$　(2) $x = 4$，$y = \dfrac{-1}{2}$

可將「未知項」的
「係數化為1」

例題 19 設 $\triangle ABC$ 中，$3\angle A : 4\angle B = 1 : 2$，$5\angle B : 6\angle C = 1 : 2$，
　　　　　求：(1) $\angle A : \angle B : \angle C$
　　　　　　　(2) $\angle A$、$\angle B$、$\angle C$ 各幾度？

▶▶▶▶ Sol

同除以 n

$\boxed{m}x : \boxed{n}y = \boxed{m}a : \boxed{n}b$

同除以 m

$\Leftrightarrow x : y = a : b$

(1) ∵
$\begin{cases}
\boxed{3}\angle A : \boxed{4}\angle B = \boxed{1} : 2 \Rightarrow \angle A : \angle B = \dfrac{1}{3} : \dfrac{2}{4} = 4 : 6 \\
\\
\boxed{5}\angle B : \boxed{6}\angle C = \boxed{1} : 2 \Rightarrow \angle B : \angle C = \dfrac{1}{5} : \dfrac{2}{6} = 6 : 10
\end{cases}$

同乘以「12」，「去分母」，予以「整數化」

同乘以「30」，「去分母」，予以「整數化」

$\begin{array}{ccc}
\angle A & : \angle B & : \angle C \\
4 & : \boxed{6} & \\
 & \boxed{6} & : 10
\end{array}$

「共同項 b」已相同

$\Rightarrow \angle A : \angle B : \angle C = 4 : 6 : 10 = 2 : 3 : 5$

$x : y = a : b \overset{\div n}{\underset{\text{最簡整數化}}{=}} \dfrac{a}{n} : \dfrac{b}{n}$

「比的整合」必先
「把共同項化為相同」

同除以「2」，予以「最簡整數化」

∵「加碼」問了「$\angle A$，$\angle B$，$\angle C$」的度數

∴為「加碼型比（值）」問題

∴需用：「$x:y=\underset{\text{已知數}}{\underline{a:b}}$」，必設「$x=\boxed{a}k$ 且 $y=\boxed{b}k$」來解題

(2)∵$\angle A : \angle B : \angle C = 2 : 3 : 5$

∴可設：$\angle A=2k$，$\angle B=3k$，$\angle C=5k$

∴$2k+3k+5k=180°$ ← 三內角和 $=180°$

∴$10k=180°$

∴$k=18°$

∴$\angle A=2k=36°$，$\angle B=3k=54°$，$\angle C=5k=90°$

▶▶▶ Ans

(1) $2 : 3 : 5$

(2) $\angle A=36°$，$\angle B=54°$，$\angle C=90°$

∵「加碼」問「$(x-3y-4z):(x+2y+5z)$」

∴利用：「$x:y=\underset{\text{已知數}}{\underline{a:b}}$」⇒「$x=\boxed{a}k$ 且 $y=\boxed{b}k$」，

來引入「化例常數」

例題 20 設 $x:2y:3z=3:(-2):5$，求 $(x-3y-4z):(x+2y+5z)$ 之比值？

「加碼型比例」問題，必「引入比例常數」

▶▶▶ Sol

∵$x:2y:3z=3:(-2):5$

∴可設：$x=3k$，$2y=-2k$，$3z=5k$

∴$x=3k$，$y=-k$，$z=\dfrac{5k}{3}$

「整串式子、帶負號數」作「$\pm\times\div$」、「次方運算」，都應「先加括號」

$(x-3y-4z):(x+2y+5z)$

$=[3k-3\times(-k)-4\times(\dfrac{5k}{3})]:[3k+2\times(-k)+5\times(\dfrac{5k}{3})]$

$=[3k+3k-\dfrac{20k}{3}]:[3k-2k+\dfrac{25k}{3}]$

將：$x=3k$，$y=-k$，$z=\dfrac{5k}{3}$ 代入

$=(9k+9k-20k):(9k-6k+25k)$

$=(-2k):(28k)=-2:28=-1:14$

∴比值 $=\dfrac{-1}{14}$

同乘以「3」，「去分母」，予以「整數化」

再同除以「2」，予以「最簡整數化」

▶▶▶ Ans

同除以「k」

$\dfrac{-1}{14}$

$$mx:my\ \overset{\times m}{\underset{\text{去分母}}{=}}\ x:y\ \overset{\div m}{\underset{\text{最簡整數化}}{=}}\ \dfrac{x}{m}:\dfrac{y}{m}$$

做工速度 = $\dfrac{\text{工作量}}{\text{時間（天）}}$　　　每天的「工作量」

例題 21　甲、乙、丙「做工速度」之比為 $3:4:5$，今甲、乙、丙三人各做同一工程，則他們完工日數比為？

(A) $3:4:5$　(B) $5:4:3$　(C) $4:3:5$　(D) $20:15:12$

「工程」問題，必用「工作完成記為 1」來解題

▶▶▶ Sol

設甲、乙、丙完成此工程，分別需要 x、y、z 天

∴甲、乙、丙每天完成工程的 $\dfrac{1}{x}$，$\dfrac{1}{y}$，$\dfrac{1}{z}$　　　此即為：甲、乙、丙的「做工速度」

$x:y=a:b \Leftrightarrow \dfrac{1}{x}:\dfrac{1}{y}=\dfrac{1}{a}:\dfrac{1}{b}$　　「倒數比」，等號仍成立！

∴依題意，可得：$\dfrac{1}{x}:\dfrac{1}{y}:\dfrac{1}{z}=3:4:5$

$x:y=a:b \underset{\text{去分母}}{\overset{\times n}{=}} na:nb$

∴ $x:y:z=\dfrac{1}{3}:\dfrac{1}{4}:\dfrac{1}{5}=20:15:12$

∴選(D)

同乘以「最小公倍數 $3\times4\times5=60$」，予以「去分母」

▶▶▶ Ans

(D)

例題 22　設 $\dfrac{a}{b}=\dfrac{b}{c}=\dfrac{c}{d}=\dfrac{d}{a}$，試求 $\dfrac{a+b+c+d}{a+b+c-d}$ 的值？

「加碼型」連分式或連比例問題，必先「分式化，並引入比例常數」

見「b」用「ck」代；
見「c」用「dk」代；
見「d」用「ak」代

▶▶▶ Sol

令 $\dfrac{a}{b}=\dfrac{b}{c}=\dfrac{c}{d}=\dfrac{d}{a}=\boxed{k}$

每一個「分式 $=k$」，予以「去分母！」

∴可得：

$a=bk$，$b=ck$，$c=dk$，$d=ak$

∴ $\boxed{a}=bk=(ck)k=(dk)k^2=(ak)k^3=\boxed{a}k^4$

∴$k=1$，-1

∴$a=b=c=d$（$k=1$）或 $a=-b=c=-d$（$k=-1$）

∴$a=ak^4$ 且「約去 a」　∴$1=k^4$

∵「a」出現在「$\dfrac{d}{a}$」的「分母」
∴$a\neq0$
∴可以「約去 a」

$k^4=1$
$\Rightarrow(k^2)^2-1=0$
$\Rightarrow(k^2+1)(k^2-1)=0$
$\Rightarrow k^2=1$，-1（不合）
$\Rightarrow k^2-1=0$
$\Rightarrow(k+1)(k-1)=0$
$\Rightarrow k=\pm1$

平方差：
a^2-b^2
$=(a+b)(a-b)$

$\therefore$ 可得：$\dfrac{a+b+c+d}{a+b+c-d} = \begin{cases} \dfrac{a+a+a+a}{a+a+a-a} = \dfrac{4a}{2a} = 2 \quad\leftarrow \boxed{a=b=c=d} \\[4mm] \dfrac{a-a+a-a}{a-a+a-(-a)} = \dfrac{0}{2a} = 0 \quad\leftarrow \boxed{a=-b=c=-d} \end{cases}$

$\therefore$ 可得：$\dfrac{a+b+c+d}{a+b+c-d} = 2$ 或 0

「帶負號數」作「±×÷」最好「先加括號」

▶▶▶▶ **Ans**

2 或 0

例題 23　設 $abc \neq 0$ 且 $\dfrac{a+b}{5} = \dfrac{b+c}{6} = \dfrac{c+a}{7}$，試求 $a:b:c$？

「加碼型連比例」問題，必「引入比例常數」

▶▶▶▶ **Sol**

$\dfrac{a+b}{5} = \dfrac{b+c}{6} = \dfrac{c+a}{7} \overset{令}{=} \boxed{k}$

$\therefore \begin{cases} a+b = 5k \\ b+c = 6k \\ c+a = 7k \end{cases}$　每個「分式 = k」，予以「去分母」！

$\therefore 2 \times (a+b+c) = 18k$　見「兩兩相加」，必先「全部相加」

$\therefore a+b+c = 9k$

$\therefore \begin{cases} a = 3k \\ b = 2k \\ c = 4k \end{cases}$　用「全部相加」減「兩兩相加」

$\therefore a:b:c = 3k:2k:4k = 3:2:4$

去分母用

$x:y = a:b \overset{\times n}{=} na:nb \overset{\div n}{=} \dfrac{a}{n}:\dfrac{b}{n}$

最簡整數化用

▶▶▶▶ **Ans**

$a:b:c = 3:2:4$

同除以「k」，予以「最簡整數化」

例題 24　x，y，z，k 為實數，若 $\dfrac{x+y}{z}=\dfrac{y+z}{x}=\dfrac{z+x}{y}=k$。試問滿足上述條件的 k 值「可能」有多少個？

> 「加碼型」連分式 或 連比例問題，必引入「比例常數」

▶▶▶ Sol

$\dfrac{x+y}{z}=\dfrac{y+z}{x}=\dfrac{z+x}{y}=\boxed{k}$

> 「每一個分式 $=k$」，予以「去分母」

∴去分母，可得：$x+y=kz$，$y+z=kx$，$z+x=ky$

∴$2(x+y+z)=k(x+y+z)$

> 見「兩兩相加」，必先「全部相加」

Case (1)當「$x+y+z\neq 0$」時，可得：

$\qquad 2=k$

> $2(x+y+z)=k(x+y+z)$ 的等號兩側，同約「$x+y+z\neq 0$」
> **已確認「不為 0」的數，才可以「約去」**

Case (2)當「$x+y+z=0$」時，可得：

$\qquad \boxed{x+y=-z}$

$\qquad$ 又因：已知「$x+y=kz$」

$\qquad \therefore -z=\boxed{x+y}=kz$

> 對「$-z=kz$」，進行「等號兩側，同約 z」的動作

$\qquad \therefore -1=k$

> ∵z 在「連比例」的「分母」出現
> ∴$z\neq 0$
> ∴可以「等號兩側，同約 z」

∴滿足條件的 k 值「可能」有 2 個（$k=-1$，2）

▶▶▶ Ans

滿足條件的 k 值「可能」有 2 個（$k=-1$，2）

這是兩人交換後的倍數關係

例題 25 甲、乙兩人將自己所有錢的 $\frac{2}{3}$ 交換後，結果：甲的錢是乙的 $\frac{7}{4}$ 倍，求甲、乙原有錢的比？

▶▶▶ **Sol**

甲的 $\frac{2}{3}x$ 給乙，乙的 $\frac{2}{3}y$ 給甲

設甲原有 x 元，乙原有 y 元

∴依題意，可得：$\left(x-\frac{2}{3}x\right)+\frac{2}{3}y : \left(y-\frac{2}{3}y\right)+\frac{2}{3}x \overset{令}{=} \frac{7}{4} : 1$

意謂：甲：乙 $= \frac{7}{4} : 1$

甲給了「$\frac{2}{3}x$」，又收了「$\frac{2}{3}y$」後的錢

乙給了「$\frac{2}{3}y$」，又收了「$\frac{2}{3}x$」後的錢

「比例」問題，必比值「分式化」並交叉相乘或引入比例常數

∴ $\dfrac{\frac{1}{3}x+\frac{2}{3}y}{\frac{1}{3}y+\frac{2}{3}x} = \dfrac{7}{4} = \dfrac{7}{1} = \boxed{\dfrac{7}{4}}$

$\dfrac{\frac{7}{4}}{1} = \dfrac{\frac{7}{4}}{\frac{1}{1}} = \dfrac{1\times 7}{1\times 4} = \dfrac{7}{4}$

「內乘」當「分母」，「外乘」當「分子」

左側：上下同乘 3，先去分母，整式化

∴ $\dfrac{x+2y}{y+2x} = \dfrac{7}{4}$

分式等式，必交叉相乘相等

∴$4x+8y = 7y+14x$

∴$y = 10x$

「$x，y$」分別在等號兩側整併

∴$x : y = x : 10x = 1 : 10$

▶▶▶ **Ans**

$1：10$

利用「$\dfrac{x}{m} : \dfrac{y}{m} \overset{\div m}{\underset{最簡整數化}{=}} x : y$」，同約「$x$」，予以「最簡整數化」

用「$x:y=a:b \overset{\times n}{\underset{\text{去分母}}{=}} na:nb \overset{\div n}{\underset{\text{最簡整數化}}{=}} \dfrac{a}{n}:\dfrac{b}{n}$」，

同「乘 3」，先予以「整數」。

再同「約 y」，予以「最簡整數化」

例題 26 已知 $3x:2y:4z=2:1:3$，且 $\dfrac{1}{x}:\dfrac{1}{y}:\dfrac{1}{z}=3:a:b$，

求(1) $x:y:z$　(2) a，b？

分式等式，必交叉相乘相等

▶▶▶ Sol

(1)先兩個，兩個一比

$\because 3x:2y=2:1$

$\therefore \dfrac{3x}{2y} = \dfrac{2}{1} \Rightarrow 3x=4y \Rightarrow x:y=4:3$

$\because 3x=4y$

$\therefore x=\dfrac{4}{3}y$

$\therefore x:y=\dfrac{4}{3}y:y=4y:3y=4:3$

「$A:B$」的比值 $=\dfrac{A}{B}$

比值分式化

又因：$2y:4z=1:3$

$\therefore \dfrac{2y}{4z} = \dfrac{1}{3} \Rightarrow 3y=2z \Rightarrow y:z=2:3$

$\because 3y=2z \quad \therefore y=\dfrac{2}{3}z$

$\therefore y:z=\dfrac{2}{3}z:z=2z:3z=2:3$

用「$x:y=a:b \overset{\times n}{\underset{\text{去分母}}{=}} na:nb$」 $\overset{\div n}{\underset{\text{最簡整數化}}{=}} \dfrac{a}{n}:\dfrac{b}{n}$

同「乘 3」，先予以「去分母」。

再同「約 y」，予以「最簡整數化」

分式等式，必交叉相乘相等

「比的整合」必「先把共同項，化相同」來解題

$x:y:z$

$4:\boxed{3} \quad \dots \times 2$

$\boxed{2}:3\dots \times 3$

$8:\boxed{6}:9$

將「共同項 y」，先化相同

$\therefore x:y:z=8:6:9$

也可以用：

$mx:ny=ma:nb=a:b$

異側「對應位置」，同乘除相同數，可將「未知項」的係數化為「1」

$\because \boxed{3}x:\boxed{2}y:\boxed{4}z=\boxed{2}:\boxed{1}:\boxed{3}$

$x:y=a:b \overset{\times n}{\underset{\text{去分母}}{=}} na:nb$

$\therefore x:y:z=\dfrac{2}{3}:\dfrac{1}{2}:\dfrac{3}{4} \overset{\times 12}{=} 8:6:9$

對應分別同除以「3，2，4」，將「未知項：x，y，z 係數化為 1」

已知：
$x : y : z = 8 : 6 : 9$

$x : y = a : b \Rightarrow \dfrac{1}{x} : \dfrac{1}{y} = \dfrac{1}{a} : \dfrac{1}{b}$

「倒數比」，等號也成立

$(2) \because \boxed{\dfrac{1}{x} : \dfrac{1}{y} : \dfrac{1}{z}} = \dfrac{1}{8} : \dfrac{1}{6} : \dfrac{1}{9} \overset{令}{=} 3 : a : b$

題目的「已知訊息」

同乘「8×6」予以「整數化」

$\therefore \begin{cases} \dfrac{1}{x} : \dfrac{1}{y} = \dfrac{1}{8} : \dfrac{1}{6} = 6 : 8 \underset{\text{最簡整數化}}{\overset{\div 2}{=}} 3 : 4 \\[3mm] \dfrac{1}{y} : \dfrac{1}{z} = \dfrac{1}{6} : \dfrac{1}{9} = 9 : 6 \underset{\text{最簡整數化}}{\overset{\div 3}{=}} 3 : 2 \end{cases}$

「兩項、兩項」，先予以
「去分母」，再予以
「最簡整數化」

同乘「6×9」予以去分母，「整數化」

$\therefore \dfrac{1}{x} : \dfrac{1}{y} : \dfrac{1}{z}$

$\begin{array}{l} 3 : \boxed{4} \quad \cdots \times 3 \\ \quad\ \boxed{3} : 2 \cdots \times 4 \\ \hline 9 : \boxed{12} : 8 \end{array}$

也可以用「$x : y = a : b \underset{\text{去分母}}{\overset{\times n}{=}} na : nb$」

得：$\dfrac{1}{x} : \dfrac{1}{y} : \dfrac{1}{z} = \dfrac{1}{8} : \dfrac{1}{6} : \dfrac{1}{9} \underset{\text{去分母}}{\overset{\times 72}{=}} 9 : 12 : 8$

$\therefore \dfrac{1}{x} : \dfrac{1}{y} : \dfrac{1}{z} = 9 : 12 : 8 \overset{令}{=} 3 : a : b$

異側對應位置，比值相等

$\therefore \dfrac{9}{3} = \dfrac{12}{a} = \dfrac{8}{b}$

也可以用「$x : y = a : b \overset{\div n}{=} \dfrac{a}{n} : \dfrac{b}{n}$」得：

$9 : 12 : 8 \overset{\div 3}{=} \boxed{3} : 4 : \dfrac{8}{3} \overset{令}{=} \boxed{3} : a : b$

$\therefore 9a = 36$ 且 $9b = 24$

分式等式，必交叉相乘相等

$\therefore a = 4$ 且 $b = \dfrac{24}{9} = \dfrac{8}{3}$

▶▶▶▶ Ans

「分子、分母」同約去「3」

$(1)\ 8 : 6 : 9$ $(2)\ a = 4$，$b = \dfrac{8}{3}$

例題 27 如圖，將長方形 *ABCD* 切割成甲、乙、丙、丁四塊，其中甲、乙為長方形，丙、丁為直角三角形，且甲：乙：丙的面積為 $2:3:1$，求 $\overline{AE}:\overline{ED}=?$

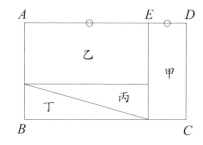

> 「不只兩項」的「比例等式」，通常要引進「比例常數」

▶▶▶ Sol

$\because$ 甲：乙：丙 $=2:3:1$

> 引入「比例常數」

$\therefore$ 設甲 $=2k$，乙 $=3k$，丙 $=k$

> 「加碼型」比值問題，最好引進「比例常數」

> 利用「異側對應位置的比值相等」，可得：
> $$\frac{甲}{2}=\frac{乙}{3}=\frac{丙}{1}\overset{令}{=}k$$
> 再去分母，可得：
> 甲 $=2k$，乙 $=3k$，丙 $=k$

又因：丁 $=$ 丙

> 丙、丁的「底、高」都相同 $\therefore$ 面積也相同

$\therefore$ 丁 $=$ 丙 $=k$

$\therefore \overline{AE}:\overline{ED}=\overline{AE}\times\boxed{\overline{DC}}:\overline{ED}\times\boxed{\overline{DC}}$

　　　　$=(乙+丙+丁):甲$

　　　　$=(3k+k+k):2k$

　　　　$=5k:2k$

　　　　$=5:2$

> $x:y=a:b$
> $\qquad\overset{\times n}{=}na:nb$
> 亦即：同側同乘 $\overline{DC}$，等號仍成立

> $\because$「$\dfrac{x}{m}:\dfrac{y}{m}\overset{\div m}{=}x:y$」最簡整數化
> $\therefore$ 可同除以「k」

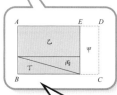

> $\overline{AE}\times\overline{DC}$
> $=\overline{AE}\times\overline{AB}$
> $=乙+丙+丁$

▶▶▶ Ans

$5:2$

> 也可以用：
> 「$x:y=a:b$
> $\Rightarrow x=\boxed{a}k$，
> $y=\boxed{b}k$」

「$A : B$」的比值 $= \dfrac{A}{B}$

例題 28　已知 $2x : 3 = 3y : 4 = 4z : 5$，且 $x + y + z = 147$，
　　　　則 $(x + 6) : (y + 2) : (z - 5)$ ？

令「每一個分式」分別等於「r」，可分別求出「x，y，z」的關係式

「比例」問題必「比值分式化」

▶▶▶ Sol

$\therefore \dfrac{2x}{3} = \dfrac{3y}{4} = \dfrac{4z}{5} \overset{令}{=} r$ ◀ 「不只兩項」的比例等式，必引進「比例常數」

引入比例常數

設 $x = \dfrac{3}{2}r$，$y = \dfrac{4}{3}r$，$z = \dfrac{5}{4}r$（$r \neq 0$）

$\because x + y + z = 147$

$\therefore \dfrac{3}{2}r + \dfrac{4}{3}r + \dfrac{5}{4}r = 147$ ◀ 將「$x = \dfrac{3}{2}r$，$y = \dfrac{4}{3}r$，$z = \dfrac{5}{4}r$」代入

$\therefore \dfrac{18}{12}r + \dfrac{16}{12}r + \dfrac{15}{12}r = 147$

$\therefore \dfrac{49}{12}r = 147$ ◀ 通分合併

$\therefore r = 36$

$\therefore x = \dfrac{3}{2} \times 36 = 54$，

　$y = \dfrac{4}{3} \times 36 = 48$ 且 ◀ 將「$r = 36$」代回
　　　　　　　　　　　　　　「$x = \dfrac{3}{2}r$，$y = \dfrac{4}{3}r$，$z = \dfrac{5}{4}r$」

　$z = \dfrac{5}{4} \times 36 = 45$

$\therefore (x + 6) : (y + 2) : (z - 5)$

$= (54 + 6) : (48 + 2) : (45 - 5)$

$= 60 : 50 : 40$ ◀ $x : y = a : b \overset{\div n}{\underset{最簡整數化}{=}} \dfrac{a}{n} : \dfrac{b}{n}$

$= 6 : 5 : 4$

同步約去「10」，予以「最簡整數化」

▶▶▶ Ans

$6 : 5 : 4$

例題 29 是非題

(1)當 x 變大時，y 值也變大，則 x，y 必成正比

(2)若 $x+y=0$，則 x，y 成正比

(3)若 $a:b:c=2:3:5$，則 $\dfrac{1}{a}:\dfrac{1}{b}:\dfrac{1}{c}=5:3:2$

▶▶▶▶ Sol

(1)若 $y=x+1$，則 x 變大時，y 也變大，但 x，y 並不是「正比關係」⇒(1)不正確

(2) $x+y=0$

$\Rightarrow x=-y$

> 正比：$\dfrac{x}{y}=k$

$\Rightarrow \begin{cases} 1=\dfrac{-y}{x} \\ -1=\dfrac{y}{x} \end{cases}$ $\therefore \begin{cases} -y\ 和\ x \\ y\ 和\ x \end{cases}$ 都成「正比」⇒(2)正確

> 甲、乙欲成「正反比」，必須能整理成：
> 『甲 × 乙 $=k$（反比）或 $\dfrac{乙}{甲}=k$（正比）』
> …留意：任何「非甲、非乙」的微小調整都要重新檢驗定義，才能談「正反比」

> $\because a:b:c=2:3:5$ 及
> 「$x:y=a:b \Rightarrow \dfrac{1}{x}:\dfrac{1}{y}=\dfrac{1}{a}:\dfrac{1}{b}$」
>
> 「倒數比」，等號仍成立
>
> $\therefore \dfrac{1}{a}:\dfrac{1}{b}:\dfrac{1}{c}=\dfrac{1}{2}:\dfrac{1}{3}:\dfrac{1}{5}$

(3)$\because \dfrac{1}{a}:\dfrac{1}{b}:\dfrac{1}{c}=\dfrac{1}{2}:\dfrac{1}{3}:\dfrac{1}{5}$

$\therefore \begin{cases} \dfrac{1}{a}:\dfrac{1}{b}=\dfrac{1}{2}:\dfrac{1}{3} \overset{\times 6}{\underset{整數化}{=}} 3:2 \\ \dfrac{1}{b}:\dfrac{1}{c}=\dfrac{1}{3}:\dfrac{1}{5} \overset{\times 15}{\underset{整數化}{=}} 5:3 \end{cases}$

> 將兩兩「比」，先予以「去分母，整數化」

$\therefore \dfrac{1}{a}:\dfrac{1}{b}:\dfrac{1}{c}$

$\quad 3:\boxed{2}\quad\cdots\times 5$

$\qquad\ \boxed{5}:3\cdots\times 2$

$\quad 15:\boxed{10}:6$

$\therefore$(3)不正確

> 也可以：由 $\dfrac{1}{a}:\dfrac{1}{b}:\dfrac{1}{c}$
> $=\dfrac{1}{2}:\dfrac{1}{3}:\dfrac{1}{5}$
> $\overset{同乘 30}{\underset{去分母}{=}} 15:10:6$

▶▶▶▶ Ans

(1)不正確　(2)正確　(3)不正確

> $x:y=a:b \overset{\times n}{\underset{去分母}{=}} na:nb$

<table>
<tr><td>例題 30</td><td colspan="2">判別下列何者的 y 和 x 成正比？</td></tr>
</table>

(A)

x	-3	10	-7
y	8	-5	12

(B)

x	-9	15	-21
y	3	-5	7

(C)

x	3	-5	2
y	-10	6	-15

(D)

x	-1	-3	-5
y	5	1	-3

> 檢驗定義：
> 正比 $\dfrac{x}{y}=k$

▶▶▶ Sol

(A)∵ $\dfrac{-3}{8} \neq \dfrac{10}{-5} \neq \dfrac{-7}{12}$　　　∴不成正比

(B)∵ $\dfrac{-9}{3} = \boxed{-3} = \dfrac{15}{-5} = \dfrac{-21}{7}$　　∴成正比

(C)∵ $\dfrac{3}{-10} \neq \dfrac{-5}{6} \neq \dfrac{2}{-15}$　　　∴不成正比

(D)∵ $\dfrac{-1}{5} \neq \dfrac{-3}{1} \neq \dfrac{-5}{-3}$　　　∴不成正比

▶▶▶ Ans

(B)

例題 31　兩個瓶子裝有「相同重量」的「酒精溶液」，其中水和酒精的重量比分別為 $3:1$ 和 $1:1$，把兩瓶倒到一個大的容器沒有溢出，所得混合液，水和酒精的重量比為何？(A) $2:1$　(B) $3:2$　(C) $4:1$　(D) $5:3$

▶▶▶ Sol

設兩個瓶子都裝了「x」單位重的「酒精溶液」

∴依題意，可知：
$$\begin{cases} 瓶子①：水重\dfrac{3x}{4}且酒精\dfrac{x}{4} \\ 瓶子②：水重\dfrac{x}{2}且酒精\dfrac{x}{2} \end{cases}$$

> 已知：水：酒 $=3:1 \Rightarrow$ 分成「4」等份

> 已知：水：酒 $=1:1 \Rightarrow$ 分成「2」等份

∴所求為 $\left(\dfrac{3x}{4}+\dfrac{x}{2}\right):\left(\dfrac{x}{4}+\dfrac{x}{2}\right)=\dfrac{5x}{4}:\dfrac{3x}{4}=5:3$

> $a:b \overset{\times n}{\underset{去分母}{=}} na:nb \overset{\div n}{\underset{最簡整數化}{=}} \dfrac{a}{n}:\dfrac{b}{n}$

▶▶▶ Ans

(D)

> 同步約「x」且乘以「4」，予以「去分母且最簡整數化」

例題 32 若 $a+b+c=0$，且 $\dfrac{a}{b+c}=\dfrac{b}{c+a}=\dfrac{c}{a+b}=k$，求 k？

▶▶▶▶ Sol

$\because a+b+c=0$

$\therefore \begin{cases} b+c=-a \\ c+a=-b \\ a+b=-c \end{cases}$

將「$b+c=-a$，$c+a=-b$，$a+b=-c$」

代回：$\dfrac{a}{b+c}=\dfrac{b}{c+a}=\dfrac{c}{a+b}$

$\therefore \dfrac{a}{\boxed{b+c}}=\dfrac{a}{-a}=-1$ 且 $\dfrac{b}{\boxed{c+a}}=\dfrac{b}{-b}=-1$ 且 $\dfrac{c}{\boxed{a+b}}=\dfrac{c}{-c}=-1$

$\therefore k=-1$

與 $\dfrac{a}{b+c}=\dfrac{b}{c+a}=\dfrac{c}{a+b}=k$ 比較

▶▶▶▶ Ans

-1

例題 33 設 $x:y=\dfrac{1}{3}:\dfrac{1}{4}$，若將 2100 元按 $x:y$ 的比例分成兩份，求兩份相差多少元？

$x:y=a:b \overset{\times n}{\underset{\text{去分母}}{=}} na:nb$

▶▶▶▶ Sol

$\because x:y=\dfrac{1}{3}:\dfrac{1}{4} \overset{\times 12}{\underset{\text{去分母}}{=}} 4:3$

去分母，化整數比

「加碼型」問題，最好引進「比例常數」

設 $x=4k$，且 $y=3k$

引入「比例常數」

$\therefore$ 依題意，可得：$4k+3k=2100$

$\therefore 7k=2100$

$\therefore k=300$

$\therefore 4k-3k=k=300$

$\therefore$ 差 300 元

▶▶▶▶ Ans

300 元

$x:y=a:b$

$\Rightarrow x=\boxed{a}k$，$y=\boxed{b}k$

例題 34　已知高中及高職的報考人數比為 2：1；錄取人數為 4：1 且落榜人數比為 3：2。試求高中錄取率？

加碼型比例問題，必設比例常數

▶▶▶ Sol

∵

	高中	高職
報考	$2x$	x
錄取	$4y$	y
落榜	$3z$	$2z$

將題目訊息，用「表格」來聚集呈現

不同比，需用不同的比例常數代號

∴ $\begin{cases} 2x = 4y + 3z \\ x = y + 2z \end{cases}$

報考人數 = 錄取人數 + 落榜人數

化「z」係數相同

∴ $\begin{cases} 4x = 8y + \boxed{6z} \\ 3x = 3y + \boxed{6z} \end{cases}$

「高中」錄取率 $= \dfrac{\text{「高中」的錄取人數}}{\text{「高中」的報考人數}} \times 100\% = \dfrac{4y}{2x} \times 100\%$

∴需求「x、y」的關係

∴設法「消去 z」！

上式 － 下式

∴ $x = 5y$

∴所求 $= \dfrac{4y}{2x} \times 100\%$

$= \dfrac{4y}{10y} \times 100\%$

分數上下，同約 y

將「$x = 5y$」代入「$2x$」

$= 0.4 \times 100\%$

$= 40\%$

▶▶▶ Ans

40%

CHAPTER 5

「不等式」問題有兩大類：
- ◉ 求「不等式」的解（範圍）
- ◉ 證明 或 確認「不等式」成立

「絕對值、二次根式及可因式分解算式」的代數不等式「解」

留意：含不含「等號」

重點整理5-1　「不等式」的處理原則

「加」不同數：

若 $a>b$ 且 $c>d$，則「$a+c>b+d$」成立。

只有「加」，才保證「大、大相加仍大」

但：a『$-,\times,\div$』$c>b$『$-,\times,\div$』d，

則「不等式」未必成立

問題會出在：a,b,c,d 含「0 或 負數 或 倒數」

重點在「乘負數、負號 $\overset{等同}{\Leftrightarrow}$『$\times \div$』$(-1)$）及 倒數」 時，不等式的方向「會改變」！

這裡的 $\overset{>}{\underset{(=)}{<}}$ & $\overset{<}{\underset{(=)}{>}}$ 意指：「$>$」、「$<$」、「$\geq$」、「$\leq$」及「$=$」

只有「奇次方」，才保證「大的奇次方仍大」

「自乘」：「$a^3>b^3$ 成立，但 $a^2>b^2$ 未必成立」！

原則 1

不等量公理：

(A)「同加減一數」方向「不變」：$a \overset{>}{\underset{(=)}{<}} b \Rightarrow a \pm b \overset{>}{\underset{(=)}{<}} b \pm c$

(B)「同乘除正數」方向「不變」：$a \overset{>}{\underset{(=)}{<}} b$ 且「$c>0$」 $\Rightarrow a \overset{\times}{\underset{(\div)}{}} c \overset{>}{\underset{(=)}{<}} b \overset{\times}{\underset{(\div)}{}} c$

(C)「同乘除負數」方向「改變」：$a \overset{>}{\underset{(=)}{<}} b$ 且「$c<0$」 $\Rightarrow a \overset{\times}{\underset{(\div)}{}} c \overset{<}{\underset{(=)}{>}} b \overset{\times}{\underset{(\div)}{}} c$

(D)「非零數取倒數」方向「改變」：$a \overset{>}{\underset{(=)}{<}} b$ 且「$a、b \neq 0$」 $\Rightarrow \dfrac{1}{a} \overset{<}{\underset{(=)}{>}} \dfrac{1}{b}$

「整串式子」、「含負號式」、「負數」作「$\pm \times \div$」、「次方」，最好先「加括號」

「不等式」的演化，不像「等式」的演化般，可以動不動就寫「原式＝新式」，而「不等式」通常只能寫成「不等式 $\Rightarrow$ 新不等式」或「不等式 $\Leftrightarrow$ 新不等式」

原則 2

不等式的運算整合，務必要：

(A)「減、除的組合」先轉化成「加、乘的組合」。

(B)「乘、除組合」應留意：「不等式範圍」是否「含 0」及「負數」。

「x 的式子」被「$-,\div$」，要先變成被「$+,\times$」

在「整併、調整」不等式時，如果要作「乘除」運算，務必要先判斷「要進行 $\times \div$ 的數」是「正數」還是「負數」！

亦即：「含 0 及負數（含：負號）」的「平方、倒數 及乘除」應特別小心！

涉「平方」及「乘、除」

原則 3

並請留意：在轉化過程中，「不等式方向」是否需要「改變」！

x 的一元一次不等式 ：

(A) 先將「x 的係數」化為「正數」！

(B) 最後利用：$ax - b \begin{smallmatrix} > \\ < \\ (=) \end{smallmatrix} \underset{\text{同義}}{\overset{\lceil a>0 \rfloor}{\Leftrightarrow}} x \begin{smallmatrix} > \\ < \\ (=) \end{smallmatrix} \dfrac{b}{a}$ ，求「x 的解範圍」。

注意「$a>0$」之要求！

 **原則 4**

留意：
- 在化「最高次項係數」為「正數」時，「方向要不要改變？」
- 剔除「恆正、恆負」的「二次因式」時，「方向要不要改變？」

x 的一元二次不等式 ：

「更高次」不等式，必用：

1. 將「最高次項係數」化為「正數」

2. 對上式進行「因式分解」，設法分解成「一次 & 二次因式」的連乘積

3. 用「判別式＜0，開口向上恆正，開口向下恆負」剔除「恆正、恆負」的「二次因式」

4. 將剩下「x 係數為正」的「一次因式」依其「根」的大小，在「數線」上約略標記「位置」，再如圖標記「＋、－」

x 的「係數化成正」後，才可以作圖

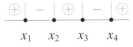

「最右」項「⊕」開始，再向左「正、負」相間

5. 依題意「選所有＋」或「選所有－」段落，即為所求！

留意：含不含「根」？
- 有「＝」要含「根」並用「實心點」標記「根」的位置
- 沒有「＝」，不含「根」，並用「空心點」來標記

將「x 的最高次項」係數，先化為「正數」

(A) 先將「x^2 的係數」化為「正數」，
並請留意：在轉化過程中，「不等式方向」是否需要「改變」！

(B) 將「x 的二次式」進行「因式分解」！

稱為：「數線的段落區分圖」

「最高次項」係數要「先化為正」

(C) 最後利用：

注意「因式分解」後，先將「x 的係數 $\overset{變成}{=} 1 > 0$」

$$ax^2 + bx + c \overset{\text{因式分解}}{\underset{\ulcorner a>0 \lrcorner}{=}} a(x-\alpha)(x-\beta) \begin{cases} \geq 0 \\ \leq 0 \end{cases}$$

$$\underset{\ulcorner a>0 \lrcorner}{\overset{\alpha_{\text{小}} < \beta_{\text{大}}}{\Leftrightarrow}} \begin{cases} x \underset{(=)}{\geq} \beta_{\text{大}} \text{ 或 } x \underset{(=)}{\leq} \alpha_{\text{小}} & (\ulcorner 原式 \underset{(=)}{\geq} 0 \lrcorner : 大於大 _{\text{或}} 小於小) \\ \alpha_{\text{小}} \underset{(=)}{\leq} x \underset{(=)}{\leq} \beta_{\text{大}} & (\ulcorner 原式 \underset{(=)}{\leq} 0 \lrcorner : 介於大小兩者之間) \end{cases}$$ ，來表現「x 的解（範圍）」

常用策略：由「全已知」的「解範圍」，反推「含非 x 未知項」的「解範圍」

注意「$a > 0$」之要求！

求「不等式」的「解（範圍）」最重要動作是「先將最高次項係數變正」！

x 的係數要「先化為正」

口訣：「$(x-大)(x-小)$」

⦿ 小於 0：x 介於「兩者之間」

⦿ 大於 0：x 大於大 _{\text{或}} 小於小

「分式」型不等式，必：

⦿ 使「不等號一邊」，先化為「0」

⦿ 通分合併，能約就約

⦿ 用「同乘分母平方 ≥ 0」方式，去分母

⦿ 「分母 $\neq 0$」為「隱藏性」限制，要留意！

⦿ 不等式「同義」$\Leftrightarrow$ 不等式的「解相同」

⦿ 「多項式」型不等式「同義」
   $\Leftrightarrow$ 不等式「整併後」同次項係數成「相同比例」

「比較」前，應將不等式的「方向」先化「相同」

原則 5

聯立不等式：

(A) 先將每一個不等式的「解範圍」找出來，並「繪製在數線 _{\text{或}} 平面」上，但請留意：「解範圍有沒有 含點、含邊線」！

「不含點，線」：用「空心點」、「虛線」來表現

使「不等式」成立的「數值」，就是不等式的「解」

又稱：解集合，解區間，解範圍

(B) 再畫每一個「解範圍」在的「共有部分」，便可得「聯立不等式的解範圍」。

滿足：「不等式要求」的所有 x 值
_{\text{或}} 「使不等式成立」的所有 x 值

「聯立 $\overset{等同}{\Leftrightarrow}$ 且 $\overset{等同}{\Leftrightarrow}$ 交集」，要取「共有部份」

「含直線」用「實線」畫；
「不含直線」用「虛線」畫

- 先繪直線，並將「直線方程式」的「一邊化為 0」
- 再任選「一個半面」的任意一個「已知點坐標」代入「直線方程式」。如果所得值為「正」，則跟「代入已知點」同半面的「所有點」代入「直線方程式」，它的「所得值」，亦必為「正」！

原則 6

直線的「同、異」側：

(A) 繪直線圖

圖形的「方程式」 $\overset{\text{定義}}{\Leftrightarrow}$ 圖形上「點 (x, y)」的「共同特徵」

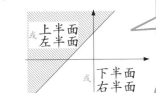

或 上半面
左半面

或 下半面
右半面

直線

注意：要先把直線方程式的一邊化為 0

(B)「直線 $ax + by + c = 0$」的「同側兩點、異側兩點」代入直線方程式，所得數值必「同號、異號」。

1.「直線」不過「原點 $(0, 0)$」時，通常取「$(0, 0)$」代入「直線方程式」
2.「直線」過「原點 $(0, 0)$」時，則任取「好計算的點坐標」代入「直線方程式」

「坐標系統」概念，我們會在《歡迎來到函數世界》作詳細介紹！

其實，由「圖的涵蓋、包含」關係也可確認：「x 在 被 涵蓋」的「不等式」成立，則必保證「涵蓋它」的「不等式」也會成立！

原則 7

「x 的不等式」，只能保證「x 滿足更大範圍、更寬鬆」的不等式會成立，亦即：

「$x < k$」$\overset{\text{只能}}{\underset{\text{推論}}{\Rightarrow}}$「$x \le$ 不比 k 小的數」也會成立。

如：「$x < -2$」，只保證「$x \le \boxed{-1}$」也會成立；但不保證「$x \le \boxed{-3}$」也成立！

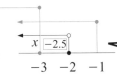

$x \boxed{-2.5}$

$-3 \quad -2 \quad -1$

「$\boxed{-2.5} < -2$」成立且「$\boxed{-2.5} \le -1$」也成立，但 $\boxed{-2.5} \le -3$」並不成立

「絕對值」及「二次根式」不等式，必用：

稱為：「（分段）討論」法

如：$\sqrt{式子} \pm \sqrt{式子} \geq$ 非 0 式子；

$\sqrt{式子} \pm |式子| \sqrt{式子} \geq$ 非 0 式子；……

(A)「具（$\pm$）運算組合型」的「絕對值、二次根式（不）等式」問題，必依下列程
序進行解題：

| 非正 | ＝ 全變號
且
| 非負 | ＝ 照抄

畫「數線」圖，並「分段討論」去「絕對值 **及** 二次根式」

⊙ 先令「每一個絕對值 ＝ 0」**或**「每一個二次根式 ＝ 0」，再據此，找出
「絕對值 **或** 二次根式的關鍵點」

$\sqrt{(?)^2} = |?|$

刪去 $\sqrt{\ }$ 時，一定要
先加「絕對值」

常配合：

⊙ $|x| < a \overset{\ulcorner a>0 \urcorner}{\Leftrightarrow} -a < x < a$
　　$_{(=)}$　　　　　$_{(=)}$　　$_{(=)}$

⊙ $|x| > a \overset{\ulcorner a>0 \urcorner}{\Leftrightarrow} x > a$ **或** $x < -a$
　　$_{(=)}$　　　　　　$_{(=)}$　　　　$_{(=)}$

⊙ 將前述關鍵點「由小至大」排列在「數線」上，得「數線的段落區分圖」

⊙ 根據前述「數線的段落區分圖」，分段討論「去絕對值 **或** 去二次根式」，再
進行「解範圍」的求取。

見「含二次（偶次）根式」不等式問
題，一定要留意「根號內 ≥ 0」的
「隱藏不等式」，也別忘了納入考量！

「正負」會決定，去
「絕對值、二次根式」
時，要不要變號！

「原始不等式」$\overset{定義}{\Leftrightarrow}$
未「整式化」或
「整併」前的不等式

見「含分式」不等式，務必要檢驗「所得解（範圍）」，
是否「含使 原始 不等式」的「分母 ＝ 0」

這種「使分母 ＝ 0」的「解」應剔除掉！

口訣：
「平方去（二次）根號、絕對值」法

(B)「非運算組合型」的「單純絕對值、二次根式（**或**不等式）」

可以整理成：等式 **或** 不等式的「任一個單側」
「至多」只有「單純」的「$\sqrt{式子}$ **或** $|式子|$」，且「小邊可確定 ≥ 0」

「較小邊」為「非負」時

$$a_{正} \times \begin{cases} \sqrt{f(x)} \\ |f(x)| \end{cases} \begin{cases} > \\ \geq \\ = \end{cases} b_{正} \times \begin{cases} \sqrt{g(x)} \\ |g(x)| \end{cases}$$

問題，必用「平方」去「絕對值、二次根式」

含「分式」時，還要留意「分母 $\neq 0$」

∵「解題過程」，如果用了「平方去：絕對值、二次根號」，常會有「多餘解」產生。
∴所得「解」，一定要去「檢驗」一下是否真的滿足所求的「原始不等式」！

常需配合：
⊙「平方差公式」
⊙「二次根式內、必須 ≥ 0」
⊙「式子」$\underset{(=)}{>}$「$\sqrt{}$；絕對值」，必滿足「式子 $\underset{(=)}{>} 0$」來解題！

∵ $\sqrt{} \geq 0$ 且 $|\ | \geq 0$
∴式子 $\underset{(=)}{>} \begin{cases} \sqrt{} \\ |\ | \end{cases}$，必強迫「式子 $\underset{(=)}{>} 0$」

原則 8

「多個」不等式的「且 v.s.或」組合，必用：

(A) 畫「數線 或 區域圖」來協助。

(B) 「且」 ⇔ 交集 ⇔ 「都要」滿足，才算「解」。

(C) 「或」 ⇔ 聯集 ⇔ 滿足「其中之一」，都算「解」。

$x = a, b$
$\overset{定義}{\Leftrightarrow} x = a$ 或 $x = b$

(D) 「含等號，用實心點，實直線」；「不含等號，用空心點，虛直線」畫圖。

(E) 見「不可分解」的「二次式」，必先用「判別式」進行「恆（非）正、恆（非）負」判斷！

判別式 $\overset{定義}{=} b^2 - 4ac$

被提早「完全剔除的恆非正、恆非負」項，是否會使「不等式 = 0」應小心，並多加判斷：是否要對「解」集合附加「額外要求」？

「二次式」$ax^2 + bx + c$：
⊙ $a > 0$ 且判別式 $\begin{cases} < 0 \text{ 恆正} \\ \leq 0 \text{ 恆非負} \end{cases}$
⊙ $a < 0$ 且判別式 $\begin{cases} < 0 \text{ 恆負} \\ \leq 0 \text{ 恆非正} \end{cases}$

式子 $\begin{cases} 恆正 \\ 恆負 \end{cases} \overset{定義}{\Leftrightarrow}$ 對任意實數，「式子 $\gtrless 0$」恆成立

(F) 「保證目的達成」的「最少次數」問題，必用「置之死地而後生」原則，來解題。

亦即：設「最少次數為 x」且大家都用「最少次數，達成目的」
延伸
⇒ 總次數－（用最少次數達成目的「總次數」）=「剩下」的次數 $< x$

「剩下」的次數，已不足以「再用最少次數達成目的」

重點整理5-2　解開例題、弄懂策略

 精選範例

例題 1 　設 $0<x<1$，則下列何者正確：

$(1)\ x^3>x^2$　$(2)\ \dfrac{1}{x}>x$　$(3)\ x>\dfrac{1}{x}$　$(4)\ \dfrac{1}{x}<1$

> 「不等式的運算整合」必先轉化成「加、乘的組合」並配合「乘除負數」
> 及「倒數」組合應「改變方向」與 留意是否「含 0 及 負數」概念來解題

▶▶▶▶ Sol

$(1)\ 0<\underset{\text{乘以 }x^2>0}{\underline{x<1}}\Rightarrow \boxed{x^3<x^2}\Rightarrow (1)$ 不正確

$(2)\ 0<\underset{\text{乘以 }\frac{1}{x}>0}{\underline{x<1}}\Rightarrow \boxed{1<\dfrac{1}{x}}\Rightarrow \underset{\text{原式}}{\boxed{x}}<\overset{\text{新式}}{\boxed{1<\dfrac{1}{x}}}\Rightarrow \boxed{x<\dfrac{1}{x}}\Rightarrow (2)$ 正確

> 由(2)知：$x<\dfrac{1}{x}$

> 也可以用：「倒數」方向改變

(3)、(4)：由(2)的解題過程可知：皆不正確

▶▶▶▶ Ans

(2)

> 由(2)知：$1<\dfrac{1}{x}$

例題 2 　設 $-3\le x\le 5$，$2\le y\le 6$，則下列何者正確：

$(1)\ -1\le x+y\le 11$　$(2)\ -5\le x-y\le -1$

$(3)\ -4\le xy\le 10$　$(4)\ \dfrac{-3}{2}\le \dfrac{x}{y}\le \dfrac{5}{2}$

$(5)\ 13\le x^2+y^2\le 61$

「不等式的運算整合」必先轉化成「加、乘的組合」並配合「乘除負數」及「倒數」組合應「改變方向」與留意是否「含 0 及負數」概念來解題

▶▶▶ Sol

$(1) \because -3 \leq x \leq 5$ 且 $2 \leq y \leq 6$

$\therefore \underset{\text{「小+小」當最小}}{-3+2} \leq x+y \leq \underset{\text{「大+大」當最大}}{5+6}$

$-1 \leq x+y \leq 11$

$(2) \because -3 \leq x \leq 5$ 且 $2 \leq y \leq 6$

乘以負數「-1」，不等式改變方向

$\therefore -6 \leq -y \leq -2$

$\therefore \underset{\text{「小+小」當最小}}{-3+(-6)} \leq \underset{\text{將 } x-y \text{ 轉化成 } x+(-y)}{x+(-y)} \leq \underset{\text{「大+大」當最大}}{5+(-2)}$

$-6 \leq -y \leq -2$

$\therefore -9 \leq x-y \leq 3$

把「減」的「$x-y$」先改成：「加」的「$x+(-y)$」

$(3) \because -3 \leq x \leq 5$ 且 $2 \leq y \leq \boxed{6}$

$\therefore \underset{\substack{\text{有負數，取負} \\ \text{最多當最小值}}}{-3 \times \boxed{6}} \leq xy \leq \underset{\text{「正大×正大」當最大}}{5 \times \boxed{6}}$

$\therefore -18 \leq xy \leq 30$

$(4) \because \boxed{-3} \leq x \leq \boxed{5}$ 且 $2 \leq y \leq 6$

$\therefore \dfrac{1}{6} \leq \dfrac{1}{y} \leq \boxed{\dfrac{1}{2}}$

取倒數，不等式改變方向

$\therefore \underset{\substack{\text{有負數，取負} \\ \text{最多當最小值}}}{-3 \times \boxed{\dfrac{1}{2}}} \leq x \times (\dfrac{1}{y}) \leq \underset{\text{「正大×正大」當最大}}{5 \times \boxed{\dfrac{1}{2}}}$

$\therefore \dfrac{-3}{2} \leq \dfrac{x}{y} \leq \dfrac{5}{2}$　$\dfrac{x}{y} = x \div y$

把「除」的「$\dfrac{x}{y}$」先改成：

「乘」的「$x \times \dfrac{1}{y}$」

涉「平方、倒數、乘除」時，要留意「含不含：0 及 負數」

「x^2 左、右值」的可能組合：
$(-3) \times (-3) = 9$
「$0 \times 0 = 0$」
$5 \times 5 = 25$
有正、有「0」

(5) $\because$ $\boxed{-3} \leq x \leq 5$ 且 $2 \leq y \leq 6$

$\therefore$ $\boxed{0} \leq \boxed{x^2} \leq 5^2$ 且 $2^2 \leq y \leq 6^2$

此處答案不是$(-3)^2$！
求平方又含 0 時，
應特別注意

x^2 的「最小值」不是「$(-3) \times (-3) = 9$」喔！

$\therefore$ $\underset{\text{「小+小」當最小}}{0+4} \leq x^2 + y^2 \leq \underset{\text{「大+大」當最大}}{25+36}$

$\therefore 4 \leq x^2 + y^2 \leq 61$

▶▶▶▶ Ans

(1)、(4)

「含 0 及 負數」的「平方、倒數 及 乘除」應特別小心！

又稱：解範圍、解區間、解集合

例題 3　若 $x^2 - ax + b < 0$ 的解為 $1 < x < \dfrac{3}{2}$，則不等式 $2bx^2 - ax - 3 > 0$ 之解為？

由「全已知」的解範圍，反推「含非 x 未知項」的解範圍

先依「一元二次」不等式展開原則，找出「解範圍」，再
與已知訊息作比較，即可解題

▶▶▶▶ Sol

$\because 1 < x < \dfrac{3}{2}$ $\overset{\text{同義}}{\Leftrightarrow}$ $(x-1)(x-\dfrac{3}{2}) \boxed{<0}$

x 介於「兩者之間」$\Leftrightarrow$ $(x - 大)(x - 小)$「小於 0」

x 介於
「兩者之間」

$\overset{\text{同義}}{\Leftrightarrow}$ $x^2 - \dfrac{5}{2}x + \dfrac{3}{2} \boxed{<0}$

展開

「多項式」型不等式「同義」
$\Leftrightarrow$ 整併後，同次項係數成「相同比例」

$\overset{\text{同義}}{\Leftrightarrow}$ $x^2 - ax + b \boxed{<0}$

$\therefore a = \dfrac{5}{2}$ 且 $b = \dfrac{3}{2}$

「$x^2 - \dfrac{5}{2}x + \dfrac{3}{2}$」v.s.「$x^2 - ax + b$」進行「同次比較」！

$\therefore$「$2bx^2 - ax - 3 > 0$」可以改寫成：

$3x^2 - \dfrac{5}{2}x - 3 \boxed{>0}$

用「$a = \dfrac{5}{2}$，$b = \dfrac{3}{2}$」代入「$2bx^2 - ax - 3 > 0$」

$\overset{\text{同義}}{\Leftrightarrow}$ $6x^2 - 5x - 6 \boxed{>0}$

去分母

比較前，「不等式」方向要先「化相同」

求「根、解」，可以先「去分母、整數化」

$\overset{\text{同義}}{\Leftrightarrow}$
$\begin{matrix} 3x & 2 \\ 2x & -3 \end{matrix}$ （交叉相乘）
$(3x+2)(2x-3) \boxed{>0}$

因式分解

$\because x^2$ 係數「相同」
$\therefore$「相同比例 = 1」
$\therefore$ 直接進行「同次比較」即可！

同義
$\Leftrightarrow x > \dfrac{3}{2}$ 或 $x < \dfrac{-2}{3}$

▶▶▶ Ans

大於 0 之解為：$x >$ 大 或 $x <$ 小

$x > \dfrac{3}{2}$ 或 $x < \dfrac{-2}{3}$

例題 4　設 $A(-5,3)$、$B(3,-4)$ 位於直線 $x+y-k=0$ 之同側，試求 k 之範圍？

利用「同（側）點」代入直線方程式，所得數值必「同（異）號」來解題

注意：要先化成「$ax+by+c=$"0"」
亦即：要化「等號一邊為 0」

▶▶▶ Sol

$\because A(-5,3)$、$B(3,-4)$ 在直線 $x+y-k=0$ 之「同側」

$\therefore (-5+3-k)(3-4-k) \boxed{> 0}$

同側點，代入直線方程式，所得值同號

$\therefore [-(k+2)][-(k+1)] \boxed{> 0}$

未知數 k 的「最高次係數」先化為正！這是求「不等式」解（範圍）最重要的動作！

改成　　　　　　　改成
$-(k+2) \to k+2$ 且 $-(k+1) \to k+1$
⇒ 共「變號 2 次」
⇒ 共「改變方向 2 次」
⇒ 又回到「原來的方向」

$\therefore (k+2)(k+1) \boxed{> 0}$

同義
$\Leftrightarrow k > -1$ 或 $k < -2$

▶▶▶ Ans

大於 0 之解為：$x >$ 大 或 $x <$ 小

$k < -2$ 或 $k > -1$

例題 5　若 $a < -3$，則 $ax-3 > -3x+a$ 之解為？

「不等式」的整理程序與「等式」的整理程序「幾乎完全相同」，兩者僅有的差異在「不等式：乘、除負數 & 倒數」時，其「不等式方向會改變」

▶▶▶ Sol

$\because ax-3 > -3x+a$

$(a+3)x > (a+3)$

「有 x，沒 x」，分開「在不等號的兩側」整併

又因：$a < -3$

$\therefore a+3 < 0$

「不等式」作「乘除」時，一定要先「判斷」是否涉及「負數的乘除」

$\therefore x < \dfrac{a+3}{a+3} = 1$

因：同除以「負數 $a+3$」，故：不等式方向改變

$\therefore x < 1$

▶▶▶▶ Ans

$x < 1$

例題 6　若 $|x-a| \le b$ 之解集合為 $\{x \mid 1 \le x \le 7\}$，試求 a 及 b 的值？

▶▶▶▶ Sol

先依「絕對值」不等式之展開原則，找出「解範圍」，再與已知訊息作比較，即可得解。

> 用此簡便方法，一定要「檢驗答案」

方法(1)
討論法：

> $|甲| \le k \Leftrightarrow -k \le 甲 \le k$

$|x-a| \le b \Rightarrow -b \le x-a \le b$

$\Rightarrow a-b \le x \le a+b$

> 取甲 $=x-a$
> 且 $k=b$

> 大家都「$+a$」，讓「x」單獨存在

又已知：$1 \le x \le 7$

$\therefore \begin{cases} a-b=1 \\ a+b=7 \end{cases}$

$\Rightarrow 2a=8 \Rightarrow a=4$ ，

$b=7-a=7-4=3$

> 「$a-b \le x \le a+b$」v.s.「$1 \le x \le 7$」

> 「多項式」型不等式「同義」$\Leftrightarrow$
> 整併後，同次項係數成「相同比例」

$(x-a+b)(x-a-b) \le 0$

可改成 $\Leftrightarrow \left[x - \underset{\text{小的數}}{(a-b)}\right]\left[x - \underset{\text{大的數}}{(a+b)}\right] \le 0$

解 $\Leftrightarrow \underset{\text{小的數}}{a-b} \le x \le \underset{\text{大的數}}{a+b}$

> $b \ge$ 絕對值 ≥ 0

> $(x-大)(x-小) \le 0$
> 的解為：小 $\le x \le$ 大

方法(2)
平方去絕對值法：

> 平方去絕對值

> 「非運算組合型」才能用

$|x-a| \le b$

> 「整串式子」作「次方」，應先「加括號」

平方 $\Rightarrow (x-a)^2 \le b^2$

去絕對值 $\Rightarrow (x-a)^2 - b^2 \le 0$

> 平方差公式：
> $a^2 - b^2 = (a+b)(a-b)$

平方差 $\Rightarrow [(x-a)+b][(x-a)-b] \le 0$

因式分解 $\Rightarrow (x-a+b)(x-a-b) \le 0$

又因：

$|x-a| \le b \Rightarrow b \ge 0$

> $\therefore$「$a-正 \le a+正$」
> $\therefore a-b \le a+b$

$\Rightarrow a-b \le a+b$

$\therefore$ 得解：$a-b \le x \le a+b$

> $b \ge$ 絕對值 ≥ 0

又已知：$1 \le x \le 7$

$\therefore \begin{cases} a-b=1 \\ a+b=7 \end{cases} \Rightarrow 2a=8 \Rightarrow a=4$

> 「$a-b \le x \le a+b$」v.s.「$1 \le x \le 7$」

$\Rightarrow b=7-a=3$

$\therefore$「$a=4$，$b=3$」為「唯一解」

$\therefore$ 除非「本題被設計成「無解」，

通常不用再檢驗「是否有多餘解」了！

▶▶▶▶ Ans

$a=4$，$b=3$

涉 $\sqrt{\ }$ 的不等式，應留意「隱藏性」不等式：

⊙ $\sqrt{\ }$ 內 ≥ 0

⊙ 式子 $> \sqrt{\ }$，則「式子 > 0」
　　　　(=)　　　　　(=)

∵不等式的一側，只有一個 $\sqrt{x^2 - 3x + 2}$

∴為「非運算組合型」

∴可以用「平方去根號」來解題！

例題 7　試解二次根式不等式 $\sqrt{x^2 - 3x + 2} < x + 3$？

「單純」的「二次根式」不等式，可用「平方去根號」策略，來解題

▶▶▶　Sol

∵欲使不等式成立，需滿足：

別忽略了這兩個「隱藏性」不等式

$$\begin{cases} x^2 - 3x + 2 \geq 0 \ (\text{根號內} \geq 0) \\ x + 3 > 0 \ (x+3 > \text{根號} \geq 0) \\ x^2 - 3x + 2 < (x+3)^2 \end{cases}$$

平方去根號

$$\therefore \begin{cases} x \geq 2 \ _{\text{或}} \ x \leq 1 \\ x > -3 \\ x > \dfrac{-7}{9} \end{cases}$$

∵ $x^2 - 3x + 2 = (x-1)(x-2)$

∴ $(x-1)(x-2) \geq 0$

∴ $x \geq 2$ 或 $x \leq 1$

大於 0：大於大 或 小於小

三個式子的「聯立」是「且」關係

$x^2 - 3x + 2 < (x+3)^2$

$\Rightarrow x^2 - 3x + 2 < x^2 + 6x + 9$

$\Rightarrow -7 < 9x$

$(a+b)^2 = a^2 + 2ab + b^2$

∴解集合為 $\dfrac{-7}{9} < x \leq 1$ 或 $x \geq 2$

▶▶▶　Ans

解集合為 $\dfrac{-7}{9} < x \leq 1$ 或 $x \geq 2$

PS：∵解題一開始，便把

⊙ $\sqrt{\ }$ 內 ≥ 0

⊙ 式子 $> \sqrt{\ }$ 絕對值 ≥ 0，

「納入『求解』的列式」

∴最後 Ans，不用再作額外的檢驗！

畫「數線圖」來決定「解的交聯」狀況：

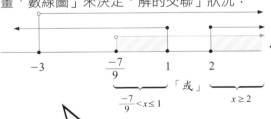

$-3 \qquad \dfrac{-7}{9} \qquad 1 \qquad 2$

「或」

$\dfrac{-7}{9} < x \leq 1$　　　$x \geq 2$

⊙有「等號」表「含點」，用「實心點」作圖

⊙沒「等號」表「不含點」，用「空心點」作圖

「且」關係 ⇔ 交集 ⇔ 「都要」滿足，才算「解」；

「或」關係 ⇔ 聯集 ⇔ 滿足「其中之一」，都算「解」

$$|x-1| \leq \underbrace{|2x+1|+1}_{\text{非單純}|\text{式子}|}$$

∵題目「無法整理成」：
不等式兩側，只有「單純」$\sqrt{}$式子 或 |式子|
∴為「運算組合型」問題
∴需用「（分段）討論法」來解題！

等同：求「不等式」的「解」

例題 8　試解不等式 $|x-1|-|2x+1| \leq 1$ ？

▶▶▶▶ Sol

令 |式子|=0，找關鍵點

1. 找「關鍵點」：令 $|x-1|=0$ ；$|2x+1|=0$

∴可得：$x=1$ ，$\dfrac{-1}{2}$ ◀ 去「絕對值」的關鍵點

⊙不含等號：用空心點
⊙含等號：用實心點

2. 畫「數線」：

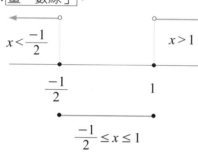

$x < \dfrac{-1}{2}$ 　　 $x > 1$

$\dfrac{-1}{2}$ 　　 1

$\dfrac{-1}{2} \leq x \leq 1$

如果：你無法一眼看出
「$x < \dfrac{-1}{2} \Rightarrow x-1<0$ 且 $2x+1<0$」，
你可以「取一個」好算又滿足 $< \dfrac{-1}{2}$ 的 x_0」
代入「絕對值」內的「$x-1$ 及 $2x+1$」
來協助判斷！

如：取『$x_0 = -1 < \boxed{\dfrac{-1}{2}}$』
滿足 $\begin{cases} x_0 - 1 = (-1)-1 = -2 < 0 \\ 2x_0+1 = 2\times(-1)+1 = -2+1 = -1 < 0 \end{cases}$

∴應分成「$x < \dfrac{-1}{2}$」或「$\dfrac{-1}{2} \leq x \leq 2$」
或「$x > 1$」三種「區間段落前提」
來討論去「絕對值」

3. 分段討論：

① $\boxed{x < \dfrac{-1}{2}}$ ：$x-1 < 0$ 且 $2x+1 < 0$

∴原式去絕對值後，變成：

$\boxed{-(x-1)} - \left[\boxed{-(2x+1)} \right] \leq 1$ ◀ |非負|=照抄；|非正|=全部變號

∴ $-x+1+2x+1 \leq 1$

∴ $x+2 \leq 1 \Rightarrow x \leq -1$

「整串式子」作「±×÷，次方」
最好「先加括號」

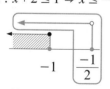

-1 　 $\dfrac{-1}{2}$

∴共有部分為「$x \leq -1$」

$x < \dfrac{-1}{2}$ 是分段討論①的「大前提」！
在此「大前提」下，所得「解」一定要跟「$x < \dfrac{-1}{2}$」
作「交集」，才是正確的「解（集合）」

「整串式子」作「±×÷，次方」，
最好「先加括號」

判別：去絕對值時，要不要變號

② $\boxed{\dfrac{-1}{2} \le x \le 1}$：$x - 1 \le 0$ 且 $2x + 1 \ge 0$ ◀── 仿①，可用「代入好算的 x_0」來判斷

∴原式去絕對值後，變成：

$\boxed{-(x-1)} - (2x+1) \le 1$ ◀── |非負|＝照抄；
|非正|＝全部變號

∴$-x + 1 - 2x - 1 \le 1$

∴$-3x \le 1 \Rightarrow x \ge \dfrac{-1}{3}$ ◀── 同除以 -3，不等式方向改變

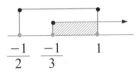

「$x \ge \dfrac{-1}{3}$」必須跟「前提 $\dfrac{-1}{2} \le x \le 1$」取「交集」，才是正確的「解」

∴共有部分為「$\dfrac{-1}{3} \le x \le 1$」

判別：去絕對值時，要不要變號

仿①，可用「代入好算的 x_0」來判斷

|非負|＝照抄

③ $\boxed{x > 1}$：$x - 1 > 0$ 且 $2x + 1 > 0$

∴原式去絕對值後，變成：$(x-1) - (2x+1) \le 1$

∴$x - 1 - 2x - 1 \le 1$

∴$-x \le 3 \Rightarrow x \ge -3$ ◀── 同除以 -1，不等式方向改變

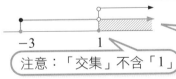

「$x \ge -3$」必須跟「前提 $x > 1$」取「交集」，才算「解」

注意：「交集」不含「1」

∴共有部分為「$x > 1$」

④將①～③的「解範圍聯集」得圖：

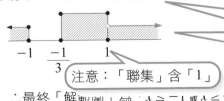

∵分段討論的「①，②，③」
彼此的關係是「x 滿足①」或
「x 滿足②」或「x 滿足③」
∴要用「聯集」來處理

注意：「聯集」含「1」

∴最終「解範圍」為「$x \le -1$ 或 $x \le \dfrac{-1}{3}$」

▶▶▶▶ Ans

$x \le -1$ 或 $x \ge \dfrac{-1}{3}$

例題 9 設 a，b 為正整數。若 $b^2 = 9a$，且 $a + 2b > 280$，則 a 的最小可能值為 _____

▶▶▶▶ Sol

本題為「不等式分解」的應用。

∵ $b^2 = 9a$

∴ $a = \dfrac{b^2}{9}$，並將它代入 $a + 2b > 280$，可得：$\dfrac{b^2}{9} + 2b > 280$

> 將「不等式」，予以「整數化」

∴ $b^2 + 18b > 280 \times 9 \Rightarrow b^2 + 18b - 2520 > 0 \Rightarrow (b+60)(b-42) > 0$

> 大於 0，必大於大 或 小於小

∴ $b > 42$ 或 $b < -60$

又因：b 為正整數

> $b^2 = 9a \Rightarrow a = (\dfrac{b}{3})^2$

∴ $b < -60$ 不合要求

∴ $b^2 > (42)^2 \underset{b^2=9a}{\Rightarrow} 9a > (42)^2 \Rightarrow a > (\dfrac{42}{3})^2 = (14)^2$ 且 a 為完全平方數

∴ a 的最小可能值為：$(15)^2 = 225$

▶▶▶▶ Ans

225

已確定：
$b > 42$

> ∵ $a > (14)^2$
> 且 $a = (\dfrac{b}{3})^2 =$ 完全平方數
> ∴ a 最小是 $(15)^2 = 225$

> $a > \dfrac{(42)^2}{9} = (\dfrac{42}{3})^2$
> 化「同次方」

例題 10 已知 $-4 \le x \le -2$ 且 $2 \le y \le 4$，試求 $\dfrac{x+y}{-x}$ 可能的最大值、最小值？

> 「不等式的運算整合」必先轉化成「加、乘的組合」並配合
> 「乘除負數」及「倒數」組合應「改變方向」與留意是否「含 0 及負數」
> 來解題，亦即：「把負先變成正；把除先變成（倒數）乘」

▶▶▶▶ Sol

∵ $-4 \le x \le -2$ 且 $2 \le y \le 4$

∴ $-2 = \boxed{-4+2} \le x+y \le \boxed{-2+4} = 2$ 且 $\boxed{2} \le -x \le \boxed{4}$

> 由「-4，-2；2，4」配對相加，找出「$x+y$」可能的「最小值組合 $-4+2$」及「最大值組合 $-2+4$」

> 注意：「變號」等同乘以「-1」，方向要改變

已知：
$\boxed{2} \le -x \le \boxed{4}$

用「倒數乘」化除為乘；
「倒數」方向改變

$\therefore \boxed{\dfrac{1}{4}} \le \dfrac{1}{-x} \le \boxed{\dfrac{1}{2}}$

「二次式」$ax^2 + bx + c$：
◉ $a > 0$ 且判別式 < 0，「恆正」
◉ $a < 0$ 且判別式 < 0，「恆負」，
其中「判別式 $\overset{定義}{=} b^2 - 4ac$」

$\therefore \underbrace{\boxed{\dfrac{1}{2}} \times \boxed{-2}}_{\substack{\text{「負多×正大」當最小}}} \le \underbrace{\dfrac{x+y}{-x}}_{(x+y)\times\frac{1}{-x}} \le \underbrace{\boxed{\dfrac{1}{2}} \times \boxed{2}}_{\text{「正大×正大」當最大}} \Rightarrow -1 \le \dfrac{x+y}{-x} \le 1$

$\therefore \dfrac{x+y}{-x}$ 可能的最大值 $= 1$，最小值 $= -1$

把「除」的「$\dfrac{x+y}{-x}$」
先改成：
「乘」的「$(x+y) \times \dfrac{1}{-x}$」

▶▶▶ Ans

$\dfrac{x+y}{-x}$ 可能的最大值 $= 1$，最小值 $= -1$

例題 11　試解不等式 $(2x^2 + x + 1)(-3x^2 + 2x - 5)(x^2 - 3x + 2) < 0$？

▶▶▶ Sol

(1) $\because$「$2x^2 + x + 1$」的判別式 $= 1^2 - 4 \times (2) \times (1) = 1 - 8 = -7 < 0$ 且「x^2 係數 $= 2 > 0$」
　　$\therefore$「$2x^2 + x + 1$」為「恆正」

意謂：對任意實數 x，
「此式 > 0」恆成立

(2) 同理：$\because$「$-3x^2 + 2x - 5$」的
　　　　　判別式 $= 2^2 - 4 \times (-3) \times (-5)$
　　　　　　　　$= 4 - 60 = -56 < 0$
　　　　　且「x^2 係數 $= -3 < 0$」
　　　　　$\therefore$「$-3x^2 + 2x - 5$」為「恆負」

「負數」作「$\pm \times \div$、次方」，
先加括號

意謂：對任意實數 x，
「此式 < 0」恆成立

(3) $x^2 - 3x + 2 = (x-1)(x-2)$

可因式分解式，不用進行
「恆正、恆負」判斷

　　$\therefore$ 由(1)，(2)及(3)，可知：
　　　$(2x^2 + x + 1)(-3x^2 + 2x - 5)(x^2 - 3x + 2) < 0$
　　　$\overset{等價}{\Leftrightarrow}$ (恆正式子) $\times$ (恆負式子) $\times (x-1)(x-2) < 0$
　　　$\overset{等價}{\Leftrightarrow} (x-1)(x-2) > 0$

約去「恆負式子」，
方向要改變

　　$\therefore$ 原不等式的解為：$x > 2$ 或 $x < 1$

▶▶▶ Ans

大於 0：大於大 或 小於小

$x > 2$ 或 $x < 1$

設法讓「x 的最高次項」係數變成「正數」

∵「兩個不等式」的不等號「兩側都有 x」
∴無法「同步處理、簡化」
∴需拆成「左、右」兩個「小型不等式」

例題 12　解不等式 $\boxed{3x} - 4 < \boxed{7x} + 3 \leq \boxed{8x} + 2$？

▶▶▶▶ Sol

① $3x - 4 < 7x + 3$

拆成「左、右」兩個「小型」不等式，並用「且」來聯結

「原來不等式」成立
$\Leftrightarrow$「左側不等式」成立
$\boxed{且}$「右側不等式」成立

$\Rightarrow 4x > -7$

$\Rightarrow x > \dfrac{-7}{4}$

② $7x + 3 \leq 8x + 2$

$\Rightarrow x \geq 1$

∴「①、②」的「交集」為：$x \geq 1$

「含點」用「實心點」；
「不含點」用「空心點」

▶▶▶▶ Ans

$x \geq 1$

畫「解範圍」的「數線圖」

$\dfrac{-7}{4}$　　1

例題 13　設 $-2 < x < 3$，且 $P = \dfrac{1}{2}(3x - 5) + 6$，求 P 的範圍？

▶▶▶▶ Sol

∵ $-2 < \boxed{x} < 3$

∴ $-6 < \boxed{3x} < 9$

乘以 3

$\Rightarrow -6 - 5 < \boxed{3x - 5} < 9 - 5$

∵「非到處有 x」的不等式，
　可以同步處理，同步變化
∴不用「拆成左、右」兩個「小型不等式」

$\Rightarrow -11 < \boxed{3x - 5} < 4$

$\Rightarrow \dfrac{-11}{2} < \boxed{\dfrac{1}{2}(3x - 5)} < 2$

$\Rightarrow \dfrac{-11}{2} + 6 < \boxed{\dfrac{1}{2}(3x - 5) + 6} < 2 + 6$

$\Rightarrow \dfrac{1}{2} < \boxed{P} < 8$

▶▶▶▶ Ans

$\dfrac{1}{2} < P < 8$

逐步配出「P」的形態
「$\dfrac{1}{2}(3x - 5) + 6$」

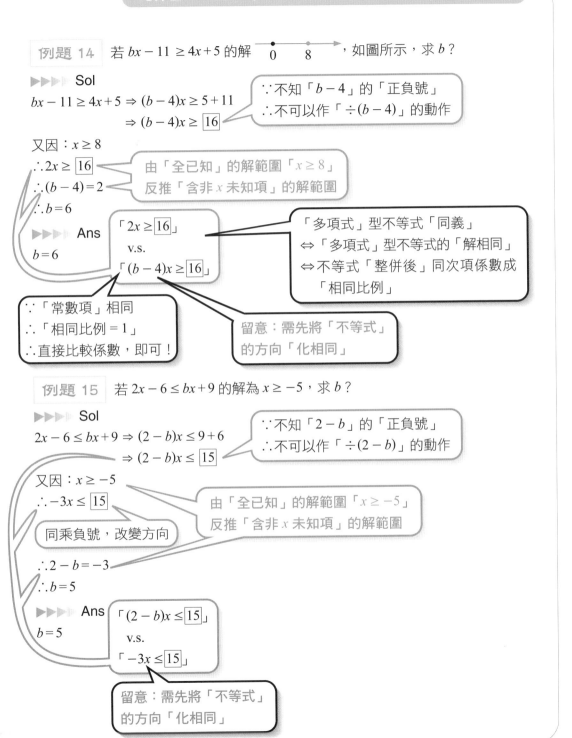

例題 14 　若 $bx - 11 \geq 4x + 5$ 的解 ⚫——0——8——⚪→ ，如圖所示，求 b？

▶▶▶▶ Sol

$bx - 11 \geq 4x + 5 \Rightarrow (b - 4)x \geq 5 + 11$

$\because$ 不知「$b - 4$」的「正負號」
$\therefore$ 不可以作「$\div (b - 4)$」的動作

$\Rightarrow (b - 4)x \geq \boxed{16}$

又因：$x \geq 8$

$\therefore 2x \geq \boxed{16}$

由「全已知」的解範圍「$x \geq 8$」
反推「含非 x 未知項」的解範圍

$\therefore (b - 4) = 2$

$\therefore b = 6$

▶▶▶▶ Ans

$b = 6$

「$2x \geq \boxed{16}$」
v.s.
「$(b - 4)x \geq \boxed{16}$」

「多項式」型不等式「同義」
$\Leftrightarrow$「多項式」型不等式的「解相同」
$\Leftrightarrow$ 不等式「整併後」同次項係數成「相同比例」

$\because$「常數項」相同
$\therefore$「相同比例 $= 1$」
$\therefore$ 直接比較係數，即可！

留意：需先將「不等式」
的方向「化相同」

例題 15 　若 $2x - 6 \leq bx + 9$ 的解為 $x \geq -5$，求 b？

▶▶▶▶ Sol

$2x - 6 \leq bx + 9 \Rightarrow (2 - b)x \leq 9 + 6$

$\because$ 不知「$2 - b$」的「正負號」
$\therefore$ 不可以作「$\div (2 - b)$」的動作

$\Rightarrow (2 - b)x \leq \boxed{15}$

又因：$x \geq -5$

$\therefore -3x \leq \boxed{15}$

由「全已知」的解範圍「$x \geq -5$」
反推「含非 x 未知項」的解範圍

同乘負號，改變方向

$\therefore 2 - b = -3$

$\therefore b = 5$

▶▶▶▶ Ans

$b = 5$

「$(2 - b)x \leq \boxed{15}$」
v.s.
「$-3x \leq \boxed{15}$」

留意：需先將「不等式」
的方向「化相同」

例題 16 已知 a 為正整數，且 x 的一元一次不等式 $3x - a < 0$ 的最大正整數解為 $x = 2$，則 a 值為多少？

▶▶▶▶ Sol

$\because 3x - a < 0$

$\therefore 3x < a$

$\therefore x < \dfrac{a}{3}$

又因：最大正整數解為 $x = 2$

> 逐一「自問自答」，在「$x < \dfrac{a}{3}$」的前提下：
> ⊙ $\dfrac{a}{3}$ =「1點多」，可能有「2」這個「最大整數解」嗎？
> ⊙ $\dfrac{a}{3}$ =「2點多」，可能有「2」這個「最大整數解」嗎？

> 同乘以「3」去分母

$\therefore \dfrac{a}{3} > 2 \Rightarrow a > 6$ 且

$\therefore \dfrac{a}{3} \leq 3 \Rightarrow a \leq 9$

> 同乘以「3」去分母

> 當 $\dfrac{a}{3}$ 為「2點多」且「最大（不超過）3」時，
> 「$x < \dfrac{a}{3}$」的「最大整數解」才是「2」

> $\because$ 如果 $\dfrac{a}{3} = 3$ 點多，則由「$x < 3$ 點多」，可得：
> x 的最大正整數解「至少」為 3（以上）
> $\therefore \dfrac{a}{3}$ 不可能為 3 點多（含以上）

$\therefore 6 < a \leq 9$

又因：題目要求「a 為正整數」

$\therefore a = 7 , 8 , 9$

▶▶▶▶ Ans

$7 , 8 , 9$

> $\because$「$\dfrac{a}{3}$」是「2點多」且「最大3」
> $\therefore$「$\dfrac{a}{3} > 2$」且「$\dfrac{a}{3} \leq 3$」

例題 17 設不等式 $a \leq 2x + 3 \leq b$ 解的範圍長度為 10，試求 $b - a$？

> 「非到處有 x」的「不等式」，不用分「左、右」小型不等式

▶▶▶▶ Sol

$\because a \leq \boxed{2x} + 3 \leq b$

$\therefore a - 3 \leq 2x \leq b - 3$

> 「有 x，沒 x」分開在不等號的兩側整併

$\therefore \dfrac{a-3}{2} \leq x \leq \dfrac{b-3}{2}$

如：「$x - 2 \leq 5x \leq 8x + 9$」就是「典型」的「到處有 x」的不等式。

它就一定要分「$x - 2 \leq 5x$」成立且「$5x \leq 8x + 9$」成立來求解

又因：$\dfrac{b-3}{2}-\dfrac{a-3}{2}=10$ ◄── 題目訊息：「解範圍」長度為 10

$\therefore b-3-(a-3)=20$ ◄── 去分母，整式化

$\therefore b-3-a+3=20$

$\therefore b-a=20$

「整串式子」作「±×÷，次方」必「先加括號」

▶▶▶▶ Ans

20

「保證目的達成」的「最少次數」問題，必用「置之死地而後生」原則，來解題。

亦即：設「最少次數為 x」且 大家都用「最少次數，達成目的」

例題 18 設某鄉選「代表」，已知：有 3000 人投票，15 名候選人，欲選出 5 名「代表」。試問保證當選的最少票數為何？

▶▶▶▶ Sol

設「最少」當選票數為「x」票

$\therefore$「5」名「當選人」，「最少」共用掉「$5x$」票

$\therefore 3000-5x<x$ ◄── $\because$「剩下的票數」，即使都給「同一人」，都「不足以（保證）當選」

$\therefore 3000<6x$ 　　$\therefore$ 剩下的票數『$3000-5x$』< 最少當選票數『x』

$\therefore 500<x$

$\therefore$ 所求為：$x=501$（票）

▶▶▶▶ Ans 　　「票數」必為「（非負）整數」

501 票

例題 19 若 $-3<\dfrac{3-5x}{4}\leq 7$ 的最大整數解是 a，最小整數解是 b，求 $a+b$？

▶▶▶▶ Sol

$-3<\dfrac{3-5x}{4}\leq 7$ ◄── 同乘以「4」去分母，整式化

$\Rightarrow -12<3-5x\leq 28$ ◄── 同減「3」

$\Rightarrow -15<-5x\leq 25$

$\therefore 3>x\geq -5$ ◄── 同除以「-5」方向改變

滿足此式的整數有：$\boxed{-5}$，-4，$\cdots$，$\boxed{2}$

留意：含不含「等號」

117

最大整數解

最小整數解

∴所求：$a=2$，$b=-5$

∴$a+b=2+(-5)=2-5=-3$

▶▶▶▶ Ans

$+_{加}$ 負 $=-_{減}$ 正

-3

其實，也可以用「數線圖」配合「$\overline{AB}=d(A,B)=|a-b|=$ 點 $A(a)$ 與 $B(b)$ 的距離」概念，快速求出解答：

$x<-1$

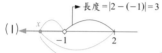

(1) 長度 $=|2-(-1)|=3$

此處的「x」到「$-1,2$」的「距離和」滿足 $|x-(-1)|+|x-2|>$「3」。

$x>2$

亦即：滿足不等式 $|x-2|+|x+1|>3$

(2) 長度 $=|2-(-0)|=3$

此處的「x」到「$-1,2$」的「距離和」滿足 $|x-(-1)|+|x-2|>$「3」。

亦即：滿足不等式 $|x-2|+|x+1|>3$

$-1\le x\le 2$

(3) 長度 $=|2-(-1)|=3$

此處的「x」到「$-1,2$」的「距離和」⓪不滿足 $|x-(-1)|+|x-2|>$「3」。

亦即：⓪不滿足不等式 $|x-2|+|x+1|>3$

∴綜合(1)、(2)、(3)的判斷，得知：解為「$x<-1$ 或 $x>2$」

「不等式」無法整理成「單純根式 或 絕對值」時，無法用「平方去根號，絕對值」來解題，一定要用「（分段）討論法」來處理！

例題 20　試解不等式：$|x-2|+|x+1|>3$

∵題目無法整理成：不等式兩側只有「單純」$\sqrt{\text{式子}}$ 或 $|\text{式子}|$

∴為「運算組合型」問題

∴需用「（分段）討論法」來解題！

▶▶▶▶ Sol

「具（±）運算組合型」的「絕對值不等式」問題，必依下列步驟進行解題：

1. 令每一個「絕對值＝0」，找出「去絕對值的關鍵點」
2. 將前述關鍵點「由小至大」排列在「數線上」，得「數線的段落區分圖」
3. 循著「數線的段落區分圖」，分段討論「去絕對值」，再進行「解範圍」的求取

(1)令 $|x-2|=0$；$|x+1|=0$

令 | 式子 | ＝0，找關鍵點

∴可得：$x=2$，-1 ← 去「絕對值」的關鍵點

(2)畫「數線」：

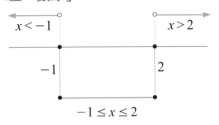

$x<-1$　　　　　$x>2$

-1　　　　2

$-1\leq x\leq 2$

◉不含等號：用空心點
◉含等號：用實心點

∴應分「$x<-1$」 或 「$-1\leq x\leq 2$」 或 「$x>2$」三種「區間段落前提」來討論去「絕對值」

其實「等號」給關鍵點的那一個「段落」都無妨

(3)分段討論：

① $x<-1$：$x-2<0$ 且 $x+1<0$ ← 也可以用「代入好算 $\boxed{x_0<-1}$」的方式來判斷

∴原式去絕對值後，變成：

$-(x-2)+[-(x+1)]>3$ ← |非正|＝全部變號；|非負|＝照抄

「整串式子」作「±×÷，次方」，最好「先加括號」

∴$-x+2-x-1>3$
∴$-2x+1>3 \Rightarrow -2x>2 \Rightarrow x<-1$ ← 同除「-2」方向要改變

去絕對值後之所得

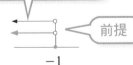

前提 ← 畫「數線圖」找共有部份

-1

∴與前提「$x<-1$」的共有部份為「$x<-1$」

② $-1\leq x\leq 2$：$x-2\leq 0$ 且 $x+1\geq 0$ ← 也可以用「代入好算 $\boxed{-1\leq x_0\leq 2}$」的方式來判斷

∴原式去絕對值後，變成：

$-(x-2)+(x+1)>3$

∴$-x+2+x+1>3$

∴$3>3$（矛盾……沒有「自己＞自己」的數學關係）

∴當 $-1\leq x\leq 2$ 時，無解 ← ∵「已確認」無解
∴不用再畫「數線圖」，來找「與前提$-1\leq x\leq 2$」的共有部份

「整串式子」作「±×÷，次方」，
最好「先加括號」

③ $x>2$：$x-2>0$ 且 $x+1>0$ ← 也可以用「代入好算 $x_0>2$」的方式來判斷

∴原式去絕對值後，變成：

$(x-2)+(x+1)>3$ ← |非負|＝照抄

∴$2x-1>3 \Rightarrow 2x>4 \Rightarrow x>2$

去絕對值後之所得

前提

①：$x<-1$ 或
②：無解 或
③：$x>2$

2

∴與前提「$x>2$」的共有部分「$x>2$」

∴綜合①～③，可得所求「解」為：$x<-1$ 或 $x>2$

▶▶▶▶ Ans

$x<-1$ 或 $x>2$

∵關鍵段落是用「或」來討論
∴兩個段落的「解範圍」也用「或」來串連

先依「絕對值」不等式之展開原則，找出「解範圍」，
再與已知訊息作比較，即可得解

例題 21　若 $|ax+1| \leq b$ 的解為 $-1 \leq x \leq 5$，求 a、b 之值？

∵不等式為「非運算組合型」
∴也可以用「平方去絕對值」

$|甲| \leq k \Leftrightarrow -k \leq 甲 \leq k$

▶▶▶▶ Sol

$|ax+1| \leq b \Rightarrow -b \leq ax+1 \leq b \Rightarrow -b-1 \leq ax \leq b-1$

取甲＝$ax+1$，$k=b$　　　大家都「-1」

又已知：$-1 \leq x \leq 5$ 為其解集合

且「ax」的「a」為「正負未知」的「x」係數

∴應分「$a>0$」或「$a<0$」來討論

不等式在作「乘除」前，一定要先判斷
「要作乘除」的「數」是「正數」還是「負數」

① 當 $a>0$ 時：

$$\dfrac{-b-1}{a} \le x \le \dfrac{b-1}{a}$$

$-b-1 \le ax \le b-1$
同除「$a>0$」方向不變

跟 $-1 \le x \le 5$ 比較

上式「減」下式

$\therefore \begin{cases} \dfrac{-b-1}{a} \overset{令}{=} -1 \\[2mm] \dfrac{b-1}{a} \overset{令}{=} 5 \end{cases} \Rightarrow \dfrac{-2b}{a} = -6 \Rightarrow \dfrac{b}{a} = 3$

「等號」兩側同約「-2」

$\therefore \dfrac{b-1}{a} = \dfrac{b}{a} - \dfrac{1}{a} = 3 - \dfrac{1}{a}$

已知：$\dfrac{b}{a} = 3$

$\therefore 3 - \dfrac{1}{a} \overset{令}{=} 5 \Rightarrow a = \dfrac{-1}{2}$（不合）

與「① $a>0$」的前提不合

已知：$\dfrac{b-1}{a} = 5$ 及 $\dfrac{b-1}{a} = 3 - \dfrac{1}{a}$

$\therefore$ 已確認「無解」
$\therefore$ 不用「再繼續求 b」了

$\therefore$「$a>0$」的狀況，「無解」！

② 當 $a<0$ 時：

$-b-1 \le ax \le b-1$
同除「$a<0$」方向改變

$$\dfrac{-b-1}{a} \ge x \ge \dfrac{b-1}{a}$$

上式「減」下式

$\therefore \begin{cases} \dfrac{b-1}{a} \overset{令}{=} -1 \\[2mm] \dfrac{-b-1}{a} \overset{令}{=} 5 \end{cases} \Rightarrow \dfrac{2b}{a} = -6 \Rightarrow \dfrac{b}{a} = -3$

「等號」兩側同約「2」

$\therefore \dfrac{b-1}{a} = \dfrac{b}{a} - \dfrac{1}{a}$

為了應用已知：$\dfrac{b}{a} = -3$

$b \ge$ 絕對值 ≥ 0

$= -3 - \dfrac{1}{a}$

已知：$\dfrac{b-1}{a} = -1$ 且
$\dfrac{b-1}{a} = -3 - \dfrac{1}{a}$

$\because |ax+1| \le b$
$\therefore$「$b \ge 0$」這個「前提」
也「符合」！

$\therefore -3 - \dfrac{1}{a} \overset{令}{=} -1$

$\Rightarrow a = \dfrac{-1}{2}$

$\Rightarrow b = -3a = \dfrac{3}{2}$

$\therefore$「$a = \dfrac{-1}{2}$」符合
「② $a<0$」的大前提
$\therefore$ 要繼續往下走，求出「b」

▶▶▶▶ Ans

$a = \dfrac{-1}{2}$，$b = \dfrac{3}{2}$

已知：$\dfrac{b}{a} = -3$，並將
「$a = \dfrac{-1}{2}$」代入「$b = -3a$」

例題 22　設 k 為一整數，已知 $\dfrac{k}{3} < \sqrt{31} < \dfrac{k+1}{3}$，則 k 之值為何？

利用「平方去根號」來解題

▶▶▶▶ Sol

$\dfrac{k^2}{3^2} < 31 < \dfrac{(k+1)^2}{3^2}$

∵ $\sqrt{31}$ 單獨存在
∴ 可以用「平方」直接去 $\sqrt{}$

$\Rightarrow k^2 < 9 \times 31 < (k+1)^2$

同乘以「9」去分母

$\Rightarrow k^2 < 279 < (k+1)^2$

又因：$\boxed{256} = 16^2 < \boxed{279} < 17^2 = \boxed{289}$

∴ $k = 16$

與 $k^2 < 279 < (k+1)^2$ 比較

由 $\sqrt{279} \overset{約}{\underset{等}{=}}$「16 點多」，
可以「約略猜出」：
哪兩個「連續整數平方」，
可以「夾住 279」

▶▶▶▶ Ans

16

例題 23　試解：$\dfrac{x^2 - 5x + 6}{x^2 + 5x + 4} < 1$

$\dfrac{g(x)}{f(x)} < \dfrac{G(x)}{F(x)}$「分式」型不等式：
⊙ 先使「不等號一邊變成 0」
⊙ 通分合併、能約就約
⊙ 同乘「分母平方 ≥ 0」去分母
　（方向不變），變「整式」
⊙ 分母 $\neq 0$ 為必要限制，應留意！

使不等號一邊，先化為「0」

▶▶▶▶ Sol

∴ $\dfrac{x^2 - 5x + 6}{x^2 + 5x + 4} - 1 <$ "0"

∴ $\dfrac{x^2 - 5x + 6 - (x^2 + 5x + 4)}{x^2 + 5x + 4} < 0$

「整串式子」作「$\pm \times \div$，次方」，應「先加括號」

通分合併

∴ $\dfrac{-10x + 2}{x^2 + 5x + 4} < 0$

用「同乘分母平方，去分母，化整式」

∴ $(-10x + 2)(x^2 + 5x + 4) < 0$

⊙ 因式分解
⊙ 使 x 的「最高次項」係數「變正」

∴ $2(5x - 1)(x + 4)(x + 1) > 0$

外提公因數 且 $\times(-1)$，會改變方向

「$\times(-1)$」等同「變號」

留意：「含不含點」？「有沒有等號」？
「用實心點」或「用空心點」？

「最右記 ⊕」，並「向左，正負相間」

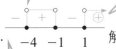

∴ $-4 \quad -1 \quad \dfrac{1}{5}$ 　解為：$-4 < x < -1$ 或 $x > \dfrac{1}{5}$

∵「不等式 > 0」
∴取「標＋」的範圍當「解」

需先將「x」的「係數」
化為「正數」，再畫圖」

▶▶▶ Ans

$-4 < x < -1$ 或 $x > \dfrac{1}{5}$

例題 24　若 x 為實數，不等式 $3|x+2| + 2|x-1| \geq a$ 恆成立，則實數 a 的範圍為何？

▶▶▶ Sol

「具（±）運算組合型」絕對值問題，不能直接「平方」去絕對值！只能用「討論」方式來解題！

(1)令 $|x+2| = 0$；$|x-1| = 0$

　∴可得 $x = -2$，$x = 1$

去絕對值，關鍵點

(2)畫「數線」：

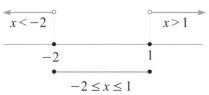

其實，關鍵點「-2，1」
給那一個段落都無妨

∴應用「$x < -2$」或「$-2 \leq x \leq 1$」或「$x > 1$」三種「區間段落前提」來討論去「絕對值」

(3)分段討論：

可代入「好算的 $x_0 < -2$」來判斷

① $x < -2$：$x+2 < 0$ 且 $x-1 < 0$

　∴原式去絕對值後，變成：

|非正| = 全部變號

　　$-3(x+2) + [-2(x-1)] \geq a$

「整串式子」作「±×÷，次方」，應「先加括號」

$\therefore -3x - 6 - 2x + 2 \geq a$

$\therefore -5x \geq 4 + a \Rightarrow x \leq \dfrac{-(4+a)}{5}$

> 同除「-5」方向要改變

> 亦即：這個數 ≥ -2

又因：前提為「$x < -2$」，而「$x \leq \dfrac{(4+a)}{5}$」為其「更進一步」的推論

∵「x 的不等式」只能保證：「x 滿足更大範圍、更寬鬆」的不等式，必成立！

∴「$x \leq \dfrac{-(4+a)}{5}$」應比「$x < -2$」更寬鬆。亦即：只能說「$x \leq$ 不比 -2 小的數」

> 如：「-2 點多 < -2」，可推論「-2 點多 ≤ -1」
> 仍成立，但不可說「-2 點多 ≤ -3」

> 意謂：$\dfrac{-(4+a)}{5} \geq -2$

$\therefore \dfrac{-(4+a)}{5} \geq -2 \Rightarrow 4 + a \leq 10 \Rightarrow a \leq 6$

> 「$x < -2$」只能推出
> 「$x \leq$ 不比 -2 小的數」

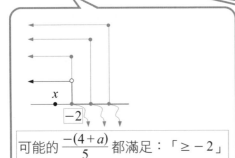

x

-2

可能的 $\dfrac{-(4+a)}{5}$ 都滿足：「≥ -2」

> 甚至當：$\dfrac{-(4+a)}{5} = -2$ 時，
> 「$x \leq -2$」也比「$x < -2$」更寬鬆

> 可代入「好算的 $-2 \leq x_0 \leq 1$」來判斷

② $-2 \leq x \leq 1 : x + 2 \geq 0$ 且 $x - 1 \leq 0$

　　∴原式去絕對值後，變成：

　　　$3(x+2) + [-2(x-1)] \geq a$

> |非負|＝照抄；|非正|＝全部變號

$\therefore 3x + 6 - 2x + 2 \geq a$

$\therefore x \geq a - 8$

又因：前提為「$-2 \leq x \leq 1$」，而「$a - 8 \leq x$」為其「更進一步」的推論

∴「$a - 8 \leq x$」一定要比「$-2 \leq x$」更寬鬆才可以！

$\therefore a - 8 \leq -2$

$\therefore a \leq 6$

> 如同①的備註

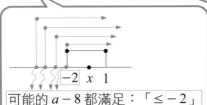

-2　x　1

可能的 $a - 8$ 都滿足：「≤ -2」

③ $x>1$：$x+2>0$ 且 $x-1>0$　←　可代入「好算的 $x_0>1$」來判斷

∴原式去絕對值後，變成：

$3(x+2)+2(x-1) \geq a$　←　|非負| = 照抄

∴$3x+6+2x-2 \geq a$

∴$5x \geq a-4$

∴$x \geq \dfrac{a-4}{5}$

又因：前提為「$x>1$」，而「$x \geq \dfrac{a-4}{5}$」為其「更進一步」的推論

∴「$x \geq \dfrac{a-4}{5}$」一定要比「$x>1$」更寬鬆才可以！　←　如同①的備註

$\dfrac{a-4}{5}=1$ 時，「$x \geq 1$」也比「$x>1$」更寬鬆

∴$1 \geq \dfrac{a-4}{5}$

∴$5 \geq a-4$

∴$a \leq 9$

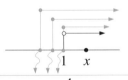

可能的 $\dfrac{a-4}{5}$ 都滿足：「≤ 1」

∴使①、②、③都有解的 a 為：$a \leq 6$

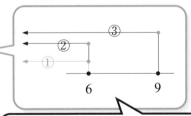

▶▶▶　Ans

$a \leq 6$

∵需使「①有解」且「②有解」且「③有解」

∴「a 的解」應取「①、②、③」的「交集」

∵題目說「不等式」恆成立

∴意謂「所有實數 x」都是不等式的解

∴a 需同時使：① 的「x」，② 的「x」，③ 的「x」都「有解」

例題 25　若不等式 $ax^2+3x+b>0$ 之解為 $-1>x>4$，則不等式 $bx^2+2ax-12>0$ 之解為何？

進行同次比較

先依「一元二次」不等式展開原則，找出「解範圍」，再與已知訊息作比較，即可解題

▶▶▶　Sol

∵$-1<x<4 \overset{同義}{\Leftrightarrow} (x+1)(x-4)<0$

x 介於「兩者之間」
$\Leftrightarrow (x-大)(x-小)$「小於 0」

x 介於「-1 及 4」之間

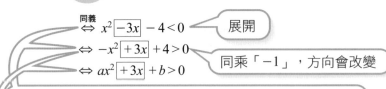

同義
$$\Leftrightarrow x^2 \boxed{-3x} - 4 < 0$$ 展開

$$\Leftrightarrow -x^2 \boxed{+3x} + 4 > 0$$ 同乘「−1」，方向會改變

$$\Leftrightarrow ax^2 \boxed{+3x} + b > 0$$

由「全已知」的解集合，反推「含非 x 未知項」的解集合

進行「比較」前，一定要先讓「不等式方向」變「相同」

$\therefore \lceil$一次項」都是「$3x$」

$\therefore a = -1$ 且 $b = 4$

$\therefore \lceil$相同比例 $= 1$」

$\therefore bx^2 + 2ax - 12 > 0$ 可以改寫成：

$\therefore$ 直接比較同次係數，即可！

$$4x^2 - 2x - 12 > 0$$ 除以「2」，約至「最簡整式」

$$\therefore 2x^2 - x - 6 > 0$$

$$(2x+3)(x-2) > 0$$

「多項式」型不等式「同義」$\Leftrightarrow$整併後，「同次項」係數成「相同比例」

同義
$$\Leftrightarrow x < \frac{-3}{2} \text{ 或 } x > 2$$

大於 0 之解為：$x >$ 大 或 $x <$ 小

▶▶▶▶ Ans

$x < \dfrac{-3}{2}$ 或 $x > 2$

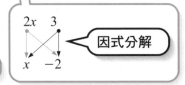

因式分解

留意：x 的係數要「先化為正」

例題 26　求解 $(x-1)(x-2)^2(x^2-x+1)(x-3)^3 > 0$？

▶▶▶▶ Sol

「更高次」不等式，必用：

1. 將「最高次項係數」化為「正數」
2. 對上式進行「因式分解」，設法分解成「一次、二次因式」的連乘積
3. 用「判別式 < 0，開口向上恆正，開口向下恆負」剔除「恆正、恆負」的「二次因式」
4. 將剩下「x 係數為正」的「一次因式」依其「根」的大小，在「數線」上約略標記「位置」，再如圖標記「＋、−」

「最右」項「⊕」開始，再向左「正、負」相間

126

$\because$「x^2-x+1」的判別式 $=(-1)^2-4\times1\times1=1-4=-3$ 且「x^2 係數 $=1>0$」

$\therefore$「x^2-x+1」為「恆正」 ◁ 意謂：對任意實數 x，「此式 >0」恆成立

$\therefore$「x^2-x+1」可先剔除！

$\therefore$原式只保留： 再去掉一組「$(x-3)^2$ 不改變方向」，並還留下一個「$x-3$」

$(x-1)$ ☐$(x-2)^2$ ✗$(x-3)^2$ $(x-3)>0$

$\therefore(x-)(x-3)>0$

$\therefore x<1$ 或 $x>3$ 再去掉「$(x-2)^2$ 不改變方向」

ax^2+bx+c 滿足：
「$a>0$」且「判別式 $\Delta=b^2-4ac<0$」
$\Rightarrow ax^2+bx+c$「恆正」

▶▶▶ Ans

$x<1$ 或 $x>3$

「$(x-2)^2$」被提早「完全剔除」，應小心「它的根」會不會使「不等式 $=0$」？

$\because$會使「不等式 $=0$」而先被「剔除的 2」不在解範圍內
$\therefore$「所求解」不用再「補 $x\neq2$」這個「額外」的要求

$\because$提早剔除「$(x-3)^2$」後，仍留有「一個 $(x-3)$」
$\therefore$「$x-3$」的影響力，仍然存在
$\therefore$不用另外檢視！

$\because$提早「丟掉 $(x-2)^2$」，使「$x-2$」的影響力在接續「解題」過程中「消失」
$\therefore$要留意「多餘解 $x=2$」是否在「所得解」中出現！

例題 27 試求 $(x-2)(x+3)^2(x-1)^3(x+4)>0$ 之解？

奇次方

$\because(ax-b)^{2n+1}$ 和 $(ax-b)$ 同號
$(ax-b)^{2n+1}$ 可用 $(ax-b)$ 代替

去掉「$(x+3)^2\geq0$」不改變方向

▶▶▶ Sol

$\because$原式，可寫成：$(x-2)$ ✗$(x+3)^2$ ✗$(x-1)^2$ $(x-1)(x+4)$ ☐>0

$\therefore(x-2)(x-1)(x+4)\geq0$

去掉一組「$(x-1)^2\geq0$」，不改變方向

$\therefore x > 2$ 或 $-4 < x < 1$，但「$x \neq -3$」

「$(x+3)^2$」被提早「完全剔除」，應小心「它的根」會不會使「不等式 $= 0$」？

「所得解」含了「一個會使不等式 $= 0$」的「-3」，應再予以排除

▶▶▶▶ Ans

$x > 2$ 或 $-4 < x < 1$，但「$x \neq -3$」

「所得解」需再檢驗：會不會「使原始分式的分母 $= 0$」？

「分式」型不等式：
◉ 使「不等號一邊，先變成 0」
◉ 通分合併、能約就約
◉ 同乘「分母平方 ≥ 0」，去分母（方向不變），變「整式」
◉ 「分母 $\neq 0$」為「隱藏性」限制

例題 28 若 $-10 \leq x \leq 10$，$x \in \mathbb{Z}$，則滿足 $\dfrac{3x^2 + 5x - 50}{x^2 + 3x - 4} \geq 2$ 者有幾個？

▶▶▶▶ Sol

「整串式子」作「$\pm \times \div$，次方」，應「先加括號」

原式 $\Rightarrow \dfrac{3x^2 + 5x - 50 - 2(x^2 + 3x - 4)}{x^2 + 3x - 4} \geq \boxed{0}$

使「不等號一邊，先變成 0」

$\Rightarrow \dfrac{3x^2 + 5x - 50 - 2x^2 - 6x + 8}{x^2 + 3x - 4} \geq 0$

通分合併

「$x \in \mathbb{Z}$」意謂：x 是整數

$\Rightarrow \dfrac{x^2 - x - 42}{x^2 + 3x - 4} \geq 0$

$\Rightarrow \dfrac{(x-7)(x+6)}{(x+4)(x-1)} \geq 0$

同乘「分母平方」去分母，變「整式」

$\Rightarrow (x-7)(x+6)(x+4)(x-1) \geq 0$

$\therefore x \leq -6$ 或 $-4 < x < 1$ 或 $x \geq 7$

含了「使分母 $= 0$」的「$-4, 1$」，應再予以排除

$\therefore (x-7)(x+6)(x+4)(x-1) \geq 0$

乘「分母平方」，去分母

$\because$ 分母不能為「0」
$\therefore$ 「原始分式」的「分母 $(x+4)(x-1) \overset{令}{=} 0$」，所得的「$x = -4, 1$」應剔掉！

「$-4, 1$」原本為「實心點」，但因「使分母 $= 0$」，所以「挖掉」成「空心點」

又因「題目要求」：$-10 \leq x \leq 10$，$x \in \mathbb{Z}$

$\therefore x = -6$、-7、-8、-9、-10、-3、-2、-1、$\boxed{0}$、7、8、9、10（共 13 個）

▶▶▶ Ans

13 個

> 別忘了「0」，也是「解」！

例題 29　若 $ax^2 + 2ax + 3a - 2 < 0$，則(1)當 a 為多少時，其解為 $-3 < x < 1$？

(2)若原式無實數解，求 a 之範圍？

▶▶▶ Sol

(1) $\because -3 < x < 1 \overset{\text{同義}}{\Leftrightarrow} (x+3)(x-1) < 0$

> x 介於「兩者之間」
> $\Leftrightarrow (x - 大)(x - 小)$「小於 0」

$\overset{\text{同義}}{\Leftrightarrow} x^2 + \boxed{2x} - 3 < 0$

> 由「全已知」的解範圍，反推
> 「含非 x 未知項」的解範圍

> 「$x^2 + 2x - 3 < 0$」 v.s.
> 「$ax^2 + 2ax + \underset{\sim}{3a - 2} < 0$」

> 「多項式」型不等式「同義」$\Leftrightarrow$ 整併後，
> 「同次項」係數成「相同比例」

$\therefore$ 可得：$\dfrac{a}{1} \overset{令}{=} \dfrac{2a}{2} \overset{令}{=} \dfrac{3a-2}{-3}$

> 需先將「不等式方向」化相同，
> 才能進行「比較」

$\therefore -3a = 3a - 2$

> 分式等式，必交叉相乘相等

$\therefore 6a = 2$

$a = \dfrac{1}{3}$

> 「整串式子」作「$\pm \times \div$，次方」，應「先加括號」

(2) $\because ax^2 + 2ax + 3a - 2 < 0$ 無實數解

　$\therefore$ 表示這個式子「恆不成立」

> 亦即：「任意實數 x」都「不滿足」不等式

　$\therefore$「任意實數 x」都使『$ax^2 + 2ax + 3a - 2 \boxed{\geq 0}$』成立

亦即：$ax^2 + 2ax + \underset{\sim}{3a - 2}$ 為「恆非負」二次式

亦即：$\begin{cases} a > 0 \\ (2a)^2 - 4 \times a \times (3a-2) \leq 0 \end{cases}$

> 留意「$ax^2 + \boxed{2a}x + \boxed{3a - 2}$」的 $\boxed{2a}$ 及 $\boxed{3a-2}$
> 分別當「$ax^2 + bx + c$ 的 b 及 c」

> $ax^2 + bx + c$「恆非負」
> $\Leftrightarrow a > 0$ 且 $\Delta = b^2 = 4ac \leq 0$

129

$\therefore a>0$ 且 $4a^2-12a^2+8a \le 0$

$\therefore a>0$ 且 $-8a^2+8a \le 0$ ← 約去「-8」，改變方向

$\therefore a>0$ 且 $a^2-a \ge 0$

$\therefore a>0$ 且 $a(a-1) \ge 0$ ← $(x-\text{大})(x-\text{小}) \ge 0$ $\Leftrightarrow x \ge \text{大}$ 或 $x \le \text{小}$

$\therefore a>0$ 且「$a \le 0$ 或 $a \ge 1$」

$\therefore$ 共有的「交集」為：$a \ge 1$

▶▶▶▶ Ans

(1) $a = \dfrac{1}{3}$

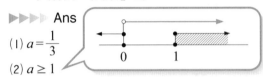

(2) $a \ge 1$

例題 30　若 a 為實數，且 $-1<x<2$ 為不等式 $|ax+2|<b$ 之解，則 a 之值為何？

利用平方去絕對值 ← 非「運算組合型」才能用

▶▶▶▶ Sol

$|ax+2|<b$

$\overset{\text{平方}}{\underset{\text{去絕對值}}{\Rightarrow}}$ $(ax+2)^2 < b^2$

∵ 不等式一側，只有「單一絕對值」
∴ 可用「平方」直接去絕對值

用此簡易方法，一定要「檢驗答案」

$\overset{\text{平方差}}{\Rightarrow}$ $(ax+2)^2-b^2<0$

$\overset{\text{展開}}{\underset{\text{整併}}{\Rightarrow}}$ $a^2x^2+\boxed{4a}x+(4-b^2)<0$

x 介於「兩者之間」
$\Leftrightarrow (x-\text{大})(x-\text{小})<0$

且 $-1<x<2 \Leftrightarrow (x+1)(x-2)<0 \Leftrightarrow x^2-x-2<0$

「多項式」型不等式「同義」$\Leftrightarrow$整併後，
「同次項」係數成「相同比例」

$\therefore$ 可得：$\dfrac{a^2}{1} \bowtie \dfrac{4a}{-1} \bowtie \dfrac{4-b^2}{-2}$

「比較」前，應先將
「不等式方向」化相同

分式等式，必交
叉相乘相等

「$x^2-x-2<0$」 v.s.
「$a^2x^2+\boxed{4a}x+(4-b^2)<0$」

當「$a=0$」時，
$a^2x^2+4ax+(4-b^2)$
$=4-b^2$ 為「0 次式」

$\therefore$ 可得：$-a^2=4a \Rightarrow a(a+4)=0 \Rightarrow a=0$（不合）或 $a=-4$

▶▶▶▶ Ans

$a=-4$

∵ x^2-x-2 是「2 次式」
∴ 與它同義的「$a^2x^2+4ax+(4-b^2)$」也應是「2 次式」
∴「$a \neq 0$」

例題 31 　設聯立不等式 $\begin{cases} x^2 - 10x - 24 > 0 \\ (x-1)(x-a^2+a) < 0 \end{cases}$ 「無解」，求 a 之範圍？

▶▶▶ Sol

$\because x^2 - 10x - 24 > 0$

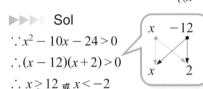

$\therefore (x-12)(x+2) > 0$

$\therefore x > 12$ 或 $x < -2$

「大於 0：大於大 或 小於小」

又因：「聯立」後「無解」

「聯立」的「圖」無重疊，才會造成「無解」

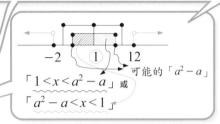

可能的「$a^2 - a$」

「$1 < x < a^2 - a$」或
「$a^2 - a < x < 1$」

$\therefore$「$(x-1)(x-a^2+a) < 0$」的解在「-2 及 12」之間　　小於 0：可於兩者之間

再因：$(x-1)(x-a^2+a) < 0$ 的解，必在「1 與 $a^2 - a$」之間

$\therefore -2 \le a^2 - a \le 12$，

當 $a^2 - a = $「$-2$、$12$」時，「無解」還是成立

$\because$「$x^2 - 10x - 24 \boxed{>} 0$」沒有等號

$\therefore$「$a^2 - a$」可取「-2 及 12」

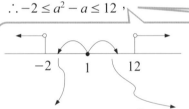

「$a^2 - a$ 在 1 的左邊」或「$a^2 - a$ 在 1 的右邊」

都 推出 $= -2 \le a^2 - a \le 12$

注意：「$a^2 - a$」可以「等於」-2 及 12

$\because a^2$ 的「係數 $= 1 > 0$」

$\therefore$「$a^2 - a + 2$」必「開口向上」

「$a^2 - a + 2$」恆「正」$\Leftrightarrow$「$a^2 - a + 2 > 0$」

亦即：$\begin{cases} -2 \le a^2 - a \\ a^2 - a \le 12 \end{cases} \Rightarrow \begin{cases} a^2 - a + 2 \ge 0 \\ a^2 - a - 12 \le 0 \end{cases}$

又因：$a^2 - a + 2$ 的判別式 $= (-1)^2 - 4 \times 1 \times 2 < 0$ 且開口向上

$\therefore a^2 - a + 2$「恆正」，亦即：「所有實數 a」，都是 $a^2 - a + 2 > 0$ 的解，

　　當然也會是「更寬鬆」不等式「$a^2 - a + 2 \ge 0$」的解

$\therefore$ 聯立方程組的解，完全由「$a^2 - a - 12 \le 0$」來決定！

再因：$a^2 - a - 12 = (a-4)(a+3) \le 0$

$\therefore -3 \le a \le 4$　　小於 0：介於兩者之間

$\because$「$a^2 - a + 2 \ge 0$」對「所有實數」都成立

$\therefore$ 聯立方程組的「解」只受「另一個」不等式「$a^2 - a - 12 \le 0$」控制

▶▶▶ Ans

$-3 \le a \le 4$

絕大多數「代數應用」問題，只要「順著題目敘述」，如「多 v.s.加」、「少 v.s.減」、「倍 v.s.乘」、「分配 v.s.除」逐一列式，即可得對應「代數式」！

再次重申，先前已提過的叮嚀：所有用「代數」來處理的「應用問題」，一定要留意：「所得解」是否「合乎常理」？不合乎常理的「解」不可留！
PS：當「所有解都不合常理」時，便稱之為「本題無解」！

代數式的基本應用⑴
「絕對值、平方、根式」，
有重疊現象的「幾何圖形」，
「濃度」

重點整理 6-1　應用的關鍵「特徵」與「策略」

重點整理 6-2　解開例題、弄懂策略

重點整理6-1　應用的關鍵「特徵」與「策略」

 基本應用 1

見「平方＋平方＝0」或「絕對值＋絕對值＝0」或「平方＋絕對值＝0」或「二次根式＋平方＋絕對值＝0」或

「二次根式、平方、絕對值」的其他「加法」組合

$$\boxed{a} \times \sqrt{\text{式}} + \boxed{b} \times \sqrt{\text{式}} = \boxed{c},$$
$$\boxed{a} \times \sqrt{\text{式}} + \boxed{b} \times |\text{式}| = \boxed{c},$$
$$\boxed{a} \times |\text{式}| + \boxed{b} \times |\text{式}| = \boxed{c},$$
$$\boxed{a} \times (\text{式})^2 + \boxed{b} \times (\text{式})^2$$

$\sqrt{\text{式}}$，$|\text{式}|$，$(\text{式})^2$ 的係數 "＞" 等號另一側常數「c」者，這些「式」必為 0

平方、絕對值、二次根式 ≥ 0

其中「正係數」a，b「大於正常數」c 的「整數解」問題，其「平方內部＝0 或 絕對值內部＝0 或 二次根號內部＝0」必成立。

常用：新圖形「量」＝原圖形「總量」扣減「重疊處」的「量」

 基本應用 2

「幾何圖形」問題，若有「重疊現象」，必由「重疊處」下手來解題。

亦即：原始總量「減」重疊處的「耗損量」

「磁磚」的「無縫拼接」，需用「同頂點」的「角度和＝360°」

圖形拼湊，由「總長度、總面積、總體積」下手，並配合「因倍數」概念來解題

● 「幾何」圖形問題，一定要把「已知」（含新增推論的已知）訊息，標記在圖上
● 由「已知」最多的「邊角」下手
● 儘量「找、造直角△」
● 善用「同頂點 或 共底線」的
△面積比＝高比 或 底長比

「溶液」總量＝「溶劑」總量＋「溶質」總量

基本應用 3

「濃度 ＝ $\dfrac{\text{溶質重}}{\text{溶液重}} \times 100\%$ 或 ＝ $\dfrac{\text{溶質體積}}{\text{溶液體積}} \times 100\%$」問題，必由：

「溶質總量」下手來解題，其中「溶質量＝溶液量 × 濃度」

「溶質」量＝「溶液」量×「濃度」：是解題的重心！

重點整理6-2　解開例題、弄懂策略

「分子、分母」都是「整數」的「分數」

精選範例

$\because$ 整數 $\overset{\text{可看成}}{=} \dfrac{\text{整數}}{1}$　$\therefore$「整數」也是「有理數」

例題 1　設 x、y 均為「有理數」，若 $|x+3y-6|+|4x-5y-7|=0$，求 x、y 之值？

$\because$ 絕對值 ≥ 0

$\therefore$ 絕對值 + 絕對值 = 0 $\Rightarrow$ 每一個「絕對值」都為「0」

▶▶▶ Sol

$\therefore$ 令 $\begin{cases} |x+3y-6|=0 \\ |4x-5y-7|=0 \end{cases}$

$\Rightarrow \begin{cases} x+3y-6=0 \cdots \boxed{\times 4} \\ 4x-5y-7=0 \end{cases}$

上式「減」下式

$|\text{甲}| = 0 \Leftrightarrow \text{甲} = 0$

$\Rightarrow \begin{cases} 4x+12y-24=0 \\ 4x-5y-7=0 \end{cases}$

$\Rightarrow 17y-17=0 \Rightarrow 17y=17 \Rightarrow y=1$

再將 $y=1 \overset{\text{代回}}{\Rightarrow} x+3y-6=0$

可得：$x+3 \times 1-6=0 \Rightarrow x+3-6=0 \Rightarrow x-3=0 \Rightarrow x=3$

▶▶▶ Ans

$x=3$，$y=1$

例題 2　設 x、y 均為有理數，若 $(x+6y-27)^2+(2x-5y+14)^2=0$，求 x、y 之值？

▶▶▶ Sol

$\because$ 平方 ≥ 0

$\therefore$ 平方 + 平方 = 0 $\Rightarrow$ 每一個「平方項」都為「0」

$\therefore$ 令 $\begin{cases} (x+6y-27)^2=0 \\ (2x-5y+14)^2=0 \end{cases}$

（甲）$^2 = 0 \Leftrightarrow$ 甲 $= 0$

$\Rightarrow \begin{cases} x + 6y - 27 = 0 \cdots \boxed{\times 2} \\ 2x - 5y + 14 = 0 \end{cases}$

上式「減」下式

$\Rightarrow \begin{cases} 2x + 12y - 54 = 0 \\ 2x - 5y + 14 = 0 \end{cases}$

$\Rightarrow 17y - 68 = 0 \Rightarrow 17y = 68 \Rightarrow y = 4$

再將 $y = 4 \overset{代回}{\Rightarrow} x + 6y - 27 = 0$

可得：$x + 6 \times 4 - 27 = 0 \Rightarrow x + 24 - 27 = 0 \Rightarrow x - 3 = 0 \Rightarrow x = 3$

▶▶▶▶ Ans

$x = 3$，$y = 4$

例題 3　設 x、y 均為有理數，若 $|x + 4y - 19| + \sqrt{2x - 3y + 6} = 0$，求 x、y 之值？

▶▶▶▶ Sol

∵ 絕對值 ≥ 0 且 二次根式 ≥ 0

∴ 絕對值 ＋ 二次根式 $= 0 \Rightarrow$ 「絕對值」及「二次根式」都為「0」

∴ 令 $\begin{cases} |x + 4y - 19| = 0 \\ \sqrt{2x - 3y + 6} = 0 \end{cases}$

$|$甲$| = 0 \Leftrightarrow$ 甲 $= 0$
$\sqrt{\text{甲}} = 0 \Leftrightarrow$ 甲 $= 0$

$\Rightarrow \begin{cases} x + 4y - 19 = 0 \cdots \boxed{\times 2} \\ 2x - 3y + 6 = 0 \end{cases}$

上式「減」下式

$\Rightarrow \begin{cases} 2x + 8y - 38 = 0 \\ 2x - 3y + 6 = 0 \end{cases}$

$\Rightarrow 11y - 44 = 0 \Rightarrow 11y = 44 \Rightarrow y = 4$

再將 $y = 4 \overset{代回}{\Rightarrow} x + 4y - 19 = 0$

可得：$x + 4 \times 4 - 19 = 0 \Rightarrow x + 16 - 19 = 0 \Rightarrow x - 3 = 0 \Rightarrow x = 3$

▶▶▶▶ Ans

$x = 3$，$y = 4$

例題 4　如下圖，將一白繩的 $\dfrac{1}{3}$ 與一紅繩的 $\dfrac{3}{8}$ 重疊並以膠帶黏合，形成一條長為 238 公分的繩子。求未黏合前，兩繩子長度相差多少公分？
　　　(A) 14　(B) 17　(C) 28　(D) 34

白繩

紅繩

↑
重疊黏合處

「$x + \dfrac{5}{8}y = 238$」也可以用：

「$(x+y) - \dfrac{3}{8}y = 238$」來列式

（白長＋紅長）－（重疊的紅長）＝ 238

（白 x）＋（紅未重疊 $\dfrac{5}{8}y$）＝ 238

▶▶▶▶ Sol

設白繩長度為 x 公分，紅繩長度為 y 公分

$$\begin{cases} \dfrac{1}{3}x = \dfrac{3}{8}y \\[2mm] x + \dfrac{5}{8}y = 238 \end{cases}$$

幾何圖形，若有「重疊現象」，必由「重疊」處下手來解題

重疊處

要記得：「黏合處」不要重複計算！

把「重疊處」的「耗損」算在「紅繩」頭上

$$\Rightarrow \begin{cases} 8x - 9y = 0 \cdots(1) \\ 8x + 5y = 1904 \cdots(2) \end{cases}$$

同乘「分母的最小公倍數」，去分母，化整式！

$\Rightarrow$ (2)－(1)得：$14y = 1904 \Rightarrow y = 136$

$\Rightarrow y = 136$ 代入(1)，可得：$x = \dfrac{9}{8} \times 136 = 153 \Rightarrow$ 所求 $= 153 - 136 = 17$

$\therefore$ 選(B)

▶▶▶▶ Ans

$8x - 9y = 0 \Rightarrow 8x = 9y \Rightarrow x = \dfrac{9}{8}y$

(B)

例題 5　小明用一些邊長為 6 cm 的正方形拼成一個長方形，試問下述何者「不可能」是由小明拼出的長方形面積？

(A) 720　(B) 540　(C) 480　(D) 360

▶▶▶▶ Sol

小明拼的「長方形」面積
＝「6×6」的「倍數」
＝「36」的「倍數」

圖形拼湊，必由「總面積」下手，並配合「因倍數」概念來解題

$\because$ 長方形面積＝「正方形面積」的「總和」
$\therefore$ 長方形面積＝「正方形面積」的「倍數」

又因：

(A) $720 \div 36 = 20$

(B) $540 \div 36 = 15$

(C) $480 \div 36 = 13.33\cdots$ ← 不能「整除」

(D) $360 \div 36 = 10$

∴ 只有「480」不是 36 的倍數

∴ 選(C)

▶▶▶▶ Ans

(C)

例題 6　已知有 A 與 B 兩種酒精溶液，A 溶液的濃度組合為酒精 5 公升、純水 10 公升，而 B 溶液的濃度組合為酒精 10 公升、純水 2 公升。現在想利用 A 與 B 兩種酒精溶液，調配濃度 50% 的酒精溶液 9 公升。試問 A 與 B 兩種酒精溶液分別需要幾公升？

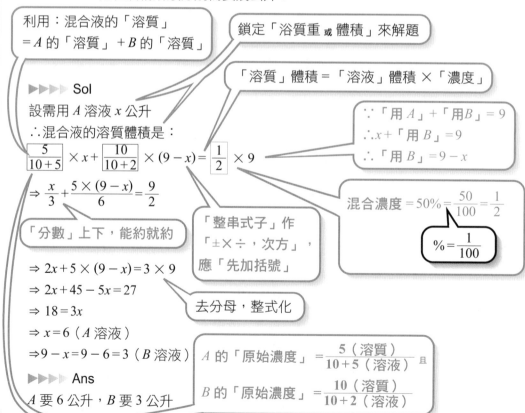

利用：混合液的「溶質」＝A 的「溶質」＋B 的「溶質」

鎖定「溶質重 或 體積」來解題

▶▶▶▶ Sol

設需用 A 溶液 x 公升

∴ 混合液的溶質體積是：

「溶質」體積＝「溶液」體積 ×「濃度」

$$\boxed{\frac{5}{10+5}} \times x + \boxed{\frac{10}{10+2}} \times (9-x) = \boxed{\frac{1}{2}} \times 9$$

∵「用 A」＋「用 B」＝9

∴ x＋「用 B」＝9

∴「用 B」＝$9-x$

$$\Rightarrow \frac{x}{3} + \frac{5 \times (9-x)}{6} = \frac{9}{2}$$

混合濃度＝$50\% = \dfrac{50}{100} = \dfrac{1}{2}$

$\% = \dfrac{1}{100}$

「分數」上下，能約就約

「整串式子」作「±×÷，次方」，應「先加括號」

$$\Rightarrow 2x + 5 \times (9-x) = 3 \times 9$$

$$\Rightarrow 2x + 45 - 5x = 27$$

去分母，整式化

$$\Rightarrow 18 = 3x$$

$$\Rightarrow x = 6（A 溶液）$$

$$\Rightarrow 9 - x = 9 - 6 = 3（B 溶液）$$

▶▶▶▶ Ans

A 要 6 公升，B 要 3 公升

A 的「原始濃度」＝$\dfrac{5（溶質）}{10+5（溶液）}$ 且

B 的「原始濃度」＝$\dfrac{10（溶質）}{10+2（溶液）}$

54%「混合液」的「溶質重」=「70%」溶液提供的「溶質重」+「30%」溶液提供的「溶質重」

例題 7 有濃度 30% 與 70% 的酒精溶液兩種,今若要有兩種所混合而成濃度為 54% 的酒精溶液 1000 公克,則需 70% 的酒精多少公克?

(A) 500 公克　(B) 1000 公克　(C) 800 公克　(D) 600 公克

▶▶▶　**Sol**

> 濃度:「濃度」等於「溶質重 或 溶質體積」除以「溶液重 或 溶液體積」,解題:務必要鎖定「溶質重 或 溶質體積」來解題

設需 70% 酒精 x 公克

∴30% 的酒精 $(1000-x)$ 公克

∴依題意可得:

$1000 \times \dfrac{54}{100} = x \times \dfrac{70}{100} + (1000-x) \times \dfrac{30}{100}$

> 「溶質」重 =「溶液」重 ×「濃度」

∴$5400 = 7x + 3000 - 3x$

> 「分式」,必
> ⊙ 上下能約就約
> ⊙ 去分母化整式

> 「整串式子」作「±×÷,次方」,應「先加括號」

∴$2400 = 4x$

∴$x = 600$

∴選(D)

▶▶▶　**Ans**

(D)

「融合」的「(含)金(溶質)重」=「18K」提供的「金重」+「12K」提供的「金重」

例題 8 重量分別為 2 公兩、10 公兩的 18K 金、12K 金各一塊,融合在一起的金屬是幾 K 金?(純金為 24K 金)

(A)13K 金　(B)12K 金　(C)15K 金　(D)16K 金

▶▶▶　**Sol**

> 濃度:「濃度」等於「溶質重 或 溶質體積」除以「溶液重 或 溶液體積」,解題:務必要鎖定「溶質重 或 溶質體積」來解題

設融合在一起後為「x」K 金

∴依題意可得:

$2 \times \dfrac{18}{24} + 10 \times \dfrac{12}{24}$

$= (2+10) \times \dfrac{x}{24}$

> 「溶質」(金)重 =「溶液」(合金)重 ×「$\dfrac{K 數}{24}$」

> ∵「純金為 $24K$」且視「金」為「合金」(當溶液)的「溶質」。
> ∴「$18K$」代表「濃度」為 $\dfrac{18}{24}$

∴$36 + 120 = 12x$

∴$12x = 156$

∴$x = 13$

∴選(A)

> 「分式」,必去分母,整式化!

▶▶▶　**Ans**

(A)

例題 9 某診所從外頭買進濃度 90% 的酒精 $100\,c.c$，要「加水」多少 $c.c$ 才能準確配成「體積」濃度 75% 的酒精？

▶▶▶ Sol

留意：題目添加的是「溶質」或「溶液」或「溶劑」

設要加「x」$c.c$ 純水才能準確配成「體積」濃度 75% 的酒精

∵ 加的是「純水」

∴ 溶質「純酒」的總量不變

濃度：「濃度」等於「溶質重 或 溶質體積」除以「溶液重 或 溶液體積」，要鎖定「溶質重 或 溶質體積」來解題

$$\therefore 100 \times \boxed{\frac{90}{100}} = (100 + x) \times \boxed{\frac{75}{100}}$$

「溶質」體積 =「溶液」體積 ×「濃度」

「加水」前的「純酒」=「加水」後的「純酒」

$$\therefore 9000 = 7500 + 75x$$

$$\therefore 75x = 1500$$

$$\therefore x = 20$$

「分式」，必去分母，整式化！

▶▶▶ Ans

20

例題 10 設 x、y 為實數，已知 $|3-y| + |x+y| = 0$，試求 $\dfrac{x-y}{xy}$ 之值？

▶▶▶ Sol

$|甲| = 0 \Leftrightarrow 甲 = 0$

$$\therefore 令 \begin{cases} |3-y| = 0 \\ |x+y| = 0 \end{cases} \Rightarrow \begin{cases} 3-y = 0 \Rightarrow y = 3 \\ x+y = 0 \Rightarrow x+3 = 0 \Rightarrow x = -3 \end{cases}$$

將已求得的「$y=3$」代入「$x+y=0$」

$$\therefore \frac{x-y}{xy} = \frac{(-3)-3}{(-3) \times 3} = \frac{-6}{-9} = \frac{2}{3}$$

將「$x=-3$，$y=3$」代入「$\dfrac{x-y}{xy}$」

▶▶▶ Ans

$\dfrac{2}{3}$

「負數」作「±×÷」，最好「先加括號」

∵ 絕對值 ≥ 0

∴ 絕對值 + 絕對值 = 0 ⇒ 每一個「絕對值」都為「0」

例題 11 設 x、y 為實數，若 $\sqrt{x+5y+2}+\sqrt{3x-2y-11}=0$，試求 x、y 之值？

▶▶▶ **Sol**

∵ 二次根式 ≥ 0
∴ 二次根式 + 二次根式 = 0 ⇒ 每個「二次根式」都為「0」

$\therefore \begin{cases} \sqrt{x+5y+2}=0 \\ \sqrt{3x-2y-11}=0 \end{cases}$

$\Rightarrow \begin{cases} x+5y+2=0 \cdots \times 3 \\ 3x-2y-11=0 \end{cases}$

$\sqrt{甲}=0 \Leftrightarrow 甲=0$

$\Rightarrow \begin{cases} 3x+15y+6=0 \\ 3x-2y-11=0 \end{cases}$

上式「減」下式

$\Rightarrow 17y+17=0 \Rightarrow y=-1$

再將 $y=-1$ 代回：$x+5y+2=0$

可得：$x+5 \times (-1)+2=0 \Rightarrow x-5+2=0 \Rightarrow x=3$

▶▶▶ **Ans**

「負數」作「±×÷」，最好「先加括號」

$x=3$，$y=-1$

例題 12 將兩個邊長分別為 $(x+1)$ 和 $2x$ 的正方形紙片 $ABCD$ 和 $EFGH$ 以重疊某部分的方式排列成一多邊形區域，如圖。已知重疊部分是邊長為 x 的正方形。試求多邊形的面積和周長？

▶▶▶ **Sol**

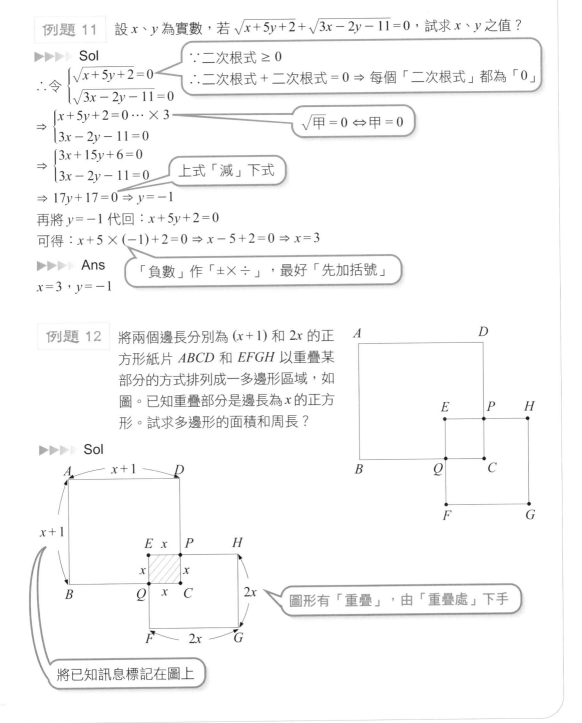

圖形有「重疊」，由「重疊處」下手

將已知訊息標記在圖上

141

「整串式子」作「±×÷，次方」，最好「先加括號」

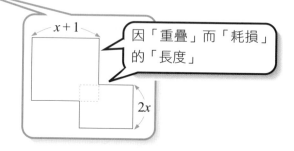

所求面積 $= (x+1)^2 + (2x)^2 \boxed{-x^2}$

「邊長 x」的小正方形面積，重複計算 1 次，需扣減 1 次

$= x^2 + 2x + 1 + 4x^2 - x^2$

$= 4x^2 + 2x + 1$ 且

重疊處

所求周長 $= 4 \times (x+1) \boxed{-2x} + 4 \times (2x) \boxed{-2x}$

$= 4x + 4 - 2x + 8x - 2x$

$= 8x + 4$

原始總量「減」重疊處的「耗損量」

因「重疊」而「耗損」的「長度」

▶▶▶▶ Ans

面積 $= 4x^2 + 2x + 1$

周長 $= 8x + 4$

例題 13　如圖，正方形 $ABCD$ 與正方形 $DEFG$ 的邊長各為 $(2x+5)$ 和 $(3x-8)$，若 $\overline{BC}$ 與 $\overline{EF}$ 相交於 H，$\overline{BH}=x-2$，$\overline{HF}=2x-3$，試求重疊部分面積？

「整串式子」作「±×÷，次方」，最好「先加括號」

由題目待求面積之區域下手

▶▶▶▶ Sol

$\because \overline{HC} = (2x+5) - (x-2) = x+7$

且 $\overline{EH} = (3x-8) - (2x-3) = x-5$

由「已知（含新得已知）訊息」最多的邊角下手

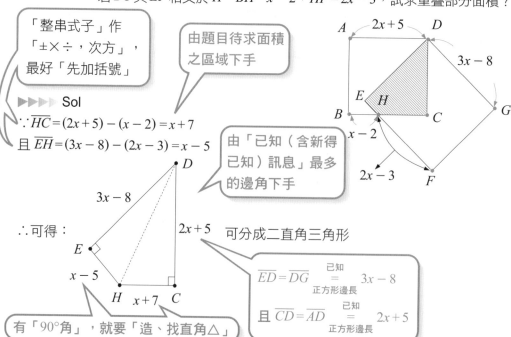

$\therefore$ 可得：

可分成二直角三角形

$\overline{ED} = \overline{DG} \underset{\text{正方形邊長}}{\overset{\text{已知}}{=}} 3x-8$

且 $\overline{CD} = \overline{AD} \underset{\text{正方形邊長}}{\overset{\text{已知}}{=}} 2x+5$

有「90°角」，就要「造、找直角△」

$\therefore \triangle DEH + \triangle DHC$

$= \dfrac{(x-5)(3x-8)}{2} + \dfrac{(x+7)(2x+5)}{2}$

三角形面積 = 底 × 高 × $\dfrac{1}{2}$

$= \dfrac{(3x^2 - 8x - 15x + 40) + (2x^2 + 5x + 14x + 35)}{2}$

$= \dfrac{5x^2 - 4x + 75}{2}$

用「分配律」予以展開

「整串式子」作「±×÷，次方」，最好「先加括號」

▶▶▶ Ans

$\dfrac{5x^2 - 4x + 75}{2}$

例題 14　如圖，$\triangle ABC$，$\triangle DEF$ 中，$\angle C$、$\angle E$ 都是直角，已知 $\overline{AC} = 2k$，$\overline{BC} = k$，$\overline{DE} = k-5$，且 $\overline{EF} = k-3$。若灰色區域面積為 45，試求 $\triangle ABC$ 之面積？

▶▶▶ Sol

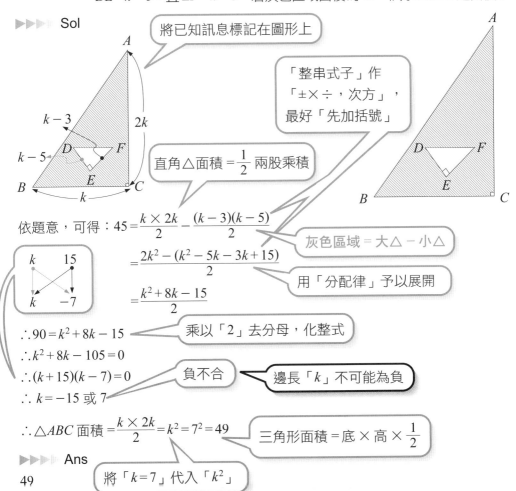

將已知訊息標記在圖形上

「整串式子」作「±×÷，次方」，最好「先加括號」

直角 $\triangle$ 面積 = $\dfrac{1}{2}$ 兩股乘積

依題意，可得：$45 = \dfrac{k \times 2k}{2} - \dfrac{(k-3)(k-5)}{2}$

灰色區域 = 大 $\triangle$ － 小 $\triangle$

$= \dfrac{2k^2 - (k^2 - 5k - 3k + 15)}{2}$

用「分配律」予以展開

$= \dfrac{k^2 + 8k - 15}{2}$

$\therefore 90 = k^2 + 8k - 15$

乘以「2」去分母，化整式

$\therefore k^2 + 8k - 105 = 0$

$\therefore (k+15)(k-7) = 0$

負不合

邊長「k」不可能為負

$\therefore k = -15$ 或 7

$\therefore \triangle ABC$ 面積 $= \dfrac{k \times 2k}{2} = k^2 = 7^2 = 49$

三角形面積 = 底 × 高 × $\dfrac{1}{2}$

▶▶▶ Ans

49

將「$k=7$」代入「k^2」

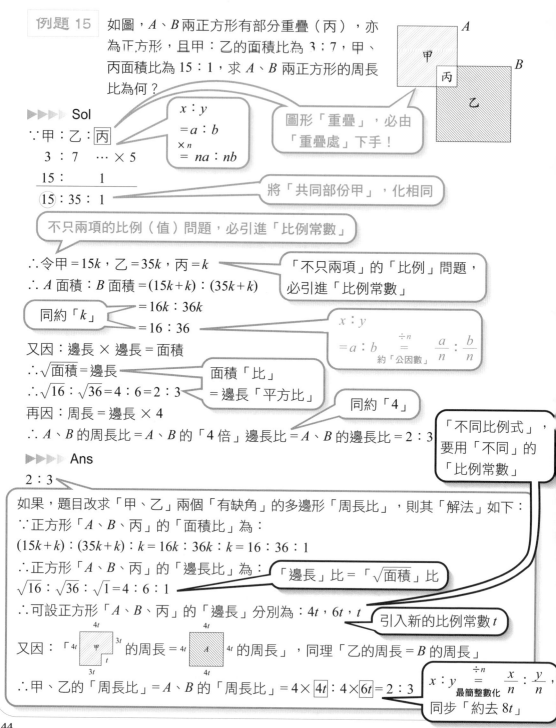

例題 15　如圖，A、B 兩正方形有部分重疊（丙），亦為正方形，且甲：乙的面積比為 $3 : 7$，甲、丙面積比為 $15 : 1$，求 A、B 兩正方形的周長比為何？

▶▶▶▶ Sol

∵ 甲：乙：丙

　　$3 : 7$ …… $\times 5$

　　$\underline{15 : 1}$

　　⑮ $: 35 : 1$

> $x : y$
> $= a : b$
> $\times n$
> $= na : nb$

> 圖形「重疊」，必由「重疊處」下手！

> 將「共同部份甲」，化相同

> 不只兩項的比例（值）問題，必引進「比例常數」

∴ 令甲 $= 15k$，乙 $= 35k$，丙 $= k$

∴ A 面積：B 面積 $= (15k + k) : (35k + k)$

　　　　　　　　　$= 16k : 36k$

　　　　　　　　　$= 16 : 36$

> 「不只兩項」的「比例」問題，必引進「比例常數」

> 同約「k」

> $x : y$
> $= a : b \underset{約「公因數」}{\overset{\div n}{=}} \dfrac{a}{n} : \dfrac{b}{n}$

又因：邊長 × 邊長 = 面積

∴ $\sqrt{面積} = 邊長$

∴ $\sqrt{16} : \sqrt{36} = 4 : 6 = 2 : 3$

> 面積「比」 = 邊長「平方比」

再因：周長 = 邊長 × 4

∴ A、B 的周長比 = A、B 的「4 倍」邊長比 = A、B 的邊長比 = $2 : 3$

> 同約「4」

> 「不同比例式」，要用「不同」的「比例常數」

▶▶▶▶ Ans

$2 : 3$

如果，題目改求「甲、乙」兩個「有缺角」的多邊形「周長比」，則其「解法」如下：

∵ 正方形「A、B、丙」的「面積比」為：

$(15k + k) : (35k + k) : k = 16k : 36k : k = 16 : 36 : 1$

∴ 正方形「A、B、丙」的「邊長比」為：

$\sqrt{16} : \sqrt{36} : \sqrt{1} = 4 : 6 : 1$

> 「邊長」比 = 「$\sqrt{面積}$」比

∴ 可設正方形「A、B、丙」的「邊長」分別為：$4t$，$6t$，t

> 引入新的比例常數 t

又因：「$4t$ 甲 $3t$ t」的周長 = $4t$「$4t$ A $4t$」$4t$ 的周長」，同理「乙的周長 = B 的周長」

∴ 甲、乙的「周長比」= A、B 的「周長比」= $4 \times \boxed{4t} : 4 \times \boxed{6t} = 2 : 3$

> $x : y \underset{最簡整數化}{\overset{\div n}{=}} \dfrac{x}{n} : \dfrac{y}{n}$
> 同步「約去 $8t$」

CHAPTER **7**

代數式的基本應用⑵ 「雞兔同籠」, 「多元方程式的整數解」, 「工作完成」,「位數調整」

代數應用,必針對「關鍵量詞」,
引進「符號變數」並依題意列式

重點整理7-1　應用的關鍵「特徵」與「策略」

 基本應用 1

如：「異類商品」的買賣

「雞兔同籠」的「異類方程組」問題：

掌握「不變量、特殊量、差距量、相同量，出現頻率高的量」來下手解題。

 基本應用 2

「方程式數量 < 變數數量」或 再搭配一些條件（限制）不等式問題

「多元」方程式的「整數解」問題：

由「係數大變數」的「最小可能值」開始討論。

由「係數大」開始討論，消耗較快，比較容易討論

請留意：所得可能結果，都應檢驗，是否滿足「題目的條件限制不等式」

 基本應用 3

「完成工作、完成工程」問題：

必令「整個工作、工程完成計為 1」，並求「個別工作人員的單位時間，完成整個工作、工程的百分比」。

如：x 天完成工程，則「每天」可完成「$\dfrac{1}{x}$」的「工程量」

 基本應用 4

等同：「每天」的「工作量」，也等同「每天的工作速度」

「兩位數」、「三位數」的調整，必用「位值」概念，予以展開。

更多「位數」問題，也可以比照處理

搭配：$a_1a_2a_3$ 的「算盤展開圖」

100	10	1
a_1	a_2	a_3

$= 100 \times a_1 + 10 \times a_2 + 1 \times a_3$

重點整理7-2　解開例題、弄懂策略

售價－成本＝「賺、賠」金額

> 「正」為「賺」，「負」為「賠」

精選範例

> 有「毛衣」及「皮衣」兩「類」商品

> 「異類」方程組問題

例題 1　（成本問題）毛衣和皮衣成本共計 10000 元，毛衣若依成本「加五成」出售，而皮衣「打八折」出售，則合計「賺」100 元，請問毛衣和皮衣成本各多少元？

> 「5 成」＝ 50% ＝ $\dfrac{50}{100}$ ＝ 0.5
>
> 「8 折」＝ 80% ＝ $\dfrac{80}{100}$ ＝ 0.8

▶▶▶▶　Sol

設毛衣成本 x 元，且皮衣成本 y 元

> 毛衣成本 ＋ 皮衣成本 ＝ 10000

∴依題意可得：$\begin{cases} x+y=10000 \cdots \times 0.8 \\ 1.5x+0.8y=10000+100=10100 \end{cases}$

> 「加價 5 成」的售價 ＋「打 8 折」的售價
> ＝ 成本 ＋ 賺 100

> 「賺、賠」問題，必由「不變量＝（總）成本」下手

⇒ $\begin{cases} 0.8x+0.8y=8000 \\ 1.5x+0.8y=10100 \end{cases}$

> 下式「減」上式

⇒ $0.7x=2100$

⇒ $x=3000$（毛衣）

再將 $x=3000 \overset{代回}{\Rightarrow} x+y=10000$

可得：$3000+y=10000 \Rightarrow y=7000$（皮衣）

$x=\dfrac{2100}{0.7}$

小數
＝ $\dfrac{2100}{\dfrac{7}{10}}$
化分數

> 「除」化「倒數乘」

$=\overset{300}{2100}\times\dfrac{10}{7}$

$=300\times10$

$=3000$

▶▶▶▶　Ans

毛衣 3000 元，皮衣 7000 元

「異類」方程組問題

有「十位數字」及「個位數字」等兩「類」數字

例題 2　（兩位數調整問題）有一兩位數，其十位數字的 3 倍與個位數字的和是 21，它的個位數字與十位數字對調後，得一新數，此新數比原數大 9，試求原數？

依題意條列關係組（式），若想用「一元一次方程式」來解題，一般取「小的數」當主變數，並配合：「兩位數 $=10 \times$（十位數字）$+$（個位數字）」來解題

▶▶▶▶ Sol

(1)「一元解法」：

令十位數字為 x

鎖定「新舊」的「差距量」下手

$\because$「個位」加 3 倍「十位」$=21$

$\therefore$「個位」$+3x=21$

$\therefore$「個位」$=21-3x$

「整串式子」作「$\pm \times \div$，次方」，最好「先加括號」

$\Rightarrow$ 個位數字為 $21-3x$

$\Rightarrow$ 原數 $=\boxed{10} \times x+(21-3x)=10x+21-3x=7x+21$

且新數 $=\boxed{10} \times (21-3x)+x=210-30x+x=210-29x$

$\therefore 210-29x=(7x+21)+9$

$\Rightarrow 210-21-9=7x+29x$

新數 $=$ 原數 $+9$

利用用「位值」概念來求「原數、新數」

$\Rightarrow 180=36x$

$\Rightarrow x=5$（十位數字）

$\Rightarrow 21-3x=21-3 \times 5=6$（個位數字）

將「$x=5$」代入「$21-3x$」

(2)「二元解法」：

令十位數字為 x 且個位數字 y

$\Rightarrow$ 原數 $=\boxed{10} \times x+y=10x+y$

且新數 $=\boxed{10} \times y+x=10y+x$

利用「位值」概念：二位數 $=10 \times$「十位數字」$+1 \times$「個位數字」

$\Rightarrow \begin{cases} 3x+y=21 \\ 10y+x=(10x+y)+9 \end{cases}$

◉「個位」加 3 倍「十位」$=21$
◉ 新數 $=$ 原數 $+9$

$\Rightarrow \begin{cases} 3x+y=21 \\ 9y-9x=9 \cdots \div 9 \end{cases}$

$\Rightarrow \begin{cases} 3x+y=21 \\ y-x=1 \end{cases}$

上式「減」下式

「整串式子」作「$\pm \times \div$，次方」，最好「先加括號」

$\Rightarrow 4x=20 \Rightarrow x=5$（十位數字）

再將 $x=5 \overset{\text{代回}}{\Rightarrow} 3x+y=21$

可得：$3 \times 5+y=21 \Rightarrow y=21-15=6$（個位數字）

▶▶▶▶ Ans

$10 \times \boxed{5}+1 \times \boxed{6}=\boxed{56}$

「一個方程式」v.s.「兩個變數」

例題 3　若大軍買了數支 10 元及 15 元的原子筆，共花費 90 元，則兩種原子筆的數量可能相差幾支？

(A) 2　(B) 3　(C) 4　(D) 5

▶▶▶▶ Sol

依題意條列關係等式，並「由係數大者，開始討論」，逐一列出「所有可能結果」

設大軍分別買了 10 元、15 元的原子筆各 x、y 支

∴依題意可得：$10x + 15y = 90$

∴$2x + 3y = 18$

「左右」能約先約，同約「5」

接著，再「由係數大者，開始討論」，逐一列出所有可能結果，如下：

∵「y」為原子筆「數」

∴「$y \geq 0$」且為「整數」

將「可能 y 值」逐一代入「$2x + 3y = 18$」，以求「可能 x 值」

| x | 9 | × | 6 | × | 3 | × | 0 |
| y | 0 | 1 | 2 | 3 | 4 | 5 | 6 |

以「係數大」的「y」為主角，並由「y」的「最小可能值」開始，逐一列表

「x」無整數解

∴$|x - y| = 9$、4、1、6

∴選 (C)

將「$(x, y) = (9, 0)$、$(6, 2)$、$(3, 4)$、$(0, 6)$」代入「$|x - y|$」

▶▶▶▶ Ans

(C)

「對」數＋「錯」數＋「沒答」數＝50 且都為不大於 50 的「非負整數」

例題 4　某次測驗有 50 個選擇題，每答對一題得 2 分，每答錯一題不但不給分，還要倒扣 0.5 分，沒作答得 0 分。某學生在這次測驗中得 72 分。試問：他最多答對幾題？

▶▶▶▶ Sol

設答對 x 題，答錯 y 題。依題意可得：

$\begin{cases} 2x - 0.5y = 72 \\ 0 \leq x + y \leq 50 \end{cases}$

引進符號變數、條列限制方程式——整數解問題，由「係數大的變數」開始討論

「對」得「2」分；「錯」得「-0.5」分

「扣 0.5」等同「-0.5」

可得：$4x - y = 144$
$\Leftrightarrow 4x = 144 + y$

對「$2x - 0.5y = 72$」進行「整式化」動作，並利用「$y \geq 0$」可由「$\boxed{4x} = 144 + y \geq 144 + 0 = 144$」得：$4x \geq 144$。

利用「$y \geq 0$」

最後，再用「左右，能約就約」可得：

「$x \geq 36$」　意謂：「36」是 x 的「最小可能值」

∴可得：$\boxed{4x = 144 + y \geq 144} \Rightarrow \boxed{x \geq 36}$

以「係數大」的「x」為主角，並由「x」的「最小可能值」開始，逐一列表

別忘了：檢驗「不等式 $0 \leq x + y \leq 50$」是否「被滿足」！

x	36	37	38	39
y	0	4	8	12 ($x+y = \boxed{51} > 50$)
得分	72	72	72	×（不合題意）

將「$x = 36, 37, 38, 39$」代入「$4x = 144 + y$」可得「對應的 y 值」

$\Rightarrow x = 36$，$y = 0$ 或 $x = 37$，$y = 4$ 或 $x = 38$，$y = 8$
∴「最多」答對「38」題

▶▶▶▶ Ans

38 題

例題 5　某次數學競賽共有 100 名學生參賽，試題共有四道。結果恰有 90 位學生答對第一題；恰有 80 位學生答對第二題；恰有 70 位學生答對第三題；恰有 60 位學生答對第四題，但沒有任何一位學生答對所有的試題。請問共有多少位學生同時答對第三 & 第四題？

引進符號變數、條列限制方程式──整數解問題，由「係數大的變數」開始討論

▶▶▶▶ Sol

設同時答對第 3 及第 4 題的學生共有 x 位，並將題目訊息表列如下：

合計 100

	答對	答錯（含不答）
第 1 題	90	10
第 2 題	80	20
第 3 題	70	30
第 4 題	60	40

雖不是「幾何、路徑」問題，但題目的敘述實在有點冗長。為了方掌握「題目訊息」，我們仍用「（圖）表」來聚集「已知訊息」

⑴ ∵ 同時答對第 3 及 第 4 題的學生共有 x 位

∴ 答對第 3 或 第 4 題的學生「超過 x」的部份，一定是答錯另一題

∴ 答對第 3 題 但 答錯第 4 題的有 $(70 - x)$ 位學生

且答對第 4 題 但 答錯第 3 題的有 $(60 - x)$ 位學生

∵ 因為答錯第 4 題的有 40 位學生 且 答錯第 3 題的有 30 位學生

∴ $70 - x \le 40$（$\Rightarrow x \ge 30$）且 $60 - x \le 30$（$\Rightarrow x \ge 30$）

∴ 可得：$x \ge 30$

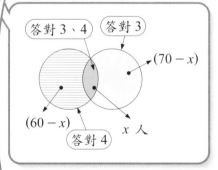

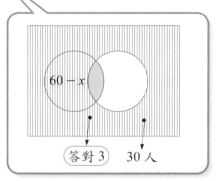

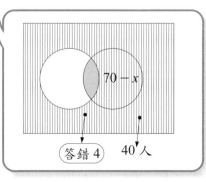

(2)又因：同時答對第 3 題 及 第 4 題的情形有

⊙「只答對」第 1、$\boxed{3、4}$題 ⇒ 答錯第 2 題

⊙「只答對」第 2、$\boxed{3、4}$題 ⇒ 答錯第 1 題

⊙「只答對」第 $\boxed{3、4}$題 ⇒ 答錯第 1、2 題

∴同時答對第 3 題 及 第 4 題的學生，必然：答錯第 1 題 或 答錯第 2 題

∴$x \le 10 + 20 = 30$

∴$30 \le x \le 30 \Rightarrow x = 30$

> 已知：沒有任何一位學生答對所有的試題

> 共同性為：答錯「第 1 或 第 2」

> (1)已得：$x \ge 30$
> (2)又得：$x \le 30$

> 意謂：同時答對第 3 及 第 4 的「x 個」學生，必然是「答錯第 1 題的 10 人」或「答錯第 2 題的 20 人」的一份子！

∴共有 30 位學生同時答對第三 及 第四題

▶▶▶▶ Ans

30 位學生同時答對第三 及 第四題

> 依題意條列關係方程組（式）來解題，並配合：「工程」問題，必用「工作完成記為 1」來解題。

例題 6　（工程問題）兩位工人用磚砌牆，甲工人獨自完成需時 9 小時，乙工人獨自完成需時 10 小時。當兩人合作時，其每小時之工作量為兩人每小時原砌磚塊數的總和減 10 塊磚，假設他們共費 5 小時才完工，請問要完成此道牆共需砌多少塊磚？

▶▶▶▶ Sol

設共需砌 x 塊磚

∴甲每小時砌 $\dfrac{x}{9}$ 塊磚，乙每小時砌 $\dfrac{x}{10}$ 塊磚

∴兩人每小時共砌 $\dfrac{x}{9} + \dfrac{x}{10} - 10$ 塊磚

∵題目已知：兩人合作需費 5 小時才完工

∴$\dfrac{x}{9} + \dfrac{x}{10} - 10 = \dfrac{x}{5}$

∴$10x + 9x - 900 = 18x$

∴$19x - 900 = 18x$

∴$x = 900$

∴共需砌 900 塊磚

▶▶▶▶ Ans

900 塊磚

> 題目已知：兩人合作，比個別總和少「10」塊磚

> ∵題目已知：兩人合作 5 小時完成砌 x 塊磚
> ∴兩人合作每小時砌 $\dfrac{x}{5}$ 塊

> ∵「完成整個工程，記為 1」v.s.「共砌 x 塊磚」
> ∴甲 9 小時，完成「整個工程 1」，意謂：
> 甲每小時，完成「整個工程的 $\dfrac{1}{9}$」
> ∴甲每小時，砌了「$\dfrac{1}{9}x = \dfrac{x}{9}$」塊磚。
> 同理：乙每小時，砌了「$\dfrac{1}{10}x = \dfrac{x}{10}$」塊磚

> 「分式」求解，必先去分母，整式化

例題 7　某工程甲、乙合作比甲獨作可提早 8 個工作天完成，比乙獨作可提早 18 個工作天完成，則甲獨作需幾天？

(A) 10 天　(B) 11 天　(C) 20 天　(D) 15 天

▶▶▶▶ Sol

設甲獨作需 x 天

∴ $\begin{cases} 甲，乙合作需 x-8 天 \\ 乙獨作需 x+10 天 \end{cases}$

> ⊙「合作」比「甲少 8 天」⇒「合作」需 $x-8$ 天
>
> ⊙「合作」比「乙少 18 天」
> ⇒「合作」=「乙」－ 18
> ⇒ $x-8=$「乙」－ 18
> ⇒「乙」$=x+10$

∴依題意可得：

$\dfrac{1}{x}+\dfrac{1}{x+10}=\dfrac{1}{x-8}$

> ∵「工作完成，記為 1」
> ∴「$x_天$」完成「1」⇔「$1_天$」完成「$\dfrac{1}{x}$」

∴$(x+10)(x-8)+x(x-8)=x(x+10)$

∴$x^2-16x-80=0$　　展開整併

> 「分式求解」，必先去分母，「整式化」！
> ～本題：同乘「$x \times (x+10) \times (x-8)$」就能完成「整式化」

∴$(x-20)(x+4)=0$

∴$x=20$ 或 -4（不合）

$\begin{array}{l} x \quad \bullet\ -20 \\ x \quad \bullet\ +4 \end{array}$

∴選(C)

> 甲每天工作量 + 乙每天工作量 =（甲、乙合作）的每天工作量

▶▶▶▶ Ans

(C)

> 依題意條列關係方程組（式）來解題，並配合：
> 「工程」問題，必用「工作完成記為 1」來解題

例題 8　已知男工 6 人之工作量為女工 8 人的工作量，現有一工程女工 24 人做 20 天可完成，今欲使工程提早 6 天完成，問除了原有之 24 個女工外，至少需加男工幾人？

> 等同「1 位女工」要「工作 480 天」，才能完成整個工程

▶▶▶▶ Sol

(1)∵女工 24 人做 20 天：共 24 × 20 = 480 個「女性工作天」

∴一位女工，每天可完成工程的「$1 \div 480 = \dfrac{1}{480}$」

> ∵1 位女工要「480 天」，才能完成整個工程「記為 1」
> ∴1 位女工，每天可完成整個工程的「$\dfrac{1}{480}$」

∵ 6 男工 = 8 女工

∴ 1 男工 = $\frac{8}{6}$ 女工

(2) ∵ 男工之工作量為女工的 $\frac{8}{6}$ 倍 = $\frac{4}{3}$ 倍 ← 「分數」之「上下能約就約」

∴ 男工，每天每人完成工程的 $\frac{1}{480} \times \frac{4}{3} = \frac{1}{360}$ ← 由 (1) 已知：女工每天每人 可完成工程的「$\frac{1}{480}$」

「分數」之「上下能約就約」

(3) 現在，欲使工程提早 6 天完成，即 20 − 6 = 14 天完成

∴ 每天應完成工程的「$1 \div 14 = \frac{1}{14}$」

∵「14 天」完成整個工程「記為 1」
∴「1 天」應完成整個工程的「$\frac{1}{14}$」

(4) 設需加男工 x 人

依題意可得：

$$\frac{1}{480} \times \boxed{24} + \frac{1}{360} \times \boxed{x} = \frac{1}{14}$$

$$\therefore \frac{1}{20} + \frac{x}{360} = \frac{1}{14}$$

24 位女工一天之工作總量
+ x 位男工一天之工作總量

「24 女及 x 男」於「14 天」完成「1」

原本應先將「分式予以整式化」後，再處理！
但「分式的分母有點大」不好直接去分母。
∴ 只好直接處理「分式」，而不先作「去分母」動作！

$$\therefore \boxed{\frac{x}{360}} = \frac{1}{14} - \frac{1}{20} = \frac{20}{280} - \frac{14}{280} = \boxed{\frac{6}{280}}$$

分式等式，必交叉相乘

$$\therefore 280x = 360 \times 6$$

$$\therefore x = 360 \times \frac{6}{280} = \frac{54}{7} = 7\frac{5}{7}$$

∵ 人數需為整數

∴ 至少需加男工 8 人

千萬別傻傻地回答：「需加 $7\frac{5}{7}$ 位男工」！
亦即：用數學來回答生活應用問題時，其
「最終結果」一定要去檢討「是否合乎常理」、
「是否可行」！

▶▶▶▶ Ans

至少需加男工 8 人

例題 9　爸爸要買一打（12 瓶）可樂，計算過後發現 A、B 兩家店所需費用皆相同，試問 A、B 兩家店一瓶可樂原價之比為何？

註：A、B 兩店的促銷方案如下表

A	B
買 5 送 1	打 8 折

> 打 8 折 = 原價 × $\dfrac{80}{100}$ = 0.8 倍原價

▶▶▶▶ Sol

設 A 店一瓶原價 x 元，

B 店一瓶原價 y 元

> 12 瓶中「有 2 瓶」是「買 5 送 1」專案「送」來的

∴在 A 店買需花：$10x$ 元

在 B 店買需花：$12y \times 0.8$ 元

> 12 瓶通通是買來的，但每瓶計價打 8 折

∴依題意，可得：$10x = 12y \times 0.8$

> 已知：在 A & B 兩店的費用相同

∴$10x = 9.6y$

∴$100x = 96y$ ← 整數化

∴$x = \dfrac{96}{100}y = \dfrac{24}{25}y$

> 分數上下，能約就約

∴$x : y = \dfrac{24}{25}y : y = 24y : 25y = 24 : 25$

> 同約 y，最簡整數化

▶▶▶▶ Ans

24 : 25

> 「同乘 25」，去分母，整式化

$$nx : ny \underset{去分母}{=} x : y \underset{最簡整數化}{=} \frac{x}{n} : \frac{y}{n}$$

「位數調整」用「位值」概念，予以展開

> 只設「末 5 位數」一個「變數」，而不是「個位、十位、百位、千位、萬位」都取一個「變數代號」
>
> 千萬別設「太多變數符號」

例題 10　有一個六位數的左邊第一個數字是 1，如果把此數字 1 移到最右邊，那麼所得的六位數是原來的 3 倍，求原數？

▶▶▶▶ Sol

設原數的「末 5 位數」為 x

原數：

10^5	10^4	10^3	10^2	10^1	1
1			x		

∴原六位數 = $1 \times 10^5 + x$

新數：

10^5	10^4	10^3	10^2	10	1
$10 \times x$					1

∴新六位數 $= 10 \times x + 1$

∴依題意，可得：$10 \times x + 1 = 3 \times (1 \times 10^5 + x)$

> 「x」向「左」
> 移「一位」
> 放大「10倍」

∴$10x + 1 = 300000 + 3x$

∴$7x = 299999$

> 「整串式子」作
> 「$\pm \times \div$，次方」，
> 最好「先加括號」

∴$x = 42857$

∴原數 $= 1 \times 10^5 + 42857$

$\qquad = 142857$

▶▶▶▶ Ans

142857

> 「位數調整」用「位值」概念，予以展開

例題 11　有一三位數，將百位數字移到最右邊，比原來的小 189，已知百位數字的 5 倍比由十位數字及個位數字組成的二位數小 3，求原數？

▶▶▶▶ Sol

設百位為 a，十位為 b，個位為 c

原數　　新數

> 新數比原數「小 189」
> $\Leftrightarrow$ 原數$-189 =$ 新數

∴依題意，可得：$\begin{cases} (100a + 10b + c) - 189 = 100b + 10c + a \\ 5a = (10b + c) - 3 \end{cases}$

原數：

100	10	1
a	b	c

> 原數：「百位數的 5 倍」比
> 「十位、個位組的二位數」
> 還要「小 3」

新數：

100	10	1
b	c	a

∴$99a - 90b - 9c = 189$

> 約掉「9」

$\Rightarrow 11a - 10b - c = 21$

$\Rightarrow 11a - (10b + c) = 21$

$\Rightarrow 11a - (5a + 3) = 21$

> 由「$5a = (10b + c) - 3$」，可得：
> $10b + c = $「$5a + 3$」代入「$10b + c$」

$\Rightarrow 6a = 24 \Rightarrow a = 4 \Rightarrow 10b + c = 23$

∴原數 $= 100a + 10b + c$

$\qquad = 100 \times 4 + \boxed{23}$

> 將「$a = 4$」代入
> 「$10b + c = 5a + 3$」

$\qquad = 423$

▶▶▶▶ Ans

423

> 將「$a = 4$」及
> 已知的「$10b + c = 23$」代入

「位數調整」用「位值」概念，予以展開

例題 12 有一個二位數，將十位數加上 1，個位數減去 1，得到新數，若新數與原數的和為 81，則原數的個位數和十位數相差多少？

▶▶▶▶ Sol

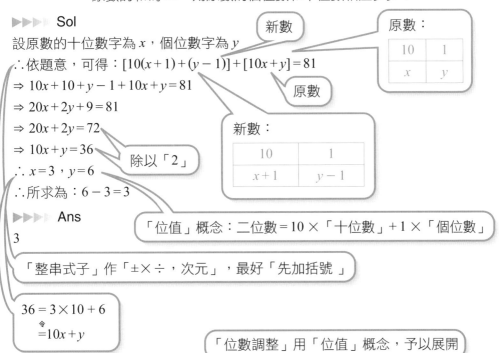

設原數的十位數字為 x，個位數字為 y

∴依題意，可得：$[10(x+1)+(y-1)]+[10x+y]=81$

⇒ $10x+10+y-1+10x+y=81$

⇒ $20x+2y+9=81$

⇒ $20x+2y=72$

⇒ $10x+y=36$ ← 除以「2」

∴ $x=3$，$y=6$

∴所求為：$6-3=3$

新數：

10	1
$x+1$	$y-1$

原數：

10	1
x	y

▶▶▶▶ Ans

3

「位值」概念：二位數 = 10 ×「十位數」+ 1 ×「個位數」

「整串式子」作「±×÷，次元」，最好「先加括號」

$36 = 3 \times 10 + 6$
$\Leftrightarrow$
$= 10x + y$

「位數調整」用「位值」概念，予以展開

例題 13 有一個二位數，個位數字不為 0，若此數除以其十位數字，得商 11，餘數為 3，若此數除以其個位數字，得商 7，餘數為 2，求此數為何？

▶▶▶▶ Sol

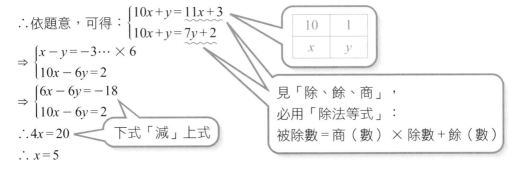

設十位數字為 x，個位數字為 y

∴依題意，可得：$\begin{cases} 10x+y=11x+3 \\ 10x+y=7y+2 \end{cases}$

10	1
x	y

⇒ $\begin{cases} x-y=-3\cdots\times 6 \\ 10x-6y=2 \end{cases}$

⇒ $\begin{cases} 6x-6y=-18 \\ 10x-6y=2 \end{cases}$

∴ $4x=20$ ← 下式「減」上式

∴ $x=5$

見「除、餘、商」，
必用「除法等式」：
被除數 = 商（數）× 除數 + 餘（數）

再將「$x=5$」代入「$x-y=-3$」，可得：

$5-y=-3$

$\therefore y=8$

$\therefore$ 此數 $=5\times10+8=58$

10	1
x	y

▶▶▶▶ Ans

58

例題 14　兄弟兩人去年年終獎金共 35000 元，今年兄增加「10%」，弟增加「15%」，結果今年兩人共增加「4300」元，求兩人今年獎金差多少元？

> ∵題目所給訊息，都以「去年」為主角來陳述
> ∴取去年獎金當變數

$10\%=\dfrac{10}{100}=0.1$

$15\%=\dfrac{15}{100}=0.15$

▶▶▶▶ Sol

設「去年」年終獎金兄為 x 元，弟為 y 元

$\therefore$ 依題意，可得：$\begin{cases}x+y=35000 \\ 0.1x+0.15y=4300\cdots\times10\end{cases}$

> 「去年」合「領」35000 元

$\therefore\begin{cases}x+y=35000 \\ x+1.5y=43000\end{cases}$

> 「今年」合「增」4300 元

$\therefore 0.5y=8000$

> 下式「減」上式

$\therefore y=16000$

> 同乘「2」，整式化

再把 $y=16000$ 代回 $x+y=35000$，可得：

$x+16000=35000$

$\therefore x=19000$

所求 $=19000\times(1+0.1)-16000\times(1+0.15)$

$\quad\quad=20900-18400$

> 「今年」：兄「增 10%」，弟「增 15%」

$\quad\quad=2500$ 元

▶▶▶▶ Ans

2500 元

受限於「物品」的不可切割性，「均分」不見得是「黃金均分」且「珠寶均分」。更合理也更符合人性的「均分」是指「拿到相同價值」的東西

例題 15　金庫內有一批 $100\frac{3}{4}$ 公斤的黃金及重量未知的珍珠。現甲、乙兩人想均分這批物品，均分的結果是甲拿了 $\frac{7}{10}$ 的黃金與 $\frac{3}{8}$ 的珍珠。試問：這批物品中的珍珠價值等於幾公斤的黃金？

有價值的東西「均分」是「均分其總價值」而非均分其「總重量」

▶▶▶▶　Sol

鎖定「關鍵量」"價值"來設變數，不要用「公斤數」當變數

設整批黃金 x 元；珍珠 y 元

∴依題意，可知：甲拿了黃金 $\frac{7x}{10}$ 元，珍珠 $\frac{3y}{8}$ 元

　且乙拿了黃金 $(1-\frac{7}{10})x = \frac{3x}{10}$ 元，珍珠 $(1-\frac{3}{8})y = \frac{5y}{8}$ 元

∵兩人「均分（總價值）」

∴甲多拿的黃金價值＝乙多拿的珍珠價值

亦即：$\frac{7}{10}x - \frac{3}{10}x = \frac{5}{8}y - \frac{3}{8}y$

甲多拿的黃金價值　　乙多拿的珍珠價值

∴$\frac{4}{10}x = \frac{2}{8}y$

∴$\frac{2}{5}x = \frac{1}{4}y$

「分數」上下能約就約

∴整批珍珠價值：

題目欲求：整批珍珠的價值＝幾公斤的黃金價值

$y = \frac{8}{5}x$ 元

$= \frac{8}{5} \times$（$100\frac{3}{4}$ 公斤黃金「價值」）

「$100\frac{3}{4}$ 公斤黃金」的「價值」$= x$ 元

$= \frac{8}{5} \times \frac{403}{4}$ 公斤黃金「價值」

$= \frac{806}{5}$ 公斤黃金「價值」

帶分數，先化假分數

▶▶▶▶　Ans

$\frac{806}{5}$ 公斤

CHAPTER 8

代數式的基本應用(3)
「集合交聯」,
「填圖」,「同型項」,
「繁雜符號式」

重點整理8-1　應用的關鍵「特徵」與「策略」

基本應用1

「集合交聯」或「填圖」問題，必「繪製集合交聯圖」並「對每一個不重疊的空白（尚未知）區域，假設數值符號」，此外，如果是「立體填圖」問題，必「鎖定上、下面」來討論！

基本應用2

（無止盡）重複出現的「同型項」或「同種狀態」問題，必引進「符號變數」或作「相同動作」來「簡化」、「代數化」問題。

- 見「兩兩相加（減）」，
  先「全部加（減）」，
  再「個別減（加）」
- 見「兩兩相乘（除）」，
  先「全部乘（除）」，
  再「個別除（乘）」

> 如：「循環小數」（常配合：10、100、1000 倍化，來解題）及「繁分數」問題

> 繁分數 $\overset{定義}{\Leftrightarrow}$ 形如：
> $$\cfrac{a}{b+\cfrac{a}{b+\cfrac{a}{\vdots}}}$$
> 的分數

基本應用3

> 又稱「繁雜符號式」

含「變數符號」的繁雜「加、減、乘、除」算式，常先「同除以 乘法項」且必要時，再「引進新變數符號」取代「分母有變數符號」的「項」，以簡化問題！

> 可將「± v.s. × ÷」算式變成「純加減」算式

如：$3(x+2)-4(x+y)=5(x+2)(x+y)$ $\overset{同除以「乘法項」}{\underset{變成「純加減」式}{\Rightarrow}}$ $\dfrac{3}{x+y}-\dfrac{4}{x+2}=5$ $\overset{引入}{\underset{新變數}{\Rightarrow}}$ $\dfrac{3a-4b}{\frac{1}{x+y}=a\,;\,\frac{1}{x+2}=b}=5$

> 「分式」的「求解」問題，最後「收尾」一定要檢查「所得的初步解」是否會使「原分式」的「分母 = 0」？

重點整理8-2　解開例題、弄懂策略

精選範例

依題意條列關係方程組（式）來解題，並配合：
「集合交聯」問題，必「繪製集合交聯圖」來解題

例題 1　學校教導處對 100 名同學進行調查，結果有 58 人喜歡看球賽，有 38 人喜歡看戲劇，有 52 人喜歡看電影。另外還知道，既喜歡看球賽又喜歡看戲劇（但不喜歡看電影）的有 6 人，既喜歡看電影又喜歡看戲劇（但不喜歡看球賽）的有 4 人，三種都喜歡的有 12 人。問有多少同學只喜歡看電影？有多少同學既喜歡看球賽又喜歡看電影，但不喜歡看戲劇？（假定每個人至少喜歡看一項）

▶▶▶　Sol

設既喜歡看球賽又喜歡看電影，卻不喜歡看戲劇的人數為 x 人，並對「下圖」的每一個「不重疊空白區域」假設「數值符號 A、B、C」：

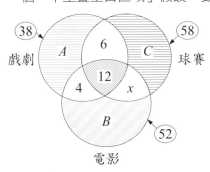

∵題目假定：每個人至少喜歡看一項
∴愛看「戲劇」、愛看「球賽」、愛看「電影」的「聯集」＝全體 100 人

「100 名」同學，必在「三類」的某類出現

∴由上圖，可得：
$$\begin{cases} A = 38 - 6 - 12 - 4 = \boxed{16} \\ B = 52 - 4 - 12 - x = \boxed{36 - x} \\ C = 58 - 6 - 12 - x = \boxed{40 - x} \end{cases}$$
又因：$A + B + C + 6 + 4 + x + 12 = 100$

總人數 100＝上述區塊（不重疊）人數總和

163

將「$A=16$，$B=36-x$，$C=40-x$」代入「$A+B+C+6+4+x+12=100$」

$\therefore 16+(36-x)+(40-x)+6+4+\boxed{x}+12=100$

將「$x=14$」代入「$B=36-x$」

$\therefore x=14$ 人

$\therefore$ 得知：只喜歡看電影：$B=36-x=22$ 人；

既喜歡看球賽又喜歡看電影，但不喜歡看戲劇：$x=14$ 人

▶▶▶ **Ans**

只喜歡看電影的有 22 人；既喜歡看球賽又喜歡看電影，但不喜歡看戲劇的有 14 人

例題 2 某班學生有 55 人，期末成績英文及格者有 37 人，數學及格者有 30 人，兩科均及格者有 17 人，則兩科均不及格者有幾人？

(A) 5　(B) 8　(C) 10　(D) 12

▶▶▶ **Sol**

$\because$ 依題意可繪製「集合交聯圖」如下

依題意條列關係方程組（式）來解題，並配合：「集合交聯」問題，必「繪製集合交聯圖」來解題

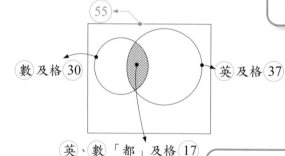

$\therefore$ 由「集合交聯圖」可得：

55 −（數學及格 或 英文及格）

$=55-(30+37-17)=5$

$\therefore$ 選(A)

▶▶▶ **Ans**

(A)

$n(A\cup B)$（$=$「A 或 B」的「個數 或 面積」）

$\parallel$

$n(A)+n(B)-n(A\cap B)$

$=$「A」的「個數 或 面積」

$+$「B」的「個數 或 面積」

$-$ 重複計算的「A 且 B」的「個數 或 面積」

例題 3 某單位有 10 名員工，舉行桌球及網球友誼賽，有 5 人參加網球賽，7 人參加桌球賽，1 人未參加比賽，則下列敘述何者正確？

(A)只參加一項比賽的有 9 人　(B)參加兩項比賽的有 2 人

(C)只參加網球賽的有 2 人　　(D)只參加桌球賽的有 2 人

▶▶▶▶ **Sol**

∵依題意可繪製「集合交聯圖」如下

依題意條列關係方程組（式）來解題，並配合：「集合交聯」問題，必「繪製集合交聯圖」來解題

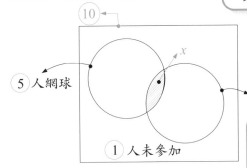

⑩

⑤人網球　　　　　　　　⑦人桌球

①人未參加

$n(A \cup B)$（ = 「 A 或 B」的「個數 或 面積」）
$\parallel$
$n(A) + n(B) - n(A \cap B)$

設參加兩項比賽的有 x 人

∴由「集合交聯圖」可得：

$(5 + 7 - x) + 1 = 10$

= 「A」的「個數 或 面積」
+ 「B」的「個數 或 面積」
− 重複計算的「A 且 B」的「個數 或 面積」

∴ $x = 3$（兩項比賽「都」參加）

∴ $\begin{cases} 只參加網球賽的有 & 5 - x = 5 - 3 = 2 人 \\ 只參加桌球賽的有 & 7 - x = 7 - 3 = 4 人 \end{cases}$

∴選(C)

將「$x = 3$」分別代入「$5 - x$」，「$7 - x$」

▶▶▶▶ **Ans**

(C)

10 人 = 上述不重疊區域的總和

例題 4　試求解 $\dfrac{x^2 + 2}{x^2 + 4x + 1} + \dfrac{x^2 + 4x + 1}{x^2 + 2} = \dfrac{5}{2}$?

重複出現的同型項：引進符號變數來簡化問題

▶▶▶▶ **Sol**

令 $\dfrac{x^2 + 2}{x^2 + 4x + 1} = y$

題目有「$x^2 + 2$」及「$x^2 + 4x + 1$」兩個「重複出現」的「同型項」組成的「分式」

∴原方程式，可以改寫成：$y + \dfrac{1}{y} = \dfrac{5}{2}$

∴去分母，可得：$2y^2 - 5y + 2 = (2y - 1) \times (y - 2) = 0$

分式先整式化

∴ $y = \dfrac{1}{2}$，$y = 2$

$\begin{matrix} 2y & & -1 \\ y & & -2 \end{matrix}$

接著，再將「$y = \dfrac{1}{2}$，$y = 2$」代回 $\dfrac{x^2 + 2}{x^2 + 4x + 1} = y$，可得：

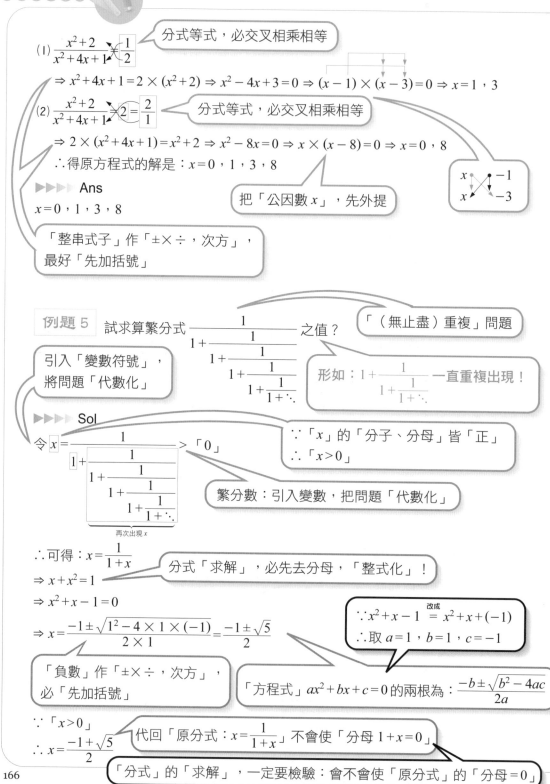

(1) $\dfrac{x^2+2}{x^2+4x+1} = \dfrac{1}{2}$ ← 分式等式，必交叉相乘相等

$\Rightarrow x^2+4x+1=2 \times (x^2+2) \Rightarrow x^2-4x+3=0 \Rightarrow (x-1) \times (x-3)=0 \Rightarrow x=1,3$

(2) $\dfrac{x^2+2}{x^2+4x+1} = 2 = \dfrac{2}{1}$ ← 分式等式，必交叉相乘相等

$\Rightarrow 2 \times (x^2+4x+1)=x^2+2 \Rightarrow x^2-8x=0 \Rightarrow x \times (x-8)=0 \Rightarrow x=0,8$

∴得原方程式的解是：$x=0,1,3,8$

▶▶▶▶ Ans

$x=0,1,3,8$

把「公因數 x」，先外提

$\begin{matrix} x & \searrow & -1 \\ x & \nearrow & -3 \end{matrix}$

「整串式子」作「±×÷，次方」，最好「先加括號」

例題 5　試求算繁分式 $\cfrac{1}{1+\cfrac{1}{1+\cfrac{1}{1+\cfrac{1}{1+\cfrac{1}{1+\ddots}}}}}$ 之值？

「（無止盡）重複」問題

引入「變數符號」，將問題「代數化」

形如：$1+\cfrac{1}{1+\cfrac{1}{1+\ddots}}$ 一直重複出現！

▶▶▶▶ Sol

令 $x = \cfrac{1}{1+\cfrac{1}{1+\cfrac{1}{1+\cfrac{1}{1+\cfrac{1}{1+\ddots}}}}} > $「$0$」

∵「x」的「分子、分母」皆「正」
∴「$x>0$」

繁分數：引入變數，把問題「代數化」

再次出現 x

∴可得：$x=\dfrac{1}{1+x}$

分式「求解」，必先去分母，「整式化」！

$\Rightarrow x+x^2=1$

$\Rightarrow x^2+x-1=0$

$\Rightarrow x=\dfrac{-1\pm\sqrt{1^2-4\times 1\times (-1)}}{2\times 1}=\dfrac{-1\pm\sqrt{5}}{2}$

∵$x^2+x-1 \overset{改成}{=} x^2+x+(-1)$
∴取 $a=1$，$b=1$，$c=-1$

「負數」作「±×÷，次方」，必「先加括號」

「方程式」$ax^2+bx+c=0$ 的兩根為：$\dfrac{-b\pm\sqrt{b^2-4ac}}{2a}$

∵「$x>0$」
∴$x=\dfrac{-1+\sqrt{5}}{2}$

代回「原分式：$x=\dfrac{1}{1+x}$」不會使「分母 $1+x=0$」

「分式」的「求解」，一定要檢驗：會不會使「原分式」的「分母 $=0$」

▶▶▶▷ Ans

$$\dfrac{-1+\sqrt{5}}{2}$$

> 「循環小數」必「引入變數」，把問題「代數化」，
> 並常配合「10 或 100 或 1000 或 …倍化」來解題

例題 6　把 $0.22 + 0.0022 + 0.000022 + \cdots\cdots$ 寫成一個最簡分數

▶▶▶▷ Sol

令 x 為所求，亦即：

$x = 0.22 + 0.0022 + 0.000022 + \cdots$ ◁ （無止盡）重複問題

$\therefore 100x = 22 + \boxed{0.22 + 0.0022 + 0.000022 + \cdots} = 22 + \boxed{x}$

$\therefore 99x = 22$

$\therefore x = \dfrac{22}{99} = \dfrac{2}{9}$

> $0.22 + 0.0022 + 0.000022 + \cdots$ 恰為 x

▶▶▶▷ Ans

$\dfrac{2}{9}$

> 由「0.22」，可得到「暗示：應予以「100 倍化」
> 才能得「整數 22」

例題 7　甲、乙、丙三人，已知兩人年齡和分別為：77，89，104，試求三人中，最年長的年齡？

▶▶▶▷ Sol

設甲，乙，丙三人年齡分別為：x，y，z

$\therefore$ 依題意，可得：

$$\begin{cases} x+y=77 \\ x+z=89 \\ y+z=104 \end{cases}$$

$\therefore 2(x+y+z) = 77 + 89 + 104 = 270$

$\therefore x+y+z = 135$

$\therefore \begin{cases} z = \boxed{135} - 77 = 58 \\ y = \boxed{135} - 89 = 46 \\ x = \boxed{135} - 104 = 31 \end{cases}$

> 見「兩兩加」，必先「全部加」；
> 再個別「減」

$\therefore$ 最大年齡為 58

▶▶▶▷ Ans

58

大家都作：「同除以乘法項」
這個動作

重複出現「同種狀態」：
作「相同動作」來簡化問題

例題 8　設 a，b，c 均為非零的數，而且滿足 $ab = 2 \times (a+b)$，$bc = 3 \times (b+c)$，$ca = 4 \times (c+a)$，試求 $a+b+c$ 的值？

▶▶▶▶ Sol

∵ $ab = 2 \times (a+b)$，$bc = 3 \times (b+c)$，$ca = 4 \times (c+a)$

都呈見「兩數乘積跟兩數加減」的「同種狀態」

∴ 應作「相同動作」來簡化問題

等式兩側，同除以
「兩數乘積」！

∴ 可得：$\dfrac{1}{a} + \dfrac{1}{b} = \dfrac{1}{2}$，$\dfrac{1}{b} + \dfrac{1}{c} = \dfrac{1}{3}$，$\dfrac{1}{c} + \dfrac{1}{a} = \dfrac{1}{4}$

把「± v.s. ×」轉化成「純加減」算式

雖然「分母有變數 a，b，c」，
但「樣子很單純」！
∴ 不用特別引進新符號取代

「三數加」減「兩兩加」

∴ 三式相加可得：$2 \times \left(\dfrac{1}{a} + \dfrac{1}{b} + \dfrac{1}{c} \right) = \dfrac{1}{2} + \dfrac{1}{3} + \dfrac{1}{4} = \boxed{\dfrac{13}{12}}$

∴ 可得：$\dfrac{1}{a} + \dfrac{1}{b} + \dfrac{1}{c} = \boxed{\dfrac{13}{24}}$

見「兩兩相加」，必先「全部加」

「兩兩相加」式

∴ 上式分別減前述三式，可得：

$\boxed{\dfrac{1}{c}} = \dfrac{13}{24} - \dfrac{1}{2} = \boxed{\dfrac{1}{24}}$，$\boxed{\dfrac{1}{a}} = \dfrac{13}{24} - \dfrac{1}{3} = \boxed{\dfrac{5}{24}}$，$\boxed{\dfrac{1}{b}} = \dfrac{13}{24} - \dfrac{1}{4} = \boxed{\dfrac{7}{24}}$

∴ 可得：$c = 24$，$a = \dfrac{24}{5}$，$b = \dfrac{24}{7}$

∴ 可得：$a+b+c = \dfrac{24}{5} + \dfrac{24}{7} + 24$

$= \dfrac{(24 \times 7) + (24 \times 5) + (24 \times 5 \times 7)}{5 \times 7} = \dfrac{168 + 120 + 840}{35} = \dfrac{1128}{35}$

▶▶▶▶ Ans

通分合併

$\dfrac{1128}{35}$

例題 9 設 x，y 滿足：$3(x+y)-4(y+5)=6(x+y)(y+5)$ 及 $\dfrac{4}{x+y}+\dfrac{7}{y+5}=9$。

試求：x、y 之值？

▶▶▶ Sol

先將「$3(x+y)-4(y+5)=6(x+y)(y+5)$」除以「$(x+y)(y+5)$」，可得：

$$\frac{3}{y+5}-\frac{4}{x+y}=6$$

> ∵涉「符號」的「± v.s. × ÷」算式
> ∴需先「同除以」乘法項，將問題變成「純加減」算式

再令：$a=\dfrac{1}{x+y}$，$b=\dfrac{1}{y+5}$

$\therefore$ 可得 $\begin{cases} 3b-4a=6 \\ 4a+7b=9 \end{cases}$

> 又因：題目的另一個式子「$\dfrac{4}{x+y}+\dfrac{7}{y+5}=9$」
> 也含有「$\dfrac{1}{x+y}$，$\dfrac{1}{y+5}$」的同型項
> ∴引進「新符號變數 a，b」予以取代

$\therefore 10b=15$

$\therefore b=\dfrac{15}{10}=\dfrac{3}{2}$

> 「分數」上下，能約就約

> 兩式相加

$\therefore 3 \times \boxed{\dfrac{3}{2}} -4a=6$

> 將「$b=\dfrac{3}{2}$」代入「$3b-4a=6$」

$\therefore 4a=\dfrac{9}{2}-6=\dfrac{-3}{2}$

$\therefore a=\dfrac{-3}{8}$

> 將「$a=\dfrac{-3}{8}$，$b=\dfrac{3}{2}$」
> 代回：$a=\dfrac{1}{x+y}$，$b=\dfrac{1}{y+5}$

$\therefore$ 可得：$\begin{cases} \dfrac{-3}{8} \bowtie \dfrac{1}{x+y} \\ \dfrac{3}{2} \bowtie \dfrac{1}{y+5} \end{cases}$

> 見「分式（數）等式」，必交叉相乘相等

$\therefore \begin{cases} -3(x+y)=8 \\ 3(y+5)=2 \end{cases}$

$\therefore \begin{cases} -3x-3y=8 \\ \boxed{3y+15=2} \end{cases}$

$\therefore 3y=2-15=-13$

$\therefore y=\dfrac{-13}{3}$

> 將「$y=\dfrac{-13}{3}$」代入「$-3x-3y=8$」，
> 並留意「代入負數，應先加括號」！

$\therefore -3x-3\left(\dfrac{-13}{3}\right)=8$

$\therefore -3x+13=8$

$\therefore -3x=-5$

$\therefore x=\dfrac{5}{3}$

> 「整串式子」及「負數」作「±×÷，次方」，
> 最好「先加括號」

▶▶▶ Ans

$x=\dfrac{5}{3}$ 且 $y=\dfrac{-13}{3}$

「分式」的「求解」問題，最後「收尾」一定要檢查「所得的初步解」是否會使「原分式」的「分母＝0」？

例題 10 試求解 $\dfrac{x^2-1}{x^2+2x+1}+\dfrac{2x^2+4x+2}{3x^2-3}=\dfrac{5}{3}$ ？

重複出現的同型項：引進符號變數來簡化問題

▶▶▶▶ **Sol**

令 $\dfrac{x^2-1}{x^2+2x+1}=y$

$$\dfrac{2x^2+4x+2}{3x^2-3}\overset{\text{外提}}{\underset{\text{公因數}}{=}}\dfrac{2(x^2+2x+1)}{3(x^2-1)}=\dfrac{2}{3}\times\dfrac{1}{y}=\dfrac{2}{3y}$$

∴原方程式，可改成：$y+\dfrac{2}{3y}=\dfrac{5}{3}$

$$y=\dfrac{x^2-1}{x^2+2x+1}$$

∴去分母，可得：$3y^2+2=5y$ ← 同乘「$3y$」去分母

$\Rightarrow 3y^2-5y+2=0$

$\Rightarrow (3y-2)(y-1)=0$

（$3y$ ╳ -2；y ╳ -1）

∴$y=\dfrac{2}{3}$，$y=1$，並再代回 $\dfrac{x^2-1}{x^2+2x+1}=y$，可得：

（x ╳ -5；x ╳ $+1$）

(1) $\dfrac{x^2-1}{x^2+2x+1}=\dfrac{2}{3}$ ← 分式等式，必交叉相乘相等

$\Rightarrow 3x^2-3=2x^2+4x+2\Rightarrow x^2-4x-5=0\Rightarrow (x-5)(x+1)=0\Rightarrow x=5，-1$

(2) $\dfrac{x^2-1}{x^2+2x+1}=1=\dfrac{1}{1}$ ← 分式等式，必交叉相乘相等

$\Rightarrow x^2-1=x^2+2x+1\Rightarrow 2x=-2\Rightarrow x=-1$

∴方程式的「初步可能」解是 5，-1，但「$x=-1$」會使「原分式」的

「分母 x^2+2x+1，$3x^2-3$」為「0」

∴「$x=-1$」應剔除

∴解只有「5」

▶▶▶▶ **Ans**

5

循環小數，必引入變數，把問題簡化；並常配合：10 或 100 或 1000 或……倍化，來解題

例題 11 把 $0.321+0.000321+0.000000321+\cdots\cdots$ 寫成一個最簡分數？

▶▶▶▶ **Sol**

令 x 為所求，

亦即：$x=0.321+0.000321+0.000000321+\cdots\cdots$

∴$1000x=321+(0.321+0.000321+\cdots)=321+x$

∴$999x=321$

∴$x=\dfrac{321}{999}=\dfrac{107}{333}$

又回到「x」

由「0.321」，可得到「暗示」：應予以「1000 倍化」才能得到「整數 321」

▶▶▶▶ **Ans**

$\dfrac{107}{333}$

「分數」上下，同約「3」

CHAPTER **9**

代數式的基本應用(4)「分配（學生宿舍、水果分裝、學生分班）」，「年齡」，「蝸牛爬牆」

重點整理9-1　應用的關鍵「特徵」與「策略」

 基本應用 1

「分配」問題

「學生住宿」、「水果分袋」、「學生分班」，必用：
「較少（小）」的「宿舍數、袋子數、班級數」當「主變數」，
再由「較多」的「學生總數、水果總數」來列「相等關係」。

由「非主變數」的「總量」來列式

把握「完整上下、左右移動」或
「含不完整上下、左右移動」的變化訊息

留意「移動起始點位置」

必要時，可畫「上下、左右」規則
「示意圖」來協助思考！

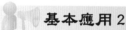 **基本應用 2**

「蝸牛爬牆（白天向上、晚上向下）」或「跳棋（一次跳右、一次跳左）」問題，必
留意：題目問的是「完整的一上一下、一右一左」或「含不完整的一上、一右」！

如：蝸牛 或 跳棋由「10」開始，白天「向上 或 向右
5（用加）」且晚上「向下 或 向左 2（用減）」，則
(A)「n 個，完整的一上一下、一右一左」的
　　「最終位置 $= 10 + (5 - 2) \times n$」；
(B)「n 個，完整的一上一下、一右一左；
　　外加一個不完整的向上的、向右」的
　　「最終位置 $= \boxed{10 + (5 - 2) \times n} + \boxed{5}$」

「預估」出，「最後」
一個「完整」變化時，
應「檢視」一下：是否
「能用1個不完整移動」
就可以「提早」滿足題
目的要求？

每一個「完整的一上一下、一右一左」
共「移動 $(5 - 2) = 3$」個單位

 基本應用 3

「年齡」問題，必留意：兩人的「年齡差」恆「固定」！

常需「畫年齡差距圖」來協助列式

難解的「年齡」問題，必鎖定
「年齡差固定不變」來列式

重點整理9-2 解開例題、弄懂策略

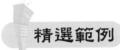精選範例

例題 1 　（分配問題）蘋果分配給學生，若每人 6 個，則剩 2 個，若每人 7 個，則不足 6 個，則蘋果和學生各有多少個？

▶▶▶▶ Sol

設蘋果有 x 個，且學生有 y 人，
並鎖定蘋果總數來列式：

> 「分配」問題，取「較少（小）」
> 的「學生數」當「主變數」

> 由「非主變數」的總量下手！

$$\begin{cases} x = 6y + 2 \\ x = 7y - 6 \end{cases}$$

> 上式「減」下式

> 「整串式子」作「± × ÷，次方」，
> 應先「加（小）括號」

$\Rightarrow x - x = (6y + 2) - (7y - 6)$

$\Rightarrow 0 = 6y + 2 - 7y + 6 = -y + 8$

$\Rightarrow y = 8$（學生）

再將 $y = 8 \overset{代回}{\Rightarrow} x = 6y + 2$

可得：$x = 6 \times 8 + 2 = 50$（蘋果）

▶▶▶▶ Ans

蘋果 50 個，學生 8 人

173

例題 2 （年齡大小問題）姊妹兩人年齡和為 42 歲，姊姊比妹妹大 8 歲，請問姊妹各為幾歲？

> 依題意條列關係組（式），若想用「一元一次方程式」來解題，一般取「小的數」當主變數

▶▶▶▶ Sol

v.s.

(1)「一元解法」：

令妹妹 x（小的數當主變數）

⇒ 姊姊 $x+8$ 歲

> ∵姊比妹大 8 歲
> ∴姊＝妹＋8
> ＝$x+8$

> 「整串式子」作「±×÷，次方」，最好先「加括號」

⇒ $x+(x+8)=42$

> 姊妹年齡和＝42

⇒ $x+x+8=42$

⇒ $2x=42-8=34$

⇒ $x=17$（妹妹）

⇒ $x+8=17+8=25$（姊姊）

> 將「$x=17$」代入「$x+8$」

(2)「二元解法」：

令姊姊 x 歲且妹妹 y 歲

⇒ $\begin{cases} x+y=42 \\ x=y+8 \end{cases}$

> ∵姊比妹大 8 歲
> ∴姊＝妹＋8

⇒ $\begin{cases} x+y=42 \\ x-y=8 \end{cases}$

> 上式「減」下式

⇒ $(x+y)-(x-y)=42-8$

⇒ $x+y-x+y=34$

⇒ $2y=34$

⇒ $y=17$（妹妹）

再將 $y=17$ $\overset{代回}{\Rightarrow}$ $x=y+8$

可得：$x=17+8=25$（姊姊）

▶▶▶▶ Ans

姊姊 25 歲，妹妹 17 歲

例題 3　某校安排學生宿舍，如果每間 5 人，則 14 人沒有床位；如果每間 7 人，則多 4 個空床位，試問學生共有幾人？

依題意條列關係方程組（式）來解題，鎖定「數量較少（小）的宿舍數」當「主變數」

▶▶▶▶ Sol

設宿舍有 x 間

由「非主變數」的總量下手！

∵每間 5 人，尚有 14 人沒床位
∴$5x+14=$ 學生數
　同理：每間 7 人，多出 4 床
∴$7x-4=$ 學生數

∵學生數 $=5x+14=7x-4$
∴由 $5x+14=7x-4$，可得：$2x=18$
∴$x=9$
∴學生數 $=5\times9+14=59$

將「$x=9$」代入「$5x+14$」

宿舍「住滿」：$7x$ 人
但「學生尚缺 4 人，才可以住滿」

會有「空床」是「缺學生」所造成

▶▶▶▶ Ans

59 人

⊙讀滿「25 頁」的日數，只有「$(x-1)$ 日」
⊙每日「40 頁」，讀「x 日」，讀的「頁數」比「書的頁數」多「90 頁」

例題 4　一本書，若每天讀 25 頁，則最後一日讀 10 頁就讀完，若同樣日數，每日讀 40 頁，則「書」不足 90 頁，求本書有幾頁？

頁數 ＝ 非主變數

「分配」問題取「較少（小）」的「數量」當「主變數」

▶▶▶▶ Sol

設讀 x 日，此書有 y 頁，並鎖定「頁數」來列式：

$$\begin{cases} y=25(x-1)+10=25x-15 \\ y=40x-90 \end{cases}$$

下式「減」上式

$\Rightarrow 0=15x-90+15 \Rightarrow 15x=75 \Rightarrow x=5$
將 $x=5$ 代回 $y=40x-90 \Rightarrow y=40\times5-90$
　　　　　　　　　　　$=200-90$
　　　　　　　　　　　$=110$

「整串式子」作「$\pm \times \div$，次方」，必先「加括號」

▶▶▶▶ Ans

110 頁

由「非主變數」的「總量」來列式

175

「整串式子」作
「±×÷，次方」，
最好先「加括號」

例題 5 老師去文具店買了大筆記本和小筆記本共 7 本，總共花了 95 元，大筆記本一本 15 元，小筆記本一本 10 元，請問老師買了大筆記本和小筆記本各幾本？

▶▶▶ Sol

大、小筆記本共「7」本

(1)「一元解法」：

設大筆記本 x 本，小筆記本 $(7-x)$ 本

∴依題意，可得：

$15x + 10(7 - x) = 95$

$\Rightarrow 15x + 70 - 10x = 95$

$\Rightarrow 5x + 70 = 95$

$\Rightarrow 5x = 25$

$\Rightarrow x = 5$（大筆記）

$\Rightarrow 7 - x = 7 - 5 = $（小筆記）

∴大筆記本 5 本，小筆記本 2 本

▶▶▶ Ans

大筆記本 5 本，小筆記本 2 本

都由「總花費」下手列等式

(2)「二元解法」：

設大筆記本 x 本，小筆記本 y 本

∴依題意，可得：

$$\begin{cases} 15x + 10y = 95 \\ x + y = 7 \dots \times 10 \end{cases}$$

上式「減」下式

$\Rightarrow 5x = 95 - 70 = 25 \Rightarrow x = 5$（大筆記）

再把 $x = 5$ 代回：$x + y = 7 \Rightarrow 5 + y = 7$

∴$y = 2$（小筆記）

$$\begin{cases} 15x + 10y = 95 \\ 10x + 10y = 70 \end{cases}$$

的「上式－下式」

例題 6 一道牆高 30 公尺，一隻蝸牛在某白天於離地 5 公尺處往上爬，白天往上 6 公尺且晚上下滑 4 公尺。試問蝸牛在某白天後，第幾天會爬到牆頂？

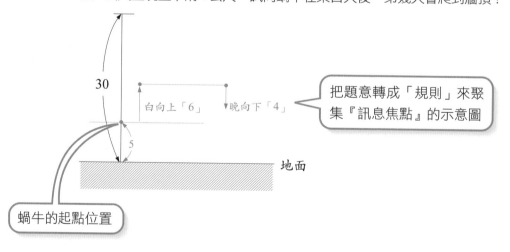

30

白向上「6」　晚向下「4」

5

地面

把題意轉成「規則」來聚集『訊息焦點』的示意圖

蝸牛的起點位置

▶▶▶▶ Sol

把握「完整」與「不完整」的變化訊息

依題意可知：$\begin{cases} \text{「完整」一上一下} \Leftrightarrow \text{一白天一晚上} \Leftrightarrow \text{上升「} 6-4=2 \text{」公尺} \\ \text{「不完整」只上} \Leftrightarrow \text{一白天} \Leftrightarrow \text{上升「} 6 \text{」公尺} \end{cases}$

又因：爬到牆頂，蝸牛需再「上升 $30-5=\boxed{25}$」公尺

已知：蝸牛是「由離地面 5 公尺處」往上爬

且 $25 \div 2 = \boxed{12} \dots$ 餘 $\boxed{1}$

∴用「完整一上一下」來「預估」，可知：

「$\boxed{12}$ 個完整一上一下」還要再「$\boxed{1}$ 個白天（上升 6 公尺 > 餘 1 公尺）」才能抵達牆頂！

∴「預估」$\boxed{最多}$要「$\boxed{12}+\boxed{1}=13$ 天」才能爬到牆頂

但：以上只是「最多」的「預估值」！

∴我們還要思考：動用一個「不完整的白天上升 6 公尺」，是否可以「提早幾天」抵達牆頂？

① 提早 1 天：∴$\begin{cases} \text{用「11 個完整一上一下」會上升「} 11 \times 2 = 22 \text{ 公尺」} \\ \text{剩下「} 25 - 22 = 3 \text{ 公尺」 "<" 「} \boxed{1} \text{ 個白天上升 6 公尺」} \end{cases}$

再提早

∴顯然：只要再「多動用 $\boxed{1}$ 個白天」，

亦即：只用「$\boxed{11}+\boxed{1}=12$ 天」就能抵牆頂

② 提早 2 天：∴$\begin{cases} \text{用「10 個完整一上一下」會上升「} 10 \times 2 = 20 \text{ 公尺」} \\ \text{剩下「} 25 - 20 = 5 \text{ 公尺」 "<" 「} \boxed{1} \text{ 個白天上升 6 公尺」} \end{cases}$

再提早

∴又可以：只要再「多動 $\boxed{1}$ 個白天」，

亦即：只用「$\boxed{10}+\boxed{1}=11$ 天」就能抵牆頂

③ 提早 3 天：∴$\begin{cases} \text{用「9 個完整一上一下」會上升「} 9 \times 2 = 18 \text{ 公尺」} \\ \text{剩下「} 25 - 18 = 7 \text{ 公尺」 ">" 「} \boxed{1} \text{ 個白天上升 6 公尺」} \end{cases}$

再提早

∴已無法：再「多動用 $\boxed{1}$ 個白天」就滿足題目要求

∴也就不用再繼續「討論」，且可知②的「推論」為所求，

亦即：共需「$\boxed{10}+\boxed{1}=11$ 天」

▶▶▶▶ Ans

11 天

例題 7　今年兄弟兩人的歲數加起來是 55 歲，過去曾經有一年，哥哥的歲數是今年弟弟的歲數，那時哥哥的歲數恰好是弟弟的兩倍，問哥哥今年年齡是多大？

▶▶▶▶ Sol

設哥哥今年 x 歲，則弟弟 $(55-x)$ 歲

> 兩人合計「55」歲

> 「哥歲－弟歲」恆「固定」

> 難解的「年齡」問題，必鎖定「年齡差固定不變」來思考

> 「整串式子」作「±×÷，次方」，最好先「加括號」

$\therefore$ 可得：$(55-x)-\left(\dfrac{55-x}{2}\right)=x-(55-x)$

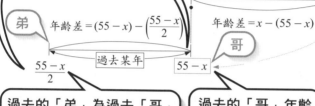

過去某一年：
哥哥歲數＝今年弟弟歲數 **且**
哥哥歲數＝2 倍弟弟歲數

弟　今年　哥
$55-x$　　　x

弟　年齡差 $=(55-x)-\left(\dfrac{55-x}{2}\right)$　年齡差 $=x-(55-x)$

過去某年　$55-x$　哥

$\dfrac{55-x}{2}$

過去的「弟」為過去「哥」年齡「$55-x$」的一半

過去的「哥」年齡回到今年「弟」的年齡

畫「年齡差距圖」來協助列式

$\therefore 110-2x-(55-x)\overset{令}{=}2[x-(55-x)]=2[x-55+x]=2[2x-55]$

$\therefore 110-2x-55+x=4x-110$

$\therefore 165=5x$

$\therefore x=33$（哥哥歲數）

> 「過去」年齡差＝「今年」年齡差，並同乘以「2」去分母

▶▶▶▶ Ans

33 歲

例題 8　父親和兒子說：我在你這個年齡時，你才 3 歲；你在我這個年齡時，我已經 78 歲了。求兒子和父親的年齡？

> 難解的「年齡」問題，鎖定「年齡差固定不變」來思考

▶▶▶▶ Sol

設兒子「現在」為 x 歲

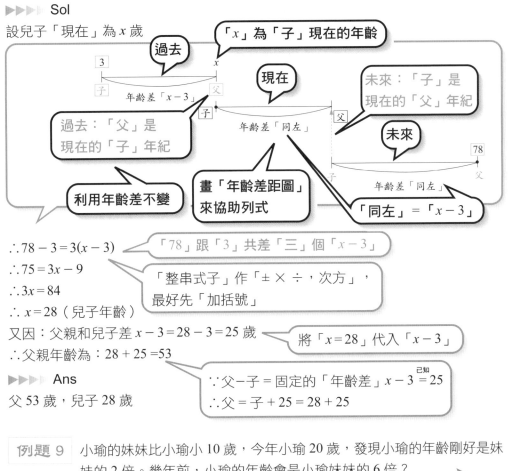

$\therefore 78 - 3 = 3(x - 3)$ 「78」跟「3」共差「三」個「$x-3$」

$\therefore 75 = 3x - 9$

$\therefore 3x = 84$ 「整串式子」作「± × ÷，次方」，最好先「加括號」

$\therefore x = 28$（兒子年齡）

又因：父親和兒子差 $x - 3 = 28 - 3 = 25$ 歲 將「$x=28$」代入「$x-3$」

$\therefore$ 父親年齡為：$28 + 25 = 53$

▶▶▶▶ Ans

父 53 歲，兒子 28 歲

$\because$ 父 $-$ 子 $=$ 固定的「年齡差」 $x - 3 \overset{\text{已知}}{=} 25$

$\therefore$ 父 $=$ 子 $+ 25 = 28 + 25$

例題 9　小瑜的妹妹比小瑜小 10 歲，今年小瑜 20 歲，發現小瑜的年齡剛好是妹妹的 2 倍。幾年前，小瑜的年齡會是小瑜妹妹的 6 倍？

▶▶▶▶ Sol

難解的「年齡」問題，必鎖定「年齡差固定不變」來思考

設所求為 x 年前

兩人「年齡差」$= 20 - 10 = 10$ 「相差 10 歲」恆固定

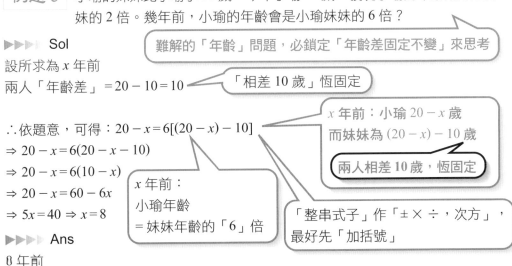

$\therefore$ 依題意，可得：$20 - x = 6[(20 - x) - 10]$

$\Rightarrow 20 - x = 6(20 - x - 10)$

$\Rightarrow 20 - x = 6(10 - x)$

$\Rightarrow 20 - x = 60 - 6x$

$\Rightarrow 5x = 40 \Rightarrow x = 8$

x 年前：小瑜 $20 - x$ 歲

而妹妹為 $(20 - x) - 10$ 歲

兩人相差 10 歲，恆固定

x 年前：小瑜年齡 $=$ 妹妹年齡的「6」倍

「整串式子」作「± × ÷，次方」，最好先「加括號」

▶▶▶▶ Ans

8 年前

「整串式子」作「± × ÷，次方」，
最好先「加括號」

例題 10　爸爸、哥哥、妹妹現在的年齡和是 64 歲。當爸爸的年齡是哥哥的 3 倍時，妹妹是 9 歲；當哥哥的年齡是妹妹的 2 倍時，爸爸 34 歲。現在爸爸的年齡是多少歲？

▶▶▶▶ Sol

設「哥妹」差 x 歲，「爸哥」差 y 歲

難解的「年齡」問題，必鎖定
「年齡差固定不變」來思考

①已知「妹 = 9」：

　　　妹　　「差 x」　　哥　　「差 y」　　爸

　9　　　→　9 + x　　→　9 + x + y

由「妹」逆推「哥、爸」年紀　　畫「年齡差距圖」來協助列式

　∴依題意，可得：$3(9 + x) = 9 + x + y$

　∴$27 + 3x = 9 + x + y$

　∴$2x + 18 = y$

題目已知：當「妹」是「9」
歲時，爸是哥的「3 倍」

②已知「爸 = 34」：

　　　妹　　「差 x」　　哥　　「差 y」　　爸

　34 − y − x　←　34 − y　←　34

　∴依題意，可得：$34 − y = 2(34 − y − x)$

　∴$34 − y = 68 − 2y − 2x$

　∴$34 − 2x = y$

題目已知：當「爸」是「34」
歲時，哥是妹的「2 倍」

由「爸」逆推
「哥、妹」年紀

　∴由①及②，可得：$\begin{cases} 2x + 18 = y \\ 34 − 2x = y \end{cases} \Rightarrow 4x = 16 \Rightarrow x = 4$（「哥妹」年齡差）

上式「減」下式

再把 $x = 4$ 代回 $2x + 18 = y \Rightarrow y = 2 × 4 + 18 = 8 + 18 = 26$（「爸哥」年齡差）

∵已知三人年齡和為 64

∴再令爸爸現在 a 歲

∴現在哥哥 $(a − 26)$ 歲，妹妹 $(a − 30)$ 歲

∴$a + (a − 26) + (a − 30) = 64 \Rightarrow 3a − 56 = 64 \Rightarrow 3a = 120 \Rightarrow a = 40$

▶▶▶▶ Ans

爸爸 40 歲

題目已知：3 人年齡
「和」為「64」歲

∵「哥妹」年齡差 = 4
　且「爸哥」年齡差 = 26
∴「爸妹」年齡差 = 4 + 26 = 30

CHAPTER 10

代數式的基本應用⑸
「看錯式子」、「速度」、
「時鐘—手錶」

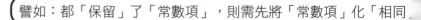

譬如：都「保留」了「常數項」，則需先將「常數項」化「相同

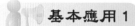

重點整理10-1　應用的關鍵「特徵」與「策略」

「解」代入「錯的式子」得到的「也是錯的結果」

基本應用 1

如果「保留」的「沒錯項」有「重複保留項」，
則需先將「重複保留項」化「相同」！

「看錯某些式子」，所得的「解」，只能代入「沒看錯的式子」或只保留「沒看錯的項」！

常需畫「距離圖」來協助思考

基本應用 2

「速度」問題：

「來回接送」，鎖定「行走總距離」及
「所用（總）時間，大家都相同」列
「解題等式」

(A)「距離＝速度 乘以 時間」

⇒「速度＝距離 除以 時間」且「時間＝距離 除以 速度」。

由「距＝速 × 時」配合「等量公理」，便可以快速導出：

①以「速度」為主角的「速＝$\dfrac{距}{時}$」

②以「時間」為主角的「時＝$\dfrac{距}{速}$」

車行距離，含「車長」

「長列車」畫圖時，應用「線段 $\overset{a\qquad A}{\underset{尾\quad\ 頭}{\vdash\!\!\!—\!\!\!\dashv}}$」來呈現「車長」（非用點來呈現），並鎖定「車頭，車尾」來判斷：「過隧道了沒？過橋了沒？交會完成了沒？」

「齒輪」問題：為了「齒齒相扣」。所以，「花費相同時間」的「大小齒輪」，其「相扣總齒數必相同」！

大齒總數 = 小齒總數

(B)往返車程：「不同交通工具、不同類別」，一定要分開列式。

代數式的基本應用(5)「看錯式子」、「速度」、「時鐘──手錶」

(C) 相對運動：必用「相對速度」來思考。

> 引進「虛擬等三者」以「相對速度」（運動）

- ⊙「相向」：用「相對速度」接近
- ⊙「背向」：用「相對速度」分離

(D) 河中速度：必用「船速 ± 河速」來思考。

> 先看看「已知訊息最多」的「量」是什麼？再由「最好列的式子」來列「條件式」。
> 譬如：「最多已知訊息（含已設的變數）」是「距離 與 速度」，則「時間 = $\dfrac{距離}{速度}$」
> 是最好列「條件式」的式子

訊息多，較好列式 且 可整合，已知訊息

(E) 再由「不變相同量」（如：同一速度「來來回回」的「耗用總時間」）；「合計量」（如：共用時間，合跑距離）；「差量」（如：時間差、距離差、速度差），並配合「條件式」來列「解題等式」。

基本應用 3

> 歐吉桑比較尷尬「鎖定度數」來思考！

「時鐘」問題，必用：

「1 小格 6°；時針 1 小時走 5 小格；分針 1 分鐘走 1 小格」及「相同時間，分針 走的小格數 或 度數 = 12 倍 時針 走的小格數 或 度數」來解題！

> PS：一個「不準」的手錶，其 時間 不具時間性，只能當 距離，
> 亦即：只能由「計算」其「小格數 或 度數」下手，來列「關係等式」

設現在為：「x 時 y 分」$= (x + \dfrac{y}{60}$ 小時)，其

> 不要只考慮「x 時」而忘了「分針走了 y 分」的同時，「時針」也走了「$\dfrac{y}{60}$ 時」！

(1) 度數 訊息：

「時針」位置為「$(x + \dfrac{y}{60})_時 \times \boxed{5_{小格} \times 6°}$」，「分針」位置為「$y_分 \times \boxed{1_{小格} \times 6°}$」

> 30°

> 6°

(2) 小格數 訊息：

「時針」所指的位置「在 $x \sim (x+1)$ 小時（共 5 小格）」間，佔了 $\dfrac{y_分}{60_分} \times 5_{小格} = \boxed{\dfrac{y}{12}}$ 小格

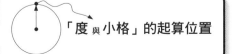

「度 與 小格」的起算位置

> 亦即：時針在「$30x + 0.5y$」度
> 且分針在「$6y$」度

重點整理10-2　解開例題、弄懂策略

「解」代入「錯的式子」，所得也只會是「錯的結果」

精選範例

例題 1　甲、乙兩人同解 $\begin{cases} ax+3y=10 \\ 3x+by=24 \end{cases}$。

今知：甲看錯 a 得 $x=6$，$y=2$；乙看錯 b 得 $x=2$，$y=2$。

試求 $a+b$ 之值？

「解」只能代入「沒看錯的式子」

▶▶▶▶ Sol

①∵甲看錯 a

∴甲所得「解」，不可以代入「跟 a 有關的式子」

∴「$x=6$，$y=2$」只能代入「$3x+by=24$」，並得：

$3 \times 6 + b \times 2 = 24$

∴$2b+18=24$

∴$2b=6$

∴$b=3$

②同理：∵乙看錯 b

∴乙所得「解 $x=2$，$y=2$」

只能代入「$ax+3y=10$」，並得：

$a \times 2 + 3 \times 2 = 10$

∴$2a+6=10$

∴$2a=4$

∴$a=2$

將「$a=2$」，「$b=3$」代入

∴由①，②，可知：$a+b=2+3=5$

▶▶▶▶ Ans

5

前半段時間 + 後半段時間 = 全程時間 ← 合計量

例題 2 某人想從甲地走到乙地，他以平均時速 20 公里走完前半段路程，再以平均時速 10 公里走完後半段路程。若其全程的平均時速為 a 公里，則 a 為何？

(A) $a < 15$　(B) $a = 15$　(C) $a > 15$　(D)資料不完整，無法算出

▶▶▶ **Sol**

設全程為 x 公里，依題意可得：

利用「時間 $= \dfrac{距離}{速率}$」，先求出「分段時間」

$$\dfrac{\frac{x}{2}}{\boxed{20}} + \dfrac{\frac{x}{2}}{\boxed{10}} = \dfrac{x}{a}$$

∵觀察題目訊息，「已知」：

◉ 距離：前半段 $\dfrac{x}{2}$，

後半段 $\dfrac{x}{2}$，全程 x

◉ 速度：前半段 20，後半段 10，全程 a

∴「已知」最多為「距離 及 速度」

∴應由「時間 $= \dfrac{距離（已知量）}{速度（已知量）}$」下手來列式解題！

∴可得：$\dfrac{\frac{1}{2}}{20} + \dfrac{\frac{1}{2}}{10} = \dfrac{1}{a}$

∴可得：$\dfrac{1}{40} + \dfrac{1}{20} = \dfrac{1}{a}$

等式左右，同約「x」

∴$\dfrac{1+2}{40} = \dfrac{1}{a}$

通分合併

∴$\dfrac{3}{40} \bowtie \dfrac{1}{a}$

∴$3a = 40$

∴$a = \dfrac{40}{3} = 13\dfrac{1}{3} < 15$

∴選(A)

分式等式，必交叉相乘相等

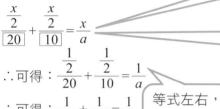

$$\dfrac{\frac{1}{2}}{20_1} = \dfrac{1}{40} \quad 且 \quad \dfrac{\frac{1}{2}}{10_1} = \dfrac{1}{20}$$

▶▶▶ **Ans**

(A)

例題 3 莒光號列車通過 50 公尺的隧道需 15 秒，若通過 250 公尺的隧道需 35 秒，則此莒光號列車之長度為多少公尺？

(A) 50　(B) 75　(C) 100　(D) 125

▶▶▶ **Sol**

設列車長為 x 公尺

∵「已知」訊息有

◉ 距離：$50 + x$ 及 $250 + x$

◉ 時間：15 秒及 35 秒

∴應由「速度 $= \dfrac{距離（已知量）}{時間（已知量）}$」下手！

畫「距離關係圖」，並用「線段」來表現「車長」，以協助思考

185

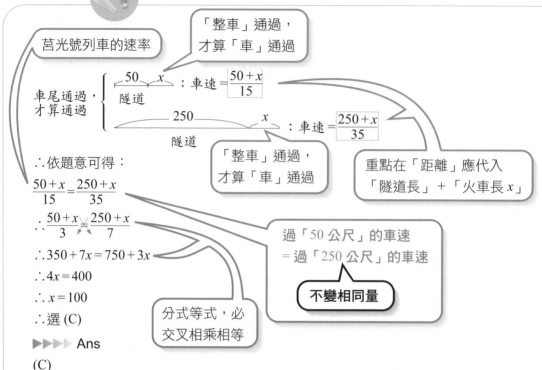

「莒光號列車的速率」

「整車」通過，才算「車」通過

車尾通過，才算通過

$$50 \quad x : 車速 = \frac{50+x}{15}$$
隧道

$$250 \quad x : 車速 = \frac{250+x}{35}$$
隧道

「整車」通過，才算「車」通過

重點在「距離」應代入「隧道長」＋「火車長 x」

∴ 依題意可得：

$$\frac{50+x}{15} = \frac{250+x}{35}$$

$$∴ \frac{50+x}{3} = \frac{250+x}{7}$$

過「50 公尺」的車速＝過「250 公尺」的車速

不變相同量

$$∴ 350 + 7x = 750 + 3x$$

$$∴ 4x = 400$$

$$∴ x = 100$$

∴ 選 (C)

分式等式，必交叉相乘相等

▶▶▶▶ Ans

(C)

例題 4　兩輛汽車 A 和 B，從甲城行駛到乙城。汽車 A 和 B 的速度分別是每小時 80 公里和每小時 100 公里。汽車 A 比汽車 B 早 2.5 小時從甲城出發，並且他們同時到達乙城。試求這兩城之間的距離？

▶▶▶▶ Sol

設兩城市距離 x 公里，依題意可得如下訊息圖：

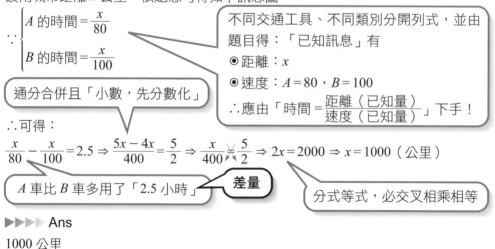

$$∴ \begin{cases} A \text{ 的時間} = \dfrac{x}{80} \\ B \text{ 的時間} = \dfrac{x}{100} \end{cases}$$

不同交通工具、不同類別分開列式，並由題目得：「已知訊息」有

⊙ 距離：x

⊙ 速度：$A = 80$，$B = 100$

∴ 應由「時間 ＝ $\dfrac{距離（已知量）}{速度（已知量）}$」下手！

通分合併且「小數，先分數化」

∴ 可得：

$$\frac{x}{80} - \frac{x}{100} = 2.5 \Rightarrow \frac{5x - 4x}{400} = \frac{5}{2} \Rightarrow \frac{x}{400} = \frac{5}{2} \Rightarrow 2x = 2000 \Rightarrow x = 1000 （公里）$$

A 車比 B 車多用了「2.5 小時」

差量

分式等式，必交叉相乘相等

▶▶▶▶ Ans

1000 公里

例題 5　某段隧道全長 9 公里，有一輛汽車以每小時 60 公里到 80 公里之間的速率通過該隧道。下列何者可能是該車通過隧道所用的時間？

(A) 6 分鐘　(B) 8 分鐘　(C) 10 分鐘　(D) 12 分鐘

∵「已知訊息」有

⊙ 距離：$9+\dfrac{x}{1000}$ 公里

∵車尾通過，才算通過隧道
∴距離＝隧道長＋車長

⊙ 速度：$60\sim80$

∴應由「時間＝$\dfrac{距離（已知量）}{速度（已知量）}$」下手！

利用「時間＝$\dfrac{距離}{速率}$」，求出「可能的時間段落」

▶▶▶ Sol

設「汽車」長度為「x 公尺＝$\dfrac{x}{1000}$ 公里」

最多時間：$\dfrac{9+\dfrac{x}{1000}}{60}\approx\dfrac{9}{60}$（小時）$\underset{（速率小，時間多）}{}=\dfrac{3}{20}$（小時）

$=\dfrac{3}{20}\times60$（分鐘）$=9$（分鐘）

用「最低速度」過隧道

最少時間：$\dfrac{9+\dfrac{x}{1000}}{80}\approx\dfrac{9}{80}$（小時）$\underset{（速率大，時間少）}{}$

$=\dfrac{9}{80}\times60$（分鐘）$=6.75$（分鐘）

∴落在 6.75～9 分鐘的答案，才可能正確

∴選(B)

▶▶▶ Ans

(B)

用「最高速度」過隧道

∵汽車長＝$\dfrac{x}{1000}$ 公里約介於「$\dfrac{1}{1000}\sim\dfrac{10}{1000}$」之間（抓汽車長 1 公尺～10 公尺）

∴相較於「隧道長 9 公里」顯得微不足道

∴可省略

∴用「≈近似值」來「估算時間」即可！

畫「距離關係圖」來協助思考

例題 6　杰倫、依林兩人在圓形跑道上跑步。杰倫用 36 秒就能跑完一圈，依林反向跑 9 秒便與杰倫相遇。試求：依林跑完一圈需要多少時間？

▶▶▶ Sol

設依林跑步繞一週需 t 秒且圓形跑道長為 x

∴依題意，可得如下訊息圖：

雖然，題目只求「時間」，但「杰倫、依林」有共用「距離」概念
∴要連「距離」也要引入「變數」

相遇

9 秒

9 秒　出發

杰倫　　依林

不是「共用 9 秒」而是兩人都用「9 秒」

∵「已知訊息」有

⊙ 距離：x

⊙ 時間：
$\begin{cases} \text{杰倫一圈 36 秒} \\ \text{杰倫、依林合跑一圈 9 秒} \end{cases}$

∴應由「速度 = $\dfrac{\text{距離（已知量）}}{\text{時間（已知量）}}$」下手列「條件式」！

∵ $\begin{cases} \text{杰倫速度} = \dfrac{x}{36} \\ \text{依林速度} = \dfrac{x}{t} \end{cases}$

∴由「杰倫、依林」用 9 秒（每個人都跑 9 秒）合跑「x」的距離，可知：

$\boxed{\dfrac{x}{36}} \times 9 + \boxed{\dfrac{x}{t}} \times 9 = x$

因兩人相遇「用 9 秒合走一圓周」

用「合計量」來列「解題等式」

距離 = 速度 × 時間

杰倫距離 + 依林距離 = 一圈距離

合計量

∴ $\dfrac{9}{36} + \dfrac{9}{t} = 1$

∴ $\dfrac{9}{t} = 1 - \dfrac{9}{36}$

∴ $\dfrac{9}{t} = \dfrac{27^{3}}{36_{4}}$

∴ $3t = 36$

∴ $t = 12$（秒）

等式兩側，同約「x」

「分數」之「上下能約就約」

▶▶▶ Ans

12 秒

「分式等式」，必交叉相乘相等

相反方向 ⇔ 一個「順時針」，另一個「逆時針」

例題 7　大丸子及小丸子在一個圓形的跑道上向「相反」的方向跑，開始兩人分別從圓形跑道直徑的兩端起跑。大丸子跑了 80 公尺時，她們第 1 次相遇；在第一次相遇後，小丸子又跑了 240 公尺時，她們第 2 次相遇。假設她們跑的速度都維持固定不變，試問這個圓形跑道的長度是多少公尺？

▶▶▶▶ Sol

依題意可得如下訊息圖：

先將題目訊息「整合」在圖上，以聚集有利訊息

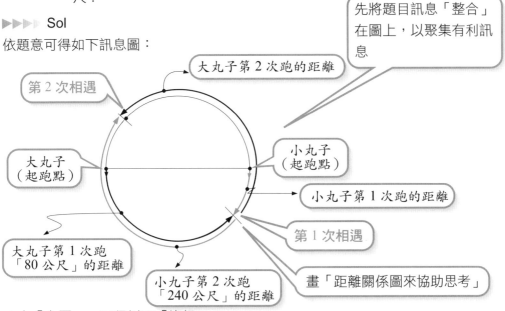

∴由「上圖」，可得以下「資訊」：

$$\begin{cases} 第一次相遇：兩人合跑「半圈」且\begin{cases}大丸子 \Rightarrow 80\ 公尺 \\ 小丸子 \Rightarrow 未知\end{cases} \\[2mm] 第二次相遇：兩人合跑「一圈」且\begin{cases}大丸子 \Rightarrow 未知 \\ 小丸子 \Rightarrow 240\ 公尺\end{cases}\end{cases}$$

　內圈圖

　外圈圖

又因：兩人速度皆不變 & 「第二次相遇時，兩人需合跑 一圈 恰為第一次相遇時，兩人合跑 半圈 的 兩倍 」

∴大丸子在「第一次相遇」後，需再跑「兩倍時間（距離）」（意思就是大丸子需跑 2「倍」的 80 公尺），才會跟小丸子第二次相遇（小丸子跑 240 公尺）

故所求為：$2 \times 80 + 240 = 400$（公尺）

▶▶▶▶ Ans

第「2」次相遇，兩人「合跑 1 圈」圓形跑道

400 公尺

$$\underset{\text{當}}{\text{階數}} = \text{距離}$$

例題 8　購物中心的電扶梯以不變的速度於兩樓層間移動，此電扶梯共有 n 個階梯。老王與老洪在電扶梯上行走，老王的速度是老洪的兩倍。假如老王從下層至上層需走 27 階、老洪需走 18 階，試問這個電扶梯共有幾階？

▶▶▶ Sol

瞭解題目中「不變相同量」的關係，

取「不變相同量」＝電扶梯自走速度，來列式

> 老王速度＝「2 倍」老洪速度

設老洪，老王的速度分別是：x，$2x$（階／秒）

> 「時間 v.s.速度 v.s.距離」
> ◉ 題目已設「n 階（距離）」
> ◉ 題目敘述涉及「速度」較多，故再引入「變數 x」來代表「速度」

> ∵「已知訊息」有
> ◉ 距離：n 階，老王的 27 階，老洪的 18 階
> ◉ 速度：老洪 x，老王 $2x$
> ∴ 應由「時間 ＝ $\dfrac{\text{距離（已知量）}}{\text{速度（已知量）}}$」下手！

> n 階 ＝ 人走階數 ＋ 電梯自走階數

∴老洪，老王所花的時間分別是：$\dfrac{18}{x}$，$\dfrac{27}{2x}$（秒）

且在老洪，老王搭乘的過程中，電扶梯分別自行走 $n-18$，$n-27$ 階

$$\therefore \frac{n-18}{\frac{18}{x}} = \frac{n-27}{\frac{27}{2x}}$$

> 電扶梯自走速度
> ＝ $\dfrac{\text{（老洪）電梯自走「距離」}}{\text{老洪時間}}$
> ＝ $\dfrac{\text{（老王）電梯自走「距離」}}{\text{老王時間}}$

> 題目已知：老王走「27 階」，老洪走「18 階」

$$\therefore \frac{n-18}{2} = \frac{2(n-27)}{3}$$

$$\therefore 3(n-18) = 4(n-27)$$

$$\therefore 3n - 54 = 4n - 108$$

$$\therefore n = 54 \text{（階）}$$

> 用「不變相同量」來列「解題等式」

分式等式，必交叉相乘相等

> 「整串式子」作「± × ÷，次方」，最好先「加括號」

▶▶▶ Ans

54 階

$$\frac{n-18}{\underset{x}{\frac{18}{}}} \overset{\text{等式}}{\underset{\text{兩側同約「}x\text{」}}{=}} \frac{n-27}{\frac{27}{2x}} \Rightarrow \frac{\boxed{\frac{n-18}{1}}}{\boxed{\frac{18}{1}}} = \frac{\boxed{\frac{n-27}{1}}}{\boxed{\frac{27}{2}}}$$

$$\Rightarrow \frac{n-18}{18^{2}} \overset{\text{等式}}{\underset{\text{兩側（對應位置）同約「}9\text{」}}{=}} \frac{2(n-27)}{27_{3}} \Rightarrow \frac{n-18}{2} = \frac{2(n-27)}{3}$$

代數式的基本應用(5)「看錯式子」、「速度」、「時鐘—手錶」

例題 9 現在甲、乙兩人在長為 60 公尺的游泳池相對的兩端，同時出發游到另一端便立即返回。若甲每秒游 4 公尺，而乙每秒游 5 公尺。請問從出發開始計時 7 分鐘內，甲、乙兩人共相遇幾次？

「相對運動」必用「相對速度」

▶▶▶▶ Sol

∵甲、乙兩人「接近的相對速度」為 $4+5=9$（公尺／秒）

∴可以假想一個「虛擬的泳者丙」，以「每秒 9 公尺」的速度在泳池活動。接著，分析下列訊息圖：

引進「虛擬第三者丙」以「相對速度」運動

兩人合計游「60」＝「丙」游的距離

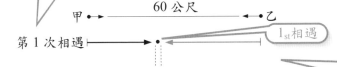

1st 相遇

第 1 次相遇

2nd 相遇

第 2 次相遇

將「訊息及規律」標記在圖上，以利了解題目要旨，並觀察出最佳策略

第 3 次相遇

3rd 相遇

已知訊息「甲、乙」兩人「都游了 7 分鐘」

兩人合計游「$60 \times 2 = 120$」＝「丙」游的距離

兩人合計游「$60 \times 2 = 120$」＝「丙」游的距離

由圖，我們可知：第一次相遇，「虛擬的丙」應游 60 公尺，

而第二次、第三次、……相遇，「虛擬的丙」應游 $60 \times 2 = 120$ 公尺

又因：「虛擬的丙」共游 7 分鐘，這意謂丙共游了：

$(4+5)_{公尺／秒} \times 7_分 \times 60_秒 = 3780_{公尺}$

∴ $1_{次 \cdots 60 公尺（第一次相遇）} + (3780-60)_{公尺} \div \boxed{120_{公尺／次}} = 1_次 + 31_次 = 32_次$

▶▶▶▶ Ans

第 2 次相遇，第 3 次相遇，… 都需游「120 公尺」才會「相遇」

32 次

分式等式，必交叉相乘相等

例題 10 甲、乙、丙三人同時從 *A* 地出發沿同一路線到 *B* 地。甲開車，速度是每小時 56 公里；乙步行，速度是每小時 8 公里；丙也步行，速度是每小時 7 公里。開始時，甲先用車送乙一段路，然後回頭來接丙。三人同時到達 *B* 地。如果乙在全程中步行了 2.8 公里。試問：丙步行了多少公里？

▶▶▶▶ Sol

① 設 a = 丙在未搭上甲車前步行的距離，b = 甲放下乙回頭接丙需走的距離

② 依題意將題目訊息「聚集」在下圖中

> 要畫圖來表現「題目訊息」，以利策略的判斷

> 畫「距離關係圖」

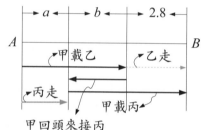

左圖中

——— 代表甲開車的路徑

········· 代表乙步行的路徑

——— 代表丙步行的路徑

甲回頭來接丙

> 「來回接送」鎖定「所用總時間，大家都相同」，來解題

> 取「不變相同量＝時間」來下手列「解題等式」

> 等式兩側的對應位置，同約「8」

③ $\dfrac{2.8}{8}\bowtie\dfrac{2b+2.8}{56}$ ₇

> 乙下車走「2.8 公里」所用時間 ＝ 甲回頭來接丙，再載丙走到 *B* 的總時間

> 甲走 $\xleftarrow{\quad b \quad}$ / $\xrightarrow{b \quad 2.8}$ 共「$b+b+2.8$」

∴ $2.8 \times 7 = 2b + 2.8 \Rightarrow 2b = 2.8 \times 6 \Rightarrow b = 8.4$

④ $\dfrac{a}{7}\bowtie\dfrac{a+2b}{56}$ ₈ 等式兩側的對應位置，同約「7」

> 取「不變相同量＝時間」來下手列「解題等式」

∴ $8a = a + 2b \Rightarrow 7a = 2b \Rightarrow a = \dfrac{2}{7}b = \dfrac{2}{7} \times 8.4 = 2 \times 1.2 = 2.4$（公里）

> 甲走 $\xrightarrow{a \quad b}$ / $\xleftarrow{\quad b}$ 共「$a+b+b$」

> 將「$b = 8.4$」代入「$a = \dfrac{2}{7}b$」

▶▶▶▶ Ans

2.4 公里

> 丙在未搭上甲車前走了「a 公里」所用時間 ＝ 甲載乙到某位置，再甲回頭來接丙所用時間

「標數」當「距離」

例題 11　小明和大華在各自的電腦上玩同樣的電腦遊戲。在遊戲開始時，電腦螢光幕上會出現「一定數量的目標」。這些目標會隨著時間以「恆定的速率」一個個在螢光幕上消失。小明擊中目標的速率是大華的兩倍。遊戲完畢時，小明和大華分別打中了 54 和 36 個目標。問在遊戲開始時，電腦螢光幕上共出現了幾個目標？

原始總量

求「原始目標總量」

題目已知：小明的「速率」是大華的「2 倍」

▶▶▶▶ Sol

設在遊戲開始時，電腦螢光幕上共出現了 n 個目標，且大華，小明擊中目標的速率分別是：x，$2x$（目標／秒）

∴大華，小明所花的時間分別是：$\dfrac{36}{x}$，$\dfrac{54}{2x}$（秒）

大華打中「36」個且
小明打中「54」個

∵「已知訊息」有
⊙ 距離：目標數 n，小明的 54，大華的 36
⊙ 速度：小明 $2x$，大華 x
∴應由「時間＝$\dfrac{距離（已知量）}{速度（已知量）}$」來下手列「條件式」！

目標總數＝人打掉數
＋自行消失數

且在大華，小明遊戲的過程中，目標在螢光幕上分別自行消失：$n-36$，$n-54$ 個目標

∴$\dfrac{n-36}{\dfrac{36}{x}}=\dfrac{n-54}{\dfrac{54}{2x}}$＝目標在螢光幕上自行消失的速率

∴$\dfrac{n-36}{4}=\dfrac{n-54}{3}$

分式等式，
必交叉相乘相等

∵螢幕「自行消失速度」
＝$\dfrac{（大華玩遊戲時）自行消失數}{大華時間}$
＝$\dfrac{（小明玩遊戲時）自行消失數}{小明時間}$
∴以此「不變相同量」來列「解題等式」

∴$3(n-36)=4(n-54)$
∴$3n-108=4n-216$
∴$n=108$（個）

$\dfrac{n-36}{\dfrac{36}{x}}=\dfrac{n-54}{\dfrac{54}{2x}}$　$\overset{兩側}{\underset{同約「x」}{\Rightarrow}}$　$\dfrac{n-36}{\dfrac{36}{}}=\dfrac{n-54}{\dfrac{54}{2}}$

$\Rightarrow \dfrac{n-36}{\underset{4}{\cancel{36}}}=\dfrac{n-54}{\underset{3}{\cancel{27}}}$　$\overset{「分數」上下同約「9」}{\Rightarrow}$　$\dfrac{n-36}{4}=\dfrac{n-54}{3}$

▶▶▶▶ Ans

108 個目標

例題 12　在 4 點至 5 點之間，請問在何時時鐘的分針與時針重合在一起？

▶▶▶▶ Sol

$\because \begin{cases} \text{分針：1 小時（即 60 分鐘）轉 1 圈（即 360°）} \\ \Rightarrow 1 \boxed{\text{分鐘}} \text{轉} \dfrac{360°}{60} = \boxed{6°}; \\ \text{時針：12 小時轉 1 圈（即 360°）} \\ \Rightarrow 1 \boxed{\text{小時}} \text{（即 60 分鐘）轉} \dfrac{360°}{12} = \boxed{30°} \end{cases}$

> 「時鐘」問題，必用「1 小格 6°；時針 1 小時走 5 小格；分針 1 分鐘走 1 小時」來解題

$\therefore$ 當假設在「4 時 x 分」$= (4 + \dfrac{x}{60}$ 小時$)$，分針與時針重合在一起，可得：

時針位置為「$(4 + \dfrac{x}{60})_\text{時} \times \boxed{30°}$」，而分針位置為「$x_\text{分} \times \boxed{6°}$」

$\therefore$ 可得：$120 + 0.5x = 6x \Rightarrow 5.5x = 120 \Rightarrow 11x = 240$（整數化）$\Rightarrow x = \dfrac{240}{11} = 21\dfrac{9}{11}$（分）

> 「時針」與「分針」的位置「重合」
> $\overset{\text{等同}}{\Leftrightarrow}$ 「時針位置」$(4 + \dfrac{x}{60}) \times 30 = $「分針位置」$x \times 6$

> 歐吉桑卡尬意「鎖定度數」來思考

$\therefore$ 在 4 點『$21\dfrac{9}{11}$ 分』（約 4 點 21 分 49 秒），分針與時針會重合在一起

▶▶▶▶ Ans

在 4 點『$21\dfrac{9}{11}$ 分』（約 4 點 21 分 49 秒），分針與時針會重合在一起

例題 13　如下圖，在地面上有一個鐘，鐘面的 12 個粗線刻度是整點時時針（短針）所指的位置。根據圖中時針與分針（長針）的位置，該鐘面所顯示的時刻在下列哪一範圍內？

(A) 3 點～4 點　(B) 6 點～7 點　(C) 8 點～9 點　(D) 10 點～11 點

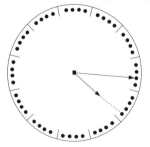

> $\because$「鐘面」沒有「數字」
> $\therefore$ 不要「看著圖」就配合「習慣」，便「直接猜測可能時間」！

▶▶▶▶ Sol

1. ∵鐘面所顯示的時刻，「時針」比「分針」多走了：「6 小格 $= 6 \times 6° = 36°$」

鎖定「度數」來思考 $\overset{利}{\underset{用}{\to}}$「$x$ 時 y 分」$= (x + \dfrac{y}{60})$時

的位置為：$\begin{cases} 時針：(x + \dfrac{y}{60}) \times 30° \\ 分針：y \times 6° \end{cases}$

意謂：「時針」比「分針」 多 走「36°」

∴若設現在為「x 時 y 分」$= (x + \dfrac{y}{60}$ 小時)，則其：

時針位置為「$(x + \dfrac{y}{60})$時 $\times 30°$」而分針位置為「y分 $\times 6°$」

∴$(x + \dfrac{y}{60}) \times 30 - y \times 6 = 36$

題目已知：「時針」比「分針」 多 走「36°」

∴$30x + \dfrac{y}{2} - 6y = 36$

∴$60x + y - 12y = 72$（整式化）

∴$60x - 11y = 72$

意謂：在：$x \sim (x+1)$ 小時，又過了「$\dfrac{4}{5}$ 小時」

2. ∵時針所指的位置是「5 格中占了 4 小格」

∴$\dfrac{y}{60} = \dfrac{4}{5}$

∴$5y = 240$

∴$y = 48$（分）

∴$60x - 11 \times 48 = 72$

∴$60x - 528 = 72$

∴$60x = 600$

∴$x = 10$（時）

∴所求為：10 時 48 分

∴選(D)

∵「y 分」佔「1 小時 $= 60$ 分」的比例為「$\dfrac{y}{60}$」

∴在「$x \sim (x+1)$ 小時」內，又過了「$\dfrac{y}{60}$ 小時」

將「$y = 48$」
代入「$60x - 11x = 72$」

▶▶▶▶ Ans

(D)

分式等式，
必交叉相乘相等

誤把「正確時間5時x分」的「時針當分針」且「分針當時針」

例題 14 在 5 時到 6 時之間,某人看錶時,由於不慎將時針看成分針,造成他看到的時間比正確的時間早了 57 分鐘。試問正確時間是幾時幾分?

▶▶▶▶ Sol

已知:在 5 時到 6 時之間

① 設「正確的時間」是「5 時 x 分」

∵「看到的時間」比「正確的時間」,「早 57 分」

∴「看到的時間」是:「5 時 x 分 = 4 時 $x+60$ 分」「減」「57 分」

∴「看到的時間」是:「4 時 $[(x+60)-57]$ 分 = 4 時 $x+3$ 分」

∵「$x<60$」,可能不足以「減 57」

∴向「5 時」先借一個「60 分」來「減 57」

② 因為,將時針及分針看錯,

所以,「5 時 x 分」的「時針位置」會和「4 時 $x+3$ 分」的「分針位置」相同

∵「5 時 x 分」的「時針位置」=「$(5+\frac{x}{60})_時 \times 30°$」且

正確的時針位置
= 看錯的分針位置

「4 時 $x+3$ 分」的「分針位置」=「$(x+3)_分 \times 6°$」

∴可得:$150+\frac{1}{2} \times x = (x+3) \times 6 \Rightarrow 300+x = 12x+36 \Rightarrow 11x = 264 \Rightarrow x = 24$

∴正確時間是「5 時 24 分」

整式化

▶▶▶▶ Ans

正確時間是「5 時 24 分」

「正確」時間的「時針位置」$(5+\frac{x}{60}) \times 30$

用度數
=
看位置   「看錯」時間的「分針位置」$(x+3) \times 6$

鎖定「度數」來思考 $\xrightarrow[用]{利}$「x 時 y 分」

$= (x+\frac{y}{60})_時$ 的位置為:$\begin{cases} 時針:(x+\frac{y}{60}) \times 30° \\ 分針:y \times 6° \end{cases}$

例題 15 甲和乙的跑步速率分別是 4.5 m/s 和 3.7 m/s,他們從同一個起點,同時「同向」跑步,跑了多久後,甲會在乙前面 48m 處?

▶▶▶▶ Sol

設跑了 x 秒

$4.5x = 3.7x + 48$

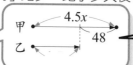

畫「距離關係圖」來協助思考

∵有「速度訊息」且設了「時間」變數 x

∴用「距離 = 速度 × 時間」來列式

$\Rightarrow 0.8x = 48$

$\Rightarrow 8x = 480$ ←「小數」先整數化

$\Rightarrow x = 60$（秒）

▶▶▶▶ Ans

60 秒

例題 16　一艘船的靜水船速是 17 公里／時，它在一條流速 5 公里／時的河流中航行。若這艘遊艇逆流而上，甲地和乙地相距 84 公里，需要航行幾小時？

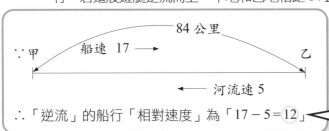

∴「逆流」的船行「相對速度」為「17 − 5 = ⑫」　← 河流會阻礙船，用「減」

▶▶▶▶ Sol

設所求為 x 小時

$84 = 12x \Rightarrow x = 7$（小時）

∵有「速度訊息」且設了「時間」變數 x
∴用「距離 = 速度 × 時間」來列式

▶▶▶▶ Ans

7 小時

例題 17　一艘船的靜水船速是 16 公里／小時，它在一條流速 4 公里／時的河流中航行。若這艘遊艇順流而下，從甲地到乙地共花了 3 小時，請問甲地到乙地的距離？

河流會協助船，用「加」

甲　船速 ──→ 16　　　乙
∵
　　河流速 ──→ 44

∴「順流」的船行「相對速度」為「16 + 4 = ⑳」

將訊息標記在圖上，以利了解題目要旨，並觀察出最佳略

▶▶▶▶ Sol

所求 = 20 × 3 = 60（km）

▶▶▶▶ Ans

60 公里

∵有「速度」及「時間」訊息
∴用「距離 = 速度 × 時間」來列式

例題 18 老鼠和貓在長方形的跑道中頂點 A 點相遇後，立即從相反的方向跑，已知老鼠的速度是 2m/s，貓的速度是 3m/s，最終在離頂點 C 相距 10m 的地方相遇，C 點是 A 點的對角點，求長方形跑道的周長？

> 將已知訊息標記在圖上

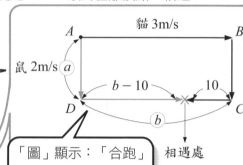

▶▶▶▶ Sol

設跑了 x 秒，長方形的邊長分別為 a，b m

$$\therefore \begin{cases} 貓：b+a+10=3x \\ 鼠：a+(b-10)=2x \end{cases}$$

> 上式「減」下式

> 「圖」顯示：「合跑」一個「長方形周長」

> 由「合計量」來列解題等式

$\therefore 20=x$

又因：「合跑」了 $(3x+2x)$ 的距離 ＝ 長方形周長

$\therefore$ 所求為：$3x+2x=5x=5 \times 20=100$（m）

> 將「$x=20$」代入「$5x$」

▶▶▶▶ Ans

100 m

> $\because$ 有「速度訊息」且設了「時間」變數 x
> $\therefore$ 用「距離＝速度 $\times$ 時間」來列式

例題 19 A 騎腳踏車的速率是 12m/s，B 騎腳踏車的速率是 32.4km/hr。B 從起點先騎 16 秒，A 才從起點開始追趕，幾秒後，A 可以追上 B？

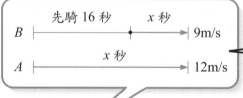

> 畫「距離關係圖」來協助思考

▶▶▶▶ Sol

設追 x 秒

$\boxed{16} \times 9 + \boxed{x} \times 9 = \boxed{x} \times 12$

$\therefore 144+9x=12x$

$\therefore 144=3x$

$\therefore x=48$（秒）

> 注意「單位」應以「小單位」為基準，先予以「調整」：
> 32.4km/hr ＝ 32400m/hr
> $$=\frac{32400}{60} \text{m/min} = 540\text{m/min} = \frac{540}{60} \text{m/s} = 9\text{m/s}$$

> $\because$ 有「速度訊息」且設了「時間」變數 x
> $\therefore$ 用「距離＝速度 $\times$ 時間」來列式

▶▶▶▶ Ans

48 秒

例題 20　甲在一次徒步旅行中，走完一段距離後停下「休息 20 分鐘」，然後再以原速率的 3/4 走完剩下的路程。若他在休息前再多走 6 公里 且 也「休息 20 分鐘」，則「可少花 30 分鐘」走完全程，試問他原來步行速率是每小時多少公里？

▶▶▶▶ Sol

設原速率為 x km/hr 且 全程 y km，先走 z km

$\therefore$ 剩下路程 $=(y-z)$ km

畫「距離關係圖」來協助思考

都不計「休息」的「20 分鐘」

30 分 $=0.5$ 小時

$\therefore$ 設了「速率 與 距離」變數「x,y,z」

$\therefore$ 用「時間 $=\dfrac{距離}{速率}$」來列式

$$\frac{z}{x}+\frac{y-z}{\frac{3}{4}x}=\frac{z+6}{x}+\frac{y-z-6}{\frac{3}{4}x}+0.5$$

z　速 x　　$y-z$　速 $\dfrac{3}{4}x$

$z+6$　速 x　　$y-z-6$　速 $\dfrac{3}{4}x$

原速 x，多走 6 公里

題目已知：「新走法」少花「30 分」

「整串式子」作「$\pm\times\div$，次方」，最好先「加括號」

$\therefore 3z+4(y-z)=3(z+6)+4(y-z-6)+\dfrac{3}{2}x$　同乘「$3x$」去分母

$\therefore 3z=3z+18-24+\dfrac{3}{2}x$　等號兩側：$4(y-z)$ 互相對消

$\therefore \dfrac{3}{2}x=6$

$\therefore x=4$（km/hr）

▶▶▶▶ Ans

4 km/hr

∵「甲、乙」都留下「常數項」

∴應將「共同留下」的「常數項」先化「相同」

例題 21 甲乙二人同解一個一元二次方程式 $ax^2 + bx + c = 0$。甲看錯二次項係數，解得兩根為 $-1，3$，乙看錯一次項係數，解得兩根為 $3，-2$，試求方程式的正確兩根？

看錯

▶▶▶ Sol

依題意，可知 $\begin{cases} 甲：(x+1)(x-3) = \boxed{x^2} - 2x - 3 = 0 \\ 乙：(x-3)(x+2) = x^2 \boxed{-x} - 6 = 0 \end{cases}$

「2 次」式 $= 0$
$\Leftrightarrow (x - 根\ \alpha)(x - 根\ \beta) = 0$

看錯

∵「甲、乙」都留下「常數項」

∴應將「共留的常數項」，先化相同！

∴甲式留「$-2x\boxed{-3}$」且乙式留「$x^2\boxed{-6}$」

只保留「沒看錯的項」

∴正確式子應為：「$\boxed{x^2}\boxed{-4x}\boxed{-6} = 0$」

留「$x^2 - 6$」且「$-2x - 3$」$\times_乘 2$，讓「正確」的「常數」先化相同

「$-4x$」是由「$-2x - 3$」$\times_乘 2$ 來提供

∴兩根為：$x = \dfrac{-(-4) \pm \sqrt{(-4)^2 - 4 \times (1) \times (-6)}}{2}$

$= \dfrac{4 \pm \sqrt{40}}{2}$

$= \dfrac{4 \pm 2\sqrt{10}}{2} = 2 \pm \sqrt{10}$

$ax^2 + bx + c = 0$ 的兩根為：
$x = \dfrac{-b \pm \sqrt{b^2 - 4ac}}{2a}$，其中 $a \overset{取}{=} 1$，$b \overset{取}{=} -4$，$c \overset{取}{=} -6$

▶▶▶ Ans

$2 \pm \sqrt{10}$

「整串式子，負數」作「$\pm \times \div$，次方」，最好先「加括號」

$x^2 - 4x - 6 \overset{先改成}{=} x^2 + (-4)x + (-6)$，才能確認「正確」的「$a, b, c$」

例題 22 解一元二次方程時，甲生看錯了方程式的常數項，因而得兩根為 8 和 2，乙生看錯了方程式的一次項，因而得到兩根為 -9 和 -1，求此一元二次方程式？

看錯

「2 次」式 $= 0$
$\Leftrightarrow (x - 根\alpha)(x - 根\beta) = 0$

▶▶▶ Sol

依題意，可知 $\begin{cases} 甲：(x-8)(x-2) = x^2 - 10x \boxed{+16} = 0 \\ 乙：(x+9)(x+1) = x^2 \boxed{+10x} + 9 = 0 \end{cases}$

∴原方程為 $x^2 - 10x + 9 = 0$

看錯

∵只保留「沒看錯的項」
∴甲式留「$x^2 - 10x$」
且乙式留「$x^2 + 9$」

▶▶▶ Ans

$x^2 - 10x + 9 = 0$

∵「重複保留項」為「x^2」已「相同」
∴直接列出「所有保留項」，即可！

例題 23 甲和乙家相距 400m，兩人同時從家中出發在同一條路上行走。甲每分鐘走 60m，乙每分鐘走 70m。3 分鐘後兩人相距多少 m？

▶▶▶ Sol 面對面

距離 ＝ 時間 × 速率

畫「距離關係圖」來協助思考

可能㈠：「相」向

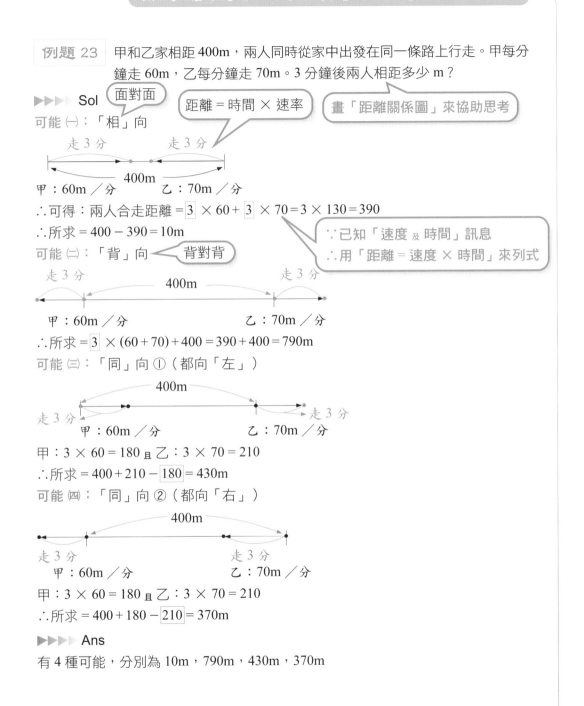

走 3 分　　　　　走 3 分

400m

甲：60m／分　　　乙：70m／分

∴可得：兩人合走距離 ＝ ③ × 60 ＋ ③ × 70 ＝ 3 × 130 ＝ 390

∵已知「速度 及 時間」訊息

∴用「距離 ＝ 速度 × 時間」來列式

∴所求 ＝ 400 － 390 ＝ 10m

可能㈡：「背」向 ← 背對背

走 3 分　　　　　400m　　　　　走 3 分

甲：60m／分　　　　　乙：70m／分

∴所求 ＝ ③ × (60 ＋ 70) ＋ 400 ＝ 390 ＋ 400 ＝ 790m

可能㈢：「同」向 ①（都向「左」）

400m

走 3 分　甲：60m／分　　　　乙：70m／分　走 3 分

甲：3 × 60 ＝ 180 且 乙：3 × 70 ＝ 210

∴所求 ＝ 400 ＋ 210 － 180 ＝ 430m

可能㈣：「同」向 ②（都向「右」）

400m

走 3 分　　　　　　　走 3 分

甲：60m／分　　　乙：70m／分

甲：3 × 60 ＝ 180 且 乙：3 × 70 ＝ 210

∴所求 ＝ 400 ＋ 180 － 210 ＝ 370m

▶▶▶ Ans

有 4 種可能，分別為 10m，790m，430m，370m

「相對」＝「相向」⇔ 面對面

例題 24 A、B 兩地相距 440 公里，甲、乙兩車同時從兩站「相對」開出，甲車每小時行 35 公里，乙車每小時行 45 公里。一隻老鷹以每小時 50 公里的速度和甲車同時出發，向乙車飛去，遇到乙車又折回向甲車飛去，遇到甲車又折回飛向乙車，這樣一直飛下去，問老鷹飛了多少公里，兩車才能相遇？

▶▶▶▶ **Sol**

設鷹飛了 x 小時

兩車相遇：$440 = (35 + 45) \times x$

$\therefore 440 = 80x \Rightarrow x = 5.5$

應飛行距離 $= 50 \times 5.5 = 275$km

距離 ＝ 速率 × 時間

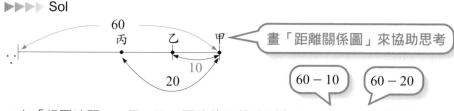

440km

A ————————————— B

鷹「來來回回」

甲 →
35km/hr

← 乙
45km/hr

鷹 →
50km/hr

畫「距離關係圖」來協助思考

▶▶▶▶ **Ans**

275km

不管「老鷹」如何飛，只需掌握
⊙「甲、乙、鷹」所用「總時間」都相同
⊙「甲、乙」合走 440 km 就會相遇

全程

∵「時間」是「甲、乙、鷹」
共有的「不變相同量」
∴代表性最充份
∴對「時間」設「變數」

「來回接送」鎖定「所用（總）時間，大家都相同」，來解題

例題 25 當甲在 60 公尺賽跑衝過終點時，比乙領先 10 公尺，比丙領先 20 公尺，如果乙和丙按原來的速度繼續跑向終點，那麼當乙到達終點時將比丙領先多少公尺？

▶▶▶▶ **Sol**

60
丙　乙　甲

畫「距離關係圖」來協助思考

10

20

$60 - 10$　　$60 - 20$

∴在「相同時間」：甲：乙：丙跑的距離分別為 60，50，40（公尺）

∴可得：
$\begin{cases} 甲，乙，丙的速度比 = 60：50：40 = 6：5：4 \\ 乙再跑 10 公尺，就抵達終點 \end{cases}$

同約「10」，可得：最簡整數比

「丙」的時間

∴乙抵達終點（乙再跑「10」公尺）時，「設」丙只再跑了「x」公尺

∴$\dfrac{x}{4} \underset{\times}{\times} \dfrac{10}{5}$

「乙再跑 10 公尺」與「丙再跑 x 公尺」用的「時間相同」

「乙」的時間

時間 = $\dfrac{距離}{速度}$

∴$5x = 40$

分式等式，必交叉相乘相等

∴$x = 8$

當乙跑到終點時，丙只再跑 8 公尺，

亦即：丙共跑了「$40 + 8 = 48$」公尺

∴在終點的乙（跑 60 公尺）比丙（跑 48 公尺）領先：

$60 - 48 = 12$（公尺）

▶▶▶ Ans

12 公尺

「相向」=「相對」⇔面對面

例題 26　一列快車和一列慢車「相向」而行，快車的「車長是 280 公尺」，慢車的「車長是 385 公尺」，坐在快車上的人看見慢車駛過的時間是 11 秒，那麼坐在慢車看見快車駛過的時間是多少？

▶▶▶ Sol

設快車速度為 x m/s

慢車速度為 y m/s

速度 x →

A 車尾　　A 車頭

280

快車

速度 y

385

B 車頭　慢車　B 車尾

快車頭的人看到慢車頭，開始計時「11 秒」，才看完「慢車 385 公尺」的「車長」距離

畫「距離關係圖」來協助思考

∴$385 = (x + y) \times 11$

∴$x + y = 35$

兩車用「相對速度」$x - (-y) = x + y$ 在「接近」

慢 車頭的人看到 快 車頭，直到看完「快車 280m」的「車長」距離

「長列車」問題，必用「線段」來顯現「車長」圖；且「相向，追趕，背離」問題，都可用「相對速度」來解題

同理，又因：$280 = (x + y) \times$（所求時間）

待求項

$\therefore 280 = 35 \times$ (所求時間)

$\therefore$ 所求時間 $= 8$（秒）

▶▶▶▶ Ans

8 秒

例題 27　一輛車從甲地開往乙地，如果把車速提高 20%，可以比原定時間提前 1 小時到達；若以原速行駛 120 公里後，再將速度提高 25%，則可提前 40 分鐘達，那麼，甲、乙兩地相距多少公里？

▶▶▶▶ Sol

畫「距離關係圖」來協助思考

設兩地距離為 x 公里，原速度為 y km/hr

∵設了「距離 & 速度」變數「x, y」

∴用「時間 $= \dfrac{距離}{速度}$」來列式

「新走法」：
$\overset{x}{\longleftrightarrow}$
速 $1.2y$，少 1 小時

「原走法」：
$\overset{x}{\longleftrightarrow}$
速 y

$$\therefore \begin{cases} \dfrac{x}{1.2y} \boxed{+1} = \dfrac{x}{y} \cdots \times 1.2y \text{ 去分母} \\ \dfrac{120}{y} + \dfrac{x-120}{1.25y} + \dfrac{40^2}{60^3} = \dfrac{x}{y} \cdots \times 1.25y \text{ 去分母} \end{cases}$$

「新走法」：$\overset{120}{\underset{速\ y}{\longleftrightarrow}} \overset{x-120}{\underset{速\ 1.25y}{\longleftrightarrow}} \boxed{少} 40 \text{ 分} = \dfrac{40}{60} \text{ 小時}$

「少用」的「時間」要「加」回來，才會跟「原來時間 $\dfrac{x}{y}$」相等

$$\therefore \begin{cases} x + 1.2y = 1.2x \Rightarrow 1.2y = 0.2x \Rightarrow x = 6y \\ 1.25 \times 120 + x - 120 + \boxed{\dfrac{2.5}{3}} y = 1.25x \end{cases}$$

$\dfrac{40}{60} \times 1.25y = \dfrac{2}{3} \times 1.25y = \dfrac{2.5}{3}y$

$\therefore 150 + x - 120 + \boxed{\dfrac{5}{6}} y = 1.25x$

$\therefore 30 + \dfrac{5}{6}y = 0.25x$

$\dfrac{2.5}{3} = \dfrac{25}{30} = \dfrac{5}{6}$

再把 $x = 6y$ 代入 $30 + \dfrac{5}{6}y = 0.25x$

如果想避免犯錯！最佳方法是：先將「小數」化「分數」

204

$$\Rightarrow 30 + \frac{5}{6}y = \frac{3}{2}y$$

> $0.25x = 0.25 \times 6y = 1.5y \overset{\text{分數化}}{=} \frac{3}{2}y$

$$\Rightarrow 30 = \frac{4}{6}y \Rightarrow y = 45$$

又因：$x = 6y = 6 \times 45 = 270$（公里）

> 將「$y = 45$」代入「$x = 6y$」

▶▶▶▶ **Ans**

270 公里

例題 28 　甲和乙一起跳繩，甲先跳了 2 分鐘，然後兩人共同跳了 3 分鐘，一共
　　　　　跳了 780 下，知道甲比乙每分鐘多跳 12 下，求乙每分鐘跳繩幾下？

▶▶▶▶ **Sol**

> 已知：每分鐘「甲比乙多跳 12 下」

設乙每分鐘跳 x 下
則甲每分鐘跳 $(x + 12)$ 下

> 甲跳 2 分鐘

> 「整串式子」作
> 「± × ÷，次方」，
> 最好先「加括號」

> 甲、乙「一起」跳
> 3 分鐘

> 共跳 780 下

$\therefore$ 依題意，可得：$2(x+12) + 3[x+(x+12)] = 780$

$\therefore 2x + 24 + 3(2x+12) = 780$

> 由「跳了幾次」這個「總量」，來列「解題等式」

$\therefore 2x + 24 + 6x + 36 = 780$

$\therefore 8x = 720 \Rightarrow x = 90$（乙）

▶▶▶▶ **Ans**

90 下

例題 29 　4 點和 5 點之間，請問「兩針」何時夾成直角？

▶▶▶▶ **Sol**

假設在「4 點 x 分」$= \left(4 + \dfrac{x}{60}\text{小時}\right)$，兩針成 $90°$，可得：

時針位置為 $\left(4 + \dfrac{x}{60}\right) \times 30°$，而分針位置 $(x \times 6°)$

$\therefore$ 可能是① 時　　分　或 ② 分　　時

$\therefore$ 應分成以下狀況，分別討論

「整串式子」作
「±×÷，次方」，
最好先「加括號」

①若時針位置在分針的「左側」：

$$\left[(4+\frac{x}{60})\times 30\right]-6x=90$$

$$\therefore 120+\frac{x}{2}-6x=90 \Rightarrow 30=5.5x \Rightarrow x=\frac{60}{11}=5\frac{5}{11}（分）$$

②若分針位置在時針的「左側」：

$$6x-\left[(4+\frac{x}{60})\times 30\right]=90$$

$$\therefore 6x-120-\frac{x}{2}=90 \Rightarrow 5.5x=210 \Rightarrow x=\frac{420}{11}=38\frac{2}{11}（分）$$

▶▶▶▶ Ans

約在「4 點 $5\frac{5}{11}$ 分」 或「4 點 $38\frac{2}{11}$ 分」

例題 30　4 點和 5 點之間，請問兩針合時成一直線（非重合）？

「整串式子」作「±×÷，次方」，
最好先「加括號」

▶▶▶▶ Sol

∴假設在「4 點 x 分」＝（$4+\frac{x}{60}$ 小時），兩針成一直線，可得：

時針位置在：「$(4+\frac{x}{60})\times 30°$」，而分針位置在「$x\times 6°$」

$$\therefore 6x-\left[(4+\frac{x}{60})\times 30\right]=180$$

- 分針：1 小時（即 60 分鐘）轉一圈（即 360°）
  $\Rightarrow$ 1 分鐘轉 $\frac{360°}{60}=6°$；
- 時針：12 小時轉 1 圈（即 360°）
  $\Rightarrow$ 1 小時（即 60 分鐘）轉 $\frac{360°}{12}=30°$

分
180°
「4」點多

兩針「相差 180°」

$$\therefore 6x-120-0.5x=180$$

$$\therefore 5.5x=300 \Rightarrow x=\frac{600}{11}=54\frac{6}{11}（分）$$

▶▶▶▶ Ans

4 點 $54\frac{6}{11}$ 分

例題 31 　一時鐘從 5 點 15 分開始，再過幾分，時針分針就會第 1 次成直角？

▶▶▶▶ Sol

設在「5 點 x 分」＝（$5+\dfrac{x}{60}$ 小時），

兩針成直角，可得：

時針位置為「$(5+\dfrac{x}{60})\times 30°$」，

而分針位置為「$x \times 6°$」

⊙分針：1 小時（即 60 分鐘）轉一圈（即 360°）

　　　　⇒ 1 分鐘轉 $\dfrac{360°}{60}=6°$；

⊙時針：12 小時轉 1 圈（即 360°）

　　　　⇒ 1 小時（即 60 分鐘）轉 $\dfrac{360°}{12}=30°$

$\therefore 6x-[(5+\dfrac{x}{60})\times 30]=90$

$\therefore 6x-150-0.5x=90$

$\therefore 5.5x=240 \Rightarrow x=\dfrac{480}{11}$

必為：過 6 時

不可能為：

$\therefore$ 所求 $=\dfrac{480}{11}-15=\dfrac{480}{11}-\dfrac{165}{11}=\dfrac{315}{11}=28\dfrac{7}{11}$（分）

▶▶▶▶ Ans

再過 $28\dfrac{7}{11}$ 分

換成同分母

「整串式子」作「± × ÷，次方」，最好先「加括號」

$\because$ 題目要求：「5 點 15 分」後，「再過幾分」

$\therefore$「x」要再「扣減 15 分」，才是「題目要的答案」

例題 32 　已知客車長 150 公尺，運煤車長 250 公尺且

客車車速：運煤車車速＝5：3。現客車自運煤車的後面，

追上運煤車的「交會時間」共 40 秒，試問：客車車速為何？

「加碼型」的「比值、比例」問題，必引入「比例常數 k」

▶▶▶▶ Sol

設：客車車速＝$5k$（公尺／秒）且運煤車速＝$3k$（公尺／秒）

已知：客速：媒速＝5：3

$\therefore$ 可得：$250 + 40 \times 3k + 150 = 40 \times 5k$

用「線長」來表現「車長」

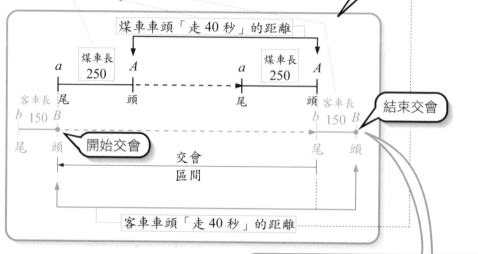

煤車車頭「走 40 秒」的距離

| 煤車長 250 | | 煤車長 250 |

客車長 | 客車長

結束交會

開始交會

交會區間

客車車頭「走 40 秒」的距離

$\therefore$ 可得：$400 = 80k$

$\therefore k = 5$

$\therefore$ 客車車速 $= 5k = 5 \times 5 = 25$（公尺／秒）

「長列車」問題，需用「線段」來作「車長」的圖

▶▶▶▶ Ans

25 公尺／秒

「相對運動」用「相對速度」來解題

兩車「完全錯開」，「相會（40秒）」才完

鎖定「客車車頭」來判斷「交會期」

也可以用：相對速度 $=$ 每秒用 $5k - 3k = 2k$ 在接近，並走「$150 + 250 = 400$」公尺

| a 250 A | |
| b 150 B | b B |

共走「250＋150」公尺

$\therefore$ 可得：$400 = 40 \times 2k$

$\therefore k = 5$

交會用了「40 秒」

設火車以 u m/sec 等速率運動且車長 L m。現小明騎在車外先用等速由火車尾跑到火車頭，再掉頭跑到火車尾，共用了 T 秒，試求小明騎車速率為何？

Ans：設小明騎車速率為 v m/sec，由車尾到車頭用了 t_1 秒，由車頭到車尾用了 t_2 秒。則依題意可得：

$(v - u)t_1 = L$ 且 $(v + u)t_2 = L$

$\therefore vt_1 = L + ut_1$ 且 $vt_2 = L - ut_2$

$\therefore \begin{cases} v(t_1 + t_2) = 2L + u(t_1 - t_2) \\ v(t_1 - t_2) = u(t_1 + t_2) \end{cases}$

$T = t_1 + t_2$

$\therefore vT = 2L + u(t_1 - t_2)$ 且 $v(t_1 - t_2) = uT$

把未知項「$t_1 - t_2$」用「已知」及待求，來

分子等式，交叉相乘相等，可得 v 的 2 次式

$\therefore t_1 - t_2 = \dfrac{vT - 2L}{u} = \dfrac{uT}{v}$

$\therefore Tv^2 - 2Lv - u^2T = 0$

$\therefore v = \dfrac{2L \pm \sqrt{(2L)^2 - 4T \times (-u^2T)}}{2T} = \dfrac{2L \pm 2\sqrt{L^2 + u^2T^2}}{2T}$

$= \dfrac{L \pm \sqrt{L^2 + u^2T^2}}{T}$

代入「2 次式」的「解公式」

$\therefore$ 所求為：$\dfrac{L + \sqrt{L^2 + u^2T^2}}{T}$

速率負不合

CHAPTER **11**

排列與組合⑴
——基本計數公式

重點整理11-1 「計數公式」的介紹

一堆「計算個數」的「代數公式」

「階乘」的表達 或 作「± × ÷，次方」，最好先「加括號」

計數 1

$n! \overset{定義}{=} n \times (n-1) \times \cdots \times 1$，$n \in N$

且 $0! \overset{定義}{=} 1$

「$n!$」讀作「n 階乘」

「乘法 v.s. 加法」原理

(A) 乘法原理：「且」原理，也就是，見到「且」就用「乘」。

(A) 的原理解說實例：

甲 $\bullet$ $\underset{3}{\overset{1}{2}}$ 乙 $\underset{b}{\overset{a}{}}$ 丙

∵「甲到丙」這件大事 ⇔ 「甲到乙」 且 「乙到丙」
$\underset{「1、2、3」三路徑}{}$ $\overset{「a、b」兩路徑}{}$

∴共有「$1 \overset{a}{\underset{b}{}}$；$2 \overset{a}{\underset{b}{}}$；$3 \overset{a}{\underset{b}{}}$」等「$3 \times 2$」條路徑

假設完成事情 $A_1, A_2, \cdots A_k$，分別有 $n_1, n_2, \cdots, n_k$ 種方法，則

1. 乘法原理（且原理）：需完成 A_1 且 完成 A_2 且 $\cdots$ 且 完成 A_k，才完成 E，則完成 E 的方法共有 $n = n_1 \times n_2 \times \cdots\cdots \times n_k$ 種。

2. 加法原理（或原理）：只要完成 A_1 或 完成 A_2 或 $\cdots$ 或 完成 A_k 且「或 之間，不重複」，就完成 E，則完成 E 的方法共有 $n = n_1 + n_2 + \cdots\cdots + n_k$ 種。

(B) 加法原理：「或」原理，也就是，見到「或」就用「加」。

利用「或」原理時，應小心「或之間」是否有「重複計數」之可能

(B) 的原理解說實例：

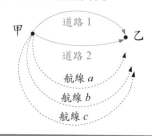

甲 — 道路1 — 乙
道路2
航線 a
航線 b
航線 c

∵「甲到乙」這件大事
⇔甲用「道路」或 用「航線」到乙
$\underset{「1、2」二種}{}$ $\underset{「a、b、c」三種}{}$

∴共有「2 道路 $+3$ 航線」等「5」種抵達方式

從「相異」（完全相異 或 不完全相異）的東西裡面，每次取出一定數量的相異物，求其排成「有次序性直線列」的種類數

 計數 2

「單容量」的「直線排列」公式

(A) 完全相異物直排：自「n 個（完全）相異物」中，任取「m 個」的直線排列數有：

$$P_m^n = \frac{n!}{(n-m)!} = n \times (n-1) \times \cdots \times (n-m+1) \text{ 種 。}$$

$$P_n^n = \frac{n!}{0!} = n!$$

> 見一個蘿蔔一個坑 且 參與對象「皆不同」的「次序性」問題，必用！

「完全相異物直排」解說實例：現有 a，b，c，d，e，f，g，h 等 8 個英文字母，現在任取 3 個（字母不可重複使用）來做直線排列，共可排出幾個英文詞彙（不用管這個字是否有意義）？

Ans：

> ∵一個「有 3 個字母」的「完整詞彙」，需要：第一個「且」第二個「且」第三個位置，都要「選擇」字填入才完成。
> ∴要用「乘法原理」來解題

第一個位置	第二個位置	第三個位置
有 8 個英文字母可供選擇	只剩下 7 個英文字母可供選擇	只剩下 6 個英文字母可供選擇

$$\therefore \text{共有：} 8 \times 7 \times 6 = \frac{8 \times 7 \times 6 \times 5!}{5!} = \frac{8!}{5!} = \frac{8!}{(8-3)!} = P_3^8 \text{ 種「詞彙」}$$

> 也稱為：「不盡」相異物

(B) 不完全相異物直排：由 m_1 個、…、m_k 個「相同物組」成的「k 類 n 物」的

直線排列數有 $\begin{pmatrix} n \\ m_1, \cdots, m_k \end{pmatrix} = \frac{n!}{m_1! \times \cdots \cdots \times m_k!}$ ，$n = m_1 + \cdots \cdots + m_k$ 。

> 見一個蘿蔔一個坑 且 參與對象「有部分相同」的「次序性」問題，必用！

「不完全相異物直排」的實例解說：設有「2 白球（記為：白$_1$，白$_2$）」

及「3 紅球（記為：紅$_1$，紅$_2$，紅$_3$）」

現將這「兩類」共「五」顆球，進行直線排列

step ①先視「五顆」球皆不同，其直線排列數 $= P_5^5 = $「$5! = (2+3)!$」

step ②但實際狀況是

1.「2 白球」的「白$_1$ 白$_2$ 排列」=「白$_2$ 白$_1$ 排列」，亦即：

　　每「2!」種「先視為不同的兩白球排列」，其實「只是 1 種排列」而已！

同理：

2.「3 紅球」的

　　「紅$_1$紅$_2$紅$_3$」=「紅$_1$紅$_3$紅$_2$」=「紅$_2$紅$_1$紅$_3$」=「紅$_2$紅$_3$紅$_1$」

　　　　　　=「紅$_3$紅$_1$紅$_2$」=「紅$_3$紅$_2$紅$_1$」，亦即：

　　每「3!」種「先視為不同的三紅球排列」，其實「只是 1 種排列」而已！

∴真實的「兩類五球」直線排列數 $= \frac{5!}{2! \times 3!} = \frac{(2+3)!}{2! \times 3!}$

從（完全）相異的東西裡面，每次取出一定數量的相異物，不管它們的排列次序，只求它們「配對成組」的種類數

計數 3

「單容量」的「組合」公式

C_m^n ＝ 取「m 個」成一組 ⟺ 取剩的「$n-m$ 個」，也自然成一組的「組合數」＝ C_{n-m}^n

組合公式：自「n 個（完全）相異物」中，任取「m 個為一組」，其「組合數」有

$$C_m^n = C_{n-m}^n = \frac{P_m^n}{m!} = \frac{n!}{(n-m)!\ m!} = \frac{n \times (n-1) \times \cdots \times (n-m+1)}{1 \times 2 \times \cdots \times m} \text{ 種 。}$$

分母「$1 \times \cdots \times m$」，分子「$n \times \cdots \times (n-m+1)$」分別是「小→大 及 大→小」連續「$m$ 個」整數「相乘」

「組合公式」的解說實例：從 1、2、3、4、5 中，任取 3 個數來做直線排列，其「排列數」共有

$$P_3^5 = \frac{5!}{(5-3)!} = \frac{5!}{2!} = \frac{5 \times 4 \times 3 \times 2!}{2!} = 5 \times 4 \times 3 = 60 \text{（種）}$$

但以取得 $\{1,3,5\}$ 為例，這 3 個數做「直線排列」有 135、153、315、351、513、531 等「6」個「不同排列」，卻都是由「1、3、5」組成的「同一組」

∴可知：每「3!」的直線排列，恰好「只有一組」

∴實際上的「組合數」，只有： $\dfrac{60}{3!} = \boxed{\dfrac{P_3^5}{3!}} = \dfrac{60}{6} = 10 \text{（種）}$

$$P_3^3 = \frac{3!}{(3-3)!} = \frac{3!}{0!} = 6$$

計數 4

「填不滿」（用不完）的「重複排列」，也叫做「未全定理」

「多容量」的「重複排列」公式

「未」＝未填滿＝不一定全部，都要用上；「全」＝全用完＝每一個，都要用上

重複排列公式：n^m ＝（未）^{全} ＝ 將「m 個（完全）相異物」投入「容量 $\geq m$ 物」的 n 個不同「大容量」箱子的方法數。

見「用不完 或 大容量」，必用「（未）^{全}」定理

「重複排列」的解說實例：設有「3 封（不同）信」，要投入「2 個（容量很大，至少「可以裝 3 封信」）的（不同）郵筒，試問：「信」投入「郵筒」的投擲方法數有幾種？

Ans：

郵筒甲　　　郵筒乙

（不同）信 $\overset{等同}{=}$ 不同信

至少「收件人，地址，寄件人，筆跡，…」不同

三封（不同）「信件 a，b，c」投入兩個（不同）「郵筒甲，乙」的「可能方式」有：

「郵筒」不言自明，必「不同」

⊙信「a」投入郵筒，有「甲、乙」兩個選擇
「且」⊙信「b」投入郵筒，有「甲、乙」兩個選擇
「且」⊙信「c」投入郵筒，有「甲、乙」兩個選擇

∴由「乘法且原理」，可知：

「3」封，不同信「a，b，c」投入「2」個不同郵筒「甲，乙」的可能投擲方法共：

$2 \times 2 \times 2 = 2^3 =$（填不滿的「郵筒數」）^{要全用完的「信件數」}

又稱：「限位」排列

「指定的人、物」被「限制不能」排在「指定位置」

「集合」的「取捨或排容」公式：
⊙$n(A \cup B) = n(A) + n(B) - n(A \cap B)$
⊙$n(A \cup B \cup C) = n(A) + n(B) + n(C) - [n(A \cap B) + n(B \cap C) + n(C \cap A)] + n(A \cap B \cap C)$

是一種「不被允許」問題，必用「扣減」來處理

計數 5

是一種「集合交聯」概念

排容原理

(A) 一對一型：「n 個人（必完全相異）」做直排，若 限制 其中指定 k 個人，分別「不能」排在指定的 k 個「相異位置」，則其直線排列數有

$n! - C_1^k (n-1)! + C_2^k (n-2)! - \cdots + (-1)^k C_k^k (n-k)!$ 個。

「指定 k 人」的「特別限制」

見「信封、配對、對號入座」問題，必用

(B) 兼得型：「n 個（完全）相異物」分別給「m 個人（必完全相異）」，每人「可兼得」，並 限制 其中指定 k 個人「至少得一件」之分法有

$m^n - C_1^k (m-1)^n + C_2^k (m-2)^n - \cdots + (-1)^k C_k^k (m-k)^n$ 個。

「至少，不被允許」，必用「扣減」！

「至少，不被允許」，必用「扣減」！

「排容原理」的解說實例：以「$n=4$，$k=2$ 且 $m=3$」為例！問題會變成，如：

(A) 4 個人直排，限制「甲、乙」這兩人，分別不能「排首位、次位」

(B) 4 個不同東西分給 3 個人，每個人可兼得，並限制「甲、乙」這兩人「至少得一件」

Ans：(A) 所求 = 任意 −「甲排首位或乙排次位」

$$n(A \cup B) = n(A) + n(B) - n(A \cap B)$$

$$= \underbrace{4!}_{\text{任意排}} - \left[\underbrace{(4-1)!}_{\substack{\text{甲排首位,} \\ \text{另 3 人任意}}} + \underbrace{(4-1)!}_{\substack{\text{乙排次位,} \\ \text{另 3 人任意}}} - \underbrace{(4-2)!}_{\substack{\text{甲排首位且乙排次位,} \\ \text{另 2 人任意排}}} \right]$$

$$= 4! - C_1^2(4-1)! + C_2^2(4-2)!$$

「甲、乙」兩人，任選 1 人，排「受限位置」

「甲、乙」兩人，任選 2 人，排「受限位置」

甲排首位 ← A ⬤ B → 乙排次位

甲排首位且乙排次位

(B) 所求 = 任意 −「甲沒得或乙沒得」

∵ 每個人可得「物」數，無上限

∴ 每一項物品，可以有「$m=3$」個人可以給

$$= \underbrace{3^4}_{\text{任意給}} - \left[\underbrace{(3-1)^4}_{\substack{\text{甲沒得, 4 物} \\ \text{任意給另 2 人}}} + \underbrace{(3-1)^4}_{\substack{\text{乙沒得, 4 物} \\ \text{任意給另 2 人}}} - \underbrace{(3-2)^4}_{\substack{\text{甲乙都沒得,} \\ \text{4 物任給另 1 人}}} \right]$$

$$= \underbrace{3^4}_{\text{任意}} - \underbrace{C_1^2(3-1)^4}_{\substack{\text{「甲、乙」兩人,} \\ \text{任選 1 人, 不得}}} + \underbrace{C_2^2(3-2)^4}_{\substack{\text{「甲、乙」兩人,} \\ \text{任選 2 人, 不得}}}$$

⦿ 不可翻轉環排 = $\dfrac{\text{直排}}{\text{參與環排數}}$

⦿ m 物環排 $\overset{\text{等同}}{=}$ 「正 m 邊形」桌排

計數 6

「環狀」排列公式：

(A) 不可翻轉環排 ← 人圍桌坐

「不可翻」環排 = $\dfrac{\text{直排}}{\text{參與環排數}}$

「m」物環排

1. $\dfrac{P_m^n}{m}$ = 自「n 個（完全）相異物」中，任取 $\boxed{m}$ 個的「環狀排列」數。

2. $\dfrac{\frac{n!}{m_1! \times \cdots \times m_k!}}{n}$ = 由 m_1 個、$\cdots$、m_k 個「相同物」組成的「k 類 $\boxed{n}$ 物」的「環狀排列」數。

等同：「m 物環排」

「n」物環排

3. $\dfrac{n!}{m}$ = n 個人「m 等分」，坐 $\boxed{\text{正 } m \text{ 形邊桌}}$ 的排列數。

(B) 可翻轉環排 ← 珠狀排列

「可翻」環排 = $\dfrac{\text{不可翻環排數}}{2}$

1. $\dfrac{P_m^n}{2m} = \dfrac{1}{2} \times$（不可翻轉環排列數）。

2. $\dfrac{\frac{n!}{m_1! \times \cdots \times m_k!}}{2n} = \dfrac{1}{2} \times$（不可翻轉環排列數）。

需留意：可翻轉環排，具備「無對稱」現象，才可使用「這兩個公式」！

分別對應(A)的「1」及「2」

「環狀排列」的實例解說：

(A) 設 3 人甲、乙、丙圍成一圓桌

∴①「直排」數：甲乙丙；甲丙乙；

乙甲丙；乙丙甲；

丙甲乙；丙乙甲；

②但是「環排」數：

順時針「轉」

v.s.「直排」：「甲乙丙；丙甲乙；乙丙甲」

順時針「轉」

v.s.「直排」：「甲丙乙；乙甲丙；丙乙甲」

∴「每③個直排 ⇒ 只①個（不可翻）環排」

∴（不可翻）環排數 $= \dfrac{\text{直排數}}{3}$

(B) 設 3 顆 R、W、B 珠子串成一項鍊

∴

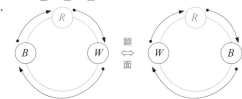

翻面 ⇔

∴「2」種「不可翻」環排 ⇒ 只「1」種「可翻」環排

∴可翻環排數 $= \dfrac{\text{不可翻環排數}}{2}$

「填不滿（用不完）」的「重複組合」又稱：「非負整數解個數」公式

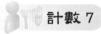

習慣上：將「非負」整數解「個數」問題，先轉化成「正」整數解「個數」問題。再由「中間的間隔」中，用「組合」取「間隔畫線」，以分成「非 0 堆」方來，解題

「多容量」的「重複組合」公式

重複組合公式：$H_m^n = H_{\text{全}}^{\text{未}} \overset{\text{定義}}{=} C_{n-1}^{n+m-1} = C_m^{n+m-1}$

- 「n 類」不一定「每一類」都有取到，當「未」
- 要「取足 m 個」，當「全」

「n 類物品（異箱）」每類都「至少」有「m 個相同物」，任取「m 個為一組」的「組合數」。

等同：
自「第 1 類物品」取「x_1」個相同物，……，自「第 n 類物品」取「x_n」個相同物，並滿足：$x_1 + \cdots + x_n = m$ 及 $0 \le x_1, \cdots, x_n \le m$ 的「非負整數解 $x_1, \cdots, x_n$」的「解個數」

只求「解個數」，不求「這些解是誰」！

欲求「解是誰」，可用『由係數大變數，開始討論』策略，來逐一『列出（整數）解』

原理解說：令 $\boxed{y_1} = \boxed{x_1} + 1 \ge 1$ ，…，$\boxed{y_n} = \boxed{x_n} + 1 \ge 1$

∴由 $x_1 + \cdots + x_n = m$，可得：

由 x_i 的「非負整數解」，變成 y_i 的「正整數解」

$\begin{cases} y_1 + \cdots + y_n = m + n \\ 1 \le y_1, \cdots, y_n \le m+1 \end{cases}$

∵每個 y_i 都比 x_i 多「1」
∴共多了「m 個 1」

∴如同：要將「$m+n$」個東西，分成「n 個非 0 堆」

∴ $\boxed{1} \overset{\wedge}{\underset{\substack{間\\隔}}{}} \boxed{2} \overset{\wedge}{\underset{\substack{間\\隔}}{}} \cdots\cdots \overset{\wedge}{\underset{\substack{間\\隔}}{}} \boxed{m+n}$

只需在 $(m+n-1)$ 個「中間」間隔中，任取「$n-1$」個間隔（為一組）來畫「分割線」，便可得「n 個非 0 堆」

共 $(m+n-1)$ 個「中間」間隔

∴共有「C_{n-1}^{m+n-1}」種選擇

重點整理11-2 應用的關鍵「特徵」與「策略」

「排列 v.s. 組合」公式的處理 與 互動，也是一種常見考題

這些「計數」應用原則，對其他「進階應用」題目，亦適用！

應用

「排列、組合」是「極端」講究「字斟句酌」的數學主題，請讀者面對這類問題，應「細讀」敘述，絕不可「潦草閱覽」！

「計數公式」的應用原則：

(A) 用「精確」的語詞，細讀 並 轉譯「題目所求」是「且」？是「或」？以決定用「乘法原理」或「加法原理」來計數！

留意是「一次取（無次序性）」或「逐次取（有次序性）」

「至少」絕對不可以「用先予滿足」方式來處理！因為，它會產生「重複」現象

(B) ⓗ次序性，用「排列」；ⓜ次序性，用「組合」！

(C) 「至少；不被允許；指定必有；否定狀況較少」問題，必用「任意（即：沒有特別的限制前提）」的個數「扣減」不符合題目要求者的個數。

「恰得」也是「指定必有」的一種，也可以用「扣減」來處理

「未得」，不參與分配「視同無此人」

(D) 「恰得」，必用「先選物給指定對象」「且」剩下物品再「任意給非指定對象」。

簡言之：「恰得」先予以「滿足」

把最糟狀況，先納入考慮

(E) 「配對」問題，可用「列表 或 樹狀圖」來處理 或 利用「置之死地而後生」原則來著手討論。

「多（種）類」的「組合式配對」，必用！

「只有 2 類物品」的「一對一」配對，如：「鎖v.s.鑰匙」，「信v.s.信封」必用

(F) 善用「樹狀圖」或「列表」，來條列可能性。

(G) 「有限制者」或「最獨特者」，必「優先處理」。其他「無限制者」再「任意處理」。

「指定必有」（含「恰得」），也是一種「有限制者」問題

其實，「指定必有」也可以用「先予以滿足」來處理

(H)「塗色」問題，選定「接觸面最多的面」開始填色。

通常「找一組對稱中心點的兩面」來進行「同色、異色」討論

填色問題，常需配合下列原則來解題：

・相鄰是否可同色

・同色是否可重複使用 — 需除以「相同」之「旋轉側面」個數

・圖形是否可旋轉

・圖形是否可翻轉 — 需除以「可當下底」的「相同（下）底面」個數

・「平面圖」從「接觸面最多」的面開始填色

・若「有三相鄰面已填色」，

　需從頭區分「同色、異色」再討論

其實，當你討論後，你便自然得知「該取誰」來分「同色、異色」討論

・立體圖 — 從「底」（先「下」後「上」）開始填色

先 下 底
再 上 底

不用「太介意」如何判斷「對稱中心點的兩面」是什麼？

「立體塗色」公式：

底面 塗數 × 側面 塗數

÷（可「翻轉」，並可「相互替代」的「下底面」數）

÷（可「旋轉」，並可「相互替代」的「側面」數）

將「翻轉」及「旋轉」造成的「重複現象」予以「修正」！

(I)「物少，人多」，東西「不夠分配」時，可先「引進虛擬空物」加以「補足」，

　再 進行「分配」動作。

(J) 先 入坐「環排」，後 入坐「直排」。

拿到「虛擬空物」 = 沒拿到
（等同）

(K) 先「分組」，再「排列 或 分配給人 或 進駐位置 或 投入箱子」。

(L) 自「相同物」中取物，「沒有用 C_m^n 分組」的道理。

重點整理11-3 解開例題、弄懂策略

精選範例

例題 1　某地區的車牌號碼共六碼，其中前兩碼為 T 以外的英文大寫字母，後四碼為 0 到 9 的阿拉伯數字，但規定「不能連續出現三個 4」。例如：AA1234，AB4434 為可出現的車牌號碼；而 A4441，AB2444 為不可出現的車牌號碼。則所有第一碼為 B 且最後一碼為 4 的車牌號碼個數為

(1) 25×9^3　(2) $25 \times 9^2 \times 10$　(3) 25×900　(4) 25×990　(5) 25×999

本題為「乘法（且）原理」，「有限制者，先處理」及「不被允許，用扣減」的綜合應用

▶▶▶ Sol

不含「T」的 25 個字母，可選

「任意排法」：

B	T 以外的英文大寫字母	數字 0～9	數字 0～9	數字 0～9	④

$= 25 \times \underbrace{10 \times 10 \times 10}_{\text{「0～9」共「10」個數碼，可選}}$ …(1)

有受限制的「B、4」先排定

「連續出現三個 4」：

B	T 以外的英文大寫字母	數字 0～9	4	4	④

$= 25 \times 10$ …(2)

不管填「4」或「非 4」都已符合「三個連續 4」之要求，都應被「扣減」

符合題意的車牌號碼個 $=(1)-(2)=25 \times (1000-10)=25 \times 990$

∴ 選(4)

不含「T」的 25 個字母，可選

▶▶▶ Ans

(4)

完成「一組車牌號碼」
⟺「第 1 欄填 B」且「第 2 欄填 非 T 字母」
且「第 3 欄填 0～9 的 1 個數碼」
且「第 4 欄填 0～9 的 1 個數碼」
且「第 5 欄填 0～9 的 1 個數碼」
且「第 6 欄填 4」
「扣減」上述狀況中「含連續三個 4」的特殊「車牌號碼」

「0～9」共「10」個數碼，可選

「不被允許」，必用「扣減」

$A = p_1^{\boxed{k_1}} \times \cdots \times p_n^{\boxed{k_n}}$ 的（所有）正因數，必具備下述形態：

$p_1^{x_1} \times \cdots \times p_n^{x_n}$，$\boxed{0} \le x_i \le \boxed{k_i}$，$i = 1, \cdots, n$

例題 2　試求 360 的

　　　　(1)正因數個數

　　　　(2)正因數和

　　　　(3)本身為 12 倍數的正因數和

先將 A 作「因數分解」，再寫出「正因數形態」，是處理「A 的正因數」問題，最有效的利器

在《實務的生存法則》有更詳盡解說

▶▶▶▶ Sol

$\begin{cases} \because 360 = 2^3 \times 3^2 \times 5^1 \\ \therefore 360 \text{ 的正因數，必具：} \end{cases}$　　因數分解

『$2^a \times 3^b \times 5^c$ 且 $0 \le a \le 3, 0 \le b \le 2, 0 \le c \le 1$，其中 a, b, c 為「整數」』的形態

$\therefore$ 依據上述「正因數形態」，可得：

(1)$\because$「選一個數填入 a」且「選一個數填入 b」且「選一個數填入 c」

　才完成「一個正因數」

見「且」要用「乘法原理」

$\therefore$ 所求 $= \underbrace{(\textcircled{3} + 1)}_{a \text{ 的選擇數}}\underbrace{(\textcircled{2} + 1)}_{b \text{ 的選擇數}}\underbrace{(\textcircled{1} + 1)}_{c \text{ 的選擇數}} = 4 \times 3 \times 2 = 24$（個）

（上方標示 $0\sim3$、$0\sim2$、$0\sim1$）

(2)$\because$ 所有正因數，其中

　　⊙與 2 相關者有：$2^0, 2^1, 2^2, 2^3$

　　⊙與 3 相關者有：$3^0, 3^1, 3^2$

　　⊙與 5 相關者有：$5^0, 5^1$

且以上「三列數」，每列各取一數「相乘」，恰得一個正因數

展開的「每一項」都是「正因數」

$\therefore$ 所求 $= \overbrace{(2^0 + 2^1 + 2^2 + 2^3)(3^0 + 3^1 + 3^2)(5^0 + 5^1)}$

展開的「項＋項」$\underset{\text{同}}{\overset{等}{\Leftrightarrow}}$「正因數＋正因數」

　　　$= 1170$

題目要求：「待求正因數」是「12」的「倍數」

(3)$\because 12 = 2^2 \times 3^1$ 為「待求正因數」的「因數」

與「$12 = 2^2 \times 3^1$」作對比

$\therefore$ 待求正因數「$2^a \times 3^b \times 5^c$」，必滿足：「$\underbrace{a \ge 2}_{2 \text{ 的次方}}$ 且 $\underbrace{b \ge 1}_{3 \text{ 的次方}}$」

$\therefore$ 滿足「要求（12 的倍數）」的「正因數」，其中

　　⊙與 2 相關者有：$2^2, 2^3$

　　⊙與 3 相關者有：$3^1, 3^2$

　　⊙與 5 相關者有：$5^0, 5^1$

「倍數」的質因數次方 ≥「因數」的質因數次方

$\therefore$ 仿(2)手法，可得：所求 $= (2^2 + 2^3)(3^1 + 3^2)(5^0 + 5^1) = 864$

▶▶▶▶ Ans

(1) 24　(2) 1170　(3) 864

「隔天不同」≠「每天不同」

例題 3　CK 先生到處做生意，因此為了方便，他便在常做生意的地方買了房子，現在知道他在「台北、台中、高雄、香港，上海、北京」皆有房子，而且「目前他住在台北」，有一天他跟秘書說，他準備做一次五天的生意旅行，每天要到另一處據點，且住宿該處，但第二天一定要前進到別處，問：

(1)若每天住的地方都不重複，有_____種行程安排

(2)若只規定隔天要去另一據點，則又有幾種行程可安排？

（注意！(2)另外要求：第五天他要回到台北）

「至少 或 不被允許問題 或 指定必有 或 否定狀況較少」問題，必用「任意（即：沒有特別的限制前提）」的個數「扣減」不符合題目要求者的個數

▶▶▶▶ Sol

(1)每天住的地方都不重複：　「目前住台北」，只剩「台中、高雄、香港、上海、北京」，共 5 地可選

∵ 5 第 1 天有 5 個地方可選 ×

4 第 2 天有 4 個地方可選 × 3 第 3 天有 3 個地方可選 × 2 第 4 天有 2 個地方可選 × 1 第 5 天有 1 個地方可選

每天減少「1」個地方可選

= 120

∴ 共有 120 種安排

∵ 每天都要選一個地方住
∴ 第 1 天要選 且 …… 且 第 5 天要選

見「且」要用「乘法原理」

「不被允許」，必用「扣減」

∵ 目前住台北
∴ 第 1 天不能再住台北
∴ 只剩「5 地」可選

(2)∵ 隔天要去另一據點且「第五天」他要回到「台北」

∴ 第 4 天「不可以」在台北

∴ 所求＝「前 4 天」的任意情形，「扣減」「前 4 天」的第 4 天住台北的安排

= 5 第 1 天不能住台北 ×　5 × 5 × 5

每天都有 5 地可選（不含前 1 天已住過的地方）

每天都有 5 地可選

「第 4 天住台北」且「只 2 天住台北」，必在「第 2 天住台北」

− 5 第 1 天不能住台北 × 1 第 2 天住台北 × 5 第 3 天不住台北 × 1 第 4 天住台北

− 5 第 1 天不能住台北 × 4 第 2 天不住台北，也不住第 1 天已住過的地方

× 4 第 3 天不住台北，也不住第 2 天已住過的地方 × 1 第 4 天住台北

題目要求「隔天換地住」

「第 4 天住台北」且「只 1 天住台北」，必只有「第 4 天住台北」

在「第 4 天住台北」的前提下，可能

$\begin{cases} \text{「只 1 天」住台北（只能是「第 4 天」）} \\ \text{或} \\ \text{「只 2 天」住台北（另 1 天，必然是「第 2 天」）} \end{cases}$

$$= 625 - 25 - 80$$
$$= 520$$

∴共有 520 種安排

▶▶▶ Ans

(1) 120　(2) 520 種

∵題目要求「隔天換地住」且
「第 1 天不能住台北」

∴不可能有「3 天住台北的可能」

第 1 天　　「至多」再　　第 4 天
不能住台北　1 天住台北　　住台北

例題 4　試求下列各式的 n 值
(1) $P_n^6 = 6!$　(2) $7P_4^n = 12P_3^{n+1}$

▶▶▶ Sol

$P_k^n \overset{\text{定義}}{=} \dfrac{n!}{(n-k)!}$ 及「相同位置，等量代換」

(1) ∵$P_n^6 = \dfrac{6!}{(6-n)!}$

∴$P_n^6 = 6!$ 可改寫成：$\dfrac{6!}{(6-n)!} = 6!$

∴$6! = (6!) \times [(6-n)!]$

∴$1 = (6-n)!$　等號兩側，同約 $6!$

∴$\begin{cases} 6-n=1 \\ \text{或} \\ 6-n=0 \end{cases}$　「1」$= 1!$ 或「1」$= 0!$

「階乘」的表達 或作「$\pm \times \div$」，
應先「加括號」

∴$n = 5$ 或 6

要「加括號」，不然會
寫成 $n + \boxed{1!} = n + \boxed{1}$

(2) ∵$P_4^n = \dfrac{n!}{(n-4)!}$ 且 $P_3^{n+1} = \dfrac{(n+1)!}{[(n+1)-3]!}$

∴$7P_4^n = 12P_3^{n+1}$ 可改寫成：$\dfrac{7 \times (n!)}{(n-4)!} = \dfrac{12 \times [(n+1)!]}{(n-2)!}$

∴$7 \times n(n-1)(n-2)(n-3) = 12 \times (n+1)n(n-1)$

$n! = \boxed{n(n-1)(n-2)(n-3)} \times \boxed{(n-4) \times \cdots \times 1}$
且 $(n-4)! = (n-4) \times \cdots \times 1$

$(n+1)! = \boxed{n(n+1)\,n(n-1)} \times \boxed{(n-2) \times \cdots \times 1}$
且 $(n-2)! = (n-2) \times \cdots \times 1$

∴$7(n-2)(n-3) = 12(n+1)$　等號兩側，同約 $n(n-1)$

$$\therefore 7n^2 - 47n + 30 = 0$$

$$\therefore (7n-5)(n-6) = 0$$

（圖示：$7n$ 交叉 -5，n 交叉 -6）

$$\therefore n = \frac{5}{7}\ (\text{不合：} n \text{ 必為「非負整數」}) \text{ 或 } n = 6$$

▶▶▶ **Ans**

(1) $n = 5$ 或 6　(2) $n = 6$

（框：$P_k^n = \dfrac{n!}{(n-k)!}$ 及「單純型比（值）」問題，必「比值分式化」）

例題 5　已知 $P_3^n : P_3^{n+2} = 5 : 12$，試求 n 之值？

▶▶▶ **Sol**

$$\because P_3^n = \frac{n!}{(n-3)!} \text{ 且 } P_3^{n+2} = \frac{(n+2)!}{[(n+2)-3]!}$$

（框：表達階乘時，「該有的括號」絕不可省略）

$\because P_3^n : P_3^{n+2} = 5 : 12$ 可以改寫成：

$$\frac{\dfrac{n!}{(n-3)!}}{\dfrac{(n+2)!}{(n-1)!}} = \frac{5}{12}$$

（框：比值分式化）

（框：$n! = n(n-1)(n-2) \times [(n-3)!]$

且

再分別與「分母 $(n-3)!$ 及 $(n-1)!$」約分

$(n+2)! = (n+2)(n+1)n \times [(n-1)!]$）

$$\therefore \frac{n(n-1)(n-2)}{(n+2)(n+1)n} = \frac{5}{12}$$

（框：「分數（式），上下能約就約」且「分式等式，必交叉相乘相等」）

$$\therefore 5(n+2)(n+1) = 12(n-1)(n-2)$$

$$\therefore 5n^2 + 15n + 10 = 12n^2 - 36n + 24$$

$$\therefore 7n^2 - 51n + 14 = 0$$

$$\therefore (7n-2)(n-7) = 0$$

（圖示：$7n$ 交叉 -2，n 交叉 -7）

$$\therefore n = \frac{2}{7}\ (\text{不合：} n \text{ 必為「非負整數」}) \text{ 或 } n = 7$$

▶▶▶ **Ans**

$n = 7$

例題 6　在數線上有一個運動物體從原點出發，在此數線上跳動，每次向正方向或負方向跳 1 個單位，跳動過程可重複經過任何一點。若經過 8 次跳動後運動物體落在點 +4 處，則此運動物體共有_____種不同的跳動方法

▶▶▶ **Sol**

設此物體向「正方向跳 x 次」，向「負方向跳 y 次」

依題意可得：$\begin{cases} x+y=8 \\ x-y=4 \end{cases}$

本題為「不盡相異物排列 $\dfrac{(m_1 + \cdots\cdots + m_k)!}{m_1! \times \cdots\cdots \times m_k!}$」之應用，其中 $m_1, \cdots\cdots, m_k$ 為各類「相同物之個數」

$\therefore \begin{cases} x = 6 \\ y = 2 \end{cases}$，亦即：6 次「往正跳一單位」，2 次「往負跳一單位」

$\therefore$ 共有 $\dfrac{(6+2)!}{6! \times 2!} = 28$ 種跳動方法

等同：6 個「→」及 2 個「←」的「不盡相異物直線排列」

▶▶▶ Ans

28

例題 7　有 2 個相同的紅球，3 個相同的白球，4 個相同的黑球分給

(1) 9 人　　(2) 12 人（球給完，每人至多一球），分別有幾種分法？

▶▶▶ Sol

(1) $\therefore$ 所求 $= \dfrac{9!}{2!\,3!\,4!} = 1260$

「不盡相異物排列 $\dfrac{(m_1 + \cdots\cdots + m_k)!}{m_1! \times \cdots\cdots \times m_k!}$」」，其中 $m_1, \cdots\cdots, m_k$ 為各類相同物之個數

(2) $\because$ 有 12 人，但只有 9 球

$\therefore$ 加入 3 球「（相同）空白球」做「不盡相異物」排列

$\therefore$ 所求 $= \dfrac{12!}{2!\,3!\,4!\,\boxed{3!}} = 277200$

空白球

▶▶▶ Ans

(1) 1260 種　(2) 277200 種

「物少，人多」不夠「分配」時，引進「虛擬空物」加以補足

$C_m^n = \dfrac{n!}{(n-m)!\,m!} = \dfrac{n \times \cdots \times (n-m+1)}{1 \times \cdots \times m}$ 及「單純型比（值）」問題，必「比值分式化」

例題 8　設 $C_{n-1}^{2n} : C_n^{2n-2} = 132 : 35$，試求 n 之值？

▶▶▶ Sol

$\because C_{\boxed{n-1}}^{2n} = \dfrac{2n \times (2n-1) \times \cdots \times \boxed{[2n-(n-1)+1]}}{1 \times \cdots \times (n-1)}$

「分子、分母」為連續 $(n-1)$ 個整數相乘

分子、分母為連續 n 個整數相乘

且 $C_{\boxed{n}}^{2n-2} = \dfrac{(2n-2) \times (2n-2-1) \times \cdots \times \boxed{[2n-2-n+1]}}{1 \times \cdots \times n}$

$\therefore$ 原式，可以改寫成：

$$\dfrac{\dfrac{2n \times (2n-1) \times \cdots \times \boxed{(n+2)}}{1 \times \cdots \times (n-1)}}{\dfrac{(2n-2) \times (2n-3) \times \cdots \times \boxed{(n-1)}}{1 \times \cdots \times n}} = \dfrac{132}{35}$$

比值分式化

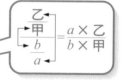
$\boxed{\dfrac{\dfrac{\text{甲}}{\to}}{\dfrac{b}{a}}} = \dfrac{a \times \text{乙}}{b \times \text{甲}}$

$$\therefore \frac{[1\times...\times n][2n\times(2n-1)\times...\times(n+2)]}{[1\times...\times(n-1)][(2n-2)\times(2n-3)\times...\times(n+2)(n+1)\times n\times(n-1)]}=\frac{132}{35}$$

$$\therefore \frac{n\times 2n\times(2n-1)}{(n+1)\times n\times(n-1)}=\frac{132}{35}$$

> 分數（式），上下能約就約

$$\therefore 70n(2n-1)=132(n+1)(n-1)$$

> 分式等式，必交叉相乘相等

$$\therefore 140n^2-70n=132n^2-132$$

$$\therefore 8n^2-70n+132=0$$

> 約去「2」

$$\therefore 4n^2-35n+66=0$$

$$\therefore (4n-11)(n-6)=0$$

$$\therefore n=\frac{1}{4}\text{（不合：}n\text{ 必為「非負整數」）或 }n=6$$

▶▶▶▶ Ans

$n=6$

> 別忘了！「選出幹部人選」後，要「再排職位」

> 先用「組合」選「人」，再用「排列」排「職位」

例題 9　從一個 10 人的俱樂部，選出一位主任，一位幹事和一位會計，且均由不同人出任，如果 10 人中的甲君和乙君「不能同時被選上」，那麼總共有幾種選法？

> 「至少 或 不被允許 或 指定必有」問題，必用「任意（即：沒有特別的限制前提）」的個數「扣除」不符合題目要求者的個數

▶▶▶▶ Sol

（任意方法）「扣減」（甲乙同時被選上）

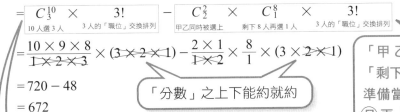

$$= \underset{\substack{\text{10 人選 3 人}}}{C_3^{10}} \times \underset{\substack{\text{3 人的「職位」交換排列}}}{3!} - \underset{\substack{\text{甲乙同時被選上}}}{C_2^2} \times \underset{\substack{\text{剩下 8 人再選 1 人}}}{C_1^8} \times \underset{\substack{\text{3 人的「職位」交換排列}}}{3!}$$

$$= \frac{10\times 9\times 8}{1\times 2\times 3}\times(3\times 2\times 1)-\frac{2\times 1}{1\times 2}\times\frac{8}{1}\times(3\times 2\times 1)$$

> 「甲乙兩人都入選」且「剩下 8 人再挑 1 人」組成準備當幹部的「3 人組」且再「排職位」

$$=720-48$$

> 「分數」之上下能約就約

$$=672$$

▶▶▶▶ Ans

672 種

> 先選出「3 人組」（當幹部）且再「排職位」

例題 10 九位學生的數學抽考成績為 35，42，⑥1，54，73，87，⑥1，92，⑥1，現在使用簡單隨機抽樣法，從這九個分數中取出三個，則所取出三個分數中至少有一個為 61 分的取法有幾種？

> 見「至少」的排列組合問題，必用「扣減法」來解題

▶▶▶▶ **Sol**

∵9 個分數「任意取出 3 個分數的取法數」減去「不含 61 分的取法數」

　＝「至少」有一個為「61 分」

> ∵只要求「取出 3 個分數」，並「無排序」的其他要求
> 　　　　　　　成一組
> ∴要用「組合 C」來處理

> ∵「9 個分數」中「61 分」有「3 個」
> ∴「不是 61 分」的分數，只剩「6 個」可以選「3 個」出來

$C_3^9 - C_3^6 = 84 - 20 = 64$

▶▶▶▶ **Ans**

64 種

$C_3^9 = \dfrac{9 \times 8 \times 7}{1 \times 2 \times 3} = 3 \times 4 \times 7 = 84$ 且 $C_3^6 = \dfrac{6 \times 5 \times 4}{1 \times 2 \times 3} = 5 \times 4 = 20$

例題 11 1～20 的正整數中，「一次」取 3 個不同的數，求取出的數成等差的取法有幾種？

> 不具「次序性」，用「組合」

- ⊙ 「一次」取「3」個數，如取「1，3，5」＝「5，3，1」是「相同」等差組合
- ⊙ 「逐次」取「3」個數，如取「1，3，5」≠「5，3，1」是「不同」等差數列

> 具「次序性」，用「排列」，但「只有」首尾項「交換排」

> 「數列」具次序性

▶▶▶▶ **Sol**

設取出的等差 3 數「a，b，c」的「大小居中數」為「b」

$\therefore \dfrac{a+c}{2} = b$ ← 等差中項

$\therefore a+c = 2b$ ← 去分母，整式化

> ∵2b 為偶數
> ∴a+c 必為 2 奇 或 2 偶

∵首尾「a、c」定了，中間的「b」亦必固定
∴只考慮取「a、c」的方法數，便可得解

1～20 中有 10 個偶數，任取 2 個偶數

∴所求 $= C_2^{10} + C_2^{10} = 45 + 45 = 90$

「一次取」無「次序性」，用「組合」

1～20 中有 10 個奇數，任取 2 個奇數

見「或」，必用「加法原理」

▶▶▶ Ans

90 種

飲料「供應量大（多容量）」，當「大容量箱子」

例題 12　餐廳裡有牛奶、汽水、咖啡、綠茶、柳橙汁等 5 種飲料供客人隨意取用，現在老王帶著大丸子、小丸子及資皓前去取用飲料，4 人皆取用 1 杯飲料，請問老王一家 4 人有多少種取飲料的選擇？

重複排列的「未全定理」

見「用不完 或 填不滿」，必用「（未）全」定理

▶▶▶ Sol

∵飲料用不完，扮演大容量箱子的角色
∴依題意，所求為：未全 $= 5^4 = 625$

「4」人 v.s.「全」；「5」飲料 v.s.「未」

▶▶▶ Ans

625 種

4 個人（全）「都要拿」飲料 且 每個人都有 5 種飲料（用不完）「可選」

也可用：
⊙老王有「5」種飲料可選
且 大丸子有「5」種飲料可選
且 小丸子有「5」種飲料可選
且 資皓有「5」種飲料可選
來處理

「4」人「全用掉」當「未」

⑴也可以用：
　　　「A」信有「5」個郵筒可選投
　　且「B」信有「5」個郵筒可選投
　　　　⋮
　　且「E」信有「5」個郵筒可選投
來處理！

同理⑵也可仿效解題

郵筒 v.s. 大容量；酒桶 v.s. 用不完

例題 13　試回答
　　　　　⑴「A、B、C、D、E、F」6 封信投入 5 個郵筒，共有幾種投法？
　　　　　⑵3 大桶不同種的酒，7 個小酒杯，每杯裝一種酒，共有幾種裝法？

重複排列的「未全定理」

見「用不完 或 大容量」，必用「（未）全」定理

▶▶▶ Sol

⑴∵郵筒乃填不滿之物（至少 6 封信，填不滿郵筒），扮演大容量箱子的角色

「6」$_信$ v.s.「全」；「5」$_郵筒$ v.s.「未」

∴依題意，所求為：未^全＝5^6＝15625

「6」信「都要投」，當「全」

6 封信（全）「都要投」且每封信都有 5 個郵筒（用不完）「可供選投」

(2)∵酒用不完（至少 7 個小酒杯，用不完 3 大桶不同種的酒），扮演大容量箱子的角色

「7」$_杯$ v.s.「全」；「3」$_桶$ v.s.「未」

∴依題意，所求為：未^全＝3^7＝2187

「7」個杯子「都要裝」，當「全」

7 個杯子（全）「都要裝」酒且每個杯子都有 3 大桶不同種的酒（用不完）「可供選裝」

▶▶▶▶ Ans

(1) 15625 種　(2) 2187 種

例題 14　有 6 男 4 女擔任本週（5 天）值日生，若每天 2 名，且每天都有男生值日，則有＿＿＿＿種方法

有「限制者」或「最獨特者」，必「優先處理」，並「先分組再排列」

▶▶▶▶ Sol

男　男　男　男　男
　　剩 4 男排列

男　女　女　女　女
　　4 女排列

∵每天都要有「男」生
∴五組都有一男

剩下「4」天，也需排「一男一女」當值日生

亦即：剩下的「4」天，都是「一男一女」當值日生

$C_2^6 \times C_1^5 \times$ | $4! \times 4!$ | ＝43200
男男　5 天選 1 天，排「男男」當值日生　剩下 4 男排列　4 女排列

▶▶▶▶ Ans

43200

∵「男男」組最「獨特」
∴優先處理「男男」組的

取「人選」C_2^6
且
挑「值日」天 C_1^5

「6 男取 2 男」當「男男組」

「星期 1～星期 5」挑 1 天給「男男組」值日

剩下 $\begin{cases} 4 \text{ 男} \\ 4 \text{ 女} \\ 4 \text{ 天} \end{cases}$ 「等同」

天天天天
○○○○
4 男在「4 天」直線排列
且 4 女在「4 天」直線排列

∵「2 個」男生，沒有「先選誰，再選誰」的「次序」考量
∴用「組合」來處理

「多類別」組合式「配對」，必用「樹狀圖或列表」來解題

例題 15　某公司生產多種款式的「阿民」公仔，各種款式只是球帽、球衣或球鞋顏色不同。其中球帽共有黑、灰、紅、藍四種顏色，球衣有白、綠、藍三種顏色，而球鞋有黑、白、灰三種顏色。公司決定紅色的球帽不搭配灰色的鞋子，而白色的球衣則必須搭配藍色的帽子，至於其他顏色間的搭配就沒有限制。在這些配色的要求之下，最多可有_____種不同款式的「阿民」公仔

「配對問題」，可用「列表或樹狀圖」來處理

▶▶▶▶ Sol

帽	鞋	衣	
紅	黑	綠	共4種
		藍	
	白	綠	
		藍	
藍	黑	白	共9種
		綠	
		藍	
	白	白	
		綠	
		藍	
	灰	白	
		綠	
		藍	
黑	黑	綠	共6種
		藍	
	白	綠	
		藍	
	灰	綠	
		藍	
灰	黑	綠	共6種
		藍	
	白	綠	
		藍	
	灰	綠	
		藍	

∵「紅帽」不搭「灰鞋」
∴「紅帽」只能搭「黑鞋」或「白鞋」

∵「白衣」必搭「藍帽」
∴「白衣」只能在「藍帽」的「表列」中出現
亦即：其他「非藍帽」表格，「衣」的欄位，都「不可列入白衣」

「有限制者」，必「優先處理」；其他無限制者，可「無顧慮」地快速填入表中

∴共 4 + 9 + 6 + 6 = 25 種

▶▶▶▶ Ans

25

229

只有「2 類的一對一」配對，必用「置之死地而後生」原則

例題 16 有 11 道鎖和 15 支鑰匙，其中 15 支鑰匙中的 11 支是和 11 道鎖一一配對的。但現在鎖和鑰匙弄亂了。問：最多需要試多少次，才能確保把鎖和鑰匙都配對得起來？

「多類的組合式」配對

「配對問題」，可用「列表 或 樹狀圖」來處理 或 利用「置之死地而後生」原則來著手討論

「只有 2 類的一對一」配對

把最糟狀況，先納入考慮

▶▶▶ Sol

① 最糟狀況是：先取到「多餘」的「15 − 11 = 4」支鑰匙，都試了 11 道鎖，共試 $4 \times 11 = 44$ 次

已將「4 把多餘」鑰匙，都先挑出排除

每 1 支鑰匙，分別試了 11 道鎖，才發現是「多餘的鑰匙」

② 再把剩下 11 支鑰匙與 11 道鎖再進行配對：

「1 號鑰匙」最多試「10 道鎖」；「2 號鑰匙」最多試「9 道鎖」；……，便可配對成功。

∴ 剩下 11 支鑰匙「最多」共試了 $10 + 9 + \cdots + 0 = (10 + 0) \times 11 \div 2 = 55$ 次，

∴ 所求：$44 + 55 = 99$ 次

▶▶▶ Ans

99 次

等差梯形和：$a_1 + \cdots + a_n = \dfrac{n \times (a_1 + a_n)}{2}$

^{最糟狀況}
「1 號鑰匙」v.s.「11 道鎖」 ⇒ 先試了：10 道「非配對」的鎖後，才「間接判斷」出「最後 1 道鎖」是「配對的鎖」（不用再試開了）

例題 17 某高速鐵路全線總共有 15 個車站，則應準備幾種車票供民眾購買？

「去、回程」「都需」準備「車次（車票）」，是「且」的問題，故用「乘法原理」來解題

▶▶▶ Sol

∵「一張車票」一定要印上 起站 且 印上 終站

∴ 應用「乘法（且）」原理

有 15 個站名可印

只剩 14 個站名可印

∴ 15 （起站有 15 個選擇） $\times$ 14 （終站，在扣除起站後，只剩下 14 個站，可選擇） $= 210$

▶▶▶ Ans

210 種

設有 $A_1 , A_2 , \cdots , A_{15}$ 等 15 個車站

∴ 以「A_1」為「起站」而以「$A_2 , \cdots , A_{15}$」為「終站」的車票共「14」種

同理：分別以「$A_2 , \cdots , A_{15}$」為「起站」的車票也都各有「14」種

∴ 共有：$15 \times 14 = 210$ 種

例題 18 有一個兩列三行的表格如圖，在六格空格中分別填入 1，2，3，4，5，6（不重複），則 1，2 在同一行 或 同一列的方法有幾種？

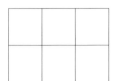

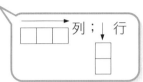

列；↓ 行

▶▶▶ Sol

∵ 1，2 要在同行 或 同列

∴ 先排 1，2，再排 3，4，5，6

> 有「限制」 或 有「獨特性」者，必優先處理

(1) 1，2 在同一行：

> 剩下 4 個數，在「剩下 4 個空格」上任意排

$$(C_1^3 \times C_2^2 \times 2!) \times 4! = (3 \times 2) \times 24 = 144$$

> 3 行選 1 行，來放 1，2

> 1，2 取「同行 2 格」中的「2 格」來「排列 1，2」的位置：$C_2^2 \times 2! = 1 \times 2! = 2$

或

(2) 1，2 在同一列：

> 剩下 4 個數，在「剩下 4 個空格」上任意排

$$(C_1^2 \times C_2^3 \times 2!) \times 4! = (2 \times 3 \times 2) \times 24 = 288$$

> 2 列選 1 列，來放 1，2

> 1，2 取「同列 3 格」中的「2 格」來「排列 1，2」的位置：$C_2^3 \times 2!$

∴ 所求為：144 + 288 = 432

▶▶▶ Ans

432 種

> 等同：同一個人可以拿很多獎品
> 等同：用不完的箱子

例題 19 有 5 份不同獎品分給甲、乙、丙、丁等 4 人，但獎可給同一人。

(1)任意給　　(2)甲至少得一件

(3)甲恰得一件　(4)甲至少得兩件

> 見「用不完 或 大容量」，必用「（未）全」定理

> 本題重複排列的「未全定理」，「至少」的「扣減法」及「恰得」的「選定先給」等策略之綜合應用

▶▶▶ Sol

(1)任意給：

∵ 獎可給同一人

∴ 人用不完（但「獎」需皆分完，當「全」），扮演大容量箱子的角色（當「未」）

231

∵每份獎，都有 4 個人，可選送

∴所求為：未^全 = $4^5 = 1024$

> 「5」獎品 v.s.「全」；「4」人 v.s.「未」

第 1 份獎品有「甲、乙、丙、丁」4 人可送給；

同理：第 2 份～第 5 份獎品，也都有「甲、乙、丙、丁」4 人可選送

∴所求為：$4 \times 4 \times 4 \times 4 \times 4 = 4^5$

(2)甲「至少」得一件：

> 見「至少」，必用「扣減」

∵甲至少得一件 = 任意給 −「甲不得」

∴所求為：_{「任意給」}4^5 − _{「5 份獎品任意給乙、丙、丁等 3 個人」}$3^5 = 1024 - 243 = 781$

> 「恰得」先予以「滿足」

> 甲不得 ⇔「5 份」獎品任意給乙、丙、丁，共「3^5」種方法

(3)甲「恰得」一件：

∵甲恰得一件

　=「選定一件先給甲」且（乘）「剩下 4 份獎品任意給乙、丙、丁等 3 個人」

∴所求為：_{「先選定一件先給甲」}$C_1^5 \times$ _{「剩下 4 份獎品任意給乙、丙、丁等 3 個人」}$3^4 = 5 \times 81 = 405$

(4)甲「至少」得兩件：

> 見「至少」，必用「扣減」

∵甲至少得兩件 = 任意給 −「甲不得」−「甲恰得一件」

∴所求為：_{「任意給」}4^5 − _{「甲不得」}3^5 − _{「恰得一件」}$405 = 1024 - 243 - 405 = 376$

　　　　　　　　　　　(2) 的過程　　(3) 的結論

▶▶▶▶ Ans

(1) 1024 種　(2) 781 種　(3) 405 種　(4) 376 種

例題 20　6 件不同玩具分給甲、乙、丙 3 人

　　　　　　(1)甲「恰得」一件　(2)甲「未得」一件　(3)甲「至少」一件

> 「恰得」先予以「滿足」

> 「未得」視同「無此人」

> 見「至少」，必用「扣減」

> 也可以加碼問：每一個人都「至少」一件，可用：「任意−（甲未得∪乙未得∪丙未得）來處理！」

▶▶▶ Sol

(1) 甲恰得一件＝「先選定一件給甲」且「剩下 5 份玩具任意分給乙、丙 2 個人」

「且」用「乘法原理」

「恰得」：先選物給指定對象⊕剩下的東西，再任意給「非選定」對象

$\therefore$ 所求 $= C_1^6 \times 2^5 = 6 \times 32 = 192$

「恰得」先予以「滿足」

先選定一件給甲

剩下 5 件任意分給乙、丙二人

每件都有「乙、丙」2 人可送給

玩具可給同一人（但「玩具」需「全」分完，當「全」）
$\therefore$ 人用不完，扮演大容量箱子的角色，
亦即：（未）^{全}＝（人）^{玩具}

甲「未得」視同「無此人（甲）」

(2) 甲未得＝6件玩具，只任意分給乙、丙二人

$\therefore$ 所求 $= 2^6 = 64$

「至少」問題，不可以用：「先選 1 個給甲」，剩下「5 個」再任意給甲、乙、丙。因為，它會發生：〔先給甲「a」，任意給時又給了甲「b」〕與〔先給甲「b」，任意給時又給了甲「a」〕的重複計算狀況

(3) 任意分 $-_減$ 甲未得

「至少」用「扣減」

$\therefore$ 所求 $= 3^6 - 2^6$

6 個玩具，只任意分給乙、丙二人

6 個玩具，任意分給甲、乙、丙三人

$= 729 - 64$

$= 665$

▶▶▶ Ans

(1) 192 種　(2) 64 種　(3) 665 種

例題 21　試求下列各圖形的填色方法數：

(1) 5 種顏色填右圖且相鄰面不同色

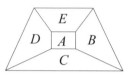

(2) 5 種顏色填右圖且相鄰面不同色

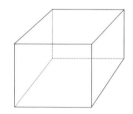

「塗色」問題，選定
「接觸面最多的面」或
「底面」先「下底」再
「上底」開始填色，其
次考量：對稱與否（分同
色，異色來討論）、相鄰能不能
「同色」、顏色可不可以
「重複用」、能否翻轉（除
以可翻轉，並可「相互替代」的「下」
底面數）、能否旋轉（除以可旋
轉的，並可「相互替代」側面數）

(3) 7 種顏色填右圖正方體「積木」且每色至多用一次

⊙ 選定 A（接觸 B，C）開始填色
　　∴ 有 5 色可選

⊙　$A \longrightarrow B$

⑤　　剩④

∵ B、C 跟 A 不同色
∴ 只剩④色可選

C

剩④ → D ？

亦即：在填 D 時，會遭遇「B，C」是否
「同色」問題。因若「B，C 同色」表示跟
D 相鄰的「B，C 只用掉 1 色」。所以，D
還有「4色可選」！但若「B，C 不同色」，
則 D 只剩「3色可選」

▶▶▶▶ Sol

(1) 5 色填，且「相鄰不同色」：

「B，C」同色

「B，C」
已用「1色」

$$\underbrace{\overset{B\quad C}{5 \times 1}}_{} \times \overset{A\quad D}{4 \times 4}$$

$$\therefore \begin{cases} B，C 同色： \\ \text{或} \\ B，C 異色： \end{cases}$$

∵ B，C「同色」∴仍有 4 色可選

$$\underbrace{\overset{B\quad C}{5 \times 4}}_{B，C「異色」} \times \overset{A\quad D}{3 \times 3}$$

「B」有「5色」可選，而「B，C 同色」會
強迫「C」只有「B 選定」的「1色」可選

「B，C」已用 2 色，且「A，D」都不可以
「用 B，C」已塗的顏色

∴ 所求 $= (5 \times 1 \times 4 \times 4) + (5 \times 4 \times 3 \times 3) = 260$

「B」有「5色」可選，
而「B，C 異色」會強迫「C」
只有「非B 選定」的「4色」可選

由「接觸面最多的面」A（先填），再取「對稱面 B、D」進行「同色，異色」討論！

(2) 5 色填，且「相鄰不同色」：

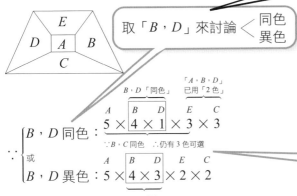

取「B，D」來討論 $\begin{cases}同色\\異色\end{cases}$

其實，即使你一開始「無法判斷」應將「B、D」分「同色，異色」來討論，也沒關係！只要你「依序塗色」，你終究「會遇到」接下來「還剩幾色可選塗」的困惑。此時，你便知：該取哪兩面，分「同色，異色」來討論！

$$\therefore \begin{cases} B，D \text{ 同色：} 5 \times \overbrace{4 \times 1}^{B,D\,\text{「同色」}} \times 3 \times 3 \\[2mm] \text{或} \\[2mm] B，D \text{ 異色：} 5 \times \underbrace{4 \times 3}_{B,D\,\text{異色}} \times 2 \times 2 \end{cases}$$

「A，B，D」已用「2 色」

$\because B$，C 同色 $\therefore$ 仍有 3 色可選

「A，B，D」已用 3 色，且「E，D」都不可以「用 A，B，D」已塗的顏色

$$\therefore \text{所求} = (5 \times 4 \times 1 \times 3 \times 3) + (5 \times 4 \times 3 \times 2 \times 2) = 420$$

(3) 7 色填，且「每色至多用一次」：

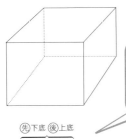

此限制，必保證「相鄰，亦必不同色」

「立體塗色」公式：

（先下後上）底面塗數 × 側面塗數 ÷（可翻的相同下底面數）÷（可轉的相同側面數）

$$\underbrace{7 \times 6}_{\text{底面塗數}} \times \underbrace{5 \times 4 \times 3 \times 2}_{\text{側面塗數}} \times \underbrace{\frac{1}{6}}_{\text{6 個相同下底面}} \times \underbrace{\frac{1}{4}}_{\text{4 個相同側面}} = 210$$

（先）下底（後）上底

⊙ 有「6 個」相同，可當「翻轉」並「相互替代」的「翻轉下底面」

⊙ 有「4 個」相同，可當「旋轉」並「相互替代」的「旋轉側面」

▶▶▶▶ Ans

(1) 260 種　(2) 420 種　(3) 210 種

例題 22　用五種不同顏色，塗下圖中五個空白區域，相鄰的區域塗不同顏色，試問共有幾種塗法？

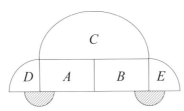

> 「塗色」問題，選定「接觸面最多的面」
> 開始填色

▶▶▶ Sol

選定接觸面最多的 A（或 B）開始填色，

並依「接觸面多→接觸面少」逐步填色：

故得方法數為：$5_A \times 4_B \times 3_C \times 4_D \times 4_E = 960$

> 亦即：
> $A \to B \to C \to D \to E$

> B 不能再用，A 已用的顏色

> $\because D$、E 分別只跟 A、B 相鄰
> $\therefore D$、E「只」分別「不能用」
> A、B「已用」的顏色

> $\because C$ 跟 A，B 都相鄰 且 相鄰的 A，B 必不同色
> $\therefore A$，B 已用 2 色 且「C」只剩「3 色」可用

▶▶▶ Ans

960 種

例題 23 小華喜歡畫畫，常常把哥哥的作業亂塗顏色，哥哥心生一計，便畫了圖形～如（圖一），告訴小華說：「如果有紅綠黃藍黑五色讓你去著色，但規定任「二格擁有相同線段的不可以著同一種顏色，則可以怎麼著色？」小華很快的塗了一種方式，但哥哥又說：「你必須把所有可能的圖案都畫出來，以後才可以亂塗我的東西。」試問：小華應該畫出多少種？又若改成如下（圖二）所示，則有多少種著色方法？

> 等同：相鄰面「不同色」

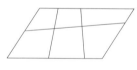

（圖一）　　　　（圖二）

> 「塗色」問題，選定「接觸面最多的面」開始填色，並取一組
> 「對稱（於中心點的）面」來進行「同色 或 異色」討論！

▶▶▶ Sol

(1)設左上為 A、右上為 B、左下為 C、右下為 D，如下圖：

A　B
C　D

> 為了方便討論，自己給區域編號

依題意可知：A 與 D 可同色，也可不同色

> 沒有「共同線段」

> ∵「A，D」只用掉「1」色
> ∴「B，C」都還有「4」色可送塗

$\begin{cases} A，D \text{ 同色：依 } \boxed{ADBC} \text{ 順序有 } \underset{\substack{\text{「}A，D\text{」同色}}}{\boxed{5\times1}} \times 4 \times 4 = 80（\text{種}） \\ \text{或} \\ A，D \text{ 不同色：依 } \boxed{ADBC} \text{ 順序有 } \underset{\substack{\text{「}A，D\text{」不同色}}}{\boxed{5\times4}} \times 3 \times 3 = 180（\text{種}） \end{cases}$

所以，所求為：$80 + 180 = 260$ 種

> ∵「A，D」已用掉「2」色
> ∴「B，C」都不可以「用 A，D」
> 已用的顏色

> ∵ F 與 B 同色
> ∴「F」只能「塗 B 的那 1 色」

(2)設左上為 A、中上為 B、右上為 C、左下為 D，中下為 E、右下為 F，如下圖

> 為了方便討論，自己給區域編號

先考慮(1)已處理過的 $ABED$ 的塗色方法，再加進 C 與 F

> B，F 為對稱面

由(1)知：$ABED$ 的塗色方法共有 260 種，

∴ 再依題意可知：B 與 F 可同色，可不同色
（或也可考慮 C 與 E 之間的「同色、不同色」情形）

> 把原來「6 個小區域」的圖形
> 看成「如下圖」之
>
> 「1 大兩小區域」

> ∵「含 B 大區域」已知「260 種」塗色法
> ∴ 不用再「從 B」開始討論

$\begin{cases} B，F \text{ 同色：依 } \boxed{FC} \text{ 順序有 } \boxed{1} \times 4 = 4（\text{種}） \\ \text{或} \\ B，F \text{ 不同色：依 } \boxed{FC} \text{ 順序有 } 3 \times 3 = 9（\text{種}） \end{cases}$

> ∵ C 與「同色的 B，F」相鄰
> ∴「C」還有 4 色可選
> 「B，F」只用「1 色」

> ∵ B，E 相鄰不同色，
> ∴「B，E」已用 2 色
> ∴「F」不能再塗
> 「B，E 已塗」的
> 「2」色

> B，$\boxed{F}$ 不同色 且
> E，$\boxed{F}$ 相鄰

> ∵ C 與「不同色的 B，F」相鄰
> ∴「C」只剩 3 色可選
> 「B，F」已用「2 色」

所以，所求為：$260 \times (4 + 9) = 3380$ 種

▶▶▶ Ans

> 先塗完「含 B 大區域」且 再塗「FC」區域
> 「且」用「乘法原理」

(1) 260 種　　(2) 3380 種

例題 24 將下圖四個區域用 3 種顏色塗色

(1)相鄰區域不同色　(2)三種顏色全用且相鄰區域不同色

「塗色」問題，選定「接觸面最多的面」或「底面」先「下底」再「上底」開始填色，其次考量：對稱與否(分同色，異色來討論)、相鄰能不能「同色」、顏色可不可以「重複用」、能否翻轉(除以可翻轉，並可「相互替代」的「下」底面數)、能否旋轉(除以可旋轉的，並可「相互替代」側面數)

由「B」開始塗色，再依序塗 A，C，D

▶▶▶▶ Sol

(1)

「A，C」跟「B」有「接觸」，緊接著處理

由「接觸面最多」的 B（或 C）開始「塗色」

∴所求 = 3 × 2 × 2 × 2 = 24

A：和 B 不同色

D：和 C 不同色

前面的「A、C、B」只用掉 2 色

C：和 B 不同色

依序塗：A → C → B → D

原本「D」只跟「B」相鄰，由「相鄰不同色」下手，理應還有「2」色可用。但(2)要求「3 色要全用」而「A，C」及「B」只用掉「2」色。

∴「只剩 1 色」一定要用！

∴只有「1」種顏色可選塗

(2)

∴ 或
① A，C 同色：　3×1 ×2×1 = 6
　　　　　　　　　‿A，C「同色」

「A，C」只用「1」色 ⇒ B：還有 2 色可選

② A，C 異色：　3×2 ×1×2 = 12
　　　　　　　　　‿A，C「異色」

依序塗：　C → A → B → D

由「接觸面最多」又「涉及同色，異色」的「先 C 再 A」開始塗

B：「A、C」已用 2 色，剩 1 色

相鄰不同色

∴前面 A、C、B 已 3 色全用

∴只需再考量「相鄰不同色」就好

∴D：只要「不與 C 同色」，即可！

∴所求 = 6 + 12 = 18

▶▶▶▶ Ans

(1) 24 種　(2) 18 種

其實，剛開始解題時，是不知道需要「分 A、C 同色或不同色」來討論！

亦即，如同(1)般，依序塗：B → A → C → D，會得：

　　B → A → C → D

　　3 × 2 × 2 × ⑦

在塗 D 時，會遭遇「B，A，C 用掉幾個顏色」問題！若「B，A，C」已用掉「3 色（A，C 不同色）」，則 D 只要考量「相鄰不同色」就好。但，如果「B，A，C」只用掉「2 色（A，C 同色）」，那 D 就一定要「用掉還沒用的那一色（也必然，符合相鄰不同色之要求）」！

∴需分「A、C」同色或異色來解題！

「積木」可「翻轉」，也可以「旋轉」

例題 25　用 10 種顏色填下列四種圖形「積木」（每色至多用一次），試求填色的方法數？

「立體塗色」公式：

(先下後上) 底 面 塗數 × 側 面 塗數 ÷ 可翻轉，並可「相互替代」的「下」底面數 ÷ 可旋轉，並可「相互替代」的側面數

如：有「2 個相同下底面」，經「翻轉交換」會產生「2 種塗色方式」，實則只有「1 種」。

同理：有「3 個相同側面」，經「旋轉交換」會產生「3 種塗色方式」，實則只有「1 種」的狀況。

(1)正三角錐　　　　　(2)正平台錐

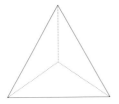　　　

(3)長寬高不等之長方體　(4)圓柱體

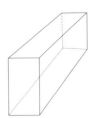　　　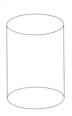

「塗色」問題，選定「接觸面最多的面」或「底面」先「下底」再「上底」開始填色，其次考量：對稱與否（分同色，異色來討論）、相鄰能不能「同色」、顏色可不可以「重複用」、能否翻轉（除以可翻轉，並可「相互替代」的「下」底面數）、能否旋轉（除以可旋轉的，並可「相互替代」側面數）

▶▶▶▶ Sol

10 種顏色填圖形且「每色至多用一次」

(1)

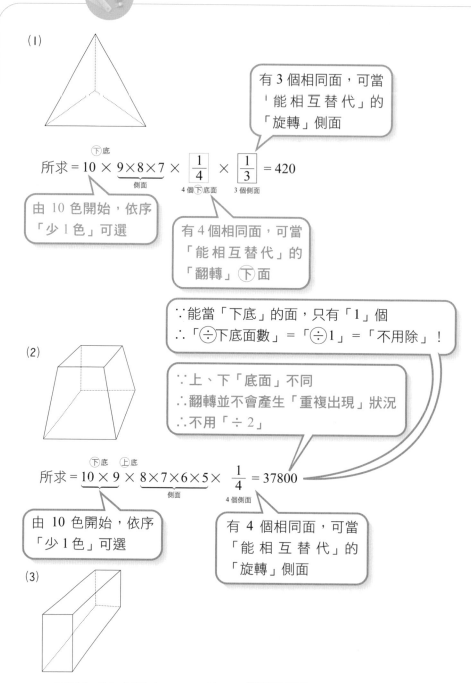

有 3 個相同面，可當
「能相互替代」的
「旋轉」側面

所求 = 10 × $\underbrace{9 \times 8 \times 7}_{側面}$ × $\boxed{\dfrac{1}{4}}$ × $\boxed{\dfrac{1}{3}}$ = 420

下底

4 個下底面   3 個側面

由 10 色開始，依序
「少1色」可選

有 4 個相同面，可當
「能相互替代」的
「翻轉」下面

∵ 能當「下底」的面，只有「1」個
∴「÷下底面數」=「÷1」=「不用除」！

(2)

∵ 上、下「底面」不同
∴ 翻轉並不會產生「重複出現」狀況
∴ 不用「÷ 2」

所求 = $\underbrace{10 \times 9}_{}$ × $\underbrace{8 \times 7 \times 6 \times 5}_{側面}$ × $\dfrac{1}{4}$ = 37800

下底   上底

4 個側面

由 10 色開始，依序
「少1色」可選

有 4 個相同面，可當
「能相互替代」的
「旋轉」側面

(3)

∵ 原圖有『2 相同底面 & 2「組」 成對側面 （所以，側面旋轉部份只能「除以
2」）』

240

⊙ 以「原圖」的「長方形」為基準，

⊙ 只有「2 個相同長方形」在「翻轉互換」時，會產生「下底重複出現」狀況

$$\therefore 所求 = \underset{下底}{\underline{10 \times 9}} \times \underset{側面}{\underline{8 \times 7 \times 6 \times 5}} \times \underset{2 個「下」底面}{\boxed{\dfrac{1}{2}}} \times \underset{2「組」可交換側面}{\boxed{\dfrac{1}{2}}} = 37800$$

由 10 色開始，依序「少 1 色」可選

「大長方互換且小長方互換」同步時，才重複

側面雖有 4 個，但為「2 個大長方形，2 個小長方形」∴在「旋轉互換」時，只會產生「大大互換」，「小小互換」等「2 組」重複。因此，只需「÷2」

(4)

「÷側面數」=「÷1」=「不用除」

∵原圖有『2 個面，可當「能相互替代」的「翻轉」下底面 & 1 個側面』

$$\therefore 所求 = \underset{下底}{\underline{10 \times 9}} \times \underset{側面}{8} \times \underset{2 個「下」底面}{\dfrac{1}{2}} = 360$$

∵「側面」只有「1」個 ∴不用「÷1」

▶▶▶ Ans

(1) 420 種　(2) 37800 種　(3) 37800 種　(4) 360 種

CHAPTER 12

排列與組合⑵——
進階題型彙整(A)：
數字，路徑

重點整理12-1 應用的關鍵「特徵」與「策略」

鎖定「位置」，把「數碼、字母」放到「位置」

 應用 1

「數字、填字母」問題，必用：

> ⊙ 「數字（number）」：如 $\underbrace{0, 1, \cdots, 9}_{\text{一位數字}}$，$\underbrace{10, 11, \cdots, 99}_{\text{二位數字}}$
>
> ⊙ 「數碼（digit）」：只有 $0, 1, \cdots, 9$

(A) 「首位數字」不能選填「零」。

(B) 「指定、特定數碼」出現「次數」：先「分位數」（一位數、二位數、⋯）再「分位置」（個位、十位、百位、⋯），最後「分次數」（細分出現：1 次、2 次、⋯）。

> 避免重複！

(C) 「有限制條件、特別要求的位置」 或 「特定數碼」優先處理，再考慮「首位數字」要「選填」的數碼。

(D) 「數字」是否有「限制範圍」：
  - ⊙ 數字「無限制」範圍：亦即：以「位置」當主角，來選「數碼」填入位置。亦即，「（用組合 C）取定合乎題意位置」來選「（用組合 C）取數碼、字母」填入「位置」
  - ⊙ 數字「有限制」範圍：依題意，「列表」討論

(E) 和問題：分別求「個位數字」和、「十位數字」和、「百位數字」和、⋯⋯。

(F) 「a」的倍數，必將「所有整數」分成「ak，$ak+1$，⋯」。

> 被「a」除：餘 0、餘 1、⋯

(G) 「至少、不被允許、指定必用、否定狀況較少」，常用「扣減」來列式。

(H) 「數碼、字母」能否「重複使用 或 重複被選填」？

 應用 2

(A) 兩方向之捷徑問題
  (1) 「完整規則」型：「不盡相異物排列」。
  (2) 「不完整」或「不規則」型：「累加法」。

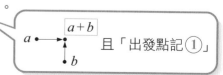

且「出發點記 ①」

(B) 三方向之捷徑問題：通常要用「累加法」。

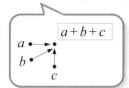

但若「完整」，也可如「兩方向」般，用「不盡相異物排列」來解題

(C)「過街非捷徑」問題：找「主幹線」之「聯絡巷道數」，作「乘法運算」。

甲欲由「忠孝東路」走到「信義路」

⇔甲由「忠孝東路」走「①、②、③巷道」，先到「仁愛路」

且 甲由「仁愛路」走「a、b巷道」，再到「信義路」

∴共「3×2」種方法

(D) 善用「樹狀圖」來條列「無特定方向的非規則型」可能「路徑」。

不一定是「捷徑」

「特定數碼 1」應先處理

重點整理 12-2　解開例題、弄懂策略

∵「特定數碼」應先分「位數」，再分「位置」，最後分「次數」。
∴「199 到 999」的「三位數」中，應再區分：「百位數字」位置或「十位數字」位置或「個位數字」位置，分別含「1 個 1」

精選範例

例題 1　199 到 999 的正整數中，其數碼（如：203 個數碼分別為 2，0，3）恰含一個 1 有幾個？

數字「有限制」範圍，應依題意「列表」討論

▶▶▶▶ Sol

∵「199～999」中「恰含」一個「1」的所有可能結果如下表：

用「位置」來選填「數碼」

取定「（合乎題意）位置」，再選「（指定）數碼」填入「位置」

百	十	個	備註	百	十	個	備註
①	9	9	即：只能填「199」共 1 個數				
2	①	0~9\{1}	即：210、212、…、219 共 9 個數	2	0~9\{1}	①	即：201、221、…、291 共 9 個數
3	①	0~9\{1}	即：310、312、…、319 共 9 個數	3	0~9\{1}	①	即：301、321、…、391 共 9 個數
4	①	0~9\{1}	即：410、412、…、419 共 9 個數	4	0~9\{1}	①	即：401、421、…、491 共 9 個數
5	①	0~9\{1}	即：510、512、…、519 共 9 個數	5	0~9\{1}	①	即：501、521、…、591 共 9 個數
6	①	0~9\{1}	即：610、612、…、619 共 9 個數	6	0~9\{1}	①	即：601、621、…、691 共 9 個數
7	①	0~9\{1}	即：710、712、…、719 共 9 個數	7	0~9\{1}	①	即：701、721、…、791 共 9 個數
8	①	0~9\{1}	即：810、812、…、819 共 9 個數	8	0~9\{1}	①	即：801、821、…、891 共 9 個數
9	①	0~9\{1}	即：910、912、…、919 共 9 個數	9	0~9\{1}	①	即：901、921、…、991 共 9 個數

「1」的位置確定後，其他位置不能再選填「1」

這個「位置」不能再選填「數碼 1」

246

百位數字 = 1

十位數字 = 1

∴ 共有： 1 + (9 × 8) + (9 × 8) = 145 個（三位數）滿足題目要求

▶▶▶▶ Ans

145 個

「至少問法」，必用「任意（即：沒有特殊限制前提）」的個數「扣減」不符合題目要求者的個數

數字「有限制」範圍，依題意「列表」討論

個位數字 = 1

∵「至少」聚焦在「2」上
∴ 任意 =「沒有 7」；待扣 =「沒有 7」也「沒有 2」

例題 2　0～2004 的整數中，請問有多少個數，它「至少」有一個數碼是 2，但沒有任何一個數碼是 7？

首位數字 ≠ 0

非首位數，可以填「0」

▶▶▶▶ Sol

1. 先表列「0～1999」中，不符合題目要求者

先分「位數」，再分「位置」

	一位數	二位數	三位數	四位數
沒有 7		① ～ 6, 8, 9	① ～ 6, 8, 9	①
	空格 填入 0 ～ 6, 8, 9	其餘 空格 填入 0 ～ 6, 8, 9	其餘 空格 填入 0 ～ 6, 8, 9	其餘 空格 填入 0 ～ 6, 8, 9
任意	共 9 個	共 8 × 9 = 72 個	共 8 × 9 × 9 = 648 個	共 1 × 9 × 9 × 9 = 729 個
沒有 7，且沒有 2		1, 3 4, 5 6, 8, 9	1, 3 4, 5 6, 8, 9	①
	空格 填入 0, 1, 3 4, 5 6, 8, 9	其餘 空格 填入 0, 1, 3 4, 5 6, 8, 9	其餘 空格 填入 0, 1, 3 4, 5 6, 8, 9	其餘 空格 填入 0, 1, 3 4, 5 6, 8, 9
待扣	共 8 個	共 7 × 8 = 56 個	共 7 × 8 × 8 = 448 個	共 1 × 8 × 8 × 8 = 512 個

∴ 0～1999 的整數中，至少有一個數碼是 2，但沒有任何一個數碼是 7 的「個數」
= （沒有一個數碼是 7 的「個數」）－（沒有一個數碼是 2 及 7 的「個數」）
= (9 + 72 + 648 + 729) － (8 + 56 + 448 + 512) = 1458 － 1024 = 434

2. 又因：2000～2004 的整數中，滿足題目要求者有

②000，②001，②002，②003，②004 等 5 個

∴ 共有 434 + 5 = 439 個數字滿足題目要求

「千位數」只能先算到「1」

有「2」且沒「7」

▶▶▶▶ Ans

439 個

取定「（合乎題意）位置」，再選「指定數碼」填入「位置」

數字「無限制」範圍：用「（組合 C）取定位置」來選「指定數碼、字母」填入「位置

留意：「數碼」能否「重複使用」？

例題 3　由 1，2，5，6，7，8 六個數碼所組成（數碼可以重複）的四位數中，
含有奇數個 1 的共有
(A) 260 個　(B) 368 個　(C) 486 個　(D) 520 個　(E) 648 個

「有限制條件」的「數碼①」應先處理

以「位置」當主角來「選」數碼「填入」

取定「（合乎題意）位置」來「選填」「指定數碼」

▶▶▶▶　Sol

留意：每一個「位置」一定「全部」要「有數碼填入」，但「數碼」卻不一定
要「全部用到」
P.S.千萬別誤用成：「每個數碼有 3 個位置可選」，而得「錯誤結果 3^5」！
因為，這樣子就會變成「可能有位置沒有數碼填入 或 一個位置被填入多個數
碼」！

用位置來選填數碼

由「特殊份子（①的個數）」下手，作
討論的主要依據，其他位置再任意處理

別忘了：「只能 1 個 1」，
不能再選填「1」

(1)含有 ⬚1 個 1：　　C_1^4　　×　　5^3　　$= \dfrac{4}{1} \times 125 = 500$

選一個位置填 1　　剩下的 3 個位置有「剩下的 2，5，6，7，8」可填

∵都是「四位數」
∴不用分「位數」來討論！

∵除了「1」之外，其他數碼皆可重複出現
∴3 個位置，每個位置都有「5 個數碼」可以選填

(2)含有 ⬚3 個 1：　　C_3^4　　×　　5　　$= \dfrac{4 \times 3 \times 2}{1 \times 2 \times 3} \times 5 = 4 \times 5 = 20$

選三個位置，都填 1　　剩下的 1 個位置有「剩下的 2，5，6，7，8」可填

∴共有 500 + 20 = 520（個）

∴選(D)

∵除了「1」之外，其他數碼皆可重複出現
∴尚留的「一個」位置，還有「5 個數碼」可以選填

▶▶▶▶　Ans

(D)

別忘了：「只能 3 個 1」，
不能再選填「1」

∵ 都是「三位數」
∴ 不要再分「位數」來討論

例題 4 用 0，1，2，3，4，5 六數碼所排成的三位數中，數碼不重複者共有 ＿＿＿ 個，其中可被 3 整除的共有 ＿＿＿ 個

用「位置」來選填「數碼」

▶▶▶ Sol

位置一定要填入數

⊙「百」位數「位置」：
　有「1～5」的 5 個數碼可選填
⊙「十」位數「位置」：
　有「0～5 剔除百位已用數碼」的 5 個數碼可選填
⊙「個」位數「位置」：
　只剩「非百位、非十位數碼」的 4 個數碼可選填

(1) 百 十 個
　⑤ × 5 × 4 = 100（個）

「百」位數不可以選填「0」

取定「位置」來選填「數碼」

用「（組分 C）取數碼」供「位置」來選填

「a 的倍數」，必將所有數字分成：
$ak，ak+1，ak+2，\cdots\cdots，ak+(a-1)$

「十位、百位」可「任意」放「$3k+1$」、「$3k+2$」的「數碼」

(2) ∵ $\begin{cases}3k \text{ 有「0，3」兩個數碼} \\ 3k+1 \text{ 有「1，4」兩個數碼} \\ 3k+2 \text{ 有「2，5」兩個數碼}\end{cases}$

「$3k$ 類取 1 個」可能「取到 0」且剛好被「百位」選填，應「扣減」

∴ 所求 =「任意排列」-「0 排在首位」= $C_1^2 C_1^2 C_1^2 \times 3! - C_1^1 C_1^2 C_1^1 \times 2!$
　　　　= 48 - 8 = 40

C_1^1：選到 0 且 0 剛好被首位（百位）」選填
2!：剩下的「十位、個位」數碼交換

▶▶▶ Ans
100；40

∵ 每類都只有「2 個」
∴ 不可能「百、十、個」位置都選填「$3k$ 類」或都選填「$3k+1$ 類」或都選填「$3k+2$ 類」
∴ 為符合「三位數是 3 的倍數 ⇔ 百、十、個位的「數字和」為 3 的倍數」，一定要「三類都取 1 個」
∴ $C_1^2 \times C_1^2 \times C_1^2 \times 3!$

3k 類取 1 個　且　3k+1 類取 1 個　且　3k+2 類取 1 個　前面取到「3 個數」被 百 十 個 三個位置，作「選填排列」

「百」位有「3」個數碼，可選填，「十」位只有「2」個數碼，可選填，「個」位只有「1」個數碼，可選填

例題 5　有棋盤式街道如下圖，街道均為單行道（只能往下走 或 往右走），今小明欲從甲點走到丙點，途中需經乙點，請問小明共有幾種走的路徑可以選擇？

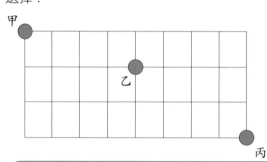

> 「完整規則」區域捷徑，可利用「不盡相異物」的排列公式

▶▶▶▶ Sol

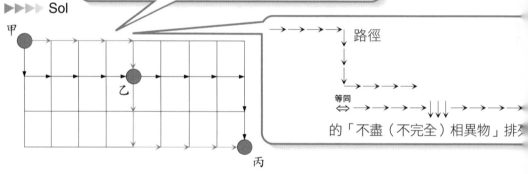

> 路徑
>
> 等同
> ⇔ → → → → ↓↓↓ → → →
> 的「不盡（不完全）相異物」排⋯

∵觀察上圖，可發現：

「甲走到乙」必「向右 4 次，向下 1 次」

「且」

「乙走到丙」必「向右 4 次，向下 2 次」

因此，我們可得：

> 「m_1」個相同物，⋯，「m_k」個相同物
> 其直線排列數 $= \dfrac{(m_1 + \cdots + m_k)!}{m_1! \times \cdots \times m_k!}$

$$\underbrace{\frac{(4_\rightarrow + 1_\downarrow)!}{4! \times 1!}}_{\text{甲→乙（4同、1同的排列）}} \times \underbrace{\frac{(4_\rightarrow + 2_\downarrow)!}{4! \times 2!}}_{\text{乙→丙（4同、2同的排列）}} = 5 \times 15 = 75（種）$$

▶▶▶▶ Ans

75 種走法

> 這種手法也可以推廣到「三度空間 」的「規則區域捷徑」問題上

例題 6　試求由甲走至乙的捷徑走法數？

(1)

(2)

「不完整或不規則區域或多方向」之捷徑問題：必循指定方向，
依序「討論累加」 $a \longrightarrow a+b$ 且出發點先記「1」

$$\begin{array}{c} a+b \\ \uparrow \\ b \end{array}$$

只有 ↑，無 ——

▶▶▶　Sol

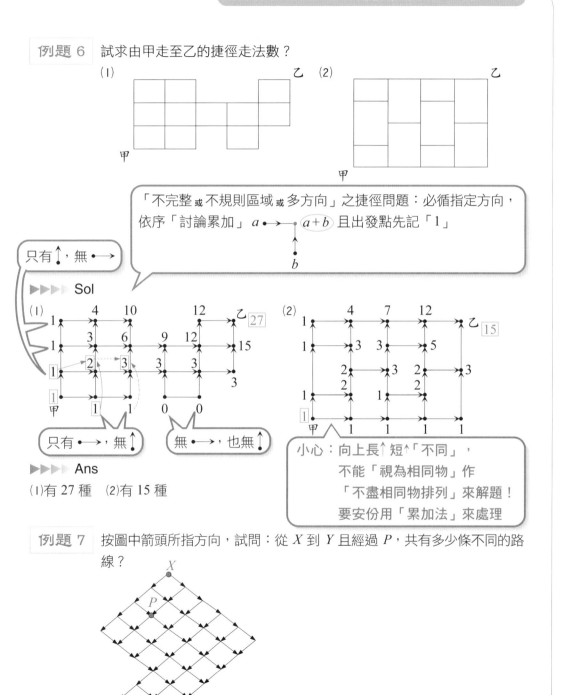

只有 ——，無 ↑　　無 ——，也無 ↑

小心：向上長↑短↑「不同」，
　　　不能「視為相同物」作
　　　「不盡相同物排列」來解題！
　　　要安份用「累加法」來處理

▶▶▶　Ans

(1)有 27 種　　(2)有 15 種

例題 7　按圖中箭頭所指方向，試問：從 X 到 Y 且經過 P，共有多少條不同的路線？

251

▶▶▶▶ Sol

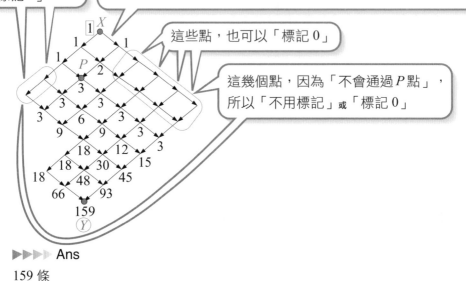

「多方向之捷徑」，必循指定方向，依序「討論累加」
且出發點先記「1」。本題要留意：先填「X到P」，再填「P到Y」

這些點，也可以
「標記 0」

這些點，也可以「標記 0」

這幾個點，因為「不會通過 P 點」，
所以「不用標記」或「標記 0」

▶▶▶▶ Ans

159 條

例題 8 如下圖

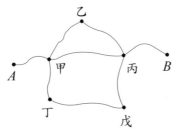

A 城到 B 城之間有甲、乙、丙、丁、戊五城，其間連結的道路如圖所示。今從 A 城出發走向 B 城，要求每條道路都要經過並且只經過一次，則總共有____種走法

▶▶▶ Sol

先將連結的道路予以「編號」，如下圖：

請留意：圖上的「編號」並不是「道路」的「方法數」

最後才走

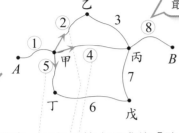

利用「樹狀圖」來條列，「非規則型區域」之可能路徑

∴依題意，可得：符合要求的「路徑樹狀圖」，如下

$①$ →
　②→3 ——
　　　　$4→5→6→7→ ⑧$
　　　　$7→6→5→4→ ⑧$
　④ ——
　　　　$3→2→5→6→7→ ⑧$
　　　　$7→6→5→2→3→ ⑧$
　⑤→6→7 ——
　　　　$3→2→4→ ⑧$
　　　　$4→2→3→ ⑧$

必由「①」開始，而以「⑧」收尾

∴共 6 種

▶▶▶ Ans

6 種

「無特定方向的非規則」型路徑，要善用「樹狀圖」來條列「路徑」

例題 9　三位正整數，abc，(1) 若 $a<b<c$，此三位數有幾個？
　　　　(2) 若 $a \le b \le c$，此三位數有幾個？

▶▶▶ Sol

(1)∵$a<b<c$

　∴數字不可重覆

　又因：abc 為三位數

　∴$a \neq 0$

　「首位」數字，不可以選填「0」

　∴$1 \le a<b<c$

　∴a，b，c 只能從「1～9」中取「3 個大小不同」的數碼來「選填」

以「位置」為主角，來選填「數碼」

先「用組合」選出 3 個數碼後，再由小到大，依序「被選填」到 a，b，c

從「1～9」中，取「3 個不同」的數碼為「一組」

3 個數碼選出後，被位置「a，b，c」選填的方法：只有「a 選最小數」，「b 選次大數」且「c 選最大數」的「1 種」被位置「選填」的方法

$$\therefore 所求為：C_3^9 \times 1 = \frac{9!}{3! \; 6!} = 84（個）$$

用「組合 C 取數碼」，供「位置」，來選填排列

(2)$\because \boxed{abc}$ 為三位數

「首位」數字，不可以選填「0」

$\therefore a$ 不能選 0

$\therefore 1 \leq a \leq b \leq c$

a，b，c 可「同數」，也可「不同數」

$\therefore a$，b，c 只能從「1～9」中取數碼來「選填」

選定 1 個數碼後，a，b，c 都「選填」這個數，只有 1 種「被位置選填」的方法

① 可能三同 $= C_1^9 \times 1 = 9$

或 $a = b = c$

選定 2 個數碼後，只有：

⊙ $\underset{選小數}{\underline{a = b}} < \underset{選大數}{\underline{c}}$ 或

⊙ $\underset{選小數}{\underline{a}} < \underset{選大數}{\underline{b = c}}$

等「2 種」被位置「選填」的方法

② 二同一異 $= C_2^9 \times 2 = 72$

或 $a = b < c$（同同異）

$a < b = c$（異同同）

③ 三異 $= C_3^9 \times 1 = \frac{9!}{3! \; 6!} = 84$

$\therefore 所求 = 9 + 72 + 84 = 165（個）$

選定 3 個數碼後，必「由小到大」，依序「被 a，b，c 選填」，其被位置「選填」的方法只有「1 種」

▶▶▶▶ Ans

(1) 84 個　　(2) 165 個

先用「（組合 C ）取數碼」，再
考慮「被位置選填」的方法數

以「位置」為主角，
來選填「數碼」

例題 10　用 0～5 個數碼排一個三位數，數碼不重複，求下列個數

　　　　(1) 大於 231　(2) 5 的倍數？

▶▶▶▶　Sol

(1)大於 231 可分為「百位 > 2」或「百位 = 2」兩種狀況，來討論：

∴ 所求 = 60 + 8 + 2 = 70（個）

取「0」

取「5」

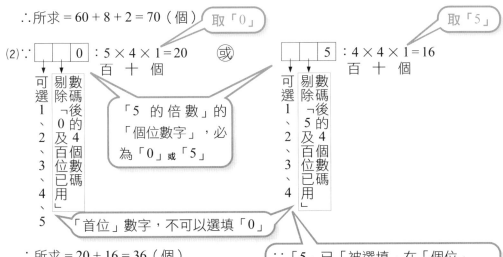

∴ 所求 = 20 + 16 = 36（個）

▶▶▶▶　Ans

(1) 70 個　(2) 36 個

例題 11 坐標平面上由甲 $(-2,-1)$ 移至乙 $(2,11)$，移動方式為「向右 3 單位再向上 1 單位」或「向左 2 單位再向上 2 單位」2 種，則移動方法數有幾種？

> 由甲 $(-2,-1)$ 走到乙 $(2,11)$，x 軸需移動 $2-(-2)=4$ 且 y 軸需移動 $11-(-1)=12$

▶▶▶ **Sol**

設由甲 $(-2,-1)$ 走到乙 $(2,11)$ 需：

$$\begin{cases} \text{「}A\text{ 走法」} \stackrel{\text{定義}}{=} \text{「向右 3 單位再向上 1 單位」，走「}x\text{ 次」} \\ \text{「}B\text{ 走法」} \stackrel{\text{定義}}{=} \text{「向左 2 單位，再向上 2 單位」走「}y\text{ 次」} \end{cases}$$

> 向右、向上「加」，向左、向下「減」

$\therefore$ 可得：$\begin{cases} 4=3x-2y \\ 12=x+2y \end{cases}$

> 上式「加」下式

> 「終」點分量－「起」點分量

$\therefore 16=4x \Rightarrow x=4$

再將「$x=4$」代入「$4=3x-2y$」$\Rightarrow 4=12-2y \Rightarrow y=4$

$\therefore$ 由甲走到乙需 $\begin{cases} \text{走「4」次：「向右 3，向上 1」之「}A\text{ 走法」} \\ \text{走「4」次：「向左 2，向上 2」之「}B\text{ 走法」} \end{cases}$

$\therefore$ 等同：$4A$ 與 $4B$ 的「不盡（不完全）相異物排列」

> 不盡相異物排列

> m 個相同物及另外 n 個相同物，一起作直線排列，其排列數有：$\dfrac{(m+n)!}{m!\, n!}$，其中 $n!=n\times\cdots\times 1$

$\therefore$ 所求 $=\dfrac{(4+4)!}{4!\,4!}=\dfrac{8!}{4!\,4!}=70$（種）

▶▶▶ **Ans**

70 種

> 「負數」作「±×÷」，最好「先加括號」

例題 12 坐標平面上從 $A(-3,-2)$ 到 $B(3,4)$ 走捷徑，求(1) 所有走法 (2) 過原點的走法 (3) 不過 $(1,1)$ 及 $(-2,3)$ 的走法？

> 「終」點分量－「起」點分量

▶▶▶ **Sol**

(1) $\because A$ 到 B 要「向右 6 次，向上 6 次」

> x 軸：$3-(-3)=6$
> y 軸：$4-(-2)=6$

> 利用不盡相異物排列

$\therefore$ 所求 $=\dfrac{(6+6)!}{6!\,6!}$（$A\to B$ 的 6 同（右）6 同（上）排列）$=\dfrac{12!}{6!\,6!}=924$（種）

$A(-3,-2)$ 到 $O(1,1)$　　$O(1,1)$ 到 $B(3,4)$　　「終」點分量－「起」點分量

⑵過原點走法：「向右 3，向上 2」且「向右 3，向上 4」

$$\frac{(3+2)!}{3!\,2!} \times \frac{(3+4)!}{3!\,4!} = 10 \times 35 = 350 （種）$$

m 個相同物及另外 n 個相同物，一起作直線排列，其排列數有：$\dfrac{(m+n)!}{m!\,n!}$，其中 $n! = n \times \cdots \times 1$

A 到原點：
3 同（右）
2 同（上）

原點到 B：
3 同（右）
4 同（上）

$$n(A \cup B) = n(A) + n(B) - n(A \cap B)$$

⑶全部走法－（過 $(1,1)$ 或 過 $(-2,3)$）

$$= \frac{12!}{6!\,6!} - \left(\frac{(4+3)!}{4!\,3!} \times \frac{(2+3)!}{2!\,3!} + \frac{(1+5)!}{1!\,5!} \times \frac{(5+1)!}{5!\,1!} - 0 \right)$$

∵不可能有「過 $(1,1)$ 且 過 $(-2,3)$」之捷徑
∴ $n(A \cap B) = $「0」

過 $(1,1)$ 的走法

過 $(-2,3)$ 的走法

向「右」1 次
向「上」5 次

向「右」5 次
向「上」1 次

$A(-3,-2)$ 到 $(-2,3)$ 且 $(-2,3)$ 到 $B(3,4)$

$$= 924 - \left(\frac{7!}{4!\,3!} \times \frac{5!}{2!\,3!} + \frac{6!}{1!\,5!} \times \frac{6!}{5!\,1!} - 0 \right)$$

$A(-3,-2)$ 到 $(1,1)$ 且 $(1,1)$ 到 $B(3,4)$

向「右」4 次
向「上」3 次

向「右」2 次
向「上」3 次

$$= 924 - (35 \times 10 + 6 \times 6 - 0)$$
$$= 924 - 386 = 538 （種）$$

▶▶▶▶ Ans

⑴ 924 種　⑵ 350 種　⑶ 538 種

「數碼」已指定，不需再「用組合 C」取「數碼」

例題 13　如圖，由 A 走到 B 走捷徑，但不經過灰色區域之方法有幾種？

▶▶▶ Sol

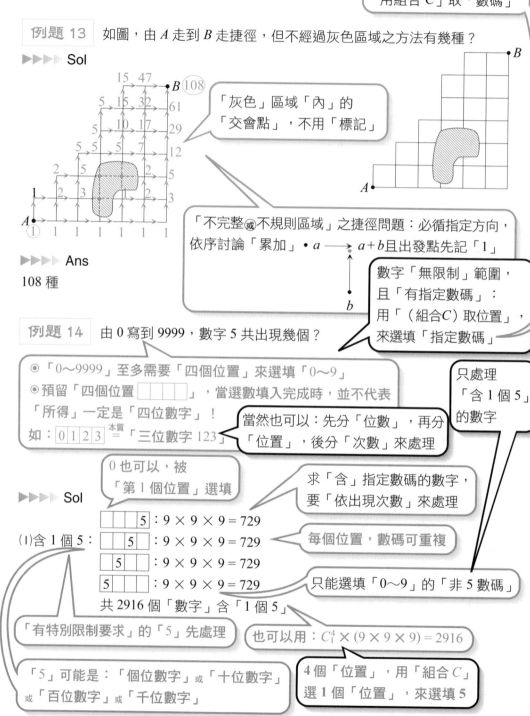

「灰色」區域「內」的「交會點」，不用「標記」

「不完整⊕不規則區域」之捷徑問題：必循指定方向，依序討論「累加」，$a \longrightarrow a+b$ 且出發點先記「1」

▶▶▶ Ans

108 種

數字「無限制」範圍，且「有指定數碼」：用「（組合C）取位置」，來選填「指定數碼」

例題 14　由 0 寫到 9999，數字 5 共出現幾個？

⊙「0～9999」至多需要「四個位置」來選填「0～9」

⊙預留「四個位置 ☐☐☐☐」，當選數填入完成時，並不代表「所得」一定是「四位數字」！

如：$\boxed{0}\boxed{1}\boxed{2}\boxed{3}$ ＝本質「三位數字 123」

當然也可以：先分「位數」，再分「位置」，後分「次數」來處理

只處理「含 1 個 5」的數字

0 也可以，被「第 1 個位置」選填

求「含」指定數碼的數字，要「依出現次數」來處理

▶▶▶ Sol

(1)含 1 個 5：

$\boxed{\ }\boxed{\ }\boxed{\ }\boxed{5}$ ：$9 \times 9 \times 9 = 729$

$\boxed{\ }\boxed{\ }\boxed{5}\boxed{\ }$ ：$9 \times 9 \times 9 = 729$

$\boxed{\ }\boxed{5}\boxed{\ }\boxed{\ }$ ：$9 \times 9 \times 9 = 729$

$\boxed{5}\boxed{\ }\boxed{\ }\boxed{\ }$ ：$9 \times 9 \times 9 = 729$

共 2916 個「數字」含「1 個 5」

每個位置，數碼可重複

只能選填「0～9」的「非 5 數碼」

「有特別限制要求」的「5」先處理

也可以用：$C_1^4 \times (9 \times 9 \times 9) = 2916$

「5」可能是：「個位數字」或「十位數字」或「百位數字」或「千位數字」

4 個「位置」，用「組合 C」選 1 個「位置」，來選填 5

(2)含 2 個 5：$C_2^4 \times 9 \times 9 = 486$ 個「數字」含「2 個 5」

4 個「位置」，用「組合 C」選 2 個「位置」，來選填 5

「其他 2 個位置」只能選填「0～9」的「非 5 數碼」

(3)含 3 個 5：$C_3^4 \times 9 = 36$ 個「數字」含「3 個 5」

仿(1)、(2)：先用組合 C 取「位置」，再選填「指定數碼 5」

(4)含 4 個 5：| 5 | 5 | 5 | 5 | 只有「5555」1 個「數字」含「4 個 5」

1 個 5　　2 個 5　　3 個 5　　4 個 5

∴共出現：$\boxed{1} \times 2916 + \boxed{2} \times 486 + \boxed{3} \times 36 + \boxed{4} \times 1 = 4000$（個）

▶▶▶ Ans
4000 個

∵「千位數」固定後，「影響力」最大的是「百位數」
∴應討論「百位數」的可能值

先取定「位置」，再去選填「數碼、字母」

例題 15　用 1，2，3，4，5 做數碼「互異」的四位數字，把這些四位數字由小到大排列，求(1)比 3540 小的數有幾個？ (2)第 100 個數是多少？

「千」位已用掉「1」，剩下的「百位，十位，個位」等「3 個位置」，只能選填「2，3，4，5」

▶▶▶ Sol

數字不可以重複！

　　　百　十　個
(1) | 1 | | | | ：$4 \times 3 \times 2 = 24$（個）

仿上，「千」位已用掉「2」

　　　百　十　個
| 2 | | | | ：$4 \times 3 \times 2 = 24$（個）

已用掉：「千位的 3」，「百位的 1」

　　　　　十　個
| 3 | | | | ：
百位為「1」的有：$3 \times 2 = 6$（個）

百位為「2」的有：$3 \times 2 = 6$（個）

百位為「4」的有：$3 \times 2 = 6$（個）

已用掉：「千位的 3」，「百位的 2」

已用掉：「千位的 3」，「百位的 4」

∵「千位數」影響力最大！ ∴先討論「千位數」的可能值

259

> 「千、百位數」都固定時，要討論「十位數」的可能值

$\boxed{3}\;\boxed{5}\;\boxed{}\;\boxed{}$ ：$\begin{cases}\text{十位為「1」的有：2 個}\\[6pt]\text{十位為「2」的有：2 個}\end{cases}$

> 已用掉：「千位的 4」，「百位的 5」
> ⊙「十位的 1」
> ⊙「十位的 2」
> 的「個位」都只剩「2 個數碼」可選填

∴所求 = 24 + 24 + 6 + 6 + 6 + 2 + 2

　　　= 70（個）

　　　　　百　十　個
(2) $\boxed{1}\;\boxed{}\;\boxed{}\;\boxed{}$ ：$4 \times 3 \times 2 = 24$（個）

　　　　　百　十　個
　　$\boxed{2}\;\boxed{}\;\boxed{}\;\boxed{}$ ：$4 \times 3 \times 2 = 24$（個）

　　　　　百　十　個
　　$\boxed{3}\;\boxed{}\;\boxed{}\;\boxed{}$ ：$4 \times 3 \times 2 = 24$（個）

　　　　　百　十　個
　　$\boxed{4}\;\boxed{}\;\boxed{}\;\boxed{}$ ：$4 \times 3 \times 2 = 24$（個）

共 96 個數字

> $24 \times 4 = 96$

$\boxed{5}\boxed{1}\boxed{2}\boxed{3}$　$\boxed{5}\boxed{1}\boxed{2}\boxed{4}$　$\boxed{5}\boxed{1}\boxed{3}\boxed{2}$　$\boxed{5}\boxed{1}\boxed{3}\boxed{4}$

第 97 個　第 98 個　第 99 個　第 100 個

▶▶▶▶ **Ans**

(1) 70 個　(2) 5134

> 「百位」選填「最小」數碼，所得「三位數字」較小！
> 同理「十位」選填「次小」數碼，所得「三位數」也會較小

例題 16　用 0，1，2，3，5，7，8 任取四個相異數碼做成四位數，試求做成的四位數為 25 的倍數有幾個？

▶▶▶▶ **Sol**

∵「四位數為 25 的倍數」⇔「末兩位數」是「5」的倍數

∴應分下列 3 種狀況討論：

> 「0」及「1，3，7，8 中，非千位用掉的數碼」共「4」個可選

　　　　　　　　　　千　百
(1) $\boxed{}\;\boxed{}\;\boxed{2}\;\boxed{5}$ ：∵首位不能選填「0」　∴有：$4 \times 4 = 16$ 個「四位數」

> 「1，3，7，8」選 1 個

> 「0」及「1，2，3，8 中，非千位用掉的數碼」

　　　　　　　　　　千　百
(2) $\boxed{}\;\boxed{}\;\boxed{7}\;\boxed{5}$ ：∵首位不能選填「0」　∴有：$4 \times 4 = 16$ 個「四位數」

> 「1，2，3，8」選 1 個

> 1，2，3，7，8 中，非千位用掉的數碼

　　　　　　　　　　千　百
(3) $\boxed{}\;\boxed{}\;\boxed{5}\;\boxed{0}$ ：∵「0」已用掉　∴有：$5 \times 4 = 20$ 個「四位數」

∴所求 = 16 + 16 + 20 = 52（個）

> 「1，2，3，7，8」選 1 個

▶▶▶▶ **Ans**

52 個

> 「末兩位數」有「特別要求」應優先「處理」，並留意「相異數碼」的要求！

例題 17 如圖，由 $A(0,3)$ 出發，每一次向 x 軸正向走一格時，向 y 軸方向升高或下降一格，走到 $B(6,1)$，有幾種走法？

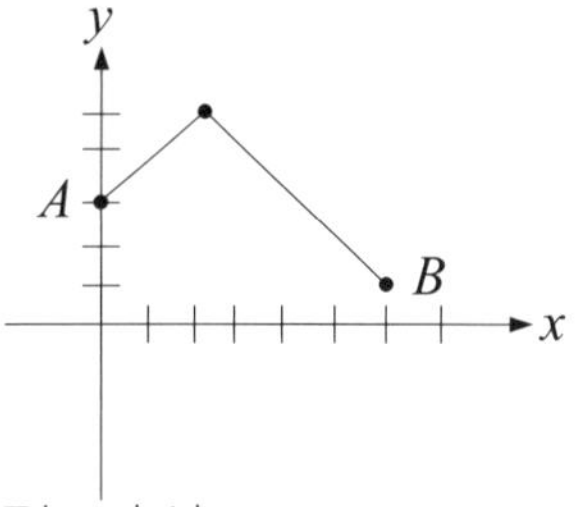

Sol

∵每次走「x 軸正向一格」時，其「y 軸升高或下降一格」

∴走法可分成兩類：

$\begin{cases}\text{甲型走法：向右 1 格且向上 1 格}\\ \text{乙型走法：向右 1 格且向下 1 格}\end{cases}$

現設：由 $A(0,3)$ 走到 $B(6,1)$ 需「x 次甲型」走法，「y 次乙型」走法

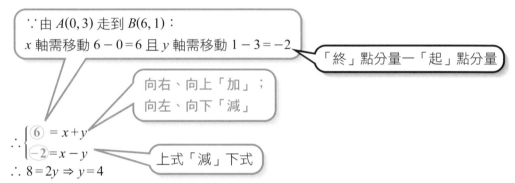

> ∵由 $A(0,3)$ 走到 $B(6,1)$：
> x 軸需移動 $6-0=6$ 且 y 軸需移動 $1-3=-2$

> 「終」點分量一「起」點分量

> 向右、向上「加」；
> 向左、向下「減」

∴ $\begin{cases}6=x+y\\ -2=x-y\end{cases}$

> 上式「減」下式

∴ $8=2y \Rightarrow y=4$

再把「$y=4$」代回「$6=x+y$」$\Rightarrow 6=x+4 \Rightarrow x=2$

∴由 A 走到 B 需：「2」次甲型及「4」次乙型

∴所求 $=\dfrac{(2+4)!}{2!\,4!}$（2 同（甲型）4 同（乙型）排列）$=\dfrac{6!}{2!\,4!}=15$（種）

> 不盡相異物排列

Ans

15 種

筆 記 欄

CHAPTER 13

排列與組合(3)——
進階題型彙整(B)：
圖形計數

重點整理13-1　應用的關鍵「特徵」與「策略」

「正 n 邊形」或「其他無法公式化」的「圖形計數」問題：
用一定的「標準」（如邊長、單位面積、圖形種類、方向、形態、大小、重量、……），
將複雜問題「切割分類」

應用　也可以用來求：「梯形」個數

「圖形計數」問題，必用：

請依一定的「趨勢順序」，
來討論「所有可能」的結果

(A) 矩形（或平行四邊形）個數：

「m 條橫」平行線及「n 條縱」平行線，共可圍出 $\dfrac{n \times (n-1)}{2} \times \dfrac{m \times (m-1)}{2}$ 個

矩形，又記為 $C_2^n \times C_2^m$。

橫、縱各取兩線，可以圍出一個指定四邊形

(B) 正方形個數：先分別計算，「邊長一單位、邊長二單位、……」的正方形個數，

再求其「總和」，就是答案。

依「邊長」大小，分類求取

「多邊形」問題的處理概念可推廣至：「平面」上「n 個相異點」的

◉ 直線：$C_2^n - \displaystyle\sum_{\substack{m \geq 3 \\ m \text{ 點共線}}} (C_2^m - 1)$

任取 2 點為一組，
可得一直線

「m 點共線」，多算的直線需扣減！
但「m 點共線」的「那條共線要留下」，
不要「扣減」！

◉ 三角形：$C_3^n - \displaystyle\sum_{\substack{m \geq 3 \\ m \text{ 點共線}}} C_3^m$

任取 3 點為一組，
可得一三角形

「共線 m 點」，不成三角形，
要「扣減」

(C) 凸「$n \geq 4$」多邊形問題：

若忘了「公式」，讀者可以由「$n=4$，$n=5$」下手，嘗試找出
「一般化規律」

「多邊形」問題的處理概念，也可推廣至：「平面」上「n 條相異直線」的

⊙ 交點：$C_2^n - \sum\limits_{\substack{m \geq 2 \\ m\,線平行}} C_2^m - \sum\limits_{\substack{m \geq 2 \\ m\,線共交點}} (C_2^m - 1)$

> 任取 2 線成一組，可得一交點

> 平行線，無交點

> 「m 線共交點」，多算的交點需扣減！但「m 線共交點」的「那個共交點要留下」，不要「扣減」！

⊙ 三角形：$C_3^n - \sum\limits_{\substack{m \geq 3 \\ m\,線平行}} C_3^m - \sum\limits_{\substack{m \geq 2 \\ m\,線平行}} C_2^m C_1^{n-m} - \sum\limits_{\substack{m \geq 3 \\ m\,線共交點}} C_3^m$

> 任取「共點 3 線」，不成三角形

> 任取 3 線為一組，得三角形

> 任取「平行 3 線」，不成三角形

> 任取「平行 2 線」，並配其他「不平行 1 線」，不成三角形

①多邊形的「邊」有：

n 條 —— 「n 邊形」有 n 個邊

> 由「相鄰頂點」組成

→ 對角線

> 由「非相鄰頂點」組成

由「頂點組成」的「直線（段）」有：

$C_2^n = $「邊」數＋「對角線」數 $= n + $「對角線」數

> 「n 個頂點」任取「2 個一組」，可得一條「由頂點組成的線」

> 「凸多邊形」無「3 點共線」問題！

②「對角線」有：

$C_2^n - n$ 條 ◁ 任取兩個頂點連成一條線，再扣 n 個邊

③由「頂點圍出的三角形」有：

C_3^n 個 ◁ 任取三個頂點連成一個三角形

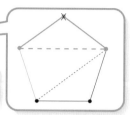

④含多邊形「兩邊的三角形」有：

n 個 ◄ 「每個頂點」與「2 個相鄰頂點」連成一個：
「含兩個邊」的三角形，共 n 個

⑤只含多邊形「一邊的三角形」有：

$n \times C_1^{n-4}$ 個

先自 n 邊中，任取「1 個邊」，再由：跟「選定邊」不相鄰、不共用的「$n-4$ 個頂點」中任取「1 個頂點」，跟選定邊的 2 個頂點，可連成「一個只含多邊形一個邊的三角形」

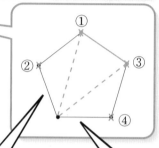

扣掉「①，②，③，④」外，還有「$n-4$」個頂點，取「1 個」跟「①，②」連成「只含一邊」的△

⑥「不含多邊形任一邊」的「三角形」有：

$C_3^n - n - (n \times C_1^{n-4})$ 個

任意三角形 扣減 含兩邊的三角形「n」個
　　　　　　 扣減 含一邊的三角形「$n \times C_1^{n-4}$」個

PS：$n \geq 4$ 的前提 ⇒ 不會有「含多邊形 3 個邊的三角形」

(D) 圓內接正「$2n$（$n \geq 2$）」邊形問題：

①由「頂點圍出」的三角形有： ◄ 圓內接「正 $2n$」邊形，無「3 點共線」問題

C_3^{2n} 個 ◄ $2n$ 個頂點「任取 3 個頂點」連成一個三角形

②由「頂點決定」的「直徑」有：

$\dfrac{2n}{2} = n$ 個 ◄ 「對分」圓的「兩」頂點連成一條直徑

③由「頂點圍出」的「直角」三角形有：

$n \times C_1^{2n-2}$ 個

以「直徑」為邊的「圓內接」△，為「直角」△

先自 n 條直徑中，任取「1 條直徑」。再跟「選定直徑」外的 $2n-2$ 個頂點中，任取「1 個頂點」，便可跟「選定直徑」的 2 個頂點，可連成一個「直角三角形」

④由「頂點圍出」的「鈍角」三角形有：

$2n \times C_2^{n-1}$ 個

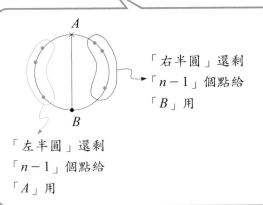

「右半圓」還剩
「$n-1$」個點給
「B」用

「左半圓」還剩
「$n-1$」個點給
「A」用

n 條直徑先任取「1 條直徑」，
得「直徑的 2 頂點 A，B」。

⊙A 與「左半圓的任 2 個頂點」連
　線，可得「鈍角△」有 C_2^{n-1} 個

⊙B 與「右半圓的任 2 個頂點」連
　線，可得「鈍角△」有 C_2^{n-1} 個

∴共有 $n \times (C_2^{n-1} + C_2^{n-1})$

　$= 2n \times C_2^{n-1}$ 個「鈍角△」

⑤由「頂點圍出」的「銳角」三角形有：

$C_3^{2n} - 2n \times C_2^n$ 個

任意三角形個數「減」
鈍角 或 直角三角形個數

(E)「空間」中 n 個相異點，可決定的「平面」有：

$C_3^n - \displaystyle\sum_{\substack{m \geq 4 \\ m \text{ 點共面}}} (C_3^m - 1)$ 個

任取 3 點為一組，
可得一平面

$$C_3^{2n} - (n \times C_1^{2n-2}) - (2n \times C_2^{n-1})$$
$$= C_3^{2n} - \left[n \times (2n-2) + 2n \times \frac{(n-1) \times (n-2)}{1 \times 2} \right]$$
$$= C_3^{2n} - n \times [(2n-2) + (n-1)(n-2)]$$
$$= C_3^{2n} - n \times (2n-2+n^2-3n+2)$$
$$= C_3^{2n} - n \times (n^2-n)$$
$$= C_3^{2n} - n \times \frac{n(n-1)}{2} \times 2$$
$$= C_3^{2n} - 2n \times C_2^n$$

扣減「m 點共平面」重複計算的平面數！
但留意：「m 點共平面」的「那個平面」
要留下，不要「扣減」！

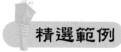

重點整理13-2　解開例題、弄懂策略

精選範例

例題 1　右圖中，有許多大大小小的正方形，請你幫忙算
出：總共有＿＿＿個正方形

> 「正 n 邊形」或「其他無法公式化」的「圖形計數」問題：
> 用一定的「標準」（如邊長、單位面積、圖形種類、方向、形態、大小、重量、
> ……），將複雜問題「切割分類」

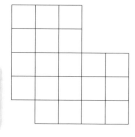

▶▶▶▶ Sol

∵
- 邊長 1 單位 ▢ 的有：20 個
- 或
- 邊長 2 單位 ▢ 的有：11 個
- 或
- 邊長 3 單位 ▢ 的有：4 個

> 用「邊長」這個「標準」
> 來「切割分類」

∴總共有 20 + 11 + 4 = 35 個正方形

▶▶▶▶ Ans

35 個正方形

> 在計算「邊長＞1」的「正方形」個數時，要留意：
> 別忽略了「兩大」的「共用一部份」狀況，也要
> 「計入」！
> 如

例題 2　如圖，每一小方格均為正方形，則(1)可決定幾個正方形？(2)幾個矩形？

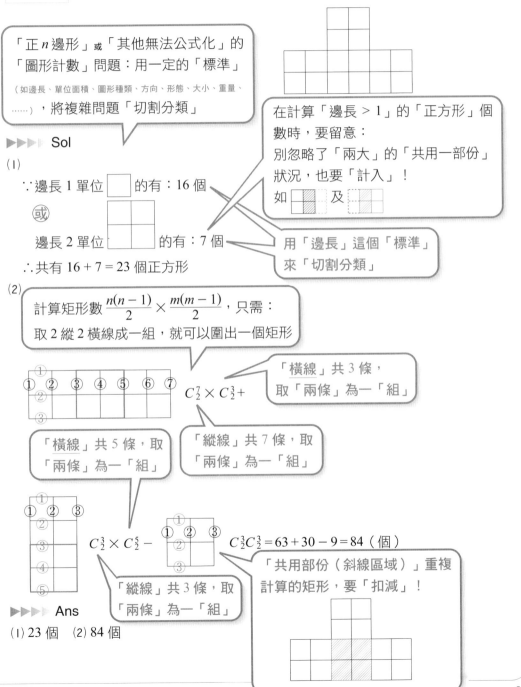

「正 n 邊形」或「其他無法公式化」的「圖形計數」問題：用一定的「標準」
（如邊長、單位面積、圖形種類、方向、形態、大小、重量、……），將複雜問題「切割分類」

在計算「邊長 > 1」的「正方形」個數時，要留意：
別忽略了「兩大」的「共用一部份」狀況，也要「計入」！
如　及

►►►► Sol

(1)
∵ 邊長 1 單位 □ 的有：16 個
或
邊長 2 單位 □ 的有：7 個

用「邊長」這個「標準」來「切割分類」

∴ 共有 16 + 7 = 23 個正方形

(2)
計算矩形數 $\dfrac{n(n-1)}{2} \times \dfrac{m(m-1)}{2}$，只需：
取 2 縱 2 橫線成一組，就可以圍出一個矩形

「橫線」共 3 條，取「兩條」為一「組」

$C_2^7 \times C_2^3 +$

「橫線」共 5 條，取「兩條」為一「組」

「縱線」共 7 條，取「兩條」為一「組」

$C_2^3 \times C_2^5 -$　$C_2^3 C_2^3 = 63 + 30 - 9 = 84$（個）

「共用部份（斜線區域）」重複計算的矩形，要「扣減」！

「縱線」共 3 條，取「兩條」為一「組」

►►►► Ans
(1) 23 個　(2) 84 個

例題 3 如下圖所示，請問圖形中共有幾個梯形？

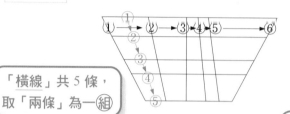

「橫線」共 5 條，
取「兩條」為一組

仿「矩形」的處理方式，「橫、斜
（「斜」當「矩形」的「縱」）」
分別取 2 條邊線為一「組」

►►►► Sol

$$C_2^5 \times C_2^6 = \frac{5 \times 4}{2} \times \frac{6 \times 5}{2} = 10 \times 15 = 150 \text{（個）}$$

「斜線」共 6 條，
取「兩條」為一「組」

3「●」共線，除了「水平線」外，
還有「斜線型」的 3「●」共線，千
萬別漏掉了！

►►►► Ans

150 個

例題 4 如圖，12 個點，相鄰的點都等距，
則(1)可決定幾條直線？(2)幾個三角形？

2「●」成一線

每組 3「●」共線的
「所在線」要留下

►►►► Sol

(1) $C_2^{12} - C_2^4 \times ③ + ③ - C_2^3 \times ⑧ + ⑧$

4「●」共線有
3 組，它們造
的直線會重複
計算，應予以
扣減

每組 4「●」共線
的「所在線」要
留下

3「●」共線有
8 組，它們造
的直線會重複
計算，應予以
扣減

$$= 66 - 18 + 3 - 24 + 8$$
$$= 35 \text{（條）}$$

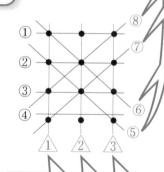

4「●」共線有「3」組

「無斜線型」的 4「●」共線

3「●」決定一「三角形」

有 8 組 3「●」共線

(2) $C_3^{12} - C_3^4 \times 3 - C_3^3 \times 8$

4「●」共線，取 3「●」的三角形數，是多算的 △，應予以扣減

有 3 組 4「●」共線

3「●」共線，取 3「●」的三角形數，是多算的 △，應予以扣減

$= 220 - 12 - 8$

$= 200$（個）

▶▶▶▶ Ans

(1) 35 條　(2) 200 個

例題 5　試問，下圖中共有幾個長方形？

「正 n 邊形」或「其他無法公式化」的「圖形計數」問題：
用一定的「標準」（如邊長、單位面積、圖形種類、方向、形態、大小、重量、……），
將複雜問題「切割分類」

▶▶▶▶ Sol

1. 先看裡面的那一個「小的田字形」長方形

總共有：

· 單位面積 1 的長方形　　4 個

· 單位面積 2 的長方形　2 個

· 單位面積 2 的長方形　2 個

· 單位面積 4 的長方形　1 個

用「面積」這個「標準」來「切割分類」

2. 外面還有一個「大的田字形」長方形也會有 ① 的分類 & 長方形個數
   所以，總共有：$2 \times (4+2+2+1) = 2 \times 9 = 18$ 個長方形

▶▶▶ Ans

18 個

例題 6   如圖，「至少」含 A 或 B 兩點之一的矩形有幾個？

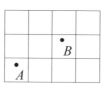

只要取 2 縱 2 橫線成一
組，就可圍出一個矩形

$n(A \cup B) = n(A) + n(B) - n(A \cap B)$

▶▶▶ Sol

「含 A」∪「含 B」＝（含 A）＋（含 B）－（含 A 且含 B）

 「欲含 B」：B 上面 2 條「橫線」，任取 1 條

 「欲含 B」：B 下面 2 條「橫線」，任取 1 條

$(C_1^4 \times C_1^3) + (C_1^3 \times C_1^1 \times C_1^2 \times C_1^2)$

 「能含 B」的「縱線」為：B 的右邊 2 條，任取 1 條

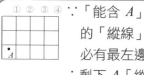 ∵「能含 A」的「縱線」必有最左邊
∴剩下 4「縱線」再任取 1 條

 ∵「能含 A」的「橫線」必有最下面
∴剩下的 3「橫線」再任取 1 條

「能含 B」的「縱線」為：B 左邊 3 條，任取 1 條

扣掉重覆算的

$- (C_1^2 \times C_1^2) = 12 + 24 - 4 = 32$（個）

 ∵「含 A 且含 B」的「橫線」必有最下面
∴剩下 B 上方的 2 條「橫線」再任取 1 條

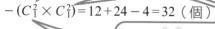 ∵「含 A 且含 B」的「縱線」必有最左邊
∴剩下 B 右邊的 2 條「縱線」再任取 1 條

▶▶▶ Ans

32 個

例題 7　數一數下圖中，共有幾個三角形？

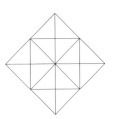

「正 n 邊形」或「其他無法公式化」的「圖形計數」問題：
用一定的「標準」（如邊長、單位面積、圖形種類、方向、形態、大小、重量、
……），將複雜問題「切割分類」

▶▶▶▶　Sol

依「腰長大小」，分類計數：

1. 腰長 1 者 ◺ ，共有 ⑯ 個

2. 腰長 $\sqrt{1^2+1^2}=\sqrt{2}$ 者 △ ，「四個頂角」分別有「4」組 ◇ ，而每一組

　　◇ 共有 4 個「腰長 $\sqrt{2}$」的△，因此：共有 ⑯ 個 ◀── $4\times4=16$

3. 腰長 2 者 ◺ ，有 ① ② ③ ④ （4 個）； ① ② （2 個）；

　　① ② （2 個）。因此：共有 ⑧ 個 ◀── $4+2+2=8$

4. 腰長 $\sqrt{2^2+2^2}=2\sqrt{2}$ 者，有 ① ② （2 個）； ① ② （2 個）。

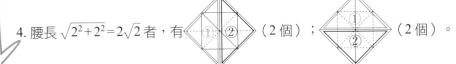

　　因此：共有 ④ 個 ◀── $2+2=4$

∴共有 $16+16+8+4=44$ 個三角形

▶▶▶▶　Ans

44 個三角形

用「腰長」這個「標準」
來「切割分類」

例題 8　如圖，此 10 點可決定 (1) 幾條直線？(2) 幾個三角形？

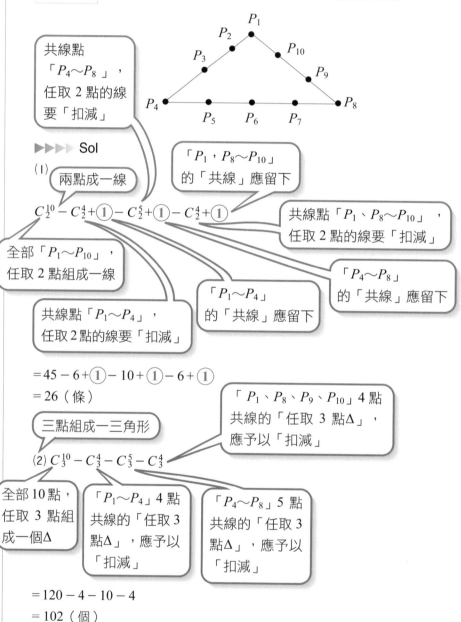

共線點「P_4～P_8」，任取 2 點的線要「扣減」

▶▶▶▶ Sol

(1) 兩點成一線

「P_1，P_8～P_{10}」的「共線」應留下

$C_2^{10} - C_2^4 + ① - C_2^5 + ① - C_2^4 + ①$

共線點「P_1、P_8～P_{10}」，任取 2 點的線要「扣減」

全部「P_1～P_{10}」，任取 2 點組成一線

「P_1～P_4」的「共線」應留下

「P_4～P_8」的「共線」應留下

共線點「P_1～P_4」，任取 2 點的線要「扣減」

$= 45 - 6 + ① - 10 + ① - 6 + ①$

$= 26$（條）

三點組成一三角形

「P_1、P_8、P_9、P_{10}」4 點共線的「任取 3 點△」，應予以「扣減」

(2) $C_3^{10} - C_3^4 - C_3^5 - C_3^4$

全部 10 點，任取 3 點組成一個△

「P_1～P_4」4 點共線的「任取 3 點△」，應予以「扣減」

「P_4～P_8」5 點共線的「任取 3 點△」，應予以「扣減」

$= 120 - 4 - 10 - 4$

$= 102$（個）

▶▶▶▶ Ans

(1) 26 條　(2) 102 個

例題 9　如右圖，試問此圖中共有幾個三角形？

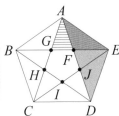

「正 n 邊形」或「其他無法公式化」的「圖形計數」問題：用一定的「標準」（如邊長、單位面積、圖形種類、方向、形態、大小、重量、……），將複雜問題「切割分類」

▶▶▶▶ Sol

依「單一小 Δ，兩個小 Δ 組成的大 Δ，…」來分類計算：

但需留意：由多個小 Δ 組成的大 Δ，需注意「組成大 Δ」的「小 Δ」～若不同，則「組成的大 Δ」，也會不同！

(1) 與 ΔAGF「畫圖相同」的三角形共有 5 個 ◁── ΔAGF，ΔBGH，ΔCHI，ΔDIJ，ΔEFJ

(2) 與 ΔAEF「畫圖相同」的三角形共有 5 個

(3) 與 ΔABF「畫圖相同」的三角形共有 ⑩ 個

(4) 與 ΔAED「畫圖相同」的三角形共有 5 個　　仿⑴，仔細判讀計數

(5) 與 ΔBIE「畫圖相同」的三角形共有 5 個

(6) 與 ΔACD「畫圖相同」的三角形共有 5 個

∴ 圖中三角形總數為 $5 \times 5 + ⑩ = 35$ 個

▶▶▶▶ Ans

35 個

例題 10　一個圓周上有 12 個等分點，任取 3 個等分點作為三角形的頂點，則共可得到幾個銳角三角形？

代入：「圓內接」正「$2n$」邊形，由頂點圍出的「銳角」三角形有：$C_3^{2n} - 2n \times C_2^n$ 個

▶▶▶▶ Sol

∵ $2n = 12$　　正「$2n$」邊形 v.s. 正「12」邊形

∴ $n = 6$

∴ 由頂點決定出的「銳角」三角形有：

$$C_3^{2n} - 2n \times C_2^n = C_3^{12} - 12 \times C_2^6 = \frac{12 \times 11 \times 10}{1 \times 2 \times 3} - 12 \times \frac{6 \times 5}{1 \times 2} = 220 - 180 = 40 \text{ 個}$$

▶▶▶▶ Ans

用「$n = 6$」代入公式

40 個

例題 11 　設平面有 15 條相異直線，其中 4 條互相平行，另有 5 條共點，剩下 6
條任 2 條不平行且任 3 條不共點，則這些直線可決定
(1) 幾個交點？　(2) 幾個三角形？

▶▶▶▶ Sol

> 2 點成一線

> 5 條「共點線」的
> 「交點」要保留！

(1) $C_2^{15} - C_2^4 - C_2^5 + ①$

> 5 條「共點線」，任取 2
> 條的「交點」會重複計
> 算，應予以「扣減」

> 4 條「平行線」，任取
> 2 條的「交點」是多算
> 的交點，應予以「扣減」

$= 105 - 6 - 10 + ① = 90$（個）

> 3 線成一三角形

> 5 條「共點線」，
> 任取 3 條，不成 Δ，
> 應予以「扣減」

無法組成三角形

(2) $C_3^{15} - C_3^4 - C_2^4 C_1^{11} - C_3^5$

> 4 條「平行線」任
> 取 3 條，不成 Δ，
> 應予以「扣減」

> 4 條「平行線」任取 2 條，再搭
> 配「11 條非平行」的任一條線，
> 不成 Δ，應予以「扣減」

$= 455 - 4 - 66 - 10 = 375$（個）

▶▶▶▶ Ans

(1) 90 個　(2) 375 個

例題 12 　圓的內接正八邊形之八個頂點 A_1，A_2，$\cdots$，A_8 任選 3 點作三角形，求
有幾個直角三角形？

> 代入：「圓內接」正「$2n$」邊形問題：
> 由頂點圍出的「直角」三角形有 $n \times C_1^{2n-2}$ 個

▶▶▶▶ Sol

由正八邊形可得 $2n = 8 \Rightarrow n = 4$

$\therefore 4 \times C_1^{2 \times 4 - 2} = 4 \times C_1^6 = 4 \times 6 = 24$（個）

▶▶▶▶ Ans

> 用「$n = 4$」代入公式

24 個

例題 13　一正立方體之八個頂點可決定幾個平面？

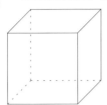

▶▶▶▶ Sol

∵任意 3 點可組成一平面

$C_3^8 = 56$

但需：扣減「4 點共平面」，重複計算的平面數（$C_3^4 - \boxed{1}$）

> 4點共平面，任取「3 點」的多算平面要「扣減」，
> 但 4 點共平面的「那個平面」，要留下！

> 別忽略了「內斜面型」
> 的「4 點共面」

6 組：「內斜面」，都是「4 點共面」

又因：4 點共面共有（$\boxed{6}$+6）組 = $\boxed{12}$ 組

> 6 組：正方形「表面」，
> 都是「4 點共面」

∴所求為：$C_3^8 - \boxed{12} \times (C_3^4 - \boxed{1})$

　　$= 56 - 12 \times (4 - \boxed{1})$

　　$= 56 - 12 \times 3$

　　$= 56 - 36$

　　$= 20$（個）

▶▶▶▶ Ans

20 個

筆 記 欄

CHAPTER 14

排列與組合(4)
─進階題型彙整(C)：
訊號，排排站，搭船，
單位互換，一筆畫

重點整理14-1　應用的關鍵「特徵」與「策略」

由「訊號」的「總量、總時間」下手列方程式

訊號問題：上梯、鳴笛、電報、旗語、……

應用 1

「訊號」問題，必用：

留意：不同訊號的「時間差」也要納入「方程式」

(A) 依題意列出「多元一次整係數」方程式：$a_1x_1 + \cdots\cdots + a_nx_n = m$。

(B) 列出上述方程式之所有「明確」的非負整數解，再進行「不盡相異物直排」。

應用 2

從係數大者，下手討論

「排排站（坐）—異物直線（環狀）排列」問題，必用：

「不能同時入選」：

仿「相鄰物」處理，不能同時入選物「視為一個」先「依題意處理」，再進行「不能同時入選物」的「誰入選」的「選擇排列」

(A)「相鄰」：所有相鄰物「看成一個」先「參與排列」，再進行「相鄰物」間「合乎題意」的「交換排列」。

(B)「保序」：所有保序物看成「相同空白位置」先「參與排列」，再進行「保序物」間「合乎題意」的「入駐空白位置排列」。

不盡相異物排列

如：a, b, c, d 作直線排列並要求「a 在 b 之前（左）」，則先視為「$\underset{\text{相同空白位置}}{\bigcirc, \bigcirc}, c, d$」

作直線排列：$\bigcirc c \bigcirc d$ 或 $\bigcirc cd \bigcirc$ 或 ……且「前$\bigcirc$必放 a」，「後$\bigcirc$必放 b」的「入駐空白位置排列」

(C)「先入坐環排」且「後入坐直排」。

不可翻環排 $= \dfrac{\text{直排數}}{\text{參與環排數}}$

∵「後入坐者」已有「先入坐者」可當「參考基準」
∴只能用「直排」思維來解題

如同：釘上「釘子」，已不能再「轉動」

再依題意「用組合 C，選間隔」，並依題意進行「插入（間隔）排列」

珠狀排列

= 可翻環排

$= \dfrac{\text{不可翻環排}}{2}$

「相鄰」策略的優先性「高」於「不相鄰」策略

「交錯、相間」是「特殊的不相鄰」，在「插入、交換排」時應特別小心！

通常只能同步互調

(D)「不相鄰」（含交錯、相間）先「非」指定物」排列，再「用 C 取間隔」進行「指定物」的「插入（間隔）排列」。

指定物 $\overset{\text{定義}}{=}$ 指定不相鄰物

「至少」千萬「不要」想成：先取一個給此指定之人（以免重複！）。

(E)「至少、不被允許、指定必有、否定狀況較少」：利用「扣減」來處理。

(F)「相對」：相對物「看成非」指定物」的「不相鄰」問題！

亦即：「相對物」當「非指定不相鄰物」，應先排列

一定要留意：能不能「每一對」都「互調」

 **應用 3**

會超載的「多容量」問題

∵「多人同搭 1 船」不管「上船次序」∴ 用 C 取人

「搭船」問題，必用：

設有運載量為 k 人的 n 艘船，今有 m 個人欲渡河，則其搭乘方式共有

⊙ $m \leq k$：n^m 種方法

⊙ $m > k$：$n^m - \overset{\text{「}m\text{ 人」搭1船}}{C_m^m P_1^n} - \overset{\text{「}m-1\text{ 人」搭1船，另「1人」搭另1船}}{C_{m-1}^m C_1^1 P_2^n} - \cdots\cdots$

（末）全

任意 − 不安全的超載

用「組合 C 選人」；用「排列 P 選船」

留意：「間隔」不只是「中間間隔」而已！

如：「一元」6 個且「五元」1 個，可配出「款項 5 元」的取法有「一元」5 個或「五元」1 個。亦即：同一款項，有多種支付方法。在討論時，不易處理。

∴ 應先「檢驗」是否要進行「大單位」換成「小單位」程序

應用 4

「單位互換」：幣值、砝碼、……

(A)不定值支出 − 可支付款項問題：

　　⊙ 小單位和 ≥「緊鄰」大單位，則「緊鄰大單位」全部化為「小單位」

　　⊙ 考慮取 0 張，1 張，…的方法數（配合乘法原理！）

　　⊙ 再扣除各單位「皆取 0 張」的情形（只一種）

(B)定值互換 − 定額支出，多法支付問題：

　　⊙ 設 m 元分別由 $x_1,\cdots,x_n$ 張，幣值 $A_1,\cdots\cdots,A_n$ 的鈔票支付，可得方程式：

　　　$A_1 x_1 + \cdots + A_n x_n = m$

　　⊙ 由「係數大者」且「從 0」開始討論其「明確」的整數解

應當視為一朵「$m+n$」瓣花

∵ 花「只有單一交點」

∴ 無「m 瓣花，n 瓣花」共交點狀況

⊙ 「m」環：$(2m+1)!$

⊙ 「n」瓣花：$n! \times 2^n$

⊙ 「m 環，n 環」或「m 環，n 瓣花」有「共交點」：$\dfrac{(m+n)!}{m! \times n!}$

應用 5

「一筆畫」問題，必用：

方法數 =（「基本形」方法數的「乘積」）×（「共交點」方法數的「乘積」）

一筆畫
原理解說

「交點」可重複過；但
「路線」不可重複過

一筆畫

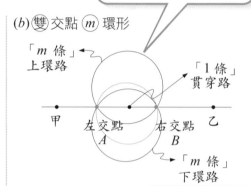

無「貫穿線」者，
「甲 $\overset{到}{\to}$ 乙」無法一筆劃

(1) 基本形

(a) ⑱交點 (n) 瓣花形

交點 A = 花心

(b) ⑲交點 (m) 環形

「m 條」
上環路

「1 條」
貫穿路

甲　左交點　右交點　乙
　　　A　　　B

「m 條」
下環路

甲到乙的一筆畫

⇔「甲到心」且「　$\overset{\text{走完所有 } n \text{ 瓣}}{\text{走花瓣}}$　」且「心到乙」

Ans = ①× 『$n! \times 2^n$』 ×①

先排 (n) 瓣「走」的先後排序，再
考慮：「每瓣」都有 順逆 ②種
「離心回心」走法

甲到乙的一筆畫

⇔「甲到左交點 A」且

「走 $\begin{cases}\text{「}2m\text{」條環路} \\ \text{「}1\text{」條貫穿路}\end{cases}$」且

「右交點 B 到乙」

共 $(2m+1)!$ 條路

Ans = ①× 『$(2m+1)!$』 ×①

$\begin{cases} A \to B \text{ 有 } 2m+1 \text{ 條路可選} \\ A \leftarrow B \text{ 剩 } 2m \text{ 條可選} \end{cases}$

⋮

只剩①條路可選到 B（不再回 A）

∴ 共有「$(2m+1) \times (2m) \times \cdots \times (1) = (2m+1)!$」
種「走完所有環狀路」的走法

⑵複合形

(a)「無」共交點

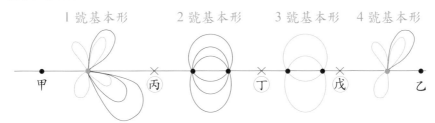

「基本形」彼此不干擾的「連乘積」

甲到乙 ⟺ 「甲到丙」且「丙到丁」且「丁到戊」且「戊到乙」

Ans = $\boxed{1\ 號方法數} \times \boxed{2\ 號方法數} \times \boxed{3\ 號方法數} \times \boxed{4\ 號方法數}$

(b)「有共交點」

無「花、花」
相接的複合形

同一朵花

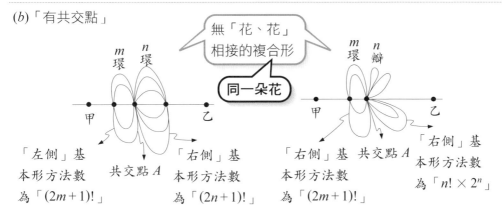

「左側」基
本形方法數
為「$(2m+1)!$」

共交點 A

「右側」基
本形方法數
為「$(2n+1)!$」

「右側」基
本形方法數
為「$(2m+1)!$」

共交點 A

「右側」基
本形方法數
為「$n! \times 2^n$」

Case ⑴環環形
$\begin{cases} ⊙左\ m\ 環先用\ 1\ 路，「由甲走向\ A」 \\ ⊙右\ n\ 環先留\ 1\ 路，「離開\ A\ 到乙」 \end{cases}$

Case ⑵環花形
$\begin{cases} ⊙左\ m\ 環先用\ 1\ 路，「由甲走向\ A」 \\ ⊙右\ n\ 瓣，最後\ 1\ 瓣走完，便直接「離開\ A\ 到乙」 \end{cases}$

∵「環環」與「環花」在「共交點 A」處會有「向左走、向右走」的「選擇」且都
要「由 A 向左（或右）走，一定還要沿左（或右）側的另①條路回到 A」

∴在「共交點 A」處，會產生：

$\begin{cases} *環環形：左側「剩」m\ 組，右側「剩」n\ 組，「離開\ A\ 又回到\ A」的 \\ \quad（\underline{「保序」}）路線 \\ \qquad {\scriptstyle 視為相同物} \\ *環花形：左側「剩」m\ 組，右側「仍為」n\ 瓣，「離開\ A\ 又回到\ A」的 \\ \quad（\underline{「保序」}）路線 \\ \qquad {\scriptstyle 視為相同物} \end{cases}$

環形「2 路成 1 組」

∴在「共交點 A」處，又會產生『向左 m 同，向右 n 同』的『不盡相異物排列』效果！

左環 v.s. 右花環的
不盡相異物排列

∴所求為： 左側「基本形」方法數 $\times \dfrac{(m+n)!}{m! \times n!} \times$ 右側「基本形」方法數

在「共同交點」會產生由
「不盡相異物排列」所造成的倍數公式

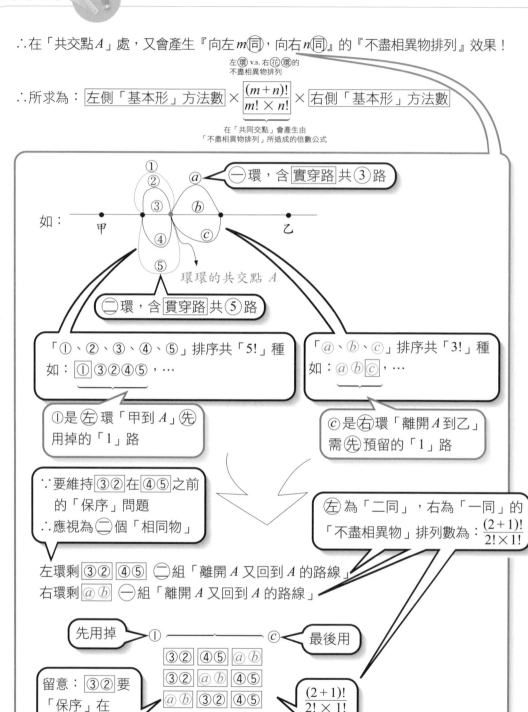

一環，含 實穿路 共 ③ 路

如： 甲 ●——●——●——● 乙

環環的共交點 A

二環，含 貫穿路 共 ⑤ 路

「①、②、③、④、⑤」排序共「5!」種
如： ①③②④⑤，…

「ⓐ、ⓑ、ⓒ」排序共「3!」種
如： ⓐⓑⓒ，…

①是 左 環「甲到 A」先
用掉的「1」路

ⓒ是 右 環「離開 A 到乙」
需 先 預留的「1」路

∵要維持 ③② 在 ④⑤ 之前
的「保序」問題
∴應視為 二 個「相同物」

左 為「二同」，右為「一同」的
「不盡相異物」排列數為：$\dfrac{(2+1)!}{2! \times 1!}$

左環剩 ③② ④⑤ 二組「離開 A 又回到 A 的路線」
右環剩 ⓐⓑ 一組「離開 A 又回到 A 的路線」

先用掉 ——①————————ⓒ—— 最後用

③② ④⑤ ⓐⓑ
③② ⓐⓑ ④⑤
ⓐⓑ ③② ④⑤

留意： ③② 要
「保序」在
④⑤ 之前

在 A「左、右來去去」的走法

$\dfrac{(2+1)!}{2! \times 1!}$

重點整理14-2　解開例題、弄懂策略

精選範例

例題 1　有一樓梯共 10 級，今有一人登樓，若每步走一級「或」二級，則上樓之方法有幾種？

▶▶▶▶　Sol

由「總級數」下手列方程式

設此人，一步「走一級有 x 次」，「走二級有 y 次」

∴依題意，可得：$x+2y=10$，$x, y \geq 0$

由係數大者，下手討論

∴可得：

x	10	8	6	4	2	0
y	0	1	2	3	4	5

∴$x+2y=10$ 的「非負整數解」有：

$(x, y) = (10, 0)$，$(8, 1)$，$(6, 2)$，$(4, 3)$，$(2, 4)$，$(0, 5)$

如同：排列「$1_{級}2_{級}1_{級}$」意謂：先一步 1 級，再一步 2 級，再一步 1 級

∴所求 $= \dfrac{(10+0)!}{10! \ 0!} + \dfrac{(8+1)!}{8! \ 1!} + \dfrac{(6+2)!}{6! \ 2!} + \dfrac{(4+3)!}{4! \ 3!} + \dfrac{(2+4)!}{2! \ 4!} + \dfrac{(0+5)!}{0! \ 5!}$

$= 1 + 9 + \dfrac{8 \times 7}{1 \times 2} + \dfrac{7 \times 6 \times 5}{1 \times 2 \times 3} + \dfrac{6 \times 5}{1 \times 2} + 1$

$= 89$ 種

▶▶▶▶　Ans

89 種

⊙x 個「一級」：相同物「一級」有 x 個
⊙y 個「二級」：相同物「二級」有 y 個
在進行「不盡相異物排列」，
其排列數有：$\dfrac{(x+y)!}{x! \ y!}$ 種

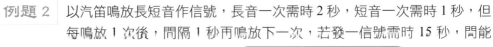

例題 2 以汽笛鳴放長短音作信號，長音一次需時 2 秒，短音一次需時 1 秒，但每鳴放 1 次後，間隔 1 秒兩鳴放下一次，若發一信號需時 15 秒，問能作成若干種信號？

▶▶▶▶ Sol

設此信號共發出：長音 x 個，短音 y 個

∴依題意，可得：$2x + y + \underbrace{(x+y-1)}_{\substack{「x+y」個音，\\ 需間隔「x+y-1」秒}} = 15$，$x, y \geq 0$

> 別忘了：「間隔秒數」，也要納入「方程式」

> 由「時間」：「秒數」下手列「方程式」

∴可得：$3x + 2y = 16$，$x, y \geq 0$

> 由係數大者，下手討論

∴可得：

x	0	1	2	3	4	5	6
y	8	×	5	×	2	×	×

> y 無整數解

> y 是負數

∴$3x + 2y = 16$ 的「（明確）非負整數解」有：

$(x, y) = (0, 8)$，$(2, 5)$，$(4, 2)$

> 「長長短」的訊號意義 ≠ 「短長長」的訊號意義

∴所求 $= \dfrac{(0+8)!}{0!\ 8!} + \dfrac{(2+5)!}{2!\ 5!} + \dfrac{(4+2)!}{4!\ 2!}$

$= 1 + \dfrac{7 \times 6}{1 \times 2} + \dfrac{6 \times 5}{1 \times 2}$

$= 37$ 種

> ⊙ x 個「長音」：相同物「長音」有 x 個
> ⊙ y 個「短音」：相同物「短音」有 y 個
> 在進行「不盡相異物排列」，
> 其排列數有：$\dfrac{(x+y)!}{x!\ y!}$

▶▶▶▶ Ans

37 種

例題 3　A，B，C，D，E 作直線排列，試求

(1) A 在 B 之左側

(2) A 在 B，C 之左側

(3) A 在介於 B，C 之間　的排列數？

> 保序：保序物看成「相同空白位置」先參與排列（不盡相異物排），
> 再依題意「進行「保序物」的「入駐空白位置排列」

▶▶▶　Sol

不盡相異物排列

(1) ∵ A，B 有「次序」關係

∴ 視為：○，○，C，D，E 先排列，有「$\dfrac{5!}{2!\,1!\,1!\,1!}=60$」種方法

接著：兩個「空白位○○」的「第 1 個一定放 A」且「第 2 個一定放 B」

∴ 有「$1 \times 1 = 1$」種「保序物入駐空白位置排列」方法

∴ 所求 $= 60 \times 1 = 60$ 種

(2) ∵ A，B，C 有「次序」關係

∴ 視為：○，○，○，D，E 先排列有「$\dfrac{5!}{3!\,1!\,1!}=20$」種方法

接著：三個「空白位○○○」的「第 1 個一定放 A」

且「後兩個，可任意放 B，C」

∴ 有「$1 \times 2! = 2$」種「保序物入駐空白位置排列」方法

∴ 所求 $= 20 \times 2 = 40$ 種

(3) ∵ A，B，C 有「次序」關係

∴ 視為：○，○，○，D，E 先排列有「$\dfrac{5!}{3!\,1!\,1!}=20$」種方法

接著：三個「空白位○○○」的「第 2 個一定放 A」

且「第 1、第 3 個，可任意放 B，C」

∴ 有「$1 \times 2! = 2$」種「保序物入駐空白位置排列」方法

∴ 所求 $= 20 \times 2 = 40$ 種

▶▶▶　Ans

(1) 60 種　(2) 40 種　(3) 40 種

男（或女）排在一起 ⇔ 男相鄰（或女相鄰）

例題 4　有四個男生及三個女生排成一列

(1)若要求男生須排在一起，女生亦須排在一起，則其排列法有幾時種？

(2)若只要求男生排在一起，則排列法有幾種？

▶▶▶▶ Sol

「相鄰」：相鄰物「看成一個」先參與排列，再進行「相鄰物」間「合乎題意」的「交換排列」

(1)「4」男相鄰：看成一個 大男 1 個 男男男男

且「3」女相鄰：看成一個 女女女

大女 1 個

∴可得，所求 = 2!×4!×3!

= 288 種

「1 大男」跟「1 大女」先排，再

有 2!

男男男男 及 女女女

內部「交換排」有 4!　　內部「交換排」有 3!

(2)「4」男相鄰：看成一個 大男 1 個 男男男男

∴可得：所求 = 4!×4! = 576 種

先「1 大男」跟「3 女」先排，再

有 4!

男男男男

內部「交換排」有 4!

▶▶▶▶ Ans

(1) 288 種　(2) 576 種

例題 5　五對夫妻共 10 人排成一列，

(1)若夫妻相鄰，則其排列法有幾種？

(2)若夫妻相鄰且男女相間，則排法有幾種？

▶▶▶▶ Sol

設五對夫妻為 Aa，Bb，Cc，Dd，Ee

分別以「大寫、小寫」表示「夫、妻」

(1)夫妻相鄰：

相鄰：相鄰物「看成一個」先參與排列，再進行「相鄰物」間「合乎題意」的「交換排列」

所求 = 5! × (2!)^5 = 3840 種

● 「夫妻相鄰」

∴把 Aa，Bb，Cc，Dd，Ee 看成「5」個「合體人」，

夫妻 看成「1 個合體人」

並先排有「5!」種方法。

● 接著，再考慮：「夫妻」交換排列的狀況

∵每對「夫妻交換排列」都有「2!」種方法

∴5 對「夫妻交換排列」共有「(2!)^5」種方法

「相鄰」策略的優先性「高」於「不相鄰」策略

「相鄰」：相鄰物「看成一個」先參與排列，再進行「相鄰物」間「合乎題意」的「交換排列」

(2)夫妻相鄰且「男女相間」：

所求 $= 5! \times (2! \times 1^4) = 240$ 種

「異類交錯（如：男女交錯）」，必與「首對」同步「左、右」！

⦿「夫妻相鄰」部份，跟(1)的討論一樣，由「相鄰物看成一體」，可先得「5!」

「相間、交錯」的「插入、交換排」應留意：是否「只能同步交換排」

⦿在「夫妻相鄰」的前提下，想達成「男女相間」的要求，「不能每對夫妻都『任意』交換排列」！

因為：「可能產生「不符題意」的 $\boxed{Aa}\ \boxed{bB} \cdots \boxed{eE}$

兩女相鄰

其實，當「首對夫妻」的「左、右確定」時，其他「夫妻」亦與「首對夫妻的左、右方向」相同！亦即：

$\boxed{Aa}\ \boxed{Bb}\ \boxed{Cc}\ \boxed{Dd}\ \boxed{Ee}$ 或 $\boxed{aA}\ \boxed{bB}\ \boxed{cC}\ \boxed{dD}\ \boxed{eE}$

首對夫在「左」　　　　首對夫在「右」

$\therefore$ 共 $2! \times 1^4$

首對左右「交換」

$\because$ 其他 4 對，一定要跟「首對夫妻」左右同步
$\therefore$ 其他 4 對，都只有「1」種「左右排列」關係

▶▶▶▶ Ans

(1) 3840 種　(2) 240 種

女 至少 女 至少 女 至少 女 $\neq$ 男女「相間」
　　1男　　1男　　1男

例題 6　男生四人與女生三人排成一列，若女生之間「至少有一個男生」，共有多少種排法？

▶▶▶▶ Sol

等同於：女生「不相鄰」

(1)先排男生 B_1, B_2, B_3, B_4 有「4!」種方法

「不相鄰」的「指定物」＝指定不相鄰物

「非指定物」先排！

指定物 $\overset{定義}{=}$ 指定不相鄰物

再「用 C 取間隔」進行「指定物」的「插入（間隔）排列」

(2)「5」個間隔取「3」個間隔給「（指定物）女生插入排」有：$C_3^5 \times 3!$

∴所求 $= 4! \times (C_3^5 \times 3!) = 24 \times \dfrac{5 \times 4}{1 \times 2} \times 6 = 1440$ 種

取間隔

「女生」插入「間隔」排列

① ② ③ ④ ⑤
B_2 B_1 B_3 B_4

留意：「間隔」不只是「中間的間隔」

▶▶▶▶ Ans

1440 種

例題 7　甲、乙、丙、丁、戊、己、庚七人排成一列，依下列各條件求排法共有幾種？

(1)任意排列　　　　　　　　(2)甲、乙、丙三人相鄰
(3)丙、丁、戊三人不可相鄰　(4)甲與乙、丙均相鄰
(5)甲不排首位且乙不排末位

▶▶▶▶ Sol

「n」人任意排：$P_7^7 = 7! = 540$

(1) $7! = 5040$ 種

(2)∵甲、乙、丙三人相鄰　∴先將其視為 甲乙丙 為 1 人，並與其他四人共排有「5!」種排法。

接著，再考慮：甲乙丙 內部的「交換排列」方法有 3! 種

∴共有 $5! \times 3! = 720$ 種

「不相鄰」：「非指定物」先排

相鄰：相鄰物「看成一個」先參與排列，再進行「相鄰物」間「合乎題意」的「交換排列」

(3)先排「甲，乙，己，庚」四人，有「4！」種方法。接著，再考慮：「5」個間隔取「3」個間隔給「（指定物）丙、丁、戊」進行「插入（間隔）排列」：$C_3^5 \times 3!$

①甲②乙③己④庚⑤

「丙丁戊」插入「間隔」排列

∴所求 $= 4! \times (C_3^5 \times 3!) = 1440$ 種

取間隔

(4)∵「甲乙丙三人一體組」與其他 4 人共排有「5!」種排法。且 甲與乙，丙均相鄰，必是 乙 甲 丙 或 丙 甲 乙 這兩種可視為「1 人」的情況

∴所求 = 5! ×2 = 240 種

相鄰：相鄰物「看成1個」先參與排排，再進行「相鄰物」間「合乎題意」的「交換排」

「至少、不被允許、指定必有、否定狀況較少」用「扣減」

(5)設集合 A 為「甲排首位」的排法 且 集合 B 為「乙排末位」的排法

∴所求 = 全部排法 $- n(A \cup B)$

$= 7! - [n(A) + n(B) - n(A \cap B)]$

$= 7! - (6! + 6! - 5!) = 3720$ 種

「扣減」不符合要求的：「甲在首」或「乙在末」

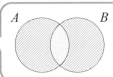

$\Leftrightarrow n(A \cup B) = n(A) + n(B) - n(A \cap B)$

⊙$A \Leftrightarrow$ 甲在首 $\overset{定義}{\Leftrightarrow}$ 「甲先填首」且「其他 6 人任意（直線）排列」

同理：$B \Leftrightarrow$ 乙在末 $\overset{定義}{\Leftrightarrow}$ 「乙先填末」且「其他 6 人任意（直線）排列」

∴可得：$n(A) = n(B) = \boxed{6}!$

只剩下「6人」可「任意排列」

「甲在首」v.s.「乙在尾」

∴所求 = 任意(7!)「扣」（甲在首或乙在末）

$=$ 任意(7!) $- (6! + 6! - 5!)$

$= 3720$

甲在首

乙在末

「甲在首」且「乙在末」後，只剩下「5人」可「任意排列」

▶▶▶ Ans

(1) 5040 種　(2) 720 種　(3) 1440 種　(4) 240 種　(5) 3720 種

例題 8 甲、乙、丙、…等 7 人，排成一排，試求下列之排列數？

(1)甲、乙、丙相鄰

(2)甲、乙、丙不完全相鄰 ← 恰二人相鄰 **或** 全分開

(3)甲、乙、丙全分開

(4)甲、乙、丙恰二人相鄰 ← 完全不相鄰

(5)甲、乙相鄰，丙、丁分開

> 不相鄰：「非指定物」先排，再「用C取間隔」給「指定物」進入「插入排列」

> 相鄰：相鄰物「看成一個」先參與排列，再進行「相鄰物」間「合乎題意」的「交換排列」

> 「至少、不被允許、指定必有、否定狀況較少」，必用「扣減」來處理

> 任意－甲排首

(6)甲不排首位

(7)甲不排首，乙不排尾 ← 任意－（甲排首 **或** 乙排尾）

(8)甲不排首，乙不排中，丙不排尾

> 用「扣減」及「有限制者先排」

(9)甲必在乙左方

(10)甲在乙左方 **且** 乙在丙左方

(11)甲在乙、丙左方

> 保序：保序物看成「相同空白位置」先參與排列（不盡相異物排），再依題意進行「保序物」的「入駐空白位置排列」

▶▶▶▶ Sol

(1)「甲、乙、丙」相鄰視為一個

∴ 甲乙丙、丁、戊、己、庚「5 人」先直排有：5!，

再考慮：甲、乙、丙 的彼此「交換排」，有：3!

∴所求 = 5! × 3! = 720 種

(2)甲、乙、丙「不」「完全相鄰」

= 任意（全）－「甲、乙、丙全相鄰」

= 7! － 5! × 3! = 4320 種

> 「否定狀況較少」用「扣減」

全分開＝不相鄰

(3)「甲、乙、丙」全分開（≠「不」完全相鄰，需注意！）

丁 戊 己 庚 四人先排 4!
① ② ③ ④ ⑤

可能間隔一個人 或 兩個
≠甲、乙、丙「相間」，應注意！

取間隔　　插入排　　「非指定物」先排

$C_3^5 \times 3!$

丁 戊 己 庚
① ② ③ ④ ⑤
⊙ 不相鄰：可任取 3 個間隔來插入
⊙ 相間：只能取①②③；②③④；
　③④⑤來插入

「5」個間隔取「3」個間隔給「指定物」
進行「插入（間隔）排列」

∴所求 $= 4! \times (C_3^5 \times 3!) = 1440$ 種

(4)∵甲、乙、丙恰兩人相鄰

注意：不相鄰＝分離≠相間

∴情況① 甲、乙 相鄰 且 甲、乙 與丙「分離」

∴ 甲乙 視為一個，與 丁 、 戊 、 己 、 庚 先參與排列，有「5!」。再 甲乙 交換排，
有「2!」

∴直排有：5! × 2!

甲乙 跟「非丙的另 4 人」直排有 5!；
再 甲乙 交換排 2!

又因：丙只有 4 個「○」型「間隔」可插入

甲乙 丁 戊 己 庚
× × ○ ○ ○ ○

「丙」不可以排在「×」位置

∴共：(5! × 2!) × 4

∵只有「4」個「○」型間隔，可取「1」個間
隔，來讓「丙插入排列」
∴ $C_1^4 \times 1 = 4$

情況② 甲丙 相鄰 且 甲丙 與乙「相離」，同情況①共：(5! × 2!) × 4
情況③ 乙丙 相鄰 且 乙丙 與甲「相離」，同情況①共：(5! × 2!) × 4
∴所求 = [(5! × 2!) × 4] × 3 = 2880 種

(5) 甲乙 相鄰 且 丙 、 丁 分開：
　= （ 甲乙 相鄰）－（ 甲乙 相鄰 且 丙丁 相鄰）
　= (6! × 2!) － (5! × 2! × 2!) = 960 種

甲乙 丙丁 與另外「3 人」先作「5 人」直
排有 5!，再考慮 甲乙 的交換排有 2!，最後
還要考慮 丙丁 的交換排有 2!

甲乙 與另外「5 人」先作「6 人」直
排有 6!，再考慮 甲乙 的交換排有 2!

(6)甲不排首

　＝ 任意 －「甲排首」

　＝ $7! - 6! = 4320$ 種

> ∵ 甲排首：甲被限定位置
>
> ∴ 甲先排入，其他 6 人再任意直排
>
> ∴ 共 $1 \times 6 = 6!$
>
> 　　　↓　　↓
>
> 甲排首，6 人再任意排

(7)甲不排首 且 乙不排尾 ＝ 任意 －（甲排首 或 乙排尾）

　∵ 任意 $= 7!$

　且 甲排首 $= 6!$；乙排尾 $= 6!$；甲排首 且 乙排尾 $= 1 \times 1 \times 5!$

　∴ 甲排首 或 乙排尾 $= 6! + 6! - 5!$

　∴ 所求 $= 7! - (6! + 6! - 5!) = 7! - 2 \times 6! + 5! = 3720$ 種

> 甲排首方法數「1」且乙排尾方法數「1」且其他 5 人在中間任意直排方法數「5!」

> $A =$ 甲排首，$B =$ 乙排尾

> $n(A) + n(B) - n(A \cap B) = n(A \cup B)$

(8)甲不排首，且 乙不排中，且 丙不排尾 ＝ 任意 －（甲排首 或 乙排中 或 丙排尾）

　現設 $A =$ 甲排首，$B =$ 乙排中，$C =$ 丙排尾

　∴ 可得：$n(A) = n(B) = n(C) = 1 \times 6! = 6!$

　且 $n(A \cap B) = n(A \cap C) = n(B \cap C) = 1 \times 1 \times 5! = 5!$

　且 $n(A \cap B \cap C) = 1 \times 1 \times 1 \times 4! = 4!$

> 仿 (6)、(7)

　∴ 所求 ＝ 任意 $- n(A \cup B \cup C)$

$= 7! - (3 \times 6! - 3 \times 5! + 4!) = 7! - 3 \times 6! + 3 \times 5! - 4! = 3216$ 種

> $n(A \cup B \cup C) = n(A) + n(B) + n(C)$
>
> $\qquad - [n(A \cap B) + n(B \cap C) + n(A \cap C)]$
>
> $\qquad + n(A \cap B \cap C)$

(9)∵ 甲在乙左方

　∴ 視為□、□、丙、丁、戊、己、庚 之不盡相異物排列，有 $\dfrac{7!}{2!}$ 種排法

　又因：不管□、□ 如何排，前□必填甲，後□必填乙，只有 1 種排法

　∴ 所求 $= \dfrac{7!}{2!} \times 1 = \dfrac{7!}{2!} = 2520$ 種

(10) ∵甲在乙左方 且 乙在丙左方

∴視為□、□、□、丁、戊、己、庚之不盡相異物排列，有 $\dfrac{7!}{3!}$ 種排法

又因：不管□、□、□如何排，必「依序填甲、乙、丙」，只有 1 種排法

∴所求 $= \dfrac{7!}{3!} \times 1 = 840$ 種

(11) ∵甲在乙、丙左方

∴視為□、□、□、丁、戊、己、庚之不盡相異物排列，有 $\dfrac{7!}{3!}$ 種排法

又因：□、□、□不管如何，甲必在第一個□，而「乙、丙」可在後兩個□，任意排，有 $1 \times 2!$ 種排法

∴所求 $= \dfrac{7!}{3!} \times 1 \times 2! = 1680$ 種

▶▶▶▶ Ans

(1) 720　(2) 4320　(3) 1440　(4) 2880　(5) 960　(6) 4320　(7) 3720　(8) 3216　(9) 2520
(10) 840　(11) 1680

相鄰：相鄰物「看成 1 個」先參與排列，再進行「相鄰物」間「合乎題意」的「交換排」

「不完全」相鄰
⇔ 「不會全部」相鄰
⇔ 「任意」－「全部」相鄰

共有「3 個」深

例題 9 將「庭院深深深幾許」七個字排成一列，則

(1) 共有幾種排法？

(2) 三個「深」字「不完全相鄰」，有幾種排法？

(3) 三個「深」字「完全不相鄰」，有幾種排法？

(4) 三個「深」字「至少」有兩個相鄰，有幾種排法？

任意

「完全不相鄰」
⇔ 全部都分離

「至少」用「扣減」

「任意」－「只一個相鄰」
⇔ 「任意」－「全分離」　⇔ 「恰兩個」相鄰或
「恰三個」相鄰或…

▶▶▶▶ Sol

(1) 共有 $\dfrac{7!}{3!} = 840$ 種排法

$\dfrac{(3+1+1+1+1)!}{3!\,1!\,1!\,1!\,1!} = \dfrac{7!}{3!}$

不盡相異物排列！

「3 深」為相同物

相同物「深」3 個，另有「4」個相異物

三個「深字」視為一個字,與「其他字」先參與排列

(2)所求 = 任意排法「－減」三個「深」字「完全相鄰」的排法

$$= 840 - 5! \times ① = 720 種$$

深深深 看成「1 個」大深,與其他「4 個相異字」共「5 個」作「完全相異物直排」

深深深 交換排,只有 $\frac{3!}{3!} = 1$ 種

3 個「相同」深,作「不盡相異物排列」

(3)先排「庭院幾許」四個字有「4!」排法,再將三個「深」字,進行「插入(間隔)排列」。

作「不盡相異物」排列

$$所求 = 4! \times (C_3^5 \times \frac{3!}{3!}) = 240 種$$

∵不相鄰:「非指定物(4 個非深字)」先排,再「用 C 取間隔」給「指定物(3 個深字)」進行「插入(間隔)排列」

∴先「非深」的「4」個字排列有「4!」種排法,並得:

3 個「相同」深「插入(間隔)排列」

$$△ 庭 △ 院 △ 幾 △ 許 △$$
$$① \quad ② \quad ③ \quad ④ \quad ⑤$$

接著,再從「①～⑤」等「5 個可插入間隔」任選「3 個間隔」,給「3 個相同深字」進行「插入(間隔)排列」,共有:$C_3^5 \times \frac{3!}{3!}$

取「間隔」

(4) ∵ $\begin{cases} 三個「深」字恰兩個相鄰:4! \times C_2^5 \times 2! = 480 種排法, \\ 三個「深」字全相鄰:5! \times 1 = 120 種排法 \end{cases}$

仿 (2)

∴共 480 + 120 = 600 種排法

∵「相鄰」需視為「1 個」

「大深」「小深」為「相異物」(排列)

∵「恰兩個相鄰」可以看成:庭 院 深深(大深) 深(小深) 幾 許 的「大深」與「小深」不相鄰!

又因「不相鄰」:非指定物 先排,再「取間隔」給 指定物 插入(間隔)排列,可得:

$$△ 庭 △ 院 △ 幾 △ 許 △$$
$$① \quad ② \quad ③ \quad ④ \quad ⑤$$

「大深」、「小深」進入「插入(間隔)排列」

∴可得所求為:$4! \times (C_2^5 \times 2!)$

取「間隔」

「非指定物(4 個非深字)」先排

▶▶▶▶ Ans

(1) 840 種　(2) 720 種　(3) 240 種　(4) 600 種

如：「5」人坐圓桌，則「參與環排數 = 5」　　不可翻「環排」 $= \dfrac{\text{直排數}}{\text{參與環排數}}$

例題 10 從 8 個人中選出 5 個人圍圓桌而坐，有多少不同的坐法？

▶▶▶ **Sol**

∵ 從 8 個人中選出 5 個人作直線排列有 $P^8_5 = 6720$ 種　　∴ 所求 $= \dfrac{P^8_5}{5} = 1344$ 種

▶▶▶ **Ans**

1344 種

「5」人參與環排

例題 11 爸爸、媽媽、哥哥、妹妹四人參加喜宴，與其他人坐滿一張 12 個座位的圓桌。若四人座位相鄰，且哥哥、妹妹夾坐於爸爸、媽媽中間，則共有幾種不同坐法？

▶▶▶ **Sol**

(1)先將「全家四人」視為「1 人」，並與「其餘八人」先作「環狀排列」：共有 $\boxed{\dfrac{9!}{9}}$

種方法

「相鄰」：相鄰物「看成 1 個」先參與排列，再進行「相鄰物」間「合乎題意」的「交換排列」

可交換，有「2!」種

可交換，有「2!」種

∴ 共有「2!」×「2!」種，「相鄰物」間的「交換排」

⑴：先入坐，「環排」
⑵：後入坐「直排」

(2)接著，考慮「家人」間的「交換排」：有　　爸媽選擇兩側 2!　×　兄妹選擇中間兩個位置 2!　種方法

∴ 由(1)及(2)，可得所求 $= \dfrac{9!}{9} \times (2! \times 2!) = 161280$ 種坐法

▶▶▶ **Ans**

161280 種

∵ $\boxed{\text{全家}}$ 及「另 8 人」，共「9 人」的「直排數 = 9!」

∴ 環排數 $= \dfrac{9!}{9}$

不可翻「環排」 $= \dfrac{\text{直排數}}{\text{參與環排數}}$

「人」必不可翻

「人」坐圓桌，必為「不可翻」環排

例題 12　甲、乙、丙、丁、戊、己六人圍一圓桌而坐，依下列各條件求排法共有幾種？

(1)任意坐　　　　(2)甲、乙相鄰　　　　(3)丙、丁相對

(4)戊、己不相鄰　(5)甲、乙相鄰且戊、己不相鄰

▶▶▶▶ Sol

不可翻環排數 = $\dfrac{直排數}{參與環排數}$，參與環排數 = 「6」人

(1) $\dfrac{6!}{6} = 120$ 種

「甲、乙」相鄰「視為 1 人」，並與其餘四人先「環狀」排列有「$\dfrac{5!}{5}$」種排法，再進行「甲、乙的交換排列」有「2!」種

(2)所求 $= \dfrac{5!}{5} \times 2! = 48$ 種排法

相鄰：相鄰物「視為 1 個」先參與排排，再進行「相鄰物」間的「交換排列」

「相對物」視同「非指定物」的「非$\overset{\text{非}}{\text{不}}$相鄰」問題：「丙、丁」兩人「看成非指定物」先「入坐環排」，有「$\dfrac{2!}{2}$」=「1」

(3)所求 $= 1 \times 4! = 24$ 種排法

「剩下」4 人在「丙、丁」間的「4」個位置，進行「插入排列」有「$C_4^4 \times 4! = 4!$」種

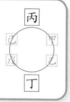

先讓「甲，乙，丙，丁」四人入座「環排」，有「$\dfrac{4!}{4}$」種排法，再讓「戊、己」從「可插入的①～④」中，選「2 個位置」進行「插入（間隔）排列」，有「$C_2^4 \times 2! = \dfrac{4 \times 3}{1 \times 2} \times 2 = 4 \times 3$」種排法

(4)所求 $= \dfrac{4!}{4} \times (4 \times 3) = 72$ 種排法

「先入坐環排」且「後入坐直排」

(5)所求 $= \dfrac{3!}{3} \times (2!) \times (3 \times 2) = 24$ 種排法

甲、乙相鄰「先視為 1 人」並與丙、丁先作「環狀排列」，有「$\dfrac{3!}{3}$」種排法，再考慮「甲、乙」的「交換排」，有「2!」種。最後再讓「戊、己」從「可插入的①～③」中，選「2 位置」進行「插入（間隔）排列」，有「$C_2^3 \times 2! = \dfrac{3 \times 2}{1 \times 2} \times 2 = 3 \times 2$」

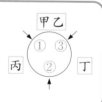

▶▶▶▶ Ans

(1) 120 種　(2) 48 種　(3) 24 種　(4) 72 種　(5) 24 種

例題 13 紅黃藍綠等七個不同色的珠子串成一個項圈，則下列各情況可串出幾種項圈？(1)紅色不與黃，藍相鄰　(2)紅黃藍三色恰有兩色相鄰

「否定狀況較少」
用「扣減」

先求「不可翻」環排數，再用：
「可翻環排數 $= \dfrac{不可翻環排數}{2}$」

▶▶▶ Sol

(1)所求 = 任意 － (紅黃相鄰 或 紅藍相鄰)

不可翻環排數 $= \dfrac{7!}{7} = 6!$
$\therefore$ 珠排數 $= \dfrac{6!}{2} = 360$

「紅黃相鄰」：「紅黃」先看成「1 個」，並與其他「5」珠「先環排」，有「$\dfrac{6!}{6} = 5!$」種。
再「紅黃交換排列」有「2!」種
$\therefore$ 不可翻環排數 $= 5! \times 2!$
$\therefore$ 珠排數 $= \dfrac{5! \times 2!}{2} = 5! = 120$ 種；
同理：「紅藍相鄰」，也有「120」種

$n(A \cup B) = n(A) + n(B) - n(A \cap B)$

$= 360 - (120 + 120 - 「紅黃相鄰 且 紅藍相鄰」)$
$= 360 - (240 - 24)$
$= 120 + 24 = 144$ 種

變成：「黃紅藍 或 藍紅黃」三色相鄰！
$\therefore$ 三色看成「1 個」，並與其他「4」珠先環排有「$\dfrac{5!}{5} = 4!$」種。再「黃、藍交換（紅置中不動）」有「2!」種
$\therefore$ 環排數有「4! × 2!」種
$\therefore$ 珠排數 $= \dfrac{4! \times 2!}{2} = 4! = 24$

「船」容量大：當「未」「人」一定要登船；當「全」但「船」有「安全容量限制」，因而需留意：「人數"＞"安全容量」的狀況，需「扣減」！

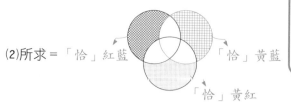

(2)所求 = 「恰」紅藍 「恰」黃藍 「恰」黃紅

上圖，三塊區域的「個數」都相同

$$= 3 \times \left[\text{紅}\boxed{黃}\text{相鄰} - \left\{ \begin{array}{c} \boxed{紅}\boxed{黃}\text{相鄰} \\ 且 \\ \boxed{黃}\boxed{藍}\text{相鄰} \end{array} \right. - \left\{ \begin{array}{c} \boxed{紅}\boxed{黃}\text{相鄰} \\ 且 \\ \boxed{藍}\boxed{紅}\text{相鄰} \end{array} \right. \right]$$

仿(1)

$$= 3 \times [120 - 24 - 24]$$

$$= 3 \times 72 = 216$$

「恰」紅黃相鄰
=「紅黃相鄰」－「紅黃相鄰，再與藍也相鄰」

▶▶▶▶ Ans

(1) 144 種　(2) 216 種

紅黃 藍 或 藍 紅黃

用「組合 C」取人；用「排列 P」取船

例題 14　不同的渡船三艘，每艘最多可載 5 人，則
　　　　　(1) 5 人過渡時，安全過渡的方法有幾種？
　　　　　(2) 6 人過渡時，安全過渡的方法有幾種？
　　　　　(3) 7 人過渡時，安全過渡的方法有幾種？

▶▶▶▶ Sol

(1)∵每人有「3」船可選
　∴共有 $3^5 = 243$ 種方法

「3 船」挑「1 船」給「6 人組」搭乘

(2)∵每艘最多可載 5 人
　∴6 人不可選同一艘

$$所求 = 3^6 - \overset{6人選同一艘}{C_6^6 \times P_1^3} = 726 種$$

「3 船」排「2 船」給「6 人組」跟「1 人組」搭乘
∵涉及：給「不同大小組」且「組成人也不同」搭乘
∴需用「排列」

(3)不安全的過渡情形有兩種：
　7 人同選一艘及 6 人同選一艘（其餘 1 人選另一艘）

$$所求 = 3^7 - \overset{7人選同一艘}{C_7^7 \times P_1^3} - \overset{6人一艘，落單1人也一艘}{C_6^7 \times C_1^1} \times P_2^3 = 2142 種$$

▶▶▶▶ Ans

(1) 243 種　(2) 726 種　(3) 2142 種

不可以「三種」硬幣，都不取

例題 15　一元硬幣 3 個，5 元硬幣 4 個，10 元硬幣 5 個，則 (1)若至少取出一個，則有幾種不同的取法？　(2)可配出多少種不同的款項？

不考慮「款項」的同與 不同

不定額

▶▶▶▶ Sol

(1)所求 $= 4 \times 5 \times 6 - \boxed{1 \times 1 \times 1}$

扣減「一元、五元、十元」都取「0 個」

∵不考慮「款項」
∴不用進行「大單位」是否「需要」換成「小單位」的程序

取「0 個，1 個，2 個，3 個」一元硬幣，共「4」種取法！
同理：五元硬幣有「5」種取法，十元硬幣有「6」種取法

$= 120 - \boxed{1}$

$= 119$ 種

「扣減」全都「取 0」個的「1 種」取法

小單位「和」≥ 大單位，應將「大單位」$\boxed{全部}$ 換成「小單位」

(2)∵「一元」和 $= 3$「沒超過」五元，但
　「五元」和 $= 5 \times 4 = 20$「已超過」十元
　∴應將「十元」換成「五元」，得：「五元」共 $4 + (2 \times 5) = 14$ 個
　∴變成：「一元」3 個 及「五元」14 個的款項問題！
　∴所求 $= 4 \times 15 - (1 \times 1) = 59$ 種

原來「五元」的個數

「十元」$\boxed{全部}$ 換成「五元」的個數

扣減：「一元、五元」都取「0 個」

一元：可取「0 個，1 個，2 個，3 個」；
五元：可取「0 個，1 個，…，14 個」

▶▶▶▶ Ans

(1) 119 種　(2) 59 種

由係數大者開始討論　　定額

例題 16　將 50 元紙幣一張，兌換成 1 元$_{或}$ 5 元$_{或}$ 10 元硬幣的方法有幾種？

▶▶▶ Sol

設「50 元」可換成「1 元 x 個」，「5 元 y 個」，「10 元 z 個」的「組合」

∴ 可得：$x + 5y + 10z = 50$　　　由「款項 50」下手列方程式

$$\begin{cases} z=0 \Rightarrow x+5y=50 \Leftrightarrow y=0,1,2,\cdots,10 \text{ 共「11」個} \\ z=1 \Rightarrow x+5y=40 \Leftrightarrow y=0,1,2,\cdots,8 \text{ 共「9」個} \\ z=2 \Rightarrow x+5y=30 \Leftrightarrow y=0,1,2,\cdots,6 \text{ 共「7」個} \\ z=3 \Rightarrow x+5y=20 \Leftrightarrow y=0,1,2,3,4 \text{ 共「5」個} \\ z=4 \Rightarrow x+5y=10 \Leftrightarrow y=0,1,2 \text{ 共「3」個} \\ z=5 \Rightarrow x+5y=0 \Leftrightarrow y=0 \text{ 共「1」個} \end{cases}$$

∵ 對「解的個數」無影響
∴ 對應的「x 解」沒列出！

並不是「x 無解」喔！

∴ 共有：$\underbrace{11 + 9 + \cdots + 1}_{\text{共 6 項的「等差級數」和}} = \dfrac{(11+1) \times 6}{2} = 36$ 種

「等差」梯形「和」公式
$$a_1 + \cdots + a_n = \dfrac{(a_1 + a_n) \times n}{2}$$

▶▶▶ Ans

36 種

例題 17　下列各圖形是由甲地到乙地的路徑。若要經過每一條路徑且不重複已
走過的路（即「一筆畫」的走法），試問有幾種方法？

代入：「雙交點」
的 m 環「基本形」
的方法數 $= (2m+1)!$

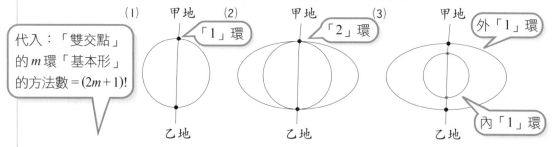

(1) 甲地　「1」環　　(2) 甲地　「2」環　　(3) 甲地　外「1」環　　內「1」環

乙地　　乙地　　乙地

▶▶▶ Sol

(1)「1」環：$(2 \times \boxed{1} + 1)! = 3! = 6$ 種方法

(2)「2」環：$(2 \times \boxed{2} + 1)! = 5! = 120$ 種方法

(3)「外 1 環」，「內 1 環」且「不共交點」：

$(2 \times \boxed{1} + 1)! \times (2 \times \boxed{1} + 1)! = 3! \times 3! = 6 \times 6 = 36$ 種方法

▶▶▶ Ans

(1) 6 種　(2) 120 種　(3) 36 種

例題 18 　下列兩圖形是由甲地到乙地的路徑，試問「一筆畫」的走法有幾種？

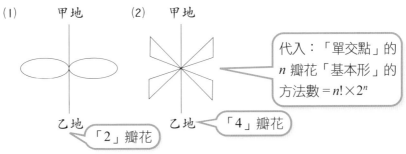

(1) 甲地　　　(2) 甲地

代入：「單交點」的 n 瓣花「基本形」的方法數 $= n! \times 2^n$

乙地　　「2」瓣花

乙地　「4」瓣花

▶▶▶ **Sol**

(1)「2」瓣花：$2! \times 2^2 = 2 \times 4 = 8$ 種方法

(2)「4」瓣花：$4! \times 2^4 = 24 \times 6 = 384$ 種方法

▶▶▶ **Ans**

(1) 8 種　(2) 384 種

⊙ 「m」環：$(2m+1)!$

⊙ 「n」瓣花：$n! \times 2^n$

⊙ 「m 環，n 環」或「m 環，n 瓣花」有「共交點」：$\dfrac{(m+n)!}{m! \times n!}$

代入：（「基本形」的方法數「乘積」）×（「共交點」的方法數「乘積」）

例題 19 　下列兩圖形是由甲地到乙地的路徑，試問「一筆畫」的走法有幾種？

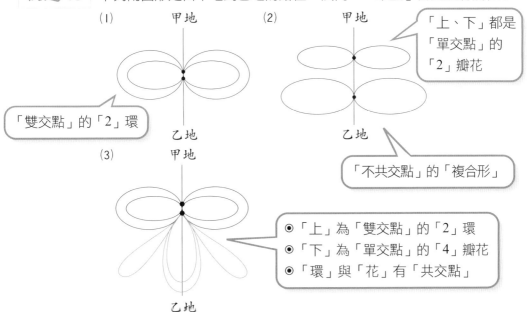

(1) 甲地　　　(2) 甲地

「上、下」都是「單交點」的「2」瓣花

「雙交點」的「2」環

乙地　　　乙地

「不共交點」的「複合形」

(3) 甲地

⊙ 「上」為「雙交點」的「2」環
⊙ 「下」為「單交點」的「4」瓣花
⊙ 「環」與「花」有「共交點」

乙地

303

▶▶▶▶ **Sol**

(1) 「2」環：$(2 \times ② + 1)! = 5! = 120$ 種方法

(2) 「上、下」為「不相交」的「2」瓣花 $= (2! \times 2^2) \times (2! \times 2^2) = 64$ 種方法

> 只計「基本形」的乘積

> 有「共交點」的「複合形」

(3) 「上」為「2」環⊞「下」為「4」瓣花⊞「相交」複合形：

$$(2 \times ② + 1)! \times (4! \times 2^4) \times \frac{(2+4)!}{2! \times 4!} = 120 \times 384 \times 15 = 691200$$ 種方法

▶▶▶▶ **Ans**

(1) 120 種　(2) 64 種　(3) 691200 種

例題 20　從 5 對夫妻中選中 4 人，求其選法有幾種？

　　　　(1) 夫妻不能同時選　(2) 恰有一對夫妻同時入選

> 「不能同時入選」仿「相鄰」：視為「一個」，先「依題意處理」，再進行「誰入選」的「選擇排列」

▶▶▶▶ **Sol**

(1) 夫妻不能同時選，先視為「一個合體」

∴ 夫妻 , 夫妻 , 夫妻 , 夫妻 , 夫妻 ，看成「5」個「合體人」，

夫妻 看成「1 個合體人」

並先選出「4」個合體人，有 $C_4^5 = 5$ 種方法

> 「依題意」先取「4」個「合體人」成一「組」

> 「4」對 夫妻 ，每一對 夫妻 都有：「選夫 或 選妻」等「2」種方法

接著，再考慮： 夫妻 「由誰入選」的「選擇排」，有「$2 \times 2 \times 2 \times 2 = 2^4$」種方法

∴ 所求 $= 5 \times 2^4 = 5 \times 16 = 80$ 種

(2) 5 對中先選 1 對「夫妻全入選」，有 $C_1^5 = 5$ 種方法

亦即：選 2 對為一「組」

> 5 對夫妻，先選 1 對，當「夫妻同時入選」的那一對

再從剩下的 4 對夫妻中，選 2 個「合體人」為一「組」

∴ $C_2^4 = 6$

> 有特殊限制者，先處理

> 4 個合體人： 夫妻 夫妻 夫妻 夫妻 ，取「2」個為一「組」

「非同時入選」的「2」對 夫妻 ，每一對 夫妻 都有：「選夫 或 選妻」等「2」種方法

接著，再考慮： 夫妻 「由誰入選」的「選擇排」，有「2×2」

$\therefore 2^2$

$\therefore$ 所求 $= 5 \times 6 \times 2^2 = 120$ 種

▶▶▶ Ans

(1) 80 種　(2) 120 種　　代入：「m」環方法數 $= (2m+1)!$

例題 21　由 A 到 B 一筆畫完，有幾種走法，（每條路都要經過）且不重覆？

「基本形」間「無共交點」

「內」為「雙交點」的「1」環

A ━━━━━━━━ B

「右」為為「雙交點」的「1」環

「外」為「兩」個「雙交點」的「1」環

 及

▶▶▶ Sol

$\therefore$ 所求 $= \underbrace{(2 \times \boxed{1} + 1)!}_{\text{「左」側「外」大環}} \times \underbrace{(2 \times \boxed{1} + 1)!}_{\text{「左」側「外下」環}} \times \underbrace{(2 \times \boxed{1} + 1)!}_{\text{「左」側「內」環}} \times \underbrace{(2 \times \boxed{1} + 1)!}_{\text{「右」側環}}$

$= (3!)^4 = 1296$ 種

▶▶▶ Ans

1296 種

「至少，不被允許，指定必有，否定」用「扣減」

例題 22　甲、乙、丙、丁四人取出各自的名片放在桌上，各拿回一張，但「不拿自己的」，求有幾種方法？

「扣減」不符合要求的

▶▶▶ Sol

所求 =「任意」排法 −（有人拿回自己的名片）

$= 4! - (3! + 3! + 3! + 3! - C_2^4 \, 2! + C_3^4 \, 1! - C_4^4)$

甲拿自己，　乙拿　丙拿　丁拿　選 2 人　　選 3 人
剩下 3 人任意　自己，　自己，自己，拿自己　　拿自己
　　　　　　　剩下　剩下　剩下
　　　　　　　3 人任意　3 人任意　3 人任意　剩下 2 人任意　剩下 1 人任意　選 4 人都拿自己

$3! + 3! + 3! + 3!$

也可以

$= \underset{\substack{\text{選 1 人} \\ \text{拿自己}}}{C_1^4} \times \underset{\substack{\text{剩下} \\ \text{3 人任意}}}{3!}$

$n(A \cup B \cup C \cup D) = n(A) + n(B) + n(C) + n(C)$

$- \begin{bmatrix} n(A \cap B) + n(A \cap C) \\ + n(A \cap D) + n(B \cap C) \\ + n(B \cap D) + n(C \cap D) \end{bmatrix}$

$+ \begin{bmatrix} n(A \cap B \cap C) + n(A \cap B \cap D) \\ + n(A \cap C \cap D) + n(B \cap C \cap D) \end{bmatrix}$

$- n(A \cap B \cap C \cap D)$

$$=24-4\times 3!+6\times 2-4+1$$
$$=24-24+12-4+1$$
$$=9\ 種$$

▶▶▶ Ans

9 種

例題 23　"人人為我，我為人人" 八個字排成一列，"人"字相鄰，"為"字相鄰且 "我" 字不相鄰，有幾種排法？

> 「不相鄰」：「非指定物」先參與排列，再「用組合 C 取間隔」給「指定物」進行「插入（間隔）排列」

▶▶▶ Sol

因：題目要求「人」字相鄰，「為」字相鄰

> 相鄰：相鄰物「看成 1 個」先參與排列，再進行「相鄰物」間「合乎題意」的「交換排」

∴ 人人人人 ， 為為 分別視為一體，先排的排列數有： $2!$ 種

接著： 人人人人 與 為為 的「交換排」分別為：

「$\dfrac{4!}{4!}$」與「$\dfrac{2!}{2!}$」 ← 「相同物」的「不盡相異物排列」

> ∵「相鄰」的優先性「商」於「不相鄰」
> ∴ 先處理「相鄰」

∴「相鄰」的排法有： $2!\times \dfrac{4!}{4!}\times \dfrac{2!}{2!}=2$ 種方法

最後，再考慮：「不相鄰」字「我」的「取間隔」進行「插入（間隔）排列」，可得：

> 「3」個間隔取「2」個成一組

> 本題的「非指定物＝非 不 相鄰物」：
> 人人人人 & 為為

$$C_2^3\times \dfrac{2!}{2!}=3\times 1=3\ 種$$

> 相同「我，我」的插入（間隔）排列　不盡相鄰物排列

∴ 所求 $=2\times 3=6$ 種

▶▶▶ Ans

6 種

△人人人人△為為△
　①　　②　　③

先用「C 取人」,再進行「職務排列」

例題 24 10 人選出三人分別當班長、副班長、風紀股長,若 10 人中 A、B 兩人「不能」同時被選上,則有幾種選法?

「至少,不被允許,指定必有,否定狀況較少」用「扣減」

▶▶▶ **Sol**

「任意」方法 $-$(某兩人皆當選)

$= C_3^{10} \times 3! - C_1^8 \times 3!$

「扣減」不符合要求的「兩人同時被選上」

10 人　　　3 人排　　　A、B 已被選上　　　3 人排職位
選 3 人　　3 種職位　　剩下 8 人再選 1 人

$= \dfrac{10 \times 9 \times 8}{1 \times 2 \times 3} \times 6 - 8 \times 6$

$= 720 - 48$

$= 672$ 種

▶▶▶ **Ans**

672 種

例題 25 三串分別為 3 個黑氣球,2 個白氣球,4 個灰氣球,每次射破的必須是該串最低的那一個,則全部射破有幾種射法?

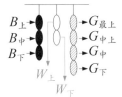

▶▶▶ **Sol**

黑氣球 B,白氣球 W,灰氣球 G

$\because$ 可能狀況為:$\boxed{B_下} \to \boxed{B_中} \to W_下 \to G_下 \to G_中 \to G_{中上} \to W_上 \to \boxed{B_上} \to G_{最上}$

或　　$W_下 \to W_上 \to \boxed{B_下} \to \boxed{B_中} \to G_下 \to G_中 \to G_{中上} \to \boxed{B_上} \to G_{最上}$

$\vdots$

先考慮:「顏色」的不盡相異物直排

$\because$ 同色,必「由下而上」逐一射破,亦即:3 黑(同理:2 白,4 灰)被射破的「次序」一定是「先下黑,再中黑,後上黑」

$\therefore$ 一定是:「下、中、上、最上」,只有「1 種」擊破次序

$\therefore$ 所求 $= \dfrac{9!}{3! \, 2! \, 4!} \times 1 = 1260$ 種

再考慮:擊破次序的方法數 =「1」種

▶▶▶ **Ans**

1260 種

筆 記 欄

CHAPTER 15

排列與組合⑸—
進階題型彙整(D)：
分組，物入箱（函數、整
數解）

重點整理15-1　應用的關鍵「特徵」與「策略」

「部份同」非全用

（奇數組、偶數組）或（兄弟隊、統一隊）或（男人、女人）或（花色、點數）

應用 1

「**分組**」問題，**必用**：

「撲克牌」問題，通常需：「先選花色，再選點數」

(A)「組內、外都相異」的取物問題：

　　◉依題意，討論：可能的「組別」配對狀況

　　　如：「2 個奇數、3 個偶數」或「3 個男生、5 個女生」…

　　◉自各「異物組」，用組合 C「取物」

（紅帽 4 頂，黃帽 3 頂）或（5 個 a，4 個 b）

(B)「組內同、組外異」的取物問題：

「組合 C」不能用在「組內取相同物」喔！

∵「組內同」、「組外異」

∴先用「C 取組別」，再依題意進行「必要的不盡相異物排列」

　　先依題意，分「幾同，幾異」來討論可能狀況，如「n 同；$n-1$ 同 1 異；$n-2$ 同 2 異；……」；再進行「各異同狀況的不盡相異物排列」。

如：自「$3R$，$4Y$」取「5」個字母，可能：

◉3 同、2 同　　$\{3R, 2Y\}$，$\{3Y, 2R\}$

◉4 同、1 異　　$\{4Y, 1R\}$

無 $\{4R, 1Y\}$ 的可能

應用 2

此處方法：只能回答「係數 ^{都是} $= 1$」的整數解「個數」有幾個？並無法回答「係數 ^{都是，不全為} $= 1$」的整數解「是誰」？

「**方程式－不等式**」的「**整數解個數**」問題，**必用**：

(A)先轉成「同係數 等式的 正 整數解個數」問題，再用「組合 C 取 中間 間隔」來分「個數 ≥ 1」的堆。

「堆的個數」，依序當「變數」的「正整數解」

(B)「不等式」需先引入「新變數，予以等式化」。

最好：先將「同係數」化為「1」

∵原式用「$\le$」

∴「$(x+y+z)-10$」的「最大可能值為 $\boxed{0}$」

∴w「至少」要能「補掉」這個差距缺口

∴「$w \ge 0$」

如：⊙$x+y+z$「$\le$」10，取「$w \ge 0$」補足「$x+y+z$ 與 10」的「可能差距」

如：⊙$x+y+z$「$<$」10，取「$w \ge 1$」補足「$x+y+z$ 與 10」的「可能差距」

∵原式用「$<$」

∴「$(x+y+z)-10$」的「最大可能值為 $\boxed{-1}$」

∴w「至少」要能「補掉」這個差距缺口

∴「$w \ge 1$」

「物」不管是「全同、全異」，都要全用掉

應用 3

逐一列出「可能」的「堆大小」

「物入箱」的「分堆」問題，必用：

(A) n「同物」入 m「同箱」：「只求分堆」形態，不進行「堆大小」之「排序」。

留意：題目對

「堆大小」＝「箱子的裝物數」的要求是：

⊙可有、可無 或

⊙至少 1 個 或

⊙其他…

如：「5 同物，入 3 同箱」應分「3 個（箱）堆」且「堆大小」的可能值為：

(5, 0, 0)

(4, 1, 0)

(3, 2, 0)

(3, 1, 1)

大→小

↓

小

(5, 0, 0)

同一種堆大小 ＝ (0, 5, 0)

同一種堆大小 ＝ (0, 0, 5)

應先「找出堆（大小）形態（題目也許會給）」，再據此進行「純分組」動作

(B) n「同物」入 m「異箱」：「先分堆」，再進行「堆大小」之「排序」。

引進「變數代表箱子的裝物個數」再轉化成「方程式的（正）整數解$\boxed{個數}$」問題

⊙給 m 個「異箱」編號，依序編成：$1_{號}$箱、$2_{號}$箱、…

⊙設 $1_{號}$箱裝了「x_1」個「相同物」，$2_{號}$箱裝了「x_2」個「相同物」，

  ⋮

  且共裝了「n」個「相同物」

∴可得：$r_1 + \cdots + x_m = n$

注意：以「物」為主角來「選箱入駐（選人分送）」！

「物」要用完，而「箱」不一定要全用到

～不同於：「位數問題」是以「位置」為主角來「選」填數碼！

「位置」要用完，而「數碼」不一定要全用到

(C) n「異物」入 m「同箱」：異物的「純分組」。

比賽 規劃，也是一種「純分組」問題

(D) n「異物」入 m「異箱」：依題意，先「異物純分組」，再依題意「選異箱（人）入駐（分給人排列）」。

「異物分組」後，即使「組大小相同」，仍為「不同物組成」的「異組」

「不用分組」的「異物入異箱」：直接「用異物，來選異箱入駐（選人分送）排列」

「純分組」的特別注記：

不管「分組次序」或「分組後，不再分給人」

異物「純分組」的「分組數」

= 用組合 C，依序逐次取「指定數量」物品，再 $\div$「組大小相同」的「組數階乘」

如：

⦿有「3 組」的「組大小 = 5」，則「$\div 3!$」

⦿有「4 組」的「組大小 = 2」，則「$\div 4!$」

如：a, b, c, d, e 分成「2, 2, 1」大小的分組方法數 = ？

Ans：$C^5_2 \times C^3_2 \times C^1_1 \div 2!$

5 個先取②個為一組，剩下 3 個再取②個為一組，剩下 1 個再取①個為一組時，有可能出現：

先取 $\{a, b\}$，再取 $\{c, d\}$，再取 $\{e\}$ $\overset{\text{等同}}{\Longleftrightarrow}$ 先取 $\{c, d\}$，再取 $\{a, b\}$，再取 $\{e\}$

$\therefore$「兩種取法」，實則為「一種分組方式」而已！

$\therefore$ 應「$\div 2!$」才是答案

有 $\{a, b\}$ 及 $\{c, d\}$ 共「2 組大小相同」，進行「排序」有「2!」方法，會「重複」計次

重點整理15-2　解開例題、弄懂策略

⊕「能」提供「3 同」的「組」

「a」，「bb」及「ccc」等三組「組內同」、「組外異」：依題意（取「4」個排列）分「幾同，幾異」來討論

精選範例

例題 1　在 a, b, b, c, c, c 六個字母中任取四個排成一列，有幾種排法？

▶▶▶ Sol

「組合 C」是用「取⊕組中哪幾組」，並不是用來求「幾同中的幾個相同物」

選取字母的情形可分為以下數類：

三同字母，必選「ccc」

一異字母，可選剩下的「a」或「bb」

「組合 C」只能用在「異物」身上

「三同一異」字母，排列

⊙ ⊕同一異：$C_1^1 \times C_1^2 \times \dfrac{4!}{3!} = 8$

⊕「能」提供「2 同」的「組」

必選字母，「bb」或「ccc」

「二同二同」字母，排列

⊙ ⊕同兩同：$C_2^2 \times \dfrac{4!}{2!\,2!} = 6$

兩同字母，可選「bb」或「ccc」

「兩同兩異」字母，排列

⊙ ⊕同兩異：$C_1^2 \times C_2^2 \times \dfrac{4!}{2!} = 24$

「一同三異」⇔四異

剩下的兩組，都要選來，當兩異

⊙四異：0

∴所求 $= 8 + 6 + 24 = 38$ 種排法

只有「三組」字母，不可能取到「四異」

▶▶▶ Ans

38 種排法

先分「幾同，幾異」狀況來討論；再進行「各同異狀況的不盡相異物排列」

313

例題 2　某校象棋社有男生 6 人、女生 5 人，要選出 5 人參加比賽。若男、女生至少各一人，則人選有幾種組合？

> 數學的「$x = a$、b、c」
> $\Leftrightarrow x = a$ 或 $x = b$ 或 $x = c$

> 「男（6 人不同男）」，「女（5 人不同女）」為兩組「組內、組外」都不同問題：先依題意討論「可能的配對」組合，再自異物組用 C 取物

▶▶▶▶ Sol

∵ 人選組合可以是：1 男 4 女，2 男 3 女，3 男 2 女，4 男 1 女

> 自各異物組（男、女組），用組合 C 取物

$$\therefore \text{所求} = \overset{\text{1男}}{C_1^6} \times \overset{\text{4女}}{C_4^5} + \overset{\text{2男}}{C_2^6} \times \overset{\text{3女}}{C_3^5} + \overset{\text{3男}}{C_3^6} \times \overset{\text{2女}}{C_2^5} + \overset{\text{4男}}{C_4^6} \times \overset{\text{1女}}{C_1^5}$$

$$= 6 \times 5 + 15 \times 10 + 20 \times 10 + 15 \times 5$$

$$= 455 \text{ 種}$$

> 「黑桃（13 個不同點數）」，「紅心（13 個不同點數）」，「方塊（13 個不同點數）」，「梅花（13 個不同點數）為四組「組內、組外」都不同問題：先依題意討論「可能的配對」組合，再自異物組用 C 取物

▶▶▶▶ Ans

455 種

例題 3　從一副撲克牌中任取 5 張，5 張均為同一花色的情形有幾種？

▶▶▶▶ Sol

∵ 題目要求，「同花色組合」：5 張黑桃（組）或 5 張紅心（組）或 5 張方塊（組）或 5 張梅花（組）

$$\therefore \text{所求} = C_1^4 \times C_5^{13} = \frac{4!}{1! \, 3!} \times \frac{13!}{5! \, 8!} = 5148 \text{ 種}$$

▶▶▶▶ Ans

> 先「選花色」，再「選點數」

5148 種

> 皆用組合 C 來選

排列與組合(5)──進階題型彙整(D)：分組，物入箱（函數、整數解）

例題 4　從一副撲克牌中任取 3 張，紅心與黑桃「至少」要各 1 張。試問有多少種取法？

> 讀者也可以：試著用「扣減」來解題！

▶▶▶ Sol

∵「配對」組合，可分為三類：①紅心 1 張，黑桃 1 張，梅花 或 方塊 1 張
　　　　　　　　　　　　　　②紅心 2 張，黑桃 1 張
　　　　　　　　　　　　　　③紅心 1 張，黑桃 2 張

> 「撲克牌」問題，必「先 選 花 色」，再「選點數」

∴所求 $= \overset{\text{紅心1張}}{C_1^{13}} \times \overset{\text{黑桃1張}}{C_1^{13}} \times \overset{\text{梅花或方塊1張}}{C_1^{26}} + \overset{\text{紅心2張}}{C_2^{13}} \times \overset{\text{黑桃1張}}{C_1^{13}} + \overset{\text{紅心1張}}{C_1^{13}} \times \overset{\text{黑桃2張}}{C_2^{13}} = 6422$ 種

> 「花色」選擇都是「指定紅心，取紅心 C_1^1」；「指定黑桃，取黑桃 C_1^1」；…

特別注記：這個題目常見的錯誤解法是 $C_1^{13} \times C_1^{13} \times \overset{\text{剩下50張中取1張}}{C_1^{50}} = 8450$

以下圖來解析，可發現會有「同一種」取法，被重複計算了「兩次」的情形：

$$\overset{\text{紅心}}{C_1^{13}} \qquad \overset{\text{黑桃}}{C_1^{13}} \qquad \overset{\text{剩下50張中取1張}}{C_1^{50}}$$

紅心　2 點　　黑桃 A　　黑桃 K　　被重複計算
紅心　2 點　　黑桃 K　　黑桃 A

▶▶▶ Ans

6422 種

> 省略「花色」的選擇

> 先轉化成「同係數等式的正整數解個數」問題

例題 5　方程式 $x+y+z+u=10$，試問
　　　　(1)有多少組非負整數解？　(2)有多少組正整數解？

▶▶▶ Sol

(1)所求 $= C_3^{13} = \dfrac{13!}{10! \, 3!} = 286$ 組

> 「原式」整數解：$x \geq 0$，$y \geq 0$，$z \geq 0$，$u \geq 0$

$x'=x+1 \geq 1$，$y'=y+1 \geq 1$，$z'=z+1 \geq 1$，$u'=u+1 \geq 1$

∴由 $x+y+z+u=10$，可將「x,y,z,u 的非負整數解個數」問題變成 $x'+y'+z'+u'=14$ 的「正整數解個數」問題。

又因：「⑭」個東西，「中間」有「⑬個間隔」且「取 ③ 個間隔來畫分割線」便可得「④個正整數（堆）」，依序分別當「x',y',z',u'」的「正整數解」

> ∵「間隔」：先取哪個「間隔」都可以，「無次序性」∴用「組合 C」來選

315

> 「⑩」個東西，「中間」有「⑨個間隔」且「取③個間隔來畫分割線」，便可得「④個正整數（堆）」依序分別當「x, y, z, u」的「正整數解」

(2)所求 $= C_3^9 = \dfrac{9!}{3! \, 6!} = 84$ 組

▶▶▶▶ Ans

(1) 286 組　　(2) 84 組

例題 6　方程式 $x + y + z = 10$，其中 $x \geq -1$，$y \geq 0$，$z \geq 2$。試問滿足條件的整數解有幾組？

> 先轉化成「同係數等式的正整數解個數」問題

▶▶▶▶ Sol

$\because x \geq -1$，$y \geq 0$，$z \geq 2$，

$\therefore$ 令 $x' = x + 2 \geq 1$，$y' = y + 1 \geq 1$，$z' = z - 1 \geq 1$，可將

> $x + 1 \geq 0$　　　$y \geq 0$　　　$z - 2 \geq 0$

原來「x, y, z」的整數解「個數」問題，變成

$$\boxed{x' + y' + z'} = (x + y + z) + (2 + 1 - 1)$$

$$= 10 + 2$$

$$= \boxed{12}$$

> 「12」個東西，「中間」有「11」個間隔，取「2 個間隔」來畫分割線，可以「分 3 個正整數堆」

的「正整數解個數」問題！

$\therefore$ 所求 $= C_2^{11} = \dfrac{11!}{2! \, 9!} = 55$ 組

▶▶▶▶ Ans

55 組

> 先引進「新變數，予以等式化」，再轉成「正整數解個數」問題

例題 7　不等式 $x + y + z \leq 10$，問

　　　　(1)有幾組非負整數解？　　(2)有幾組正整數解？

▶▶▶▶ Sol

(1)令 w 為「非負整數」且滿足 $x + y + z + \boxed{w} = 10$

　　再令：$x' = x + 1 \geq 1$，$y' = y + 1 \geq 1$，$z' = z + 1 \geq 1$，$w' = w + 1 \geq 1$，

> 原方程式：
> $x \geq 0$，$y \geq 0$，
> $z \geq 0$，$w \geq 0$

> 亦即：w 為「補足 $x + y + z$ 跟 10」"差距" 的「非負整數」

> $\because$ 此「差距」可能為「0」
> $\therefore w$ 是「非負」

可將「x, y, z, w 的非負整數解個數」問題，變成

$$x' + y' + z' + w' = (x+y+z+w) + (1+1+1+1)$$
$$= 10 + 4$$
$$= 14$$

的「正整數解個數」問題！

> 「14」個東西，「中間」有「13」個間隔，取「3」個間隔來畫分割線，可以「分 4 個正整數堆」

$$\therefore \text{所求} = C_3^{13} = \frac{13!}{3! \, 10!} = 286 \text{ 組}$$

> 原方程式：
> $x \geq 1，y \geq 1，z \geq 1，w \geq 0$

> 亦即：w 為「補足 $x+y+z$ 跟 10」"差距"的「非負整數」
>
> $\because$ 此「差距」可能為「0」
> $\therefore w$ 是「非負」

(2)令 w 為「非負整數」且滿足 $x + y + z + w = 10$

再令：$w' = w + 1 \geq 1$

可將「x, y, z, w 的"非全"正整數解個數」問題，變成

$$x + y + z + w' = (x+y+z+w) + 1$$
$$= 10 + 1$$
$$= 11$$

的「正整數解個數」問題！

> 「11」個東西，「中間」有「10」個間隔，取「3」個間隔來畫分割線，可以「分 4 個正整數堆」

$$\therefore \text{所求} = C_3^{10} = \frac{10!}{3! \, 7!} = 120 \text{ 組}$$

▶▶▶ Ans

(1) 286 組　(2) 120 組

> (1)-①：設甲得「鉛筆甲枝」，乙得「鉛筆乙枝」，丙得「鉛筆丙枝」。
> (1)-②：仿上處理

例題 8　(1)有 5 枝相同的鉛筆及 7 枝相同的原子筆，要分給甲、乙、丙三個小朋友，共有幾種分法？

> 「同物」入「異箱」

(2)有 5 枝相同的鉛筆及 7 枝相同的原子筆，要分給甲、乙、丙三個小朋友，每人至少分得一枝鉛筆及一枝原子筆，共有幾種分法？

> 引進「變數」代表「人得的數量」再轉化成「方程式的整數解個數」問題

▶▶▶ Sol

(1)-①分鉛筆：甲+乙+丙=5 的「非負整數解個數」，故鉛筆分法有 $C_2^7 = \frac{7!}{2! \, 5!} = 21$ 種；

> 直接用「甲、乙、丙」來當「變數」並列方程式

> 先變成：甲'+乙'+丙'
> $= (甲+乙+丙) + (1+1+1)$
> $= 5 + 3$
> $= 8$ 的「正整數解個數」問題
> 再：由「8」個東西的「中間 7」個間隔，取「2」個間隔來畫分割線，可以「分 3 個正整數堆」

(1)-①：設甲得「鉛筆甲枝」，乙得「鉛筆乙枝」，丙得「鉛筆丙枝」。

(1)-②：仿上處理

(1)-②分原子筆：甲＋乙＋丙＝7 的「非負整數解」，故原子筆分有 $C_2^9 = \dfrac{9!}{2!\,7!} = 36$ 種

∴所求 $= 21 \times 36 = 756$ 種

∵「分鉛筆」且「分原子筆」
∴用「乘法原理」

先變成：甲′＋乙′＋丙′
$= (甲＋乙＋丙) + (1+1+1)$
$= 7 + 3$
$= ⑩$ 的「正整數解個數」問題
再：由「10」個東西的「中間 9」個間隔，取「2」個間隔來畫分割線，可以「分 3 個正整數堆」

直接用「甲、乙、丙」來當「變數」並列方程式

(2)分鉛筆：甲＋乙＋丙＝5 且甲 ≥ 1，乙 ≥ 1，丙 ≥ 1

每人，至少 1 隻鉛筆

故鉛筆分法有 $C_2^4 = \dfrac{4!}{2!\,2!} = 6$ 種；

「5」個東西，「中間」有「4」個間隔，取「2」個間隔來畫分割線

分原子筆：甲＋乙＋丙＝7 甲 ≥ 1，乙 ≥ 1，丙 ≥ 1

每人，至少 1 隻原子筆

故原子筆分法有 $C_2^6 = \dfrac{6!}{2!\,4!} = 15$ 種

「7」個東西，「中間」有「6」個間隔，取「2」個間隔來畫分割線，可以「分 3 個正整數堆」

∴所求 $= 6 \times 15 = 90$ 種

▶▶▶▶ Ans

(1) 756 種　(2) 90 種

∵「分鉛筆」且「分原子筆」
∴用「乘法原理」

例題 9　9 件「不同的物品」依下列條件分配，求分法各有幾種？

(1)平分給甲、乙、丙三人　　　(2)平分成三堆

(3) 5 件給甲，3 件給乙，1 件給丙　(4)依 5, 3, 1 件分成三堆

(5)依 5, 3, 1 件分給三人　　　(6)依 5, 2, 2 件分成三堆

(7)依 5, 2, 2 件分給三人

「異物」入「同箱」

「異物」入「異箱」

「異物」先「純分組」，再依「同、異箱」決定：異物「如何選箱入駐（選人分送）」

第 1 組有 3 人可選，第 2 組剩 2 人可選，第 3 組剩 1 人可選

▶▶▶ Sol

有「2 組」大小都是「3 個一組」

$(1)\left(\dfrac{\overbrace{C_3^9 \times C_3^6 \times C_3^3}^{\text{先「純分組」}}}{3!}\right) \times \overbrace{3!}^{\text{再由「物」選「人」}} = 1680$ 種

「純分組」別忘了：
÷「組大小相同」的「組數階乘」

$(2)\dfrac{C_3^9 \times C_3^6 \times C_3^3}{3!} = 280$ 種

只分堆

∵ 5 件一定給甲，
3 件一定給乙，
1 件一定給丙
∴ 分人時，「已被指定」，
不用再排列

$(3)\overbrace{C_5^9 \times C_3^4 \times C_1^1}^{\text{先「純分組」}} \times 1 = 504$ 種

$(4)\overbrace{C_5^9 \times C_3^4 \times C_1^1}^{\text{只「純分組」}} = 504$ 種

$(5)\left(\overbrace{C_5^9 \times C_3^4 \times C_1^1}^{\text{先「純分組」}}\right) \times \overbrace{3!}^{\text{再由「物」選「人」}} = 3024$

有「2 組」大小都是「2 個一組」

$(6)\dfrac{C_5^9 \times C_2^4 \times C_2^2}{2!} = 378$ 種

只「純分組」

「純分組」別忘了：
÷「組大小相同」的「組數階乘」

$(7)\left(\dfrac{\overbrace{C_5^9 \times C_2^4 \times C_2^2}{}}{2!}\right) \times \overbrace{3!}^{\text{再由「物」選「人」}} = 2268$ 種

先「純分組」

有「2 組」大小都是「2 個一組」

「純分組」別忘了：
÷「組大小相同」的「組數階乘」

▶▶▶ Ans

(1) 1680 種　(2) 280 種　(3) 504 種　(4) 504 種　(5) 3024 種　(6) 378 種　(7) 2268 種

例題 10　由 "chgshtgcsh" 中取 4 個字母，(1)有幾種取法(2)若將取出的 4 個字母
排成一排，有幾種排法？

▶▶▶ Sol

(1)選取字母的情形可分為以下數類：

　◉ 三同一異：$C_1^1 \times C_4^4 = 4$

組內「同」、組外「異」問題：依題意
分「幾同，幾異」，
用「組合 C 取物」

先將「字母，分類
（分組）」「cc」、
「hhh」、「gg」、
「ss」、「t」

三同，必選「hhh」

一異，可選「cc」、「gg」、
「ss」、「t」

選「能」提供
「3 同」的「組」

319

兩同兩同，可選「cc」、「hhh」、「gg」、「ss」

⦿兩同兩同：$C_2^4 = \dfrac{4 \times 3}{1 \times 2} = 6$

從「cc」、「hhh」、「gg」、「ss」中取一組

⦿兩同兩異：$C_1^4 C_2^4 = 24$

剩下的「組」跟「t」中，取 2 組

⦿四異：$C_4^5 = 5$　　5 種字母「組」，取 4 種「組」

∴所求 $= 4 + 6 + 24 + 5 = 39$ 種

(2) $4 \times \dfrac{4!}{3!} = 16$　　「三同一異」字母，排列

$6 \times \dfrac{4!}{2! \, 2!} = 36$　　「兩同兩同」字母，排列

$24 \times \dfrac{4!}{2! \, 1! \, 1!} = 288$　　「兩同兩異」字母，排列

$5 \times \dfrac{4!}{1! \, 1! \, 1! \, 1!} = 120$

∴所求 $= 16 + 36 + 288 + 120 = 460$ 種　　「四異」字母，排列

先「用組 C 取組別」，再依「題意排列」進行「各同異狀況的不盡相異物排列」

▶▶▶▶ Ans

(1) 39 種　(2) 460 種

「異物」

例題 11 將 15 件相異物分堆，下列何者正確？

(A)依 4, 4, 7 件分堆：有 $C_4^{15} C_4^{11} C_7^7 \times \dfrac{1}{2!}$ 種

(B)依 5, 5, 5 件分堆：有 $C_5^{15} C_5^{10} C_5^5$ 種

入「同箱」

「異物」入「同箱」⇔依題目指定的「堆大小」分法，進行「純分組」程序

▶▶▶▶ Sol

(A) $\dfrac{C_4^{15} C_4^{11} C_7^7}{2!}$　∴正確

純分組

∵有「4件，4件」共「2」個組大小相同
∴需再除以「2!」

(B) $\dfrac{C_5^{15} C_5^{10} C_5^5}{3!}$　∴錯誤

純分組

∵有「5件，5件，5件」共「3」個組大小相同
∴需再除以「3!」

▶▶▶▶ Ans

(A)

第 1 組有 3 人可選，第 2 組剩 2 人可選，第 3 組剩 1 人可選

例題 12　15 件不同物 (1)依序 5，5，5 件分給甲，乙，丙三人有幾種方法

(2)依序 4，4，7 件分給甲乙丙三人有幾種方法

(3)依 4，4，7 件任意分給甲乙丙三人有幾種方法？

「異物入異箱」問題，必依題意：
㊀「純分組」，㊁「依題意，由物選人分配送」

▶▶▶ **Sol**

(1) $C_5^{15} C_5^{10} C_5^5$

$$\dfrac{C_5^{15} C_5^{10} C_5^5}{3!} \times 3!$$

先純分組，再任意選甲、乙、丙 3 人來分送

(2) $C_4^{15} C_4^{11} C_7^7$

$$\dfrac{C_4^{15} C_4^{11} C_7^7}{2!} \times 2! \times 1$$

先分組，再「將 4 件，4 件」任意選「甲、乙」來分送，而「7 件」組只能選送給「丙」

(3) $\dfrac{C_4^{15} C_4^{11} C_7^7}{2!} \times 3!$

再任意選甲、乙、丙 3 人，來分送

先純分組

▶▶▶ **Ans**

(1) $C_5^{15} C_5^{10} C_5^5$　(2) $C_4^{15} C_4^{11} C_7^7$　(3) $\dfrac{C_4^{15} C_4^{11} C_7^7}{2!} \times 3!$

分給「人」時，要注意：每個人可以「得幾件」！

意謂：每個箱子，可以「不只裝 1 物」

例題 13　將 6 件物品，放入 4 箱，「每箱可放入 10 件物品」，則下列何者正確？

(A) 物品相同，箱不同，有 84 種方法

(B) 物品不同，箱不同，有 4096 種方法

(C) 物品相同，箱不同，每箱至少一個，有 10 種方法

(D) 物品不同，箱相同，有 65 種方法

(E) 物品相同，箱相同，每箱至少一個，有 9 種方法

先引進「變數」代表「箱裝的個數」，再轉化成「方程式的（正）整數解個數」問題

▶▶▶ **Sol**

意謂：編號「1號 箱」裝了「箱₁」個「相同物」

(A) 箱₁ + 箱₂ + 箱₃ + 箱₄ = 6

先變成：箱′₂ + 箱′₂ + 箱′₃ + 箱′₄

∵ (A)敘述：允許「箱子可以裝 0 個」物品
∴ 箱₁ , … , 箱₄ ≥ 0

「同物」入「異箱」：先轉成「正整數解個數」問題

$= (箱_1 + 箱_2 + 箱_3 + 箱_4) + (1 + 1 + 1 + 1)$

$= 6 + 4$

$=⑩$ 的「正整數解個數」問題

$\therefore$ 共有 $C_3^9 = \dfrac{9 \times 8 \times 7}{1 \times 2 \times 3} = 84$ 種

再：由「10」個東西的「中間」有「9」個間隔，任取「3」個間隔來畫分割線，可以「分 4 個正整數堆」

(B)

箱 1	箱 2	箱 3	箱 4

未全

「異物」不用分組，就直接「選異箱入駐」

亦即：每個「箱子」都可以「重複被物所選」，並入駐

......

$\because$ 每一物有 4 箱，可以選擇入駐 $\underline{且}$「每個箱子，不限只裝 1 物」

$\therefore 4^6 = 4096$ 種

仿(A)的「同物」入「異箱」：先轉成「正整數解個數」問題

(C) $箱_1 + 箱_2 + 箱_3 + 箱_4 = 6$ 且 $箱_1 \geq 1$，$箱_2 \geq 1$，$箱_3 \geq 1$，$箱_4 \geq 1$，

故分法有 $C_3^5 = 10$ 種

$\because$(C)敘述，要求「箱子至少裝 1 個」

$\therefore 箱_1, \cdots, 箱_4 \geq 1$

「6」個東西，「中間」有「5」個間隔，任取「3」個間隔來畫線，可以「分 4 個正整數堆」

(D) 物不同，箱同：

「異物」入「同箱」$\Leftrightarrow$「純分組」問題

「堆形態」　「純分組」

① $(6, 0, 0, 0) \Rightarrow C_6^6 = 1$

② $(5, 1, 0, 0) \Rightarrow C_5^6 C_1^1 = 6$

③ $(4, 1, 1, 0) \Rightarrow \dfrac{C_4^6 C_1^2 C_1^1}{2!} = 15$

④ $(4, 2, 0, 0) \Rightarrow C_4^6 C_2^2 = 15$

⑤ $(3, 3, 0, 0) \Rightarrow \dfrac{C_3^6 C_3^3}{2!} = 10$

「題目沒指定」分堆形態時，應先「表列：可能的分堆形態」，再依前述「堆形態」進行「純分組」程序

$\because$ 題目沒指定「堆形態」

$\therefore$ 需「先列出可能的堆形態」

$\because$ 有「4」箱

$\therefore$ 應寫出「4 個」堆的「堆形態」

⑥$(3, 2, 1, 0) \Rightarrow C_3^6 C_2^3 C_1^1 = 60$

⑦$(3, 1, 1, 1) \Rightarrow \dfrac{C_3^6 C_1^3 C_1^2 C_1^1}{3!} = 20$

⑧$(2, 2, 2, 0) \Rightarrow \dfrac{C_2^6 C_2^4 C_2^2}{3!} = 15$

⑨$(2, 2, 1, 1) \Rightarrow \dfrac{C_2^6 C_2^4 C_1^2 C_1^1}{2! \, 2!} = 45$

> 別忘了：$\div$「組大小相同」的「組數階乘」

$\therefore$所求 $= 1 + 6 + 15 + 15 + 10 + 60 + 20 + 15 + 45 = 187$ 種

(E)「同物」入「同箱」

$\Leftrightarrow$只求「分堆」（大小）形態

$\therefore$「任意」堆形態，共有「如 (D) 所列」的「9」種「堆（大小）形態」

但因「題目要求：每箱至少 1 物」，

所以，「只取每一堆都 ≥ 1」的「堆（大小）形態」

$\therefore$所求 $= 2$ 種方法 ← 只有$(3, 1, 1, 1)$及$(2, 2, 1, 1)$

▶▶▶ Ans

(A)(B)(C)

> 組內「異」，組外「異」問題：先討論「可能的配對組合」，再「用組合 C」取物

例題 14 從 6 個男生，4 個女生中選 5 人當幹部，則下列何者正確？

(A) 任意選有 252 種方法

(B) 4 個女生都被選中有 12 種方法

(C) 恰有 2 個女生被選中有 240 種方法

(D) 男生、女生各至少有 2 人被選有 150 種方法

(E) 至少有一個女生被選中的方法有 246 種

▶▶▶ Sol

(A) 所求 $= C_5^{10} = \dfrac{\overset{3}{\cancel{10}} \times 9 \times \overset{2}{\cancel{8}} \times 7 \times 6}{1 \times 2 \times 3 \times 4 \times 5} = 252$ ← 選出「5 人」進入「幹部組」

> 「4 女」都入選為「特別要求」，應優先「處理」

> 再從男生中選 1 人

(B) 所求 $= C_4^4 C_1^6 = 6$ ← 尚缺「1 個男生」與「4 個女生」組成「幹部組」

> 「4 女」都「入選」

先選 2 個女生

「恰有」為「特別要求」，應優先「處理」，先予以滿足

(C) 所求 $= C_2^4 C_3^6 = 6 \times 20 = 120$

剩下 3 人從男生中選

∵此選項的「至少」，若用「扣減」，其「待扣減狀態」較「複雜」。
∴本選項的「至少」，不要用「扣減」來解題

(D) ∵符合題意的狀況有：

①男 3，女 2：$C_3^6 C_2^4 = 20 \times 6 = 120$ 或
②男 2，女 3：$C_2^6 C_3^4 = 15 \times 4 = 60$

∴所求 $= 120 + 60 = 180$

(E) ∴所求 $= C_5^{10} - C_5^6 = 252 - 6 = 246$

▶▶▶▶ Ans

全部 − 沒有女生

「至少」必用「扣減」來處理

(A)(E)

∵此選項的「至少」，其「待扣減狀態」較「單純」。
∴本選項的「至少」用「扣減」來處理

例題 15　$x + y + z = 8$，求下列各有多少組解？

(1)非負整數解　(2)正整數解

(3)$x \geq -1$，$y \geq 2$，$z \geq 3$，x，y，z 為整數

先轉成「正整數解個數」問題

▶▶▶▶ Sol

原方程式：$x \geq 0$，$y \geq 0$，$z \geq 0$

(1)　令 $x' = x + 1 \geq 1$，$y' = y + 1 \geq 1$，$z' = z + 1 \geq 1$

∴由 $x + y + z = 8$，可將「x, y, z 的非負整數解個數」問題變成 $x' + y' + z' = 11$，的「正整數解個數」問題

共加 3 個 1

又因：「⑪」個東西，「中間」有「⑩ 個間隔」且「取②個間隔來畫分割線」，便可得「3 個正整數堆」，並依序分別當「x', y', z'」的「正整數解」

∴所求 $= C_2^{10} = \dfrac{10!}{2! \, 8!} = 45$ 組

(2)　「8」個東西，「中間」有「7 個間隔」且「取 2 個間隔來畫分割線」便可得「3 個正整數堆」，並依序分別當「x, y, z」的「正整數解」

∴所求 $= C_2^7 = \dfrac{7!}{2! \, 5!} = 21$ 組

先轉化成「正整數解個數」問題

$x+1 \geq 0$　　$y-2 \geq 0$　　$z-3 \geq 0$

(3).∴令 $x'=x+2 \geq 1$，$y'=y-1 \geq 1$，$z'=z-2 \geq 1$，可將原來「x,y,z」的「整數解個數」問題，變成 $x'+y'+z'=(x+y+z)+(2-1-2)=8-7=7$ 的「正整數解個數」問題

∴所求 $= C_2^6 = \dfrac{6!}{2!\,4!} = 15$ 組

「7」個東西，「中間」有「6」個間隔，取「2 個間隔」來畫分割線，可以「分 3 個正整數堆」

▶▶▶ Ans

(1) 45 組　(2) 21 組　(3) 15 組

例題 16　方程式：$xyz = 144$ 的正整數解有幾組？

▶▶▶ Sol

因式分解 144

$$
\begin{array}{r|l}
2 & 144 \\
2 & 72 \\
2 & 36 \\
2 & 18 \\
3 & 9 \\
& 3
\end{array}
$$

兩組：$x \geq 0$，$y \geq 0$，$z \geq 0$。
應先轉成「正整數解個數」問題

$x+y+z=4$，
令 $\begin{cases} x'=x+1 \geq 1 \\ y'=y+1 \geq 1 \\ z'=z+1 \geq 1 \end{cases}$
得：$x'+y'+z'=7$

$x+y+z=2$，
令 $\begin{cases} x'=x+1 \geq 1 \\ y'=y+1 \geq 1 \\ z'=z+1 \geq 1 \end{cases}$
得：$x'+y'+z'=5$

$144 = 2^4 \times 3^2$

∴$xyz = 2^4 \times 3^2$，

可看成是：「4 個 2」分給 x,y,z 三人且「2 個 3」分給 x,y,z 三人的「非負整數解個數」問題

「7」個東西，「中間」有「6」個間隔，取「2 個間隔」來畫分割線，可以「分 3 個正整數堆」

$\Rightarrow C_2^6 = \dfrac{6!}{2!\,4!} = 15$ 且 $C_2^4 = \dfrac{4!}{2!\,2!} = 6$

∴所求 $= 15 \times 6 = 90$ 組

「5」個東西，「中間」有「4」個間隔，取「2 個間隔」來畫分割線，可以「分 3 個正整數堆」

▶▶▶ Ans

90 組

「同物」入「異箱」問題：轉成「正整數解個數」問題

例題 17　「4 本相同的書，3 把相同的尺」，全分給「甲、乙、丙三人」，
　　　　　(1)任意分法有幾種　(2)每人至少分得一件的方法有幾種？

▶▶▶▶ Sol

(1)-①分書：甲＋乙＋丙＝4 的「非負整數解」

$$令 \begin{cases} 甲'=甲+1 \geq 1 \\ 乙'=乙+1 \geq 1 \\ 丙'=丙+1 \geq 1 \end{cases}$$

⇒ 甲'＋乙'＋丙'＝(甲＋乙＋丙)＋(1＋1＋1)＝4＋3＝⑦ 的「正整數解個數」問題
再：由「7」個東西，「中間」有「6」個間隔，任取「2」個間隔來畫分割線，
可以「分 3 個正整數堆」

∴書分法有：$C_2^6 = \dfrac{6!}{2! \, 4!} = 15$

先轉化成「正整數解個數」問題

(1)-①：設甲分得「甲本書」，乙分得「乙本書」，丙分得「丙本書」

(1)-②：仿之！

(1)-②分尺：「甲＋乙＋丙＝3」的「非負整數解」問題，可改成：
　　　　　甲'＋乙'＋丙'＝(甲＋乙＋丙)＋(1＋1＋1)＝3＋3＝⑥

∴尺分法有：$C_2^5 = \dfrac{5!}{2! \, 3!} = 10$

∴所求 ＝ 15×10 ＝ 150 種

令 甲'＝甲+1 ≥ 1；乙'＝乙+1 ≥ 1
且 丙'＝丙+1 ≥ 1

$$n(A \cup B \cup C) = n(A) + n(B) + n(C)$$
$$- [n(A \cap B) + n(B \cap C) + n(C \cap A)] + n(A \cap B \cap C)$$

「6」個東西，「中間」有「5」個間隔，任取「2」個間隔來畫分割線，可以「分 3 個正整數堆」

(2)「任意」－(甲沒拿 或 乙沒拿 或 丙沒拿)

「至少」用「扣減」

∵甲，乙，丙都沒拿「不合題意」

∴方法數 $=0$

題意：「書」&「尺」要「全部分掉」

$=150 - C_1^5 C_1^4 \times \boxed{3} + C_0^4 C_0^3 \times \boxed{3} + 0$

$n(A \cap B \cap C)$

$n(A \cap B) = n(B \cap C) = n(C \cap A)$

$= 150 - 20 \times 3 + 3$

$= 150 - 60 + 3$

$= 93$ 種　$n(A) = n(B) = n(C)$

$A =$ 甲沒拿，$B =$ 乙沒拿，$C =$ 丙沒拿，

$A \cap B =$ 甲、乙都沒拿，$B \cap C =$ 乙、丙都沒拿，

$C \cap A =$ 丙、甲都沒拿，$A \cap B \cap C =$ 甲、乙、丙都沒拿

▶▶▶ Ans

(1) 150 種　(2) 93 種

甲、乙都沒拿，「其他」1 人「丙」去分 4 本書：丙$' = 4 + 1 = 5$

「5」個東西，「中間」有「4」個間隔，取「0」個間隔來畫分割線「分 1 堆」

甲、乙都沒拿，「其他」1 人「丙」去分 3 把尺：丙$' = 3 + 1 = 4$

「4」個東西，「中間」有「3」個間隔，取「0」個間隔來畫分割線「分 1 堆」

①甲沒拿，「其他」2 人「乙，丙」去分 4 本書：乙$'$ + 丙$' = 4 + 2 = 6$

「6」個東西，「中間」有「5」個間隔，任取「1」個間隔來畫分割線「分 2 堆」

②甲沒拿，「其他」2 人「乙，丙」去分 3 把尺：乙$'$ + 丙$' = 3 + 2 = 5$

「5」個東西，「中間」有「4」個間隔，任取「1」個間隔來畫分割線「分 2 堆」

「異物」入「異箱」問題：

依題意，先「純分組」再依題意「選異箱入駐（選人分送）」

例題 18　將 A，B，C，D，E，F，G，H 等「8 位」學生，依指定要求分到甲、乙、丙、丁四班，各有幾種分法？

(1)若甲、乙兩班各安排 3 人，丙、丁兩班各安排 1 人

(2)若每班各安排 2 人，但 A、B 二人不同班

「人」當「異物」；

「班」當「異箱」

▶▶▶▶ Sol

(1)所求 $= C_3^8 C_3^5 C_1^2 C_1^1 = 56 \times 10 \times 2 \times 1 = 1120$ 種

「異物入異箱」：先將「人」予以「純分組」，再「由人選班入駐」。

有「2 組」3 人；「2 組」1 人的「組大小相同」

如(1)：$\dfrac{C_3^8 C_3^5 C_1^2 C_1^1}{2! \, 2!} \times 2! \times 2!$

兩個「1 人組」，可選「乙、丙」班入駐

兩個「3 人組」，可選「甲、乙」班入駐

「A、B 不同班」⇔「不允許」A、B「同班」

「不被允許」用「扣減」

用「任意」去「扣減」（A、B 分到同班）

⑦純分組 $\dfrac{C_2^6 C_2^4 C_2^2}{3!} \times$ ⑨剩下「3」組學生選「無 AB」的「3」個班入駐 $\underbrace{3!}$

(2)所求 $= C_2^8 C_2^6 C_2^4 C_2^2 - C_1^4 [C_2^6 C_2^4 C_2^2]$

每班各 2 人

剩下 6 人平均分給「無 AB」的班，每班 2 人

甲、乙、丙、丁 4 班，先選一班讓 A、B 同班

「A、B 同班」為「特別要求」，應優先處理，先予以「滿足」

⑦純分組 $\dfrac{C_2^8 C_2^6 C_2^4 C_2^2}{4!} \times$ ⑨「4」組學生選「4」個班入駐 $\underbrace{4!}$

$= 28 \times 15 \times 6 \times 1 - 4 \times (15 \times 6 \times 1) = (15 \times 6 \times 1) \times (28 - 4) = 90 \times 24$

$= 2160$ 種

外提「公因數 $15 \times 6 \times 1$」

▶▶▶▶ Ans

(1) 1120 種　(2) 2160 種

例題 19　桌球賽有 8 隊進入決賽(1)若採單循環賽（任二隊皆須比賽），則共有幾場？(2)若採單淘汰賽（輸者即淘汰），則共有幾種不同的安排方法？(3)若 (2) 改為 7 隊進入決賽如圖，則共有幾種不同的安排方法？

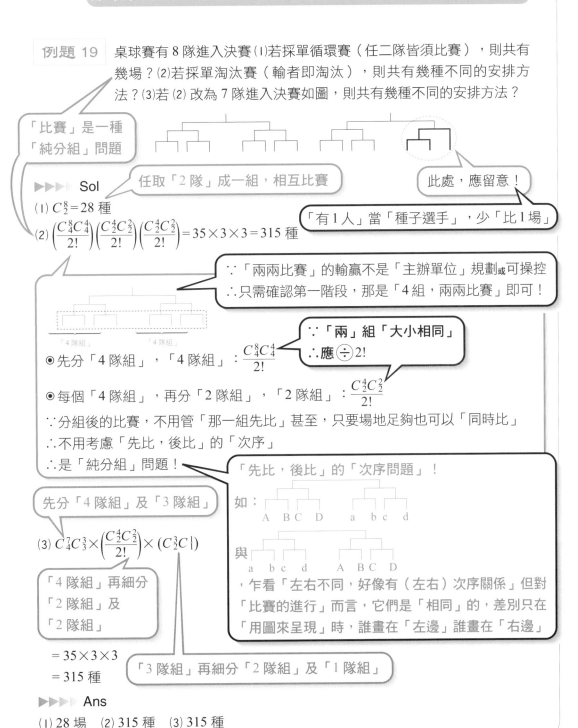

「比賽」是一種「純分組」問題

▶▶▶ Sol

任取「2 隊」成一組，相互比賽

此處，應留意！

(1) $C_2^8 = 28$ 種

(2) $\left(\dfrac{C_4^8 C_4^4}{2!}\right)\left(\dfrac{C_2^4 C_2^2}{2!}\right)\left(\dfrac{C_2^4 C_2^2}{2!}\right) = 35 \times 3 \times 3 = 315$ 種

「有 1 人」當「種子選手」，少「比 1 場」

∵「兩兩比賽」的輸贏不是「主辦單位」規劃或可操控
∴只需確認第一階段，那是「4 組，兩兩比賽」即可！

「4 隊組」　　「4 隊組」

∵「兩」組「大小相同」
∴應 ÷ 2!

● 先分「4 隊組」，「4 隊組」：$\dfrac{C_4^8 C_4^4}{2!}$

● 每個「4 隊組」，再分「2 隊組」，「2 隊組」：$\dfrac{C_2^4 C_2^2}{2!}$

∵分組後的比賽，不用管「那一組先比」甚至，只要場地足夠也可以「同時比」
∴不用考慮「先比，後比」的「次序」
∴是「純分組」問題！

「先比，後比」的「次序問題」！

如：

A B C D　　a b c d

與

a b c d　　A B C D

，乍看「左右不同，好像有（左右）次序關係」但對「比賽的進行」而言，它們是「相同」的，差別只在「用圖來呈現」時，誰畫在「左邊」誰畫在「右邊」

先分「4 隊組」及「3 隊組」

(3) $C_4^7 C_3^3 \times \left(\dfrac{C_2^4 C_2^2}{2!}\right) \times (C_2^3 C_1^1)$

「4 隊組」再細分「2 隊組」及「2 隊組」

「3 隊組」再細分「2 隊組」及「1 隊組」

　　$= 35 \times 3 \times 3$
　　$= 315$ 種

▶▶▶ Ans

(1) 28 場　　(2) 315 種　　(3) 315 種

筆 記 欄

CHAPTER 16

排列與組合⑹—
進階題型彙整(E)：
二項式，多項式定理

重點整理16-1　應用的關鍵「特徵」與「策略」

應用 1

「二項式」問題，必用：

> 簡稱：求「高次式（數）餘」問題

> 可求「$f(x)^{高次} \div g^n(x)$」的「餘」
>
> ：所求 也可以求：「a^n」的「指定位數」 或 「$\div b$ 的餘數」
>
> 先令 $a = c \pm 1$ 或 $1 \pm c$，再二項展開……

> 「非組合 C」的部份具「次方」形態的「級數和」問題，必設法轉成「2 項展開式」形態

> 除法等式　善用「1」較容易「2 項」展開的特性

$$= \big[\,(g(x)\,Q(x) + r(x))^{高次} \text{的二項展開式}\,\big] \div g^n(x) \text{ 的「餘」}$$
$$= \big[\,(r(x))^{高次} \div g^n(x)\,\big] \text{ 的「餘」}$$

(A) 二項式定理 $(x+y)^n = \displaystyle\sum_{k=0}^{n} C_k^n x^{n-k} y^k$

> 一般項為：$C_k^n x^{n-k} y^k,\ k = 0, 1, \cdots\cdots, n$

(B) $\displaystyle\sum_{k=0}^{n} C_k^n = 2^n$

> n 個括號，每個括號取一項相乘
>
> $\overbrace{(x+y) \times \cdots \times (x+y)}$ ，設有「k 個括號取 y」、「$n-k$ 個括號取 x」展開可得：項「$x^{n-k} y^k$」及
>
> 係數 $\dfrac{n!}{k!(n-k)!}$

> 取「$x=y=1$」，代入「二項式定理」

> 「k 個相同 y」與「$n-k$ 個相同 x」的「不盡相異物」排列

> 取「$x=1,\ y=-1$」，代入「二項式定理」

(C) $\underbrace{C_0^n + C_2^n + \cdots\cdots}_{\text{「下」標為「偶」數}} = \underbrace{C_1^n + C_3^n + \cdots\cdots}_{\text{「下」標為「奇」數}} = 2^{n-1}$

> $S \overset{令}{=} \Sigma\,\boxed{n} \times k(n)$
>
> 再「逆序」改寫後，予以「相加」，是「求 $\Sigma\,n \times k(n)$」的重要方法

(D) $\displaystyle\sum_{k=1}^{n} k \times C_k^n = n \times 2^{n-1}$

> 具「n」倍數關係的「組合級數和」問題，常用！

$$\begin{cases} S \overset{令}{=} \boxed{0 \times C_0^n} + 1 \times C_1^n + \cdots\cdots + (n-1) \times C_{n-1}^n + n \times C_n^n \\ S = n \times C_n^n + (n-1) \times C_{n-1}^n + \cdots\cdots + 1 \times C_1^n + \boxed{0 \times C_0^n} \end{cases}$$

> 逆次序，改寫 S

> $\displaystyle\sum_{k=0}^{n} C_k^n = 2^n$

> 利用：$C_m^n = C_{n-m}^n$
>
> $\Rightarrow C_0^n = C_n^n,\ C_1^n = C_{n-1}^n,\ \cdots$

兩式再「對應相加」得：
$$2S = n \times [\,C_0^n + \cdots + C_n^n\,] = n \times 2^n$$
$$\therefore S = n \times 2^{n-1}$$

「次方數」在 x, y, z 的次方位置，作「（不盡相異物）排列」

(E) $C_m^n = C_{m-1}^{n-1} + C_m^{n-1}$ ── 稱為：「巴斯卡」定理

$C_m^n =$ 由「n」個「相異物」中，取「m」個為一「組」的組合數

$C_{m-1}^{n-1} + C_m^{n-1} =$ 將「m」個「相異物」組，分成 $\begin{cases} 含「a」的「m 異物組」：C_{m-1}^{n-1} \\ 不含「a」的「m 異物組」：C_m^{n-1} \end{cases}$

- 設「a」為「n 異物」中的某一物
- 含「a」的「m 異物組」= 由「非 a 的 $n-1$」個異物，取「$m-1$」個與「a」配成「m 異物組」
- 不含「a」的「m 異物組」= 由「非 a 的 $n-1$」個異物，取「m」個自成「m 異物組」

「$x^{\alpha_1} y^{\alpha_2} z^{\alpha_3}$」的「$(\alpha_1, \alpha_2, \alpha_3)$ 不同」時，便為「不同種類項」

「$\textcircled{x}^5 \textcircled{y}^1 z^0$」的「共同型態」$\overset{\text{定義}}{\Longleftrightarrow}$「$x^{\alpha_1} y^{\alpha_2} z^{\alpha_3}$」的「次方⊛合 $\{\alpha_1, \alpha_2, \alpha_3\}$」為「相同集合」：$\{5, 1, 0\} = \{1, 5, 0\} = \{0, 5, 1\} = \cdots$

如：$(x+y+z)^6$
- $x^6 y^0 z^0$，$x^5 y^1 z^0$，$x^1 y^5 z^0$，… 都是「不同種類」的「項」
- $x^5 y^1 z^0$，$x^1 y^5 z^0$，$x^1 y^0 z^5$，$x^5 y^0 z^1$，$x^0 y^5 z^1$，$x^0 y^1 z^5$ 是「同型態項」

應用 2

求「同型項」個數時，需留意：「m 個變數」不可以「有缺項」！遇「缺項」，應「先用 $\boxed{0}$ 次方補足」

「多項式」問題，必用：

可求：
- ⊙「所有項」的種類：$\alpha_1 + \cdots + \alpha_m = n$ 的「次方變數」，其「非負整數解個數」
- ⊙「指定項」，如：$x_1^{\boxed{2}} x_2^{\boxed{3}} x_3^{\boxed{2}}$ 的

$\begin{cases} 1.「係數」：2 個 x_1，3 個 x_2，2 個 x_3 的「不盡相異物排列」\dfrac{(2+3+2)!}{2!\,3!\,2!} \\[2mm] 2.「同型項個數」：「次方數」「2，3，2」的「不盡相異物排列」\dfrac{(2+1)!}{2!\,1!} \end{cases}$

多項式定理：$(x_1 + \cdots\cdots + x_m)^n = \displaystyle\sum_{\substack{\alpha_1 + \cdots + \alpha_m = n \\ 0 \le \alpha_1, \cdots, \alpha_m \le n}} \binom{n}{\alpha_1, \cdots\cdots, \alpha_m} x_1^{\alpha_1} \times \cdots \times x_m^{\alpha_m}$

一般項為：$\dfrac{n!}{\alpha_1! \times \cdots \times \alpha_m!} x_1^{\alpha_1} \times \cdots \times x_m^{\alpha_m}$，其中 $\alpha_1 + \cdots\cdots + \alpha_m = n$，$0 \le \alpha_1, \cdots\cdots, \alpha_m \le n$

$\alpha_1, \cdots, \alpha_m$ 為方程式 $\alpha_1 + \cdots + \alpha_m = n$ 的「（明確）非負整數解」

n 個括號，每個括號取一項相乘
$\overbrace{(x_1 + \cdots + x_m) \times \cdots \times (x_1 + \cdots + x_m)}$，
設有「α_1 個括號取 x_1」，…，
「α_m 個括號取 x_m」，展開可得：
項「$x_1^{\alpha_1} \times \cdots \times x_m^{\alpha_m}$」及係數 $\dfrac{n!}{\alpha_1! \times \cdots \times \alpha_m!}$

應「由係數大者」，開始「逐一列出 $\alpha_1, \cdots, \alpha_m$」的「$\boxed{明確}$ 非負整數解」

不同於：只求「非負整數解個數」

不盡相異物排列

重點整理16-2　解開例題、弄懂策略

> 「整串式子、負數」取「次方」，應先「加括號」

精選範例

例題 1 (1)試寫出 $(2x+3y)^5$ 的展開式？　(2)試寫出 $(2x-3y)^5$ 的展開式？

▶▶▶▶ **Sol**

$$(1)\ (2x+3y)^5 = C_0^5(2x)^5(3y)^0 + C_1^5(2x)^4(3y)^1 + C_2^5(2x)^3(3y)^2 + C_3^5(2x)^2(3y)^3$$
$$+ C_4^5(2x)^1(3y)^4 + C_5^5(2x)^0(3y)^5$$
$$= 32x^5 + 240x^4y + 720x^3y^2 + 1080x^2y^3 + 810xy^4 + 243y^5$$

> 先把「－數」改「＋加（－數）」，再判斷「誰當二項式定理的 n，a 與 b」

$$(2)\ (2x-3y)^5 = [2x+(-3y)]^5$$
$$= C_0^5(2x)^5(-3y)^0 + C_1^5(2x)^4(-3y)^1 + C_2^5(2x)^3(-3y)^2 + C_3^5(2x)^2(-3y)^3$$
$$+ C_4^5(2x)^1(-3y)^4 + C_5^5(2x)^0(-3y)^5$$
$$= 32x^5 - 240x^4y + 720x^3y^2 - 1080x^2y^3 + 810xy^4 - 243y^5$$

> $(a+b)^n = \displaystyle\sum_{k=0}^{n} C_k^n a^{n-k} b^k$

> $(a+b)^n$ 的一般項：$C_k^n a^{n-k} b^k$，取 $a=2x^2$，$b=-y$　$n=5$

例題 2 試求 $(2x^2-y)^5$ 的展開式中 x^4y^3 項的係數？

> 先改成 $(a+b)^n$ 的形態，再判斷「誰當二項式定理的 n，a 與 b」

▶▶▶▶ **Sol**

$\because (2x^2-y) = [(2x^2)+(-y)]^5$ 的一般項為：$C_k^5(2x^2)^{5-k}(-y)^k = \underbrace{C_k^5\, 2^{5-k}(-1)^k}_{\text{係數}}\ \underbrace{x^{10-2k}y^k}_{\text{變數項}}$

$\therefore$ 令 $x^{10-2k}y^k = x^4y^3$，可得：$k=3$ ⟵ 「y^k」 v.s. 「y^3」

> 整串「式子、負數」取「次方」，應先「加括號」

$\therefore x^4y^3$ 項的係數 $= C_3^5\, 2^{5-3}(-1)^3 = -40$

▶▶▶▶ **Ans**

-40

> 把「$k=3$」代入「$C_k^5\, 2^{5-k}(-1)^k$」

例題 3 試求 $\left(2x - \dfrac{3}{4x}\right)^9$ 的展開式中 x^3 項的係數？

> $(a+b)^n$ 的一般項：$C_k^n a^{n-k} b^k$ 取 $a=2x$，$b=\dfrac{-3}{4}$，$n=9$

▶▶▶ **Sol**

> 先改成 $(a+b)^n$ 的形態，再判斷「誰當二項式定理的 n，a 與 b」

$\because \left(2x - \dfrac{3}{4x}\right)^9 = \left[(2x) + \left(\dfrac{-3}{4x}\right)\right]^9$ 的一般項為：

$$C_k^9 (2x)^{9-k}\left(\dfrac{-3}{4x}\right)^k = \underbrace{C_k^9 2^{9-k}\left(\dfrac{-3}{4}\right)^k}_{\text{係數}} \underbrace{x^{9-2k}}_{\text{變數項}}$$

> 「整串式子、負數」取「次方」，應先「加括號」

> 「整串式子、負數」取「次方」，應先「加括號」

> $\left(x^{9-k}\right)\left(\dfrac{1}{x}\right)^k = \left(x^{9-k}\right)\left(x^{-k}\right) = x^{9-2k}$

$\therefore$ 令 $9-2k = 3$，可得：$k = 3$

> 「x^{9-2k}」v.s.「x^3」

$\therefore x^3$ 項的係數 $= C_3^9 2^{9-3}\left(\dfrac{-3}{4}\right)^3 = -2268$

▶▶▶ **Ans**

-2268

> 將「$k=3$」代入「$C_k^9 2^{9-k}\left(\dfrac{-3}{4}\right)^k$」

> $(a+b)^n$ 的一般項為：$C_k^n a^{n-k} b^k$，取 $a = cx^2$，$b = \dfrac{1}{x}$，$n = 5$

例題 4 $c \in \mathbb{R}$，若 $\left(cx^2 + \dfrac{1}{x}\right)^5$ 展開式中 x^4 項的係數是 80，試求 x 項的係數？

▶▶▶ **Sol**

$\left(cx^2 + \dfrac{1}{x}\right)^5$ 的一般項為：

$$C_k^5 (cx^2)^{5-k}\left(\dfrac{1}{x}\right)^k = \underbrace{C_k^5 c^{5-k}}_{\text{係數}}\underbrace{x^{10-3k}}_{\text{變數項}}$$

> 將「$k=2$」代入「$C_k^5 c^{5-k}$」

(1) 令 $10-3k = 4$，可得：$k = 2$ 且 x^4 項的係數 $= C_2^5 c^{5-2} = 10c^3 \overset{\text{令}}{=} 80$，再得：$c = 2$

> 題目要求「$x = x^1$」的係數

> 「x^{10-3k}」v.s.「x^4」

> 題目已知：x^4 的係數 $= 80$

(2) 令 $10-3k = 1$，可得：$k = 3$

> 「x^{10-3k}」v.s.「x^1」

$\therefore x$ 項的係數 $= C_3^5 c^{5-3} = 10c^2 = 40$

▶▶▶ **Ans**

40

> ⊙ 將「$k=3$」代入「$C_k^5 c^{5-k}$」
> ⊙ 已知：$c = 2$，也將它代入「c^2」

先用：$a+ar+\cdots+ar^{n-1}=\dfrac{a(r^{項數}-1)}{r-1}$

把「級數整併」成「較簡形態」

例題 5　試求 $(1+x^2)+(1+x^2)^2+(1+x^2)^3+\cdots+(1+x^2)^{20}$ 展開式中 x^6 項的係數？

▶▶▶▶ Sol

共「20」項

$\because (1+x^2)+(1+x^2)^2+(1+x^2)^3+\cdots+(1+x^2)^{20}$

$= \dfrac{(1+x^2)[(1+x^2)^{20}-1]}{(1+x^2)-1}$

首項 $a=(1+x^2)$，公比 $r=(1+x^2)$ 且項數 = 20

$= \dfrac{(1+x^2)^{21}-(1+x^2)}{x^2}$

「整串式子」作「次方」，先「加括號」

且 $\dfrac{(1+x^2)^{21}-(1+x^2)}{x^2}$ 展開式中 x^6 項的係數

⇔ 即分子 $=(1+x^2)^{21}-(1+x^2)$ 展開式中 x^8 項的係數

$(1+x^2)^{21}-(1+x^2)$ 的「$1+x^2$」不影響「x^8」項

⇔ $(1+x^2)^{21}$ 展開式中 x^8 項的係數

$\therefore$ 所求 $=C^{21}_4=5985$

$(1+x^2)^{21}$ 的一般項為：
$C^{21}_k \, (1)^{21-k}(x^2)^k=C^{21}_k x^{2k}$，
再令「$x^{2k}=x^8$」，可得：「$k=4$」

▶▶▶▶ Ans

5985

把『n』上移到「次方」位置！

例題 6　若 $n(A)<\infty$，試證 $n(2^A)=2^{n(A)}$

▶▶▶▶ Sol

⊙ $2^A \overset{定義}{=} A$ 的所有子集合，所成的新集合 $\overset{稱}{=} A$ 的冪集合

⊙ n（集合）$\overset{定義}{=}$ 集合的元素個數

為了簡化論證的表達，令「$n(A)=m$」

$\because 2^A \overset{定義}{=}$ 由 A 的『所有』子集合，所成的新集合

$\overset{推得}{=} \{ \underset{\substack{含 0 個「A」元素\\的「子集合」}}{\phi}, \cdots, \underset{\substack{含 m 個「A」元素\\的「子集合」}}{A} \}$

$\therefore$ 欲求 $n(2^A)$，我們應先求：

『含 0 個、含 1 個、$\cdots$、含 m 個「A」元素的子集合，分別有幾個』？

① 含 0 個「A」元素的子集合，有 C^m_0 個

② 含 1 個「A」元素的子集合，有 C^m_1 個

$\vdots$

($m+1$) 含 m 個「A」元素的子集合，有 C^m_m 個

$\therefore 2^A$ 共有 $C^m_0+C^m_1+\cdots+C^m_m=2^m$ 個子集合

$\therefore$ 得證：$n(2^A)=2^m=2^{n(A)}$

利用二項式定理：
$(x+y)^m=\sum\limits_{k=0}^m C^m_k x^k y^{m-k}$，並把「$x=y=1$」代入

▶▶▶▶

得證：$n(2^A)=2^m=2^{n(A)}$

例題 7 若 $(1+x)^n$ 之展開式中，依升次排列的第五項，第六項，第七項之係數成等差。試求 n 之值？

▶▶▶▶ **Sol**

$\because (1+x)^n = C_0^n 1^n x^0 + C_1^n 1^{n-1} x^1 + \cdots + C_{n-1}^n 1^1 x^{n-1} + C_n^n 1^0 x^n$

$(a+b)^n = \sum_{k=0}^{n} C_k^n a^{n-k} b^k$

$\qquad = C_0^n + C_1^n x + \cdots + C_{n-1}^n x^{n-1} + C_n^n x^n$

$\therefore$ 第五項，第六項，第七項之係數分別為：C_4^n，C_5^n，C_6^n（$n \geq 6$）

$\therefore$ 由題意：$C_4^n + C_6^n = 2C_5^n$

「奇數項」成等差「a，b，c」，必由「等差中項」下手 $\quad 2b = a+c$

$C_m^n = \dfrac{n!}{m!(n-m)!}$

$\therefore \dfrac{n!}{4!(n-4)!} + \dfrac{n!}{6!(n-6)!} = 2 \times \dfrac{n!}{5!(n-5)!}$

$\therefore \dfrac{1}{4!(n-4)!} + \dfrac{1}{6!(n-6)!} = 2 \times \dfrac{1}{5!(n-5)!}$

等號兩側，同約去「$n!$」

$\therefore 30 + (n-5)(n-4) = 12(n-4)$

算式兩邊同乘 $6!(n-4)!$ 去分母

$\therefore n^2 - 21n + 98 = 0$

$\therefore (n-7)(n-14) = 0$

$\therefore n = 7$ 或 14

$n \quad \longrightarrow \quad -7$
$n \quad \longrightarrow \quad -14$

▶▶▶▶ **Ans**

$n = 7$ 或 14

等同：求「個位數字」

善用：「1」比較好「2 項」展開

求「$a^n \div b$」的餘：
◉ 先化 $a = c \pm 1$
◉ 再用「二項式定理」，予以展開

例題 8 (1)求 9^{99} 除以 10 的餘數　(2)求 5^{20} 除以 16 的餘數？

▶▶▶▶ **Sol**

善用：「1」比較好「2 項」展開

「負數」作「次方」，應「先加括號」

$(1)\ 9^{99} \stackrel{令}{=} (10 \boxed{-1})^{99}$

$\quad = C_0^{99} 10^{99}(-1)^0 + C_1^{99} 10^{98}(-1)^1 + \cdots + C_{98}^{99} 10^1 (-1)^{98} + C_{99}^{99} 10^0 (-1)^{99}$

$\quad = C_0^{99} 10^{99} - C_1^{99} 10^{98} + \cdots + C_{98}^{99} 10 - C_{99}^{99}$

二項式展開：$(a+b)^n = \sum_{k=0}^{n} C_k^n a^{n-k} b^k$

外提「公因數」＝外提「除數 10」

$\quad = \boxed{10} \underbrace{\left[C_0^{99} 10^{98} - C_1^{99} 10^{97} + \cdots + C_{98}^{99} \right]}_{\text{設為「整數」} x} - C_{99}^{99}$

$C_{99}^{99} = 1$

◉ $\dfrac{1}{4!(n-4)!} \times 6!(n-4)! = 6 \times 5 = 30$

◉ $\dfrac{1}{6!(n-6)!} \times 6!(n-4)! = (n-4)(n-5)$

◉ $\dfrac{2}{5!(n-5)!} \times 6!(n-4)! = 2 \times 6 \times (n-4) = 12(n-4)$

$$= 10x \boxed{-1} = 10(x-1) + \boxed{9}$$

$\therefore$ 餘數是 9

留意:「餘 $\neq -1$」:

要注意:「兩個正整數」相除的「餘」,需滿足「$0 \leq$ 餘 $<$ 除數」

善用:「1」比較好「2 項」展開

(2) $5^{20} \overset{令}{=} (4\boxed{+1})^{20} = C_0^{20} 4^{20} \times 1^0 + C_1^{20} 4^{19} \times 1^1 + C_2^{20} 4^{18} \times 1^2 + \cdots + C_{18}^{20} 4^2 \times 1^{18}$

$$+ C_{19}^{20} 4^1 \times 1^{19} + C_{20}^{20} 4^0 \times 1^{20}$$

二項式展開

外提「公因數」= 外提「除數 16」

$$= \boxed{4^2} \Big[C_0^{20} 4^{18} + C_1^{20} 4^{17} + C_2^{20} 4^{16} + \cdots + C_{18}^{20} \Big] + C_{19}^{20} 4 + C_{20}^{20}$$

設為「整數」x

$$= 16x + \boxed{81} = 16(x+5) + \boxed{1}$$

$C_{19}^{20} 4^1 \times 1^{19} = 20 \times 4 = 80$ 且 $C_{20}^{20} = 1$

$\therefore$ 餘數是 1

▶▶▶▶ Ans

(1) 9   (2) 1

留意:「餘 $\neq 81$」

要注意:「兩個正整數」相除的,「餘」需滿足「$0 \leq$ 餘 $<$ 除數」

求「高次式」被「除」的餘:
「$f(x)^{高次} \div g^n{}_{(x)}$」的「餘」
$= [(g(x)Q(x) + r(x))^{高次} \div g^n(x)]$ 的「餘」
$= [(r(x))^{高次} \div g^n(x)]$ 的「餘」

例題 9   求 x^{10} 除以 $(x-1)^2$ 的餘式?

$$\begin{cases} x^{10} \text{ 當 } f(x)^{高次} \\ (x-1)^2 \text{ 當 } g^n{}_{(x)} \end{cases} \Rightarrow \begin{cases} 取\ f(x) = x \\ 取\ g(x) = x-1 \end{cases}$$

取 $n = 2$

$$\Rightarrow f(x) = x = \underbrace{(x-1) \times 1 + 1}_{除法等式} \overset{當}{=} g(x)Q(x) + r(x)$$

善用:「1」比較好「二項」展開

▶▶▶▶ Sol

$\because x^{10} = [(x-1) + 1]^{10} = C_0^{10}(x-1)^{10} \times 1^0 + C_1^{10}(x-1)^9 \times 1^1 + \cdots + C_8^{10}(x-1)^2 \times 1^2$

$$+ C_9^{10}(x-1)^1 \times 1^9 + C_{10}^{10}(x-1)^0 \times 1^{10}$$

含「$(x-1)^2$」的部份,再「$\div (x-1)^2$」可得「商」

外提「公因式」= 外提「除式」$(x-1)^2$

$$= (x-1)^2 [C_0^{10}(x-1)^8 + C_1^{10}(x-1)^7 + \cdots + C_8^{10}] + C_9^{10}(x-1) + C_{10}^{10}(x-1)^0$$

$\therefore$「$x^{10} \div (x-1)^2$」的「餘式」$= C_9^{10}(x-1) + C_{10}^{10} = 10x - 9$

$(x-1)^0 = 1$

▶▶▶▶ Ans

$10x - 9$

$C_9^{10}(x-1) + C_{10}^{10} = 10 \times (x-1) + 1 = 10x - 9$

例題 10 求值：(1) $C_1^{10} + C_2^{10} + C_3^{10} + \cdots + C_{10}^{10}$ (2) $C_9^{11} + C_{10}^{12} + C_{11}^{13} + \cdots + C_{18}^{20}$

▶▶▶ **Sol**

$\sum\limits_{k=0}^{n} C_k^n = 2^n$

(1) $\because C_0^{10} + C_1^{10} + C_2^{10} + \cdots + C_{10}^{10} = 2^{10}$ ，

$\therefore C_1^{10} + C_2^{10} + \cdots + C_{10}^{10} = 2^{10} - C_0^{10} = 1024 - 1 = 1023$

(2) $C_9^{11} + C_{10}^{12} + C_{11}^{13} \cdots + C_{18}^{20}$

巴斯卡定理：
$C_{m-1}^{n-1} + C_m^{n-1} = C_m^n$

$= \underbrace{(C_8^{11} + C_9^{11})}_{\text{巴斯卡定理}} + C_{10}^{12} + C_{11}^{13} + \cdots + C_{18}^{20} - C_8^{11}$

先補一項「C_8^{11}」，收尾扣一項「C_8^{11}」

$= \underbrace{(C_9^{12} + C_{10}^{12})}_{\text{巴斯卡定理}} + C_{11}^{13} + \cdots + C_{18}^{20} - C_8^{11}$

$= \underbrace{(C_{10}^{13} + C_{11}^{13})}_{\text{巴斯卡定理}} + \cdots + C_{18}^{20} - C_8^{11}$

$= \cdots$

$= C_{18}^{21} - C_8^{11} = 1330 - 165 = 1165$

▶▶▶ **Ans**

(1) 1023   (2) 1165

例題 11 求值：$C_0^{10} + 2C_1^{10} + 3C_2^{10} + 4C_3^{10} + \cdots + 10C_9^{10} + 11C_{10}^{10}$ ？

有「n 倍數」關係的「組合級數和」

見「$\Sigma n \times k(n)$」，必令：
$S = \Sigma n \times (n)$，再「逆序改寫」後，予以「相加」

▶▶▶ **Sol**

原式設為 S，則：

$S = 1 \times C_0^{10} + 2C_1^{10} + 3C_2^{10} + \cdots + 10C_9^{10} + 11C_{10}^{10}$

$+)\ \ S = 11C_{10}^{10} + 10C_9^{10} + 9C_8^{10} + \cdots + 2C_1^{10} + C_0^{10}$

將 S 逆序倒寫

$\overline{2S = 12C_0^{10} + 12C_1^{10} + 12C_2^{10} + \cdots + 12C_9^{10} + 12C_{10}^{10}}$

$\therefore S = 6 \times (C_0^{10} + C_1^{10} + C_2^{10} + \cdots + C_9^{10} + C_{10}^{10}) = 6 \times 2^{10} = 6144$

▶▶▶ **Ans**

6144

$\sum\limits_{k=0}^{n} C_k^n = 2^n$

利用：$C_m^n = C_{n-m}^n$
$\therefore C_0^{10} = C_{10}^{10}$ ，$C_1^{10} = C_9^{10}$ ，$\cdots$

$(x_1 + \cdots + x_m)^n$ 的一般項為：

$$\frac{n!}{\alpha_1! \times \cdots \times \alpha_m!} x_1^{\alpha_m} \times \cdots \times x_m^{\alpha_m}，其中 \alpha_1, \cdots, \alpha_m 為 \alpha_1 + \cdots + \alpha_m = n 的非負整數解$$

例題 12 求 $(x + y - z)^5$ 展開式中 $x^2 y^2 z$ 項的係數？

$(x_1 + x_2 + x_3)^n$ 的「一般項」為「$\dfrac{n!}{a! \; b! \; c!} x_1^a \, x_2^b \, x_3^c$ 且 $a + b + c = n$，$a, b, c \geq 0$」：

取「$n = 5$」，$x_1 = x$，$x_2 = y$，$x_3 = \boxed{-z}$

> 留意：「$x_3 = -z$」喔！
> 不要誤判成「$x_3 = z$」！

▶▶▶▶ **Sol**

$\because (x + y - z)^5 = [x + y + (-z)]^5$ 的一般項為：$\dfrac{5!}{a! \; b! \; c!} x^a y^b (-z)^c = \underbrace{\dfrac{5! \times (-1)^c}{a! \; b! \; c!}}_{係數} \underbrace{x^a y^b z^c}_{變數項}$，

其中 $a + b + c = 5$，$a, b, c \geq 0$

$\therefore$ 令 $a = 2, b = 2, c = 1$，可得：所求 $= \dfrac{5! \times (-1)^1}{2! \; 2! \; 1!} = -30$

> 將「$a = 2$，$b = 2$，$c = 1$」代入「$\dfrac{5! \times (-1)^c}{a! \; b! \; c!}$」

▶▶▶▶ **Ans**

> 「$x^a y^b z^c$」v.s.「$x^2 y^2 z$」

-30

$x^a y^b z^c \overset{令}{=} x^2 y^2 z \overset{把次方「1」也寫出來}{=} x^2 y^2 z^1$

$(x_1 + \cdots + x_m)^n$ 的一般項為：

$$\frac{n!}{\alpha_1! \times \cdots \times \alpha_m!} x_1^{\alpha_m} \times \cdots \times x_m^{\alpha_m}，其中 \alpha_1, \cdots, \alpha_m 為 \alpha_1 + \cdots + \alpha_m = n 的非負整數解$$

例題 13 求 $\left(x^2 + x - \dfrac{2}{x}\right)^7$ 展開式中常數項的係數？

> 「整串子，負數」作「$\pm \times \div$，次方」，應先「加括號」

▶▶▶▶ **Sol**

> 「x^{2a+b-c}」v.s.「常數項 x^0」

$\because \left(x^2 + x - \dfrac{2}{x}\right)^7$ 的一般項為：$\dfrac{7!}{a! \; b! \; c!}(x^2)^a (x)^b \left(\dfrac{-2}{x}\right)^c = \underbrace{\dfrac{7!}{a! \; b! \; c!}(-2)^c}_{係數} \underbrace{x^{2a+b-c}}_{變數項}$，

其中 $a + b + c = 7$ 且 $a, b, c \geq 0$

$\therefore 2a + b - c = 0$ 且 $a + b + c = 7$，兩式相加得：$3a + 2b = 7 \Rightarrow (a, b, c) = (1, 2, 4)$

$\therefore$ 所求 $= \dfrac{7! \times (-2)^4}{1! \; 2! \; 4!} = 1680$

> 將「$a = 1$，$b = 2$」代入「$a + b + c = 7$」，可得：「$c = 4$」

▶▶▶▶ **Ans**

1680

a	0	1	2	3
b	×	2	×	✗

$$\Downarrow$$

$$c = 4$$

「b」無整數解

> 將「$a = 1$，$b = 2$，$c = 4$」代入「$\dfrac{7!}{a! \; b! \; c!}(-2)^c$」

> b 為「負」整數，不符合「$c \geq 0$」的要求

「缺項」先用
「0次方」予以補足

「次方變數」的「非負整數解個數」

「次方數」：2，3，2，"0"的
「不盡相異物排列」

例題 14　$(a+b+c+d)^7$ 的展開式中，

(1)共有多少不同「種類」的項？

(2)與 $a^2b^3c^2$「同型項」有多少個？

(3) $a^2b^3c^2$ 項的「係數」是多少？

原式有「4」個變數，
不足的「缺項」應補上
「0次方」

先將「$a^2b^3c^2$」改成「$a^2b^3c^2\boxed{d^0}$」

2個「a」，3個「b」，2個「c」，　「0」個「c」　的「不盡相異物排列」

此項對排列無貢獻，也可以「省略」

▶▶▶ Sol

(1)∵展開式的項，其型式為：$a^{x_1}b^{x_2}c^{x_3}d^{x_4}$，

其中 $x_1+x_2+x_3+x_4=7$ 且 x_1,x_2,x_3,x_4 為非負整數

∴共有 $C^{10}_3=120$ 種不同類的項

先「正整數解化」：

$x'_1+x'_2+x'_3+x'_4$

$=(x_1+x_2+x_4)+(1+1+1+1)$

$=7+4$

$=⑪$，

再「11」個東西，有「10」個「中間」間隔，任取「3」個間隔畫分割線，可以「分4個正整數堆」

「4個變數」當「位置」，

兩同

而「2，2，3，$\boxed{0}$」4個「次方數」

在變數位置上「不盡相異物排列」

有 $\dfrac{4!}{2!\,1!\,1!}=12$

變 1 ^{2}	變 2 ^{3}	變 3 ^{2}	變 4 ^{0}
變 1 ^{2}	變 2 ^{2}	變 3 ^{3}	變 4 ^{0}
變 1 ^{3}	變 2 ^{2}	變 3 ^{2}	變 4 ^{0}

……

先把 $a^2b^3c^2$ 用0次方補缺項 $= a^2b^3c^2\boxed{d^0}$

「2次方」有兩個（兩同）、「3次方」有一個（一同），「0次方」有一個（一同）

(2)型式必是 $\square^2\square^3\square^2\square^0$

∴有 $\dfrac{4!}{2!\,1!\,1!}=12$（個）

(3)∵$(a+b+c+d)^7=\underbrace{(a+b+c+d)\times(a+b+c+d)\times\cdots\times(a+b+c+d)}$，

7個括號，每個括號取1項相乘

也可以：$a^2b^3c^2$ 看成 $= a^2b^3c^2\boxed{d^0}$ 的係數

⇔2個「a」，3個「b」，2個「c」，0個「d」作「不盡相異物排列」：

$\dfrac{(2+3+2+0)!}{2!\,3!\,2!\,0!}=\dfrac{7!}{2!\,3!\,2!}$

∴欲造「$a^2b^3c^2$」項，必須：「兩個」括號選 a，「三個」括號選 b，

另「兩個」括號選 c，「0個」括號選 d

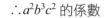

$\therefore a^2b^3c^2$ 的係數

> 可視為「a, a, b, b, b, c, c」的「不盡相異物」排列

$= \dfrac{7!}{2! \; 3! \; 2!} = 210$

> 也可以視為：2 個 a，3 個 b，2 個 c，「0」個 d：作「不盡相異物」排列

▶▶▶▶ Ans

(1) 120 種　(2) 12 個　(3) 210

例題 15　$1 - \dfrac{3}{4}C_1^n + \dfrac{9}{16}C_2^n + \cdots + \left(\dfrac{-3}{4}\right)^n C_n^n < \dfrac{1}{1000}$，求 n 的最小值？

> 「非組合 C」的部份具「次方」形態的「級數和」問題，必設法轉換成「2 項式展開式」形態

> 用「二項式定理」$(x+y)^n = C_0^n x^n y^0 + \cdots + C_n^n x^0 y^n$
> 且 $x \overset{取}{=} 1$，$y \overset{取}{=} \dfrac{-3}{4}$

▶▶▶▶ Sol

原式 $= 1 \boxed{+} \left(\dfrac{-3}{4}\right)C_1^n + \left(\dfrac{-3}{4}\right)^2 C_2^n + \cdots + \left(\dfrac{-3}{4}\right)^n C_n^n < \dfrac{1}{1000}$

$\Leftrightarrow C_0^n \times 1^n \times \left(\dfrac{-3}{4}\right)^0 + C_1^n \times 1^{n-1} \times \left(\dfrac{-3}{4}\right)^1 + C_2^n \times 1^{n-2} \times \left(\dfrac{-3}{4}\right)^2$

$\qquad + \cdots + C_n^n \times 1^0 \times \left(\dfrac{-3}{4}\right)^n < \dfrac{1}{1000}$

$\Leftrightarrow \left[1 + \left(\dfrac{-3}{4}\right)\right]^n < \dfrac{1}{1000}$

$\Leftrightarrow \left(\dfrac{1}{4}\right)^n < \dfrac{1}{1000}$

> 「倒數」化整式

$\Leftrightarrow 4^n > 1000$

$\because 4^{\boxed{5}} = 1024 > \boxed{1000} > 256 = 4^{\boxed{4}}$

$\therefore n \geq 5$

> 比較：「$4^n > 1000$」，可知「n 最少要 5」，才會符合「$4^n > 1000$」的要求

$\therefore$ 所求 $n = 5$

▶▶▶▶ Ans

5

例題 16 $[a+(b+c)^2]^8$ 的展開式中 (1)共有幾項 (2) $a^5b^4c^2$ 之係數為何？

> 二項式定理 $(x+y)^n = \sum\limits_{k=0}^{n} C_k^n x^{n-k} y^k$
> 取 $x=a$，$y=(b+c)^2$，$n=8$

▶▶▶▶ **Sol**

(1) $[a+(b+c)^2]^8 = \sum\limits_{k=0}^{8} C_k^8 \, a^{8-k} (b+c)^{2k}$

∵ $(b+c)^{2k}$ 展開式的項，其型式皆為：$b^{x_1} c^{x_2}$，

其中 $x_1+x_2=2k$ 且 x_1，x_2 為非負整數

> 先「正整數解化」：
> $x'_1+x'_2=(x_1+x_2)+(1+1)=2k+2$，
> ∵「$2k+2$」個東西，「中間」有「$2k+1$」個間隔，
> 任取 1 個間隔畫分割線，可得「2 個正整數解」

∴ $x_1+x_2=2k$，共有 $C_1^{2k+1}=$「$2k+1$」個「(x_1,x_2)」的「非負整數解」

> 公差 $=2 \Rightarrow 17=1+(n-1)\times ②$
> $\Rightarrow 2n=18 \Rightarrow n=9$
> $\Rightarrow$ 項數 $n=9$
>
> $a_n=a_1+(n-1)d$ 且 $a_1=1$，$d=2$

> ⊙ $k=0,\cdots,8$
> ⊙ 每一個 k，其 $(b+c)^{2k}$ 有 $(2k+1)$ 個「$b^{x_1} c^{x_2}$」項
> $\Rightarrow$ 對應：每一個 k，$[a+(b+c)^2]^8$
>   有 $(2k+1)$ 個「$a^{8-k} b^{x_1} c^{x_2}$」項

∴ 所求項數 $= \sum\limits_{k=0}^{8} (2k+1)$

$= 1+3+5+\cdots+17$

$= \dfrac{(1+17)\times 9}{2}$

> $a_1+\cdots+a_n$
> $= \dfrac{(a+a_n)\times n}{2}$
>
> 等差梯形和公式

$= 9\times 9$

$= 81$（項）

> 由 $[a+(b+c)^2]^8$ 的「一般項」
> $C_k^8 a^{8-k}(b+c)^{2k}$，「鎖定 a^5」
> 可知：$a^5 \overset{令}{=} a^{8-k}$
> ∴ $k=3$，並得「$C_3^8 a^5 (b+c)^6$」

(2) ∵ $[a+(b+c)^2]^8$ 展開式中，含 a^5 之項為

$C_3^8 a^5 (b+c)^6$

$= C_3^8 a^5 \,(C_0^6 b^6 c^0 + C_1^6 b^5 c^1 + \boxed{C_2^6 b^4 c^2} + \cdots)$

∴ 可得：$a^5 \boxed{b^4 c^2}$ 的係數為 $C_3^8 \times C_2^6 = 840$

> 把「$(b+c)^6$」用「二項式定理」予以展開，
> 可得：$C_0^6 b^6 c^0 + C_1^6 b^5 c^1 + \boxed{C_2^6 b^4 c^2} + \cdots$

▶▶▶▶ **Ans**

(1) 81 項　(2) 840

> ∵ 題目要求 $a^5 b^4 c^2$
> ∴ 只取 $C_3^8 a^5$ 與 $C_2^6 b^4 c^2$ 相乘

善用：「1」比較好「二項」展開

先將 11^{13} 變成好「二項展開」的「$(c\pm1)^{13}$」

例題 17 　求 11^{13} 的 (1) 個位數字　(2) 十位數字　(3) 百位數字？

個位數字：等同於「$11^{13}\div10$」的「餘」

∴$11 \overset{令}{=} c\pm1 = 10+1$ 或 $11-1$

又因：10 較好算　∴取 $11 = 10+1$

▶▶▶ Sol

$\because 11^{13} = (1+10)^{13}$

$\quad = \boxed{C_0^{13} \times 1^{13}} \times 10^0 + \boxed{C_1^{13} \times 1^{12}} \times 10^1 + \boxed{C_2^{13} \times 1^{11}} \times 10^2 + \boxed{C_3^{13} \times 1^{10}} \times 10^3 + \cdots$

$\qquad + C_{13}^{13} \times 1^0 \times 10^{13}$

$\quad = (1 + 130 + 7800) + \left[\underset{\text{「尾數」有「3」個 0}}{\underline{286000}} + \cdots\right]$

$\quad = 7\boxed{931} + \cdots$

$\therefore$ 個位數字 $= 1$，十位數字 $= 3$，百位數字 $= 9$

∵後面的數，已經不影響
「個位、十位、百位數字」
∴可忽略它們！

▶▶▶ Ans

(1) 1　(2) 3　(3) 9

善用：「1」比較好「二項」展開

例題 18 　以四捨五入計算 $(0.99)^{12}$ 之近似值到小數點後第二位數？

∵「1」的「2 項」展開較容易
∴將 a^n 拆成 $(c\pm1)^n$ 或 $(1\pm c)^n$

▶▶▶ Sol

$(0.99)^{12} = [1 + (-0.01)]^{12}$

$\quad = C_0^{12} \times 1^{12} \times (-0.01)^0 + C_1^{12} \times 1^{11} \times (-0.01)^1 + C_2^{12} \times 1^{10} \times (-0.01)^2$

$\qquad + C_3^{12} \times 1^9 \times (-0.01)^3 + \cdots + C_{12}^{12} \times 1^0 \times (-0.01)^{12}$

$\quad = 1 + (-0.12) + 0.0066 + (\underline{\quad -0.00022 \quad}) + \cdots$

已跑到「小數點」後
第「4」位才「不為 0」

$\quad = 0.88\,\textcircled{6}\,38 + \cdots$

$\quad \doteqdot 0.89$

後面的數，位數太小，已不影響
「小數點後第二位數」，故可省略

▶▶▶ Ans

0.89

鎖定「指定位」的「後一位」是否
「過半」，來決定「是否要進位」？

二項式展開

求「高次式」餘：
「$f(x)^{高次} \div g^n(x)$」的「餘」
$= [(g(x)Q(x) + r(x))^{高次} \div g^n(x)]$ 的「餘」
$= [r(x)^{高次} \div g^n(x)]$ 的「餘」

取 $n = 3$

「2 項」展開

例題 19 以 $(x-1)^3$ 除 $(x^2 - 2x + 2)^{10}$ 所得之餘式為？

▶▶▶ **Sol**

$\begin{cases} (x^2 - 2x + 2)^{10} \text{ 當 } f(x)^{高次} \\ (x-1)^3 \text{ 當 } g^n(x) \end{cases}$

$\Rightarrow \begin{cases} \text{取 } f(x) = x^2 - 2x + 2 \\ \text{取 } g(x) = (x-1) \end{cases}$

$\Rightarrow f(x) = x^2 - 2x + 2$

$= \underbrace{(x-1)(x-1) + 1}_{除法等式}$

$\overset{當}{=} g(x)Q(x) + r(x)$

$\because (x^2 - 2x + 2)^{10} = [(x-1)^2 + 1]^{10}$

$\qquad = C_0^{10}(x-1)^{20} + C_1^{10}(x-1)^{18} + C_2^{10}(x-1)^{16} + \cdots$
$\qquad\quad + C_8^{10}(x-1)^4 + C_9^{10}(x-1)^2 + C_{10}^{10}(x-1)^0$

$\qquad = \boxed{(x-1)^3} \; [C_0^{10}(x-1)^{17} + C_1^{10}(x+1)^{15} + \cdots$
$\qquad\quad + C_8^{10}(x-1)] + C_9^{10}(x-1)^2 + C_{10}^{10}(x-1)^0$

$\therefore$ 所求「餘式」 $= C_9^{10}(x-1)^2 + C_{10}^{10}(x-1)^0$

$\qquad = 10(x-1)^2 + 1$

$\qquad = 10x^2 - 20x + 10 + 1$

$\qquad = 10x^2 - 20x + 11$

含「$(x-1)^3$」的部份，再「$\div (x-1)^3$」可得「商」

▶▶▶ **Ans**

$10x^2 - 20x + 11$

外提「公因式」＝外提「除式 $(x-1)^3$」

「非組合 C」的部份，具「次方」形態的「級數和」問題，必設法轉化成「二項式展開式」形態

例題 20 求 $C_0^8 + 2C_1^8 + 4C_2^8 + 8C_3^8 + 16C_4^8 + 32C_5^8 + 64C_6^8 + 128C_7^8 + 256C_8^8$ 之值？

▶▶▶ **Sol**

原式 $= C_0^8 + 2C_1^8 + 2^2 C_2^8 + 2^3 C_3^8 + 2^4 C_4^8 + 2^5 C_5^8 + 2^6 C_6^8 + 2^7 C_7^8 + 2^8 C_8^8$

$= C_0^8 \times \boxed{1^8} \times 2^0 + C_1^8 \times \boxed{1^7} \times 2^1 + C_2^8 \times \boxed{1^6} \times 2^2 + C_3^8 \times \boxed{1^5} \times 2^3 + C_4^8 \times \boxed{1^4} \times 2^4$
$\quad + C_5^8 \times \boxed{1^3} \times 2^5 + C_6^8 \times \boxed{1^2} \times 2^6 + C_7^8 \times \boxed{1^1} \times 2^7 + C_8^8 \times \boxed{1^0} \times 2^8$

$= (1 + 2)^8$

$= 3^8$

$= 6561$

補上「1」，改成「二項式定理」的標準形式

▶▶▶ **Ans**

6561

二項式定理：
取 $x = 1$，$y = 2$

筆 記 欄

統計⑴基本「指標數」
——平均數，中位數，眾數

∵我們在「18章」，將更深入論述這三個「指標數」與其他「統計量」的互動。

∴在本單元，我們只聚焦在「觀念」的判斷應用，以免嚇到「國中、國小」階段對「密集數據」有恐懼感的讀者

重點整理17-1 淺談「基本指標數」

 指標數 1

> ⊙ 「組距」$\overset{定義}{=}$「組上限」－「組下限」
>
> ⊙ 「全距」$\underset{整體數據}{\overset{定義}{=}}$「最大數值」－「最小數值」

「資料」的分組原則：

⊙ 「組範圍」，一般若無特別規定：皆採「含組下限，不含組上限」原則，來判別

⊙ 「組範圍」，必先將資料訊息轉化成「數值（分配）表

組別	…	…
數值	…	…

> 常見的「資料的呈現」方式：長條圖，圓形
> 圖，以上、以下累積圖（「以上」：數值 > 參考標準的
> 總個數；反之，以下）及
> 「盒狀圖」(0% ── 25% ── 50% ── 75% ── 100%)

 指標數 2

> 「平均數」可能「不是原始數據」，
> 如：0，1，1，3，5 的「平均數」
> 為「$\dfrac{0+1+1+3+5}{5}=2$」

平均數：

平均數 是「一群觀察值」分佈的「中心值」。

如：描述某個班級的數學程度，就會以該班的數學成績「平均值」，當作「判斷」該班的程度的「指標」。若無特別聲明，「平均數」通常是指「算術平均值」。

> 「算術平均數＝將一組「數 或量」加總後，再「除以」
> 該組「數 或量」的「總個數」，所得之「數值」
>
> 見「平均數」，必由「總量」下手來解題！

「中位數」可能「不是原始數據」，
如：0，1，1，3，5，6的「中位數」
為「$\dfrac{1+3}{2}=2$」

中位數＝第 2 四位數 （對稱）

第 1 四位數

第 3 四位數

0　25%　50%　75%　100%

　指標數 3

中位數：

中位數 是指「一群觀察值」，經「大小排序」後「位置居中」的「數值」。

經「排大小」後：「位置居中」≠「大小居中」。
如：$1,1,1,1,2,2,3$「位置居中」的
「中位數」＝「1」，但「大小居中數」＝「2」

● 如果資料有「奇數個」，經「大小排序」後，「位置最中間的資料」，就是中
位數

「$2n+1$」個，取「第 $n+1$」個數值

● 如果資料有「偶數個」，經「大小排序」後，「中間位置兩個資料的平均值」，
就是中位數

「$2n$」個，取「第 n、第 $n+1$」
個數值的「平均值」

對「已分組資料」，我們通常取「組中點 ＝ $\dfrac{組上限＋組下限}{2}$」，
當「該組之代表數值」。它在「本質」上，其實也是一種「中位數」
概念的應用！

指標數 4

「平均數」、「中位數」的「數值只有 1 個」，但可能
「有 0 個或不只 1 個原始數據」的「值大小」與「平均
數、中位數」相等

眾數：

眾數 是指「一群觀察值」中，「出現次數最多」的「數值」。

「眾數」，「一定是原始數據」，但可能「不只一個」，如：$-1，0，0，1$，
$1，2$ 的「眾數」有「$0，1$」兩個數值

重點整理17-2　應用的關鍵「特徵」與「策略」

也可稱：全部數值的
「中位數」＝全部數值
的「第 2 四分位數 Q_2」

盒狀圖，無法判別「眾數」

取「位置居中」或
「居中的平均值」

應用

「統計指標數」運用原則～「擒賊先擒王」：

總量除以總個數

(A)「平均數」問題，必由「總量」下手。

(B)「中位數」問題，必由「個數是否過半」下手。

(C)「眾數」問題，必由「個數最多」下手。

(D)「已分組」資料，取「組中點 ＝ $\dfrac{組上限＋組下限}{2}$」，當「組的代表值」。

中位數 v.s. 四分位數：

⊙「全部」數值，經「大小排序」後，位置居中的數 ＝ 中位數
　亦即：全部數值，經排序後，「50 ％」位置的數

⊙經大小排序，「前 50 ％」數值的「中位數」   全部的 25 ％ 位置
　$\overset{稱}{=}$ 全部數值的「第 1 四分位數 Q_1」

⊙經大小排序，「後 50 ％」數值的「中位數」   全部的 75 ％ 位置
　$\overset{稱}{=}$ 全部數值的「第 3 四分位數 Q_3」

⊙此外，也有許多人喜歡用如下：「盒狀圖」來呈現「Q_1 v.s. Q_2 v.s. Q_3」

全距＝最大－最小

25%　　　50%　　　75%

數值

最小
數值

Q_1 Q_2-Q_1 Q_2 Q_3-Q_2 Q_3

最大
數值

第 1
四分位數

中位數

第 3
四分位數

四分位距 $\overset{定義}{=} Q_3 - Q_1$

「25 ％～50 ％」分佈的
「數值範圍」為
「Q_1～Q_2」之間

「50 ％～75 ％」分佈的
「數值範圍」為
「Q_2～Q_3」之間

亦即：「盒子長度」不是依「個數 ％」來畫圖！
而是：數值分佈愈廣，數值愈不集中，則「盒子
長度」便愈長，並不是代表「個數愈多」

「盒狀圖」問題，必：標上「％」及
「盒邊緣數值 Q_1，Q_2，Q_3」，再利用
「盒狀圖」定義，便可進行解題

「盒子長度」＝「資料的數據差距」≠「資料的個數差距」

「個數」的百分比

每個「盒子」都「只裝 25 ％ 個數據」

重點整理17-3 解開例題、弄懂策略

 精選範例

例題 1 某班 40 位學生的體重次數分配表如下：

體重 （公斤）	30～35	35～40	40～45	45～50	50～55	55～60	60～65	65～70
次數 （人）	1	2	6	10	7	8	4	2

(1) 試求該班體重的（算術）平均數？

(2) 試問該班體重的中位數及眾數分別在哪一組中？

▶▶▶▶ Sol

> 「已分組」資料，取「組中點」當「組的代表值」

(1)「組中點」次數分配表：

組別	30～35	35～40	40～45	45～50	50～55	55～60	60～65	65～70
組中點	32.5	37.5	42.5	47.5	52.5	57.5	62.5	67.5
次數	1	2	6	10	7	8	4	2

∴（算數）平均數

$$= \frac{1\times32.5+2\times37.5+6\times42.5+10\times47.5+7\times52.5+8\times57.5+4\times62.5+2\times67.5}{1+2+6+10+7+8+4+2}$$

$$= \frac{32.5+75+255+475+367.5+460+250+135}{40}$$

> 平均數 $= \dfrac{總量}{總個數}$

$$= \frac{2050}{40} = 51.25$$

> 求「中位數」，別忘了：要先經「大小排序」

> 「$2n$」個資料，取「第 n、第 $n+1$」個數值的「平均值」

(2) ∵ 共 40 位同學

∴ 中位數為第 20 個數及第 21 個數的平均值

又因：$\begin{cases} 1+2+6+10=19\,「<」\,20 \Rightarrow 第 20 個數落在「50～55」\\ 1+2+6+10+7=26\,「>」\,21 \Rightarrow 第 21 個數落在「50～55」 \end{cases}$

∴ 中位數在「50～55」這組內

> 要先算出：「第 20、第 21」之前的「第 19」在那一組

再因：「45～50」這一組，出現人數最多（10 人）

∴眾數在「45～50」這組內

> 「眾數」，必由「個數最多」下手

▶▶▶▶ Ans

⑴ 51.25 公斤

⑵中位數在 50～55（公斤）、眾數在 45～50（公斤）

例題 2　三年一班有男生 a 人、女生 b 人；男生體重的算術平均數是 56 公斤，女生體重的算術平均數是 48 公斤；若全班體重的算術平均數是 54 公斤，則 a 與 b 的數量關係為何？

(A) $a = 3b$　(B) $3a = b$　(C) $7a = 6b$　(D) $6a = 7b$

▶▶▶▶ Sol

∵男生重量和 + 女生重量和

> 「平均數」，必由「總量」下手

= 全班體重平均數 × 全班人數

∴$56a + 48b = 54(a + b) = 54a + 54b$

∴$2a = 6b \Rightarrow a = 3b$

∴選(A)

> 將「a，b」分開在「等號兩側」，才能求出「a，b」的關係

▶▶▶▶ Ans

(A)

例題 3　下圖是小克班上同學工藝成績「折線圖」。根據圖中的數據，判斷該班平均工藝成績為幾分？

(A) 75　(B) 77.5　(C) 82.5　(D) 90

> 「折線圖」是一種「將資料」，先用「配對點」標記「資料訊息」，再用「線段」加以「連接」的圖表

由此「折線圖」的「配對點」可知；

「70 分 6 人」，

「75 分 12 人」，

「80 分 8 人」，

「85 分 8 人」，

「90 分 12 人」且

「95 分 6 人」

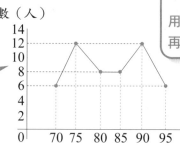

▶▶▶ Sol

所求 $= \dfrac{70\times 6 + 75\times 12 + 80\times 8 + 85\times 8 + 90\times 12 + 95\times 6}{6+12+8+8+12+6}$

> 平均數 $= \dfrac{總量}{總個數}$

$= \dfrac{420+900+640+680+1080+570}{52} = \dfrac{4290}{52} = 82.5$

∴選(C)

▶▶▶ Ans

(C)

> 「158」是「登記錯誤」的「166」造成的結果

例題 4　已知三年四班全班 35 人身高的算術平均數與中位數都是 158 公分，但後來發現其中一位同學的身高登記錯誤，將 160 公分寫成 166 公分。經重新計算後，正確的算術平均數為 a 公分，中位數為 b 公分。

關於⑴ 算術平均數 a 的敘述下列何者正確？

(A)大於 158　(B)小於 158　(C)等於 158　(D)資料不足，無法確定

⑵ 關於中位數 b 的敘述下列何者正確？

(A)大於 158　(B)小於 158　(C)等於 158　(D)資料不足，無法確定

▶▶▶ Sol

> 「平均數」，必由「總量」下手

> 「減」掉「錯誤」，「加」回「正確」

⑴∵ $158 = \dfrac{\boxed{正確的總量}+6}{35}$（正確的 160 誤寫 166，故錯誤的總量比正確的總量應多算了 6）

$= \boxed{正確的平均數\ a} + \dfrac{6}{35}$

> ∵「158」是：「登記錯誤」的「166」造成
> ∴「正確的總量」（正確是由「160」造成）
> ＝「錯誤的總量」－「166」＋「160」

∴ $a = 158 - \dfrac{6}{35} < 158$

∴選(B)

⑵∵ 160（正確的資料）與 166（錯誤的資料）均大於 158

∴都不影響「158」這個數值的「大小排序後，位置居中」的「次序特性」

∴中位數不變

∴中位數仍為「158」

∴選(C)

> ∵「中位數 158」是：「由小到大」排序後的「第 17+1」人
>
> 「$2n+1$」個資料，取「第 $n+1$」個
>
> ∴不管是「錯誤的 166」或「正確的 160」都不會影響「158 是由小到大排序的第 17 名」

▶▶▶ Ans

⑴ (B)　⑵ (C)

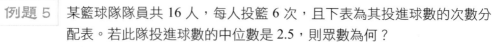

例題 5　某籃球隊隊員共 16 人，每人投籃 6 次，且下表為其投進球數的次數分
配表。若此隊投進球數的中位數是 2.5，則眾數為何？

(A) 2　(B) 3　(C) 4　(D) 6

投進球數	0	1	2	3	4	5	6
人數	2	2	a	b	3	2	1

意謂：有「2 人」只「投進 1 球」

▶▶▶▶ Sol

題目的「已知訊息」

(1) ∵共 16 人

∴$2 + 2 + \boxed{a+b} + 3 + 2 + 1 = 16$

∴$a+b = 6$

由「總人數」下手

每一個人都「投 6 球」，但「不是球球」都「投進」。亦即：有人「投進」的「球數多」，有人「投進」的「球數少」

注意：題目要求的「數值」是指「投進」的「球數」，而不是「人數」

「$2n$」個，取「第 n，第 $n+1$」個數值的「平均值」當「中位數」

(2) ∵有 16 人（偶數）

∴有「16」筆「投進球數」的記錄，分別為：「0」有 2 筆，「1」有 2 筆，「2」有 a 筆，「3」有 b 筆，「4」有 3 筆，「5」有 2 筆，「6」有 1 筆

∴2.5 = 中位數 = 第 8 筆與第 9 筆「數值」的平均數

緊接著，再分析題目所給「統計表」可知：

投進球數	0	1	2	3	4	5	6
人數	2	2	a	b	3	2	1

較小數值：第 1～第 ④ 筆　　較大數值：第 ⑪～第 16 筆

共「2 + 2 = 4」筆　　共「3 + 2 + 1 = 6」筆

∴「第 8 筆、第 9 筆」可能　都投進「2 球」（×）

都投進「3 球」（×）

「第 8」投進「2 球」且「第 9」投進「3 球」

「平均」≠2.5

∴經上述分析，可知：「第 8」是「投進 2 球」的「最後 1 筆數值」

∴$2 + 2 + \boxed{a} = 8$

∴$\boxed{a = 4}$

由「第 16」，回推「3 + 2 + 1 = 6」個數值，可得「第 ⑪」

別忘了：要先經「大小排序」

又因由⑴，已知：$a+b=6$

∴可得：$4+b=6$

∴ $\boxed{b=2}$

∴「人數最多」的是「$a=4$ 人」投進「2 球」$\overset{\text{等同}}{\Leftrightarrow}$ 有「4 筆」數值為「投進 2 球」

∴所求「眾數」為「2」

∴選(A)

指「投入球數」，非「人數」

▶▶▶ Ans

(A)

例題 6　下列各選項中的盒狀圖分別呈現出某班四次小考數學成績的分布情形，哪一個盒狀圖呈現的資料其四分位距最大？

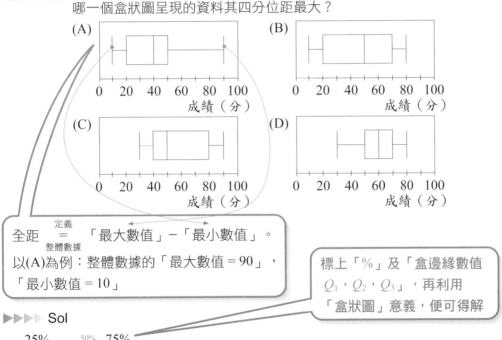

全距 $\overset{\text{定義}}{\underset{\text{整體數據}}{=}}$ 「最大數值」－「最小數值」。

以(A)為例：整體數據的「最大數值 $=90$」，「最小數值 $=10$」

標上「%」及「盒邊緣數值 Q_1 , Q_2 , Q_3」，再利用「盒狀圖」意義，便可得解

▶▶▶ Sol

25%　50%　75%

(A)

20　40　50

$\Rightarrow Q_1=20$ 且 $Q_3=50$

中位數 $Q_2=40$

10　　90

$\Rightarrow$ 四分位距 $\overset{\text{定義}}{=} Q_3-Q_1=50-20=30$

且全距為 $90-10=80$

355

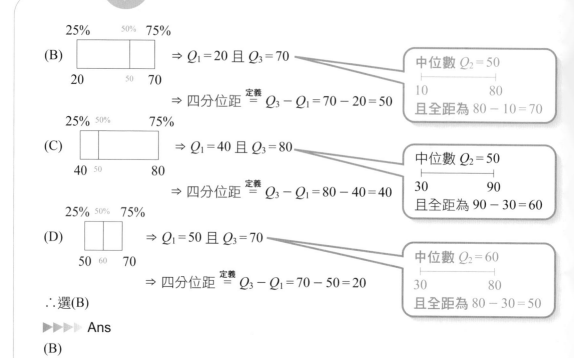

(B)
$$25\% \quad 50\% \quad 75\%$$
$$\Rightarrow Q_1 = 20 \text{ 且 } Q_3 = 70$$
$$20 \quad 50 \quad 70$$

中位數 $Q_2 = 50$
$$10 \qquad 80$$
且全距為 $80 - 10 = 70$

$$\Rightarrow \text{四分位距} \overset{\text{定義}}{=} Q_3 - Q_1 = 70 - 20 = 50$$

(C)
$$25\% \quad 50\% \quad 75\%$$
$$\Rightarrow Q_1 = 40 \text{ 且 } Q_3 = 80$$
$$40 \quad 50 \quad 80$$

中位數 $Q_2 = 50$
$$30 \qquad 90$$
且全距為 $90 - 30 = 60$

$$\Rightarrow \text{四分位距} \overset{\text{定義}}{=} Q_3 - Q_1 = 80 - 40 = 40$$

(D)
$$25\% \quad 50\% \quad 75\%$$
$$\Rightarrow Q_1 = 50 \text{ 且 } Q_3 = 70$$
$$50 \quad 60 \quad 70$$

中位數 $Q_2 = 60$
$$30 \qquad 80$$
且全距為 $80 - 30 = 50$

$$\Rightarrow \text{四分位距} \overset{\text{定義}}{=} Q_3 - Q_1 = 70 - 50 = 20$$

∴選(B)

▶▶▶▶ Ans

(B)

例題 7　下表是大橋國中九年一班學生英語成績的相對次數分配表，則下列何者最有可能是此筆資料的盒狀圖？

組別（分）	0～10	10～20	20～30	30～40	40～50
相對次數（％）	5	10	5	10	15
組別（分）	50～60	60～70	70～80	80～90	90～100
相對次數（％）	20	15	10	10	0

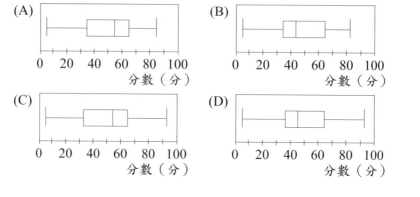

「盒狀圖」重點在：

| 盒子 | 盒子 |

最小 ⟶ Q_1 ⟶ Q_2 ⟶ Q_3 ⟶ 最大

這 5 個數值的位置在那裡？

確定後，便可得如右之盒狀圖：

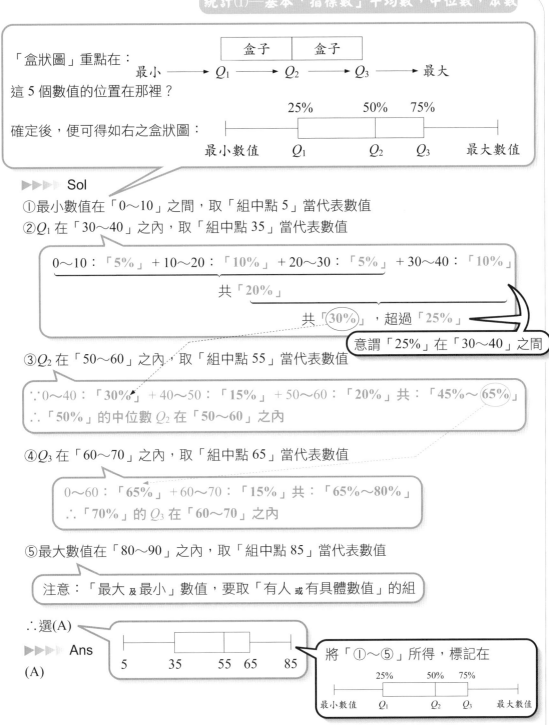

25%　　　50%　75%

最小數值　　Q_1　　　Q_2　Q_3　　最大數值

▶▶▶▶ Sol

①最小數值在「0～10」之間，取「組中點 5」當代表數值

②Q_1 在「30～40」之內，取「組中點 35」當代表數值

0～10：「5%」 +10～20：「10%」 +20～30：「5%」 +30～40：「10%」

共「20%」

共「30%」，超過「25%」

意謂「25%」在「30～40」之間

③Q_2 在「50～60」之內，取「組中點 55」當代表數值

∵ 0～40：「30%」 +40～50：「15%」 +50～60：「20%」 共：「45%～65%」

∴「50%」的中位數 Q_2 在「50～60」之內

④Q_3 在「60～70」之內，取「組中點 65」當代表數值

0～60：「65%」 +60～70：「15%」 共：「65%～80%」

∴「70%」的 Q_3 在「60～70」之內

⑤最大數值在「80～90」之內，取「組中點 85」當代表數值

注意：「最大 & 最小」數值，要取「有人 或 有具體數值」的組

∴選(A)

▶▶▶ Ans

(A)

5　　35　　55 65　　85

將「①～⑤」所得，標記在

25%　　　50%　75%

最小數值　　Q_1　　　Q_2　Q_3　　最大數值

例題 8 右圖為甲、乙兩班某次美術成績的盒狀圖。請判斷下列敘述何者正確？

(A) 甲班成績的最高分 > 乙班成績的最高分
(B) 甲班成績的中位數 < 乙班成績的中位數
(C) 甲班成績的四分位距 > 乙班成績的四分位距
(D) 甲班成績的全距 < 乙班成績的全距

> 標上「%」及「盒邊緣數值 Q_1, Q_2, Q_3」，再利用「盒狀圖」定義，便可得解

> 中位數 = 盒狀圖標記「50%」的數值

▶▶▶▶ Sol

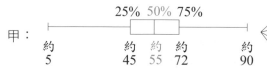

甲：
25%　50%　75%
約 5　　　約 45　約 55　約 72　　　約 90

- 最大 90，最小 5
- 中位數 55
- 四分位距 = 72 − 45 = 27
- 全距 = 90 − 5 = 85

乙：
25%　　　　50%　75%
約 20　約 25　　　約 67　約 80　約 92

- 最大 92，最小 20
- 中位數 67
- 四分位距 = 80 − 25 = 55
- 全距 = 92 − 20 = 72

> 全距 =「最大值」−「最小值」

∴選(B)

▶▶▶▶ Ans

(B)

> 四分位距 = $Q_3 − Q_1$
> =「75%」的數值 −「25%」的數值

> 此處的「數值」是指：盒狀圖上標記的數值

這個單元有許多「統計公式」，因它的「推導」沒什麼特殊技巧，只要你「耐心地代過來，代過去」就能推導出來。

∴我們只提供「公式」的「記憶 與 應用口訣」，不提供其「完整的推導」證明

統計(2)進階統計概論－數據分析

一維數據：只有一個變數的數據，例如：身高、體重、分數、……等

重點整理18-1　分析「一維數據」

 分析 1

數據的集中趨勢「指標數」 $\overset{\text{定義}}{=}$ **能用來表明一群數據的「集中趨勢」的「數值」。**

常用到的數據「集中」趨勢「指標數」有：

(A) 算術平均數：設有 n 個數據 $x_1, x_2, \cdots, x_n$，則其

平均數 $= \dfrac{\text{總量}}{\text{總個數}}$

樣本平均數 樣本總個數 n	$\bar{x} = \dfrac{x_1 + x_2 + \cdots + x_n}{n} = \dfrac{\displaystyle\sum_{i=1}^{n} x_i}{n}$
母體平均數 母體總個數 n	留意：「代號」不同 $\mu = \dfrac{x_1 + x_2 + \cdots + x_n}{n} = \dfrac{\displaystyle\sum_{i=1}^{n} x_i}{n}$

「母體」總個數「n」，也有人喜歡用「N」來突顯它

等同：x_1 有「w_1 個」，$\cdots$，x_n 有「w_n 個」
$\therefore$ 總個數 $= w_1 + \cdots + w_n$

(B) 加權平均數：設有 n 個數據 $x_1, x_2, \cdots, x_n$，其對應的「權數」分別為 w_1，w_2，$\cdots$，w_n，則「加權平均數」 $w = \dfrac{w_1 x_1 + w_2 x_2 + \cdots + w_n x_n}{w_1 + w_2 + \cdots + w_n} = \dfrac{\displaystyle\sum_{i=1}^{n} w_i x_i}{\displaystyle\sum_{i=1}^{n} w_i}$。

如：在校成績結算，常用：數學每周上課 5 小時，其數學測驗成績 x 分的「權」取「5」

(C) 幾何平均數：

設有 n 個「正數據」$x_1, x_2, \cdots, x_n$，則「幾何平均數」 $G = \sqrt[n]{x_1 \times x_2 \times \cdots\cdots \times x_n}$。

常用來處理「平均變化率」問題，如：

設 n 年之間的「成長率」分別為 y_1，y_2，$\cdots$，y_n，則這 n 年之間的「平均成長率」為 $\{\sqrt[n]{(1+y_1) \times (1+y_2) \times \cdots\cdots \times (1+y_n)} \boxed{-1}\} \times 100\%$

沒特別指明時，「平均數」通常是指「算術平均數」

(D) 中位數（median）： 排大小後，位置居中

- $x_1, \cdots, x_n$ 的「下標 $1, \cdots, n$」是「原始數據」的呈現次序
- $x_{(1)}, \cdots, x_{(n)}$ 的「下標 $(1), \cdots, (n)$」是數據排大小後，由小到大的次序

一組數據 $x_1, x_2, \cdots, x_n$，經「大小排序」後為 $x_{(1)} \leq x_{(2)} \leq \cdots \leq x_{(n)}$，若為「奇數個」數據，則「位置居中」的那個數據，就是「中位數」 Me。若為「偶數個」數據，則取「中間兩個數據的平均數」當「中位數」 M_e。

∵ 偶數個數據的「中位數」是中間兩個的平均值
∴「中位數」可能「不是原始數據」

全體的「中位數」 $\overset{定義}{=}$ 第 2 四分位數 Q_2

亦即：中位數 $M_e = \begin{cases} x_{\left(\frac{n+1}{2}\right)}, & \text{若 } n \text{ 是奇數} \\ \dfrac{x_{\left(\frac{n}{2}\right)} + x_{\left(\frac{n}{2}+1\right)}}{2}, & \text{若 } n \text{ 是偶數} \end{cases}$

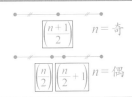

(E) 眾數（mode）：一組數據 $x_1, x_2, \cdots, x_n$，「出現最多次」的數值 x_i、稱為「眾數」 M_o。

留意：「眾數」可能「不只一個」
…如：$1, 1, \underbrace{2, 2, 2}, 3, \underbrace{5, 5, 5}$
有「2，5」兩個「眾數」

 分析 2

數據的分散程度「離差（值）」

對於一組數據 $x_1, \cdots, x_n$，除了考慮其「集中趨勢」外，另一重點則是掌握「資料分散」的程度。

常用來呈現數據「分散」程度的「離差（值）」有：

因為一組資料當中，彼此之間有差異，若只用一個數值來表示，有時誤差容易過大。為了彌補這個不足，必須找到足以「衡量資料之間差異性」的數值，並稱此數值為「離差（值）」

注意：「樣本變異數」的「平均」，其「分母是 $n-1$」而不是「n」喔！

(A) 全距（range）：

「離均差」$\overset{\text{定義}}{=}$ 個別數值跟「平均值」的「差距」$\overset{\text{又稱}}{=}$「偏移量」

一組數據中的最大值 與 最小值的差距，稱為全距 R。

把「$\mathbb{X}: x_1, \cdots, x_n$」及「$\mathbb{Y}: y_1, \cdots, y_m$」兩組數據

合併成：「$\mathbb{Z}: \underbrace{z_1, \cdots, z_n}_{x_1 \cdots, x_n}; \underbrace{z_{n+1}, \cdots, z_{n+m}}_{y_1, \cdots, y_m}$

而所得的「σ_z」又稱之為「$\mathbb{X}$，$\mathbb{Y}$」的「聯合標準差」

- 個別數值未知
- 單一變數資料較常用此「口訣」，求 σ^2 及 σ

變異數
=（標準差）的「平方」

- 變異數 =（離均差）「平方」的「平均」

  也可簡記為：「（個別）平方差」的「平均」

  =〔（平方和）－（平均數）平方的總量〕的「平均」

- 標準差 = $\sqrt{\text{變異數}}$

(B) 變異數（variance）與 標準差（standard deviation）：

「量」的「平均」= $\dfrac{\Sigma \text{量}}{\text{總個數}}$

$\therefore$（離均差）「平方」的「平均」= $\dfrac{\Sigma（\text{離均差}）\text{平方}}{\text{總個數}}$ 且「（個別）平方差」的「平均」= $\dfrac{\Sigma \text{平方差}}{\text{總個數}}$

（離均差）「平方」的「平均」

〔（平方和）－（平均數）平方的總量〕的「平均」

σ 也可記為 σ_x，$\sigma_{\mathbb{X}}$，s_x，$s_{\mathbb{X}}$

	母體 $N \overset{\text{用「}N\text{」取代「}n\text{」}}{=} n$ 個	樣本 n 個
變異數	$\sigma^2 = \dfrac{\sum\limits_{i=1}^{N}(x_i - \mu)^2}{N} = \dfrac{\left(\sum\limits_{i=1}^{N} x_i^2\right) - N\mu^2}{N}$	$s^2 = \dfrac{\sum\limits_{i=1}^{n}(x_i - \bar{x})^2}{n-1} = \dfrac{\left(\sum\limits_{i=1}^{n} x_i^2\right) - n\bar{x}^2}{n-1}$
標準差	$\sigma = \sqrt{\dfrac{\sum\limits_{i=1}^{N}(x_i - \mu)^2}{N}} = \sqrt{\dfrac{\left(\sum\limits_{i=1}^{N} x_i^2\right) - N\mu^2}{N}}$	$s = \sqrt{\dfrac{\sum\limits_{i=1}^{n}(x_i - \bar{x})^2}{n-1}} = \sqrt{\dfrac{\left(\sum\limits_{i=1}^{n} x_i^2\right) - n\bar{x}^2}{n-1}}$

- 解「變異數、標準差」問題時，應留意是面對「母體」，還是面對「抽樣」

- 「母體」的「變異數」$\sigma^2 = \dfrac{[\sum\limits_{i=1}^{N} x_i^2]}{N} - \mu^2 \overset{\text{簡記}}{=}$（個別）「平方」的「平均」－「平均」的「平方」

- $\because$ 在「抽樣」，抽 n 個樣本時，極可能「恰好抽到 $\bar{x}$」

  $\therefore$「抽 n 個樣本」中，與「$\bar{x}$」有「離均差 $\neq 0$」的樣本，「極可能」只剩「$n-1$」個
  （稱為：抽樣「自由度為 $n-1$」）

  $\therefore$「$\sum\limits_{i=1}^{n}(x_i - \bar{x})^2$」有「實際貢獻者」只有「$n-1$」個

  $\therefore$ 在建立「變異數，標準差」的對應「平均值」公式時，只應「$\div(n-1)$」

⊙ μ：「母體」平均數

⊙ N：母體觀察數

⊙ $\bar{x}$：「樣本」平均數

⊙ n：樣本觀察數

⊙ $x_i - \mu$ 或 $x_i - \bar{x}$ 稱為「離均差」

顯示「個別數值」與「平均值」的「差距」

又稱「偏移量」

個別數值 x_i 與母體平均數 μ 或 與樣本平均數 $\bar{x}$ 的「差距」

(C) 變異係數（coefficient of variance）：

變異「係」數 $CV = \dfrac{標準差}{平均數} \times 100\%$

彰顯：「平均誤差」佔「平均數」的「百分比」

變異「係」數 ≠ 變異數

 分析 3

數據的伸縮、平移與標準化

(A) 數據的「伸縮」與「平移」：

兩組數據「$X：x_1, x_2, \cdots, x_n$」及「$Y：y_1, y_2, \cdots, y_n$」，

也可以記為「$\mathbb{Y} = a\mathbb{X} + b$」

亦即：用「數量想法（隨機變數）$\mathbb{X}$ v.s. $\mathbb{Y}$」的「互動關係式」，來表現

其實，「用 x 或用 $\mathbb{X}$」來顯示，資料的群組都可以！其他概念也可以比照辦理！

如：$\bar{x}$ 代表「平均數」，也可以用 $\bar{\mathbb{X}}$ 來表示

若滿足：「$y_i = ax_i + b$」，$i = 1，2，3，\cdots，n$，其中 $a，b$ 為常數，則稱 $\mathbb{Y}$ 是 $\mathbb{X}$ 的一個「伸縮與平移」。

亦即：$\mathbb{Y}$ 這個「數量想法」= $\mathbb{X}$ 這個「數量想法」作了「a 倍的伸縮」與「b 大小的平移」

⊙ 算術平均數 $\mu_Y = a \times \mu_X + b$

⊙ 中位數 $Me_Y = a \times Me_X + b$

⊙ 眾數 $Mo_Y = a \times Mo_X + b$

⊙ 全距 $R_Y = |a| \times R_X$

⊙ 標準差 $\sigma_Y = |a| \times \sigma_X$

「變異數」：「倍數」平方化 且「平移」化為「0」

要訣：

⊙ 「分散」指標，全距，標準差：「倍數」絕對值化 且「平移」化為「0」

⊙ 「集中」指標，都是：「倍數」且「平移」都「同步」！

「比照辦理」！

(B) 標準化數據：

已知數據 $x_1, x_2, \cdots, x_n$，將此數據先「減去其平均數 μ」，再「除以標準差 σ」，

即 $y_i = \dfrac{x_i - \mu}{\sigma}$，$i = 1，2，\cdots，n$，稱為原數據的「標準化數據」。

$y_i = \dfrac{x_i \text{ 的「離均差」}}{x_i \text{ 的「標準差」}}$

「已被」標準化數據的「平均數為 0」；「標準差為 1」

彰顯：個別資料的「離均差」佔「平均誤差」的「百分比」

二維數據：兩個「一維」變數「數據」組成一對的數據資料，稱為「二維數據」

重點整理18-2　淺論「二維數據」

「直線」斜率概念，可參閱《形體全攻略》

 淺論 1

散佈圖：

將一組 n 個二維數據 (x_1, y_1)，(x_2, y_2)，$\cdots$，(x_n, y_n) 畫在直角坐標平面上，所得的圖形稱為「散佈圖」，常見的「散佈圖」有：

(A)「正相關」散佈圖：
　　兩個變量有一致的趨勢。

同時增加 或 減少

直線「右上、左下」

「完全」正相關：
資料的「對應點」全部都在一條「斜率為正」的直線上

點、「就在」直線上

兩組數據的「對應點」(x_i, y_i) 所「接近」的直線，其斜率為 正

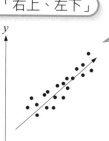

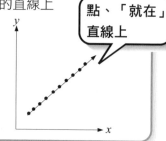

(B)「負相關」散佈圖：
　　兩個變量趨勢相反，一個增加（減少），另一個就減少（增加）。

「直線」的「斜率」概念，可參閱《形體全攻略》的介紹

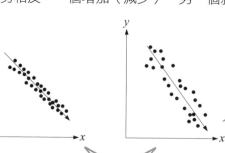

「完全」負相關：
資料的「對應點」全部都在一條「斜率為負」的直線上

點、「就在」直線上

兩組數據的「對應點」(x_i, y_i) 所「接近」的直線，其斜率為 負

直線「左上、右下」

(C)「零相關」散佈圖：

一個變量的變化，對另一個變量沒有影響。

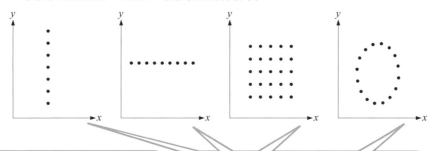

「相關係數」跟「變異數」都易受「極端數值」影響！

「零相關」⇔⊙成「不斜」的直線
⊙散成區塊的「非直線」

 淺論 2

相關係數：

用來「測量」兩組數據

「相關係數」只能呈現「$\mathbb{X}$，$\mathbb{Y}$ 的關聯性強弱 與 增減是否同向」，並「無因果關係」！亦即：當你觀察到 $\mathbb{X}$ 變大時，$\mathbb{Y}$ 也變大；並不可以「推論」：因為 $\mathbb{X}$ 變大，所以「造成」$\mathbb{Y}$ 變大

$\mathbb{X}$：$x_1, x_2, \cdots, x_n$ 及

$\mathbb{Y}$：$y_1, y_2, \cdots, y_n$

兩套「數量想法」或 兩個「隨機變數」

的「直線」相關「程度大小 與 正負方向」之「量測數值 r」。

也可以記為：$r_{\mathbb{X}, \mathbb{Y}}$ 或 $r_{x, y}$

演算時：
① 先算平均數 μ_x，μ_y
② 列出「離均差」$x_i - \mu_x$ 及 $y_i - \mu_y$ 的表格

(A) r 的公式：

分子：（離均差）「積」之「和」

$$r = \frac{\sum\limits_{i=1}^{n}(x_i - \mu_x)(y_i - \mu_y)}{\sqrt{\left(\sum\limits_{i=1}^{n}(x_i - \mu_x)^2\right) \times \left(\sum\limits_{i=1}^{n}(y_i - \mu_y)^2\right)}}$$

分母：（離均差）「（平方）和」之「積」，再開「平方」

個別數值與平均數之「差」

「多變數」資料，常用：$\sigma_x^2 = \dfrac{\sum\limits_{i=1}^{n}(x_i - \mu_x)^2}{n}$

=（離均差）「平方」的「平均」，來列式

∵「多變數」資料，必定要動用到「離均差」求「相關係數」r
∴求 σ_x^2，最好也用「離均差」來處理！

(B) 相關程度的劃分：

⊙ $r=1$ 為完全「正」相關，$r=-1$ 為完全「負」相關。

⊙ $\boxed{0.7} \le |r| < 1$ 為「高度」相關。

⊙ $\boxed{0.3} \le |r| < \boxed{0.7}$ 為「中度」相關。

⊙ $0 \le |r| < \boxed{0.3}$ 為「低度」相關。

⊙ $r=0$ 為「零」相關。

(C) r 的性質：

⊙ $-1 \le r \le 1$

⊙ $r>0$ 表兩變量正相關，$r<0$ 表負相關，$r=0$ 表零相關。

⊙ $r=1$ 表兩變量完全正相關，$r=-1$ 表完全負相關。

⊙ $|r|$ 愈大表兩變量的相關程度愈強。

⊙ 「相關係數」與「單位」無關。

⊙ $\mathbb{Y}=\boxed{a}\mathbb{X}+b$：$\begin{cases} \boxed{a}>0 \Rightarrow r_{\mathrm{X,Y}}=1 \\ \boxed{a}<0 \Rightarrow r_{\mathrm{X,Y}}=-1 \end{cases}$

$\begin{cases} r_{\mathrm{X,Y}}=1 \\ r_{\mathrm{X,Y}}=-1 \end{cases}$

「倍數 a」及「倍數積 ac」的「正負」與「r 的正負」同步！

⊙ $\begin{cases} \mathbb{X}^*=\boxed{a}\mathbb{X}+b \\ \mathbb{Y}^*=\boxed{c}\mathbb{Y}+d \end{cases}$：$\begin{cases} \boxed{ac}>0 \Rightarrow r_{\mathrm{X^*,Y^*}}=r_{\mathrm{X,Y}} \\ \boxed{ac}<0 \Rightarrow r_{\mathrm{X^*,Y^*}}=-r_{\mathrm{X,Y}} \end{cases}$

 淺論 3

$\boxed{最小平方法}$ 與 $\boxed{迴歸直線}$：　　意謂：x、y「高度相關」

$\boxed{最小平方法}$：

當 x 與 y 兩種抽樣數據的「相關係數 r」的「絕對值很大」時，這時 x 與 y 散佈圖上會有一條「模糊直線 $y=mx+k$」，顯示出兩者之間的「線性關係」。能將：這種「線性關係」明顯表現出來，並使「y 坐標誤差值」的「平方和最小」之方法，便稱之為「最小平方法」，並稱此直線為「y 對 x」（或 $\mathbb{Y}$ 對 $\mathbb{X}$）的「最佳直線」。

（圖）

$y=mx+k$

(x_n, y_n)

(x_1, y_1)

(x_2, y_2)

使「y 坐標誤差值」的「平方和」最小 ⇔ 這條直線是與「全部的對應點」最接近的直線

「最小平方法」的原理解說：

∵假設 $y = mx + k$ 是滿足：使「y 坐標誤差值的平方和最小」的「y 對 x 的最佳直線」

∴考慮：(x_i, y_i) 到 $y = mx + k$ 的「y 坐標誤差值」$= y_i - mx_i - k$

> 鎖定「待求的未知數」m，k 來造關係式

> x_i，y_i 為已知數且 m, k 為最重要的「待求未知數」

∴全部「對應點」的「y 坐標誤差值平方和」$E(m, k)$

$$= \sum_{i=1}^{n} (y_i - mx_i - k)^2$$

> ∵$(-a)^2 = a^2$　∴$(y_i - mx_i - k)^2 = (mx_i + (k - y_i))^2$

$$= \sum_{i=1}^{n} (mx_i + (k - y_i))^2$$

> 先視為「未知數」m 的二次式

$$= \sum_{i=1}^{n} [x_i^2 m^2 + 2x_i(k - y_i)m + (k - y_i)^2]$$

> 先視 k 為已知數，並對未知數 m 進行配方

$$= \left(\sum_{i=1}^{n} x_i^2\right) m^2 + 2\left[\sum_{i=1}^{n} x_i(k - y_i)\right] m + \sum_{i=1}^{n} (k - y_i)^2$$

$$= \left\{ \left(\sum_{i=1}^{n} x_i^2\right)\left[m + \frac{\sum_{i=1}^{n} x_i(k - y_i)}{\sum_{i=1}^{n} x_i^2}\right]^2 \right\} - \left(\frac{1}{\sum_{i=1}^{n} x_i^2}\right)\left[\sum_{i=1}^{n} x_i(k - y_i)\right]^2 + \sum_{i=1}^{n} (k - y_i)^2$$

> 先對「m」配方，再對「k」配方

$$= \left\{ \begin{array}{l} \text{以 } m \text{ 為未知數} \\ \text{視 } k \text{ 為已知數，} \\ \text{已配方的「} m \text{」二次式} \end{array} \right\} + \underbrace{\left\{ \begin{array}{l} \text{有未知數 } k \text{，沒有 } m \\ \text{的「} k \text{」二次式} \end{array} \right.}_{\text{再對 } k \text{，進行配方}}$$

每「配方」一次，就「少一個變數」

$=$（含 m, k 的平方式）$+$（有 k、無 m 的平方式）$+$（無 k, m 式）

> ∵令「兩個平方式＝0」，可得「最小值」的「發生處」
> ∴稱為「最小平方法」

> 過 (μ_x, μ_y) 且斜率 $m = r \times \dfrac{\sigma_y}{\sigma_x}$ 的直線

∴當上述「兩個平方式 $\overset{\text{令}}{=} 0$」時，便得「y 坐標誤差值平方和」的最小值！

∴可得「y 對 x」的「最佳直線」為：$y - \mu_y = \boxed{r \times \dfrac{\sigma_y}{\sigma_x}}(x - \mu_x)$，並稱它為

「y 對 x 的迴歸直線」

> （離均差）「積」之「和」

> 「相關係數」的分母
> ＝（離均差）「（平方）和」
> 之「積」，再開「平方」

$$m = r \times \frac{\sigma_y}{\sigma_x} = \frac{\sum_{i=1}^{n} (x_i - \mu_x)(y_i - \mu_y)}{\sum_{i=1}^{n} (x_i - \mu_x)^2}$$

> 「r」的（離均差）「（平方）和」

重點整理18-3　應用的關鍵「特徵」與「策略」

 應用 1

一維「集中趨勢」指標數的求取：

(A) 熟記「指標數」定義。

(B)「平均 = $\dfrac{總量}{總個數}$」，除了「由總量下手」外，還要注意：「 是 誰的 什麼量 」的平均？

> 搭配「總個數」決定「總量」
>
> 決定：總個數

(C)「$x\% \overset{\text{定義}}{=} \dfrac{x}{100} = \dfrac{某類中，符合「特定要求」總個數}{「該類」總個數}$」，應注意：滿足「特定要求」的 $x\%$，需配合「該類總個數」才能跟「其他類別」作「有意義的大小比較」。

> 不可以「只用 ％」就推論「個數的多寡、大小」。亦即：
> 「％」只能用來進行「同類間，個數的多寡、大小推論」

(D) 依據「已知訊息」作出「推論」時，一定要在「有充足科學證據 或 充份的因果關係」下進行，其「推論才算正確」。

> 「位置」居中 ≠「大小」居中

(E)「中位數 = 經大小排序後，位置居中的數值」，需先求「資料總個數」，並留意「待求」的中位數「是 什麼量 的中位數」，再據此要求「重排資料次序」。

> 「已分組」數據，取「組中點」來當「該組的代表數據」

> 根據要求，「重排資料大小次序」及「總個數的奇偶」是處理「中位數」的重點！

(F) 留意題目所給「已分組」圖表是「不含組上限」還是「不含組下限」圖表。

> 沒特別註明都採：
> 「含組下限，不含組上限」

> 不含組上限 ⇔ 你在圖表看到的「組別上限值」，並不在「這組的統計範圍」內

(G)「折線圖」上沒「標記的數據」，可用「相似三角形」的「對應邊長成相同比例」來求算。

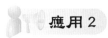 **應用 2**

此處的「最大數值」，「最小數值」都是「真實存在」的「數值」

一維「**分散程度**」離差（值）的求取：

(A) 熟記「離差（值）」定義

⊙ 全距＝最大數值－最小數值

見：不知道個別數值 或 量少 或 的「單變數」資料時，專用

⊙ 變異數＝（離均差）「平方」的「平均」＝「（個別）平方差」的「平均」

見：「多變數」資料，兼求「相關係數」時專用

$$\left[\frac{\sum x_i^2}{N}\right] - \mu^2$$

處理「母體」變異數（標準差），最常用：

變異數＝「（個別）平方的平均」－「平均（數）的平方」

⊙ 標準差＝$\sqrt{變異數}$。

⊙ 變異「係」數＝$\dfrac{標準差}{平均數} \times 100\%$。

(B) 留意：「抽樣」的「變異數」分母，不是「抽樣數 n」而是「$n-1$」。

(C) 圖形的判斷，必用：

⊙ 「個數約略相同」時，「數值較大的族群」或「高分群多」其「平均數」也較大。

⊙ 「取個數中點」畫「平行數值軸」的「直線」，可看出「中位數的大小」。

⊙ 「圖形」較「寬、矮、胖」者，其數據較「分散」且其「標準差 & 變異數」也較大。

 應用 3

一維「**數據**」的伸縮與平移：

(A)「全距，標準差」：

⊙ 「倍數」絕對值化。

⊙ 「平移」化為「0」。

常需將「直方圖，折線圖，…」用「平滑曲線」予以「優化」來協助判斷！

如：

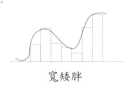

寬矮胖

窄高瘦

由 (標準差)^2＝變異數，可知：「變異數」的

⊙ 「倍數」平方化

⊙ 「平移」仍「0」化

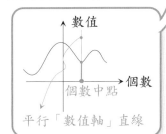

平行「數值軸」直線

369

(B)「算術平均數、中位數、眾數」

⊙「倍數」、「平移」都「同步」。

> 亦即:「倍數」、「平移」都比照辦理

> 亦即:「集中指標」的「伸縮、平移」都是:比照辦理!

(C) 原始數據 x_i $\xrightarrow{\text{標準化}}$ $\dfrac{x_i \text{「減」平均數}}{\text{標準差}}$ = 標準化數據 y_i

> $y_i = \dfrac{x_i \text{的「離均差」}}{x_i \text{的「標準差」}}$

> y_i =「個別 x_i」與「平均數」的差距佔「平均誤差」的「百分比」

> 「不同質性」數據,欲作「優劣判斷」只能取「標準化數據」來比較!

⊙常態是:先知道「$\mathbb{X}$」的相關「統計數值」,再去求「$\mathbb{Y}$」的「統計數值」。

⊙但當「$\mathbb{Y}$」的「數據」較簡潔時,不妨:先求「$\mathbb{Y}$」的「統計數值」,再反求「$\mathbb{X}$」的「統計數值」。

 應用 4

二維「相關」問題的判讀及數值求取:

> 只有「散佈圖」可以判讀「相關」程度。
> 亦即:其他「圖表」都不適合用來判讀「相關」!

(A) 判讀:

> 「正、負」相關:
> ⊙「有圖」看↗(正),↘(負)直線
> ⊙「無圖」看「增減」是否「同向」?

> 必要時,需依題目要求,再「畫新圖」

> ⊙成↗直線:正相關。
> ⊙成↘直線:負相關。

> 增 v.s. 增

> 無「圖」用:同向≒正相關;反向≒負相關

> 增 v.s. 減

除了「完全」在直線上的「完全正、負相關」為 $r=\pm1$ 外,其他只能判讀「正負零」相關 **或**「誰的相關程度較大、較小」而已,絕不可冒然下相關程度「r 的數值」結論

> 亦即:由「圖」無法確定 r 的值

⊙ 成「不斜」直線 **或** 成「區塊的非直線」:零相關

當「圖」上點的分佈,不是那麼容易看出「直線」的大略位置時,可以用:
畫「$x=\bar{x}$ 及 $y=\bar{y}$」兩條直線

> 先求:x, y 坐標的平均數 $\bar{x}, \bar{y}$

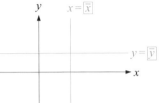

> 指「新坐標系統」的第「1,2,3,4」象限

當「新的坐標軸」,再用 $\begin{cases} \text{點在「1,3」象限較多,則「正」相關} \\ \text{點在「2,4」象限較多,則「負」相關} \end{cases}$ 來下結論!

(B) $\mathbb{Y}=\boxed{a}\mathbb{X}+b \begin{cases} a>0 \Rightarrow r_{\mathbb{X},\mathbb{Y}}=1 \\ a<0 \Rightarrow r_{\mathbb{X},\mathbb{Y}}=-1 \end{cases}$

> 「倍數,倍數積」為「正」,則 r 為「1 **及** 相等」

(C) $\begin{cases} \mathbb{X}^*=\boxed{a}\mathbb{X}+b \\ \mathbb{Y}^*=\boxed{c}\mathbb{Y}+d \end{cases} \begin{cases} \boxed{ac}>0 \Rightarrow r_{\mathbb{X}^*,\mathbb{Y}^*}=r_{\mathbb{X},\mathbb{Y}} \\ ac<0 \Rightarrow r_{\mathbb{X}^*,\mathbb{Y}^*}=-r_{\mathbb{X},\mathbb{Y}} \end{cases}$

$$r_{(\boxed{a}\mathbb{X}+b),(\boxed{c}\mathbb{Y}+d)} = \begin{cases} r_{\mathbb{X},\mathbb{Y}}, & ac>0 \\ -r_{\mathbb{X},\mathbb{Y}}, & ac<0 \end{cases}$$

> 「多變數」,必用

(D) $r = \dfrac{（離均差）「積」之「和」}{（離均差）「（平方）和」之「積」,再開「平方」} = \dfrac{\sum(x_i-\mu_x)(y_i-\mu_y)}{\sqrt{[\sum(x_i-\mu_x)^2][\sum(y_i-\mu_y)^2]}}$

> ⊙ 先求 μ_x, μ_y
> ⊙ 再求:離均差
> $x_i-\mu_x, y_i-\mu_y$,並列表

v.s. 變異數 $\sigma^2 =$（離均差）「平方」的「平均」

$=$「（個別）平方的平均」$-$「平均（數）的平方」

$=$「（個別）平方差」的「平均」

> 「個數」未知」 **或**「單變數」,必用

「個數」 $\overset{母體}{=} N$,$\overset{標準}{=} n-1$

$\dfrac{\sum(x_i-\mu_x)^2}{\text{「個數」}} = \dfrac{\sum x_i^2}{\text{「個數」}} - \mu_x^2 = \dfrac{\sum(x_i^2-\mu_x^2)}{\text{「個數」}}$

應用 5

「最小平方法與迴歸直線」問題：

(A) 點少 或 題目要求時，可直接用「最小平方法」求

$$\sum_{i=1}^{n} (\boxed{y_i} - (mx_i + k))^2$$ 的最小值發生處「m_0, k_0」，

> 先對 m 配方，再對 k 配方

> 其實，你也可以：先對 k，再對 m 配方

便可得「y 對 x」的「最佳直線 或 迴歸直線」：$y = m_0 x + k_0$。

> 先求
> ⊙ 平均數：「μ_x，μ_y」，
> 再列
> ⊙ 離均差「$x - \mu_x$，$y - \mu_y$」表

(B) 沒指定求法時，則用：

$$斜率\ m = r \times \frac{\sigma_y}{\sigma_x} = \frac{（離均差）「積」之「和」}{x\ 的（離均差）「（平方）和」}$$

> $$\frac{\sum(x_i - \mu_x)(y_i - \mu_y)}{\sum(x_i - \mu_x)^2}$$

且過 (μ_x, μ_y) 的直線，即為「y 對 x」的「最佳直線 或 迴歸直線」。

重點整理18-4　解開例題、弄懂策略

精選範例

例題 1　某校想要了解全校同學是否知道中央政府五院院長的姓名，出了一份考卷。該卷共有五個單選題，滿分 100 分，每題答對得 20 分，答錯得零分，不倒扣。閱卷完畢後，校方公布每題的答對率如下：

題號	一	二	三	四	五
答對率	80%	70%	60%	50%	40%

請問此次測驗全體受測同學的平均分數是

(1) 70 分　　(2) 65 分　　(3) 60 分　　(4) 55 分

▶▶▶▶ Sol

$(80\% + 70\% + 60\% + 50\% + 40\%) \div 5 \times \boxed{100} = 60\% \times \boxed{100} = 60$（分）

▶▶▶▶ Ans

(3)　「人」的「平均」分數 = 總得分 ÷ 總人數

「×100」是將「%」予以「得分化」

例題 2　下圖為臺灣SARS疫情病例「累計」趨勢統計圖（3月31日到5月31日）：

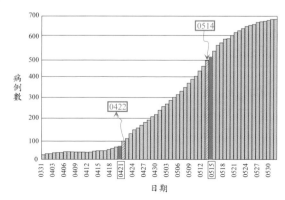

從 4 月 22 日到 5 月 14 日共 23 天的每日平均新增病例數，最接近下列哪一個值？

(1) 11　(2) 14　(3) 17　(4) 20　(5) 23

▶▶▶▶ Sol

∵ 由統計圖中可看出：截至 4 月 22 日病例數累計約為 100 例，截至 5 月 14 日病例數累計約為 500 例

⊙ 4 月「23」～4 月「30」，共「30−23+1」= 8 天
⊙ 5 月「1」～5 月「14」，共「14−1+1」= 14 天

∴「22 天」共約新增 400 例

留意：「新增病例」要從「4 月 23 日」開始計算

∴ 每天平均新增病例數為 $\dfrac{400}{22} \doteqdot 18.18$（人），故選(3)

▶▶▶▶ Ans

(3)

「日」的新增平均數 = $\dfrac{新增總數}{總日數}$

「18」最接近選項中的「17」

例題 3　九十年度大學學科能力測驗有 12 萬名考生，各學科成績採用 15 級分，數學學科能力測驗成績分布圖如下圖。請問有多少考生的數學成績級分高於 11 級分？選出最接近的數目。

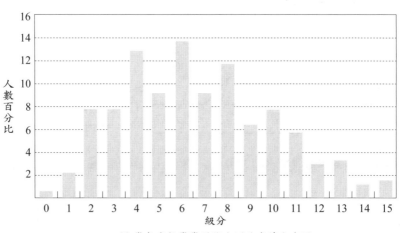

90 學年度數學學科能力測驗成績分布圖

(1) 4000 人　(2) 10000 人　(3) 15000 人　(4) 20000 人　(5) 32000 人

▶▶▶▶ Sol

∵由分布圖我們得到以下的資料（近似）：

級分	人數百分比
12	3%
13	3.5%
14	1%
15	1.5%
加總	（以上加總）**9%**

> 將「圖」的訊息，先改用「數據表」來呈現，以利「求算」相關數值

> 列出「高於 11 級分」的百分比

∴所求為：$120000 \times 9\% = 10800$（人）

∴選(2)

▶▶▶▶ Ans

(2)

例題 4　在某項才藝競賽中，為了避免評審個人主觀影響參賽者成績太大，主辦單位規定：先將 15 位評審給同一位參賽者的成績求得算術平均數，再將與平均數相差超過 15 分的評審成績剔除後重新計算平均值做為此參賽者的比賽成績。現在有一位參賽者所獲 15 位評審的平均成績為 76 分，其中有三位評審給的成績 92、45、55 應剔除，則這個參賽者的比賽成績為_____分

▶▶▶▶ Sol

∵原先 15 位評審的總分為：$76 \times 15 = 1140$ 分，又三位評審給的成績 92、45、55 應剔除

> 「評審」的平均分數 $= \dfrac{\text{評審總給分}}{\text{評審人數}}$

> 「平均」問題，必由「總量下手」

∴所餘 12 位評審的總分為：$(76 \times 15) - 92 - 45 - 55 = 948$ 分

∴12 位評審的平均為 $\dfrac{948}{12} = 79$ 分

▶▶▶▶ Ans

79 分

例題 5　某高中高三學生依選考類組分成三班，各班學生人數分別為 40，25，35 人，第一次段考數學科各班老師算出該班平均成績分別為 69，78，74 分，則這次考試全年級的平均成績是＿＿＿＿分（計算到整數為止，小數點以後四捨五入）

▶▶▶▶ Sol

$\dfrac{40 \times 69 + 25 \times 78 + 35 \times 74}{40 + 25 + 35} = \dfrac{2760 + 1950 + 2590}{100} = 73$（分）

▶▶▶▶ Ans

73 分

「人」的平均分數 $= \dfrac{總得分}{總人數}$

例題 6　某數學考師計算學期成績的公式如下：五次平時考中取較好的三次之平均值占 30%，兩次期中考各占 20%，期末考占 30%。某生平時考成績分別為 68，82，70，73，85，期中考成績分別為 86，79，期末考成績為 90，則該生學期成績為＿＿＿＿（計算到整數為止，小數點後四捨五入）

▶▶▶▶ Sol

先確認「學期成績」採計的「平時成績」數據

∵ 平時成績 $= \dfrac{82 + 73 + 85}{3} = \dfrac{240}{3} = 80$

∴ 學期成績 $= 80 \times \boxed{0.3} + 86 \times \boxed{0.2} + 79 \times \boxed{0.2} + 90 \times \boxed{0.3} = 24 + 17.2 + 15.8 + 27 = 84$（分）

▶▶▶▶ Ans

84 分

平時成績，佔 $30\% = \dfrac{30}{100} = 0.3$

例題 7　下表所列為各項主要食品的平均消費價格，以及民國 70 年維持一家四口所需各項食品的平均需要量。若以拉氏指數來衡量，那麼民國 76 年主要食品的費用比民國 70 年高出的百分率為＿＿＿＿%（小數點以下四捨五入）

項　　　目	70 年價格	76 年價格	70 年平均用量
蓬 萊 米	7.6	16.0	45.0
豬　　　肉	49.0	97.0	5.0
虱 目 魚	36.0	74.0	0.5
包心白菜	5.6	15.0	4.0
香　　　蕉	4.7	13.0	3.0
花 生 油	25.0	54.0	0.8

當 p_{ik}　　當 q_i

有「加權」的平均數

【註】I_k 表 k 期（計算期）的加權綜合物價指數 $I_k = \dfrac{\displaystyle\sum_{i=1}^{n} p_{ik} q_i}{\displaystyle\sum_{i=1}^{n} p_{io} q_i} \times 100$，其

基期當分母

中 p_{io} 表 o 期（基期）第 i 項商品的價格；p_{ik} 表 k 期（計算期）第 i 期商品的價格；q_i 第 i 項商品的指定權數（適當的消費量）；n 表列入計算的商品數。以基期之消費量 p_{io} 作為權數而得的指數叫拉氏指數；以計算期之消費量 q_{ik} 作為權數而得的指數叫裴氏指數。

▶▶▶▶ Sol

∵以民國 70 年為基期

∴76 年的拉氏指數為：

70 年 v.s. I_0，76 年 v.s. I_6

代入：I_k 的公式，其中 p_{ik} 是「價格」，而 q_i 是「用量（消費量）」

$$I_6 = \frac{16 \times 45 + 97 \times 5 + 74 \times 0.5 + 15 \times 4 + 13 \times 3 + 54 \times 0.8}{7.6 \times 45 + 49 \times 5 + 36 \times 0.5 + 5.6 \times 4 + 4.7 \times 3 + 25 \times 0.8} \times 100$$

$$= \frac{1384.2}{661.5} \times 100 \doteqdot 209$$

「$A \doteqdot B$」意謂：取 B 當 A 的「近似值」

∴物價上漲百分率為 $\dfrac{209}{100} -$「1」$= \dfrac{109}{100} = 109\%$

別忘了：扣「$1 = \dfrac{100}{100}$」，才是「上漲率」

▶▶▶▶ Ans

109%

意謂：76 年的「物價」是 70 年「物價」的 $\dfrac{209}{100}$ 倍。亦即：「上漲」了「$\dfrac{209}{100} - 1$」

例題 8　所謂某個年齡範圍的失業率，是指該年齡範圍的失業人數與勞動力人數之比，以百分數表達（進行統計分析時，所有年齡以整數表示）。下表為去年某國四個年齡範圍的失業率，其中的年齡範圍有所重疊。

年齡範圍（歲）	35～44	35～39	40～44	45～49
失業率（％）	12.66	9.80	13.17	7.08

請根據上表選出正確的選項：

(1) 在上述四個年齡範圍中，以 40～44 歲的失業率為最高

(2) 40～44 歲勞動力人數多於 45～49 歲勞動力人數

(3) 40～49 歲的失業率等於 $\left(\dfrac{13.17+7.08}{2}\right)$%

(4) 35～39 歲勞動力人數少於 40～44 歲勞動力人數

(5) 如果 40～44 歲的失業率降低，則 45～49 歲的失業率會升高

> 注意：⊙ 失業率 ≠ 失業人數
>
> ⊙ 「失業率」是跟「分母有關」的概念

> 用這個表，來突顯「每個年齡層」失業率的「分母」是「未知數」

▶▶▶▶ Sol

設各範圍的勞動人數如下：

年齡範圍（歲）	35～39	40～44	45～49
勞動人數（人）	a	b	c

(1) 在失業率中，以 13.17% 最大

(2) 僅由題意，不能確定 $b>c$

> 留意：∵ 每個年齡層的失業率 = $\dfrac{該層失業勞動人數}{該層總勞動人數}$
>
> ∴ 失業率「大」，並不代表「失業人數多」，只能說：「該層的失業比例（重）大」

(3) 40～49 歲的失業率為 $\dfrac{b\times 13.17\%+c\times 7.08\%}{b+c}$ ，不一定等於 $\left(\dfrac{13.17+7.08}{2}\right)$%

> 未知「b 是否等於 c」

(4) ∵ $\dfrac{a\times 9.80\%+b\times 13.17\%}{a+b} \overset{令}{=} 12.66\%$

∴ $9.80a+13.17b=12.66(a+b) \Rightarrow 2.86a=0.51b$，

> 去分母，整式化

> 題目已知：「35～44」的「失業率為 12.66%」

> 「正數 a,b」：「2.86 個 a」，才等於「0.51 個 b」

∴ $a<b$

(5) 由已知訊息，並「無足夠的因果關係」可以推得此結論

∴ 選 (1)，(4)

> 「推論」重點：不可以在「已知訊息不足」時，作「無法用科學證據 或 論證」推演出「因果關係，不充足」的過度「結論」

▶▶▶▶ Ans

(1)，(4)

例題 9　某次月考全班 50 人數學分數統計如表，則全班成績的中位數為何？

分數	30	40	50	60	70	80	90	100
人數	2	3	8	12	15	8	1	1

$n = 2+3+8+12+15+8+1+1$

▶▶▶ Sol

$\because$「總人數」$n = 50$

$\therefore \dfrac{n}{2} = \dfrac{50}{2} = 25$

$\because$ 中位數 $\overset{\text{定義}}{=}$ 經「大小排序」後，「位置」居中的數值

$\therefore$ 先了解「總個數 $\boxed{n}$」且中位數 $= \begin{cases} \dfrac{x_{(\frac{n}{2})} + x_{(\frac{n}{2}+1)}}{2}，n \text{ 為偶數} \\ x_{(\frac{n+1}{2})}，n \text{ 為奇數} \end{cases}$

$\therefore$ 中位數 $Me = \dfrac{x_{(25)} + x_{(26)}}{2} = \dfrac{60+70}{2} = 65$（分）

▶▶▶ Ans

65 分

第「25 個」是「60 分」組的「最後一個」
第「26 個」是「70 分」組的「第一個」

例題 10　根據台灣壽險業的資料，男性從 0 歲、1 歲、…到 60 歲各年齡層的死亡率（單位：%）依序為 1.0250，0.2350，0.1520，0.1010，0.0720，0.0590，0.0550，0.0540，0.0540，0.0520，0.0490，0.0470，0.0490，0.0560，0.0759，0.1029，0.1394，0.1890，0.2034，0.2123，0.2164，0.2166，0.2137，0.2085，0.2019，0.1948，0.1882，0.1830，0.1799，0.1793，0.1813，0.1862，0.1941，0.2051，0.2190，0.2354，0.2539，0.2742，0.2961，0.3202，0.3472，0.3779，0.4129，0.4527，0.4962，0.5420，0.5886，0.6346，0.6791，0.7239，0.7711，0.8229，0.8817，0.9493，1.0268，1.1148，1.2139，1.3250，1.4485，1.5851，1.7353。

經初步整理後，已知 61 個資料中共有 24 個資料小於 0.2。請問死亡率資料的中位數為下列哪一個選項？

(1) 0.2034　(2) 0.2164　(3) 0.2137　(4) 0.2085　(5) 0.2019

30 個　30 個

第 31 個

留意：題目給的資料是「年齡」的「排序」，並不是題目想求的「死亡率排序」

▶▶▶ Sol

61 個資料的中位數是「死亡率」數值「由小到大」排序後的第 31 個資料，死亡率數值「由小到大」的第 25 個資料到第 31 個資料依序為：

「0.2019，0.2034，0.2051，0.2085，0.2123，0.2137，0.2164」

$31 - 25 + 1 = 7$

$\because$ 小於「0.2」已有「24 個」

$\therefore$ 去找「最靠近 0.2 且大於 0.2」的「7 個」資料，依「大小」，分別扮演「第 25 到第 31」個「死亡率資料」

∴中位數為 0.2164

∴選(2)

▶▶▶▶ Ans

(2)

例題 11 　某校高三甲、乙、丙三班各有 50 位同學，數學科模擬考成績的「以下累積次數」折線圖如下（各組不含上限）：

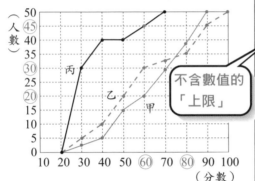

不含「組上限」的「以下累積」意謂：折線圖呈現：「數值＜圖上顯示值」的累積個數上限且累積個數的實際值也不含「上限」

如：

20 人 ●————● 甲

60 分

代表：甲班「得分＜60」的累積人數有「19 人」

不含數值的「上限」

根據上圖的資料，選出下列正確的選項？

(A)各班成績的中位數，甲班最高

(B)各班的及格人數，丙班最多

(C)各班 80 分（含）以上的人數，乙班最多

(D)各班的平均成績，丙班最差

(E)此次模擬考最高分，出現在乙班

60 分（含）以上⇔及格

∵中位數 $\overset{定義}{=}$ 經「大小排序」後，「位置」居中的數值

∴先了解「總個數 n 」且中位數 $= \begin{cases} \dfrac{x_{(\frac{n}{2})} + x_{(\frac{n}{2}+1)}}{2}, & n \text{ 為偶數} \\[2mm] x_{(\frac{n+1}{2})}, & n \text{ 為奇數} \end{cases}$

▶▶▶▶ Sol

根據以下累積次數分配折線圖資料知：

(A) ∵各班成績的中位數是比較以下「累積人數為 25 及 26」左右的「橫線」與各班「折線圖」的「交點」且甲班位於最右（約 65 分）

∴甲班中位數最高　∴(A) 正確

越右邊，對應的分數愈大

(B) 各班的及格人數：

甲班 = 50 − 19 = 31（人）

乙班 = 50 − 29 = 21（人）

丙班 = 50 − 44 = 6（人）

> 甲「< 60 分」有「19 人」，乙「< 60 分」有「29 人」，丙「< 60 分」有「44 人」

∴ 甲班及格人數最多　∴(B) 不正確

> 用「不含組上限」來判讀「不及格」的「人數」

(C) 各班 80 分（含）以上人數：

甲班大約是 50 − $\boxed{37}$ = 13 人

乙班大約是 50 − $\boxed{34}$ = 16 人

> 用「不含組上限」來讀取

丙班大約是 0 人

∴ 乙班 80 分以上人數最多　∴(C) 正確

> ∴ 丙班「60~80」的「高分群」，只有 6 人跟甲班、乙班相差太多，完全無翻盤機會
> ∴ 丙班的總得分最少
> ∴ 丙班的平均也最小

(D) 各班平均成績顯然丙班最差　∴(D) 正確

(E) 最高分 100（分），出現在乙班　∴(E) 正確

∴ 選 (A)(C)(D)(E)

> 可是：甲、乙兩班，誰較好，因無明顯差異，故無法判斷

▶▶▶▶ Ans

(A)(C)(D)(E)

例題 12　某次數學競賽，某校七位同學得分數分別為 27，40，38，35，43，39，32 分，今在此七個分數中任取出三個，已知其中一個為 38 分，試求此三數之中位數為 39 分的機率為何？

> 「重排資料的大小次序」是求「中位數」的第 1 要務

▶▶▶▶ Sol

由小至大排序：27，32，35，38，39，40，43

∵ 在此 7 個分數中任取 3 個，已知一個為 38 的取法共 C_2^6 種

又因：要使三數之中位數為 39，取法有 (38，$\boxed{39}$，40)，(38，$\boxed{39}$，43) 共 2 種

> 「指定」事件機率 $\overset{定義}{=}$ $\dfrac{「指定」事件個數}{可能結果的全體個數}$

∴ 所求「機率」 = $\dfrac{2}{C_2^6} = \dfrac{2}{15}$

> 詳細的「機率」概念，可參閱《歡迎來到函數世界》

▶▶▶▶ Ans

$\dfrac{2}{15}$

例題 13 九位學生的數學抽考分數分別為 30，40，60，50，70，80，60，90，60。現在從這九個分數中任取出三個，所取出三個分數的中位數等於 60 分的取法有幾種？

> 「重排資料的大小次序」是求「中位數」的第 1 要務

▶▶▶▶ Sol

將 9 人依分數高低排列：30，40，50，⑥0，⑥0，⑥0，70，80，90

∴ 可能取法有：

> 「< 60」有 3 個；「= 60」有 3 個；「> 60」有 3 個

> 用「且」串連 ⟺ 用「乘法原理」

(1) 60 分取 1 個 ⓐ 低於 60 分 1 個 ⓐ 高於 60 分 1 個：$C_1^3 C_1^3 C_1^3 = 27$

> 小 60 大：60 為中位數

> 「且」⟺「乘法原理」；「或」⟺「加法原理」

(2) 60 分取 2 個 ⓐ（低於 60 分 1 個 或 高於 60 分 1 個）：$C_2^3(C_1^3 + C_1^3) = 18$

(3) 60 分取 3 個：$C_3^3 = 1$

∴ 全部情況共 27 + 18 + 1 = 46（種）

> 小 60 60 或 60 60 大：60 為中位數

▶▶▶▶ Ans

46 種

> 60 60 60：60 為中位數

> (1) 或 (2) 或 (3) ⟺「加法原理」

> 無特別註明時，都採「含組下限，不含組上限」方式來判讀資料

例題 14 某班 50 位同學數學科成績的以下累積次數分配曲線如下圖所示：

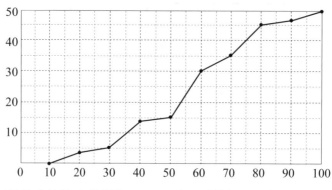

則其成績的中位數為＿＿＿＿（取到整數，小數點以下四捨五入）

▶▶▶▶ Sol

$$\therefore \frac{M_e - 50}{60 - 50} = \frac{25 - 15}{30 - 15}$$

利用「相似三角形，對應邊長成相同比例」概念，來求圖表未標記的數據

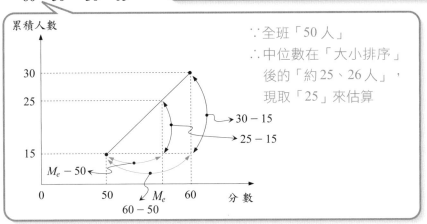

∵全班「50人」

∴中位數在「大小排序」後的「約25、26人」，現取「25」來估算

$$\therefore Me = 50 + \frac{20}{3} \doteqdot 57$$

意謂：取「57」當 M_e 的「近似值」

▶▶▶▶ Ans

57

「1」有1個；「2」有2個；…

已排序完成，不用重排

例題 15　數值 $1 , 2 , 2 , 3 , 3 , 3 , 4 , 4 , 4 , 4 , 5 , \cdots , 100 , 100 , 100 , \cdots$ 100（共100個100），下列何者正確？

(1) 算術平均數 = 50.5　(2) 幾何平均數 = $10^{\frac{1}{100}(\log 1 + \log 2 + \log 3 + \cdots + \log 100)}$

(3) 中位數 ≤ 55　(4) 中位數 ≥ 70　(5) 眾數 = 100

$$\sum_{k=1}^{n} k = \frac{n \times (n+1)}{2}$$

$$\sum_{k=1}^{n} k^2 = \frac{n \times (n+1) \times (2n+1)}{6}$$

▶▶▶▶ Sol

(1) 算術平均數 $= \dfrac{\displaystyle\sum_{k=1}^{100} k \times k}{\displaystyle\sum_{k=1}^{100} k} = \dfrac{\dfrac{100 \times 101 \times 201}{6}}{\dfrac{100 \times 101}{2}} = 67$

∵數值「k」有「k個」，$k = 1 , \cdots , 100$

∴總數值 $= \displaystyle\sum_{k=1}^{100} k \times k$

且總個數 $= \displaystyle\sum_{k=1}^{100} k$

⊙ 繁雜「乘除式數」，必 log 化

⊙「逆向行駛」：內「乘除」v.s. 外「加減」及

內「次方」v.s. 外「係數」

詳閱《歡迎來到函數世界》

(2) $\because G = \sqrt[5050]{1 \times 2 \times 2 \times 3 \times 3 \times 3 \times 4 \times \cdots \times 100 \times \cdots \times 100}$

$\therefore \log(G) = \dfrac{1}{5050}(\log 1 + 2\log 2 + 3\log 3 + \cdots + 100\log 100)$

$\therefore G = 10^{\frac{1}{5050}(\log 1 + 2\log 2 + 3\log 3 + \cdots + 100\log 100)}$

$x_1, \cdots, x_n$ 的 G

$= \sqrt[n]{x_1 \times \cdots \times x_n}$

$\because \log_{10}(10^x) = x$

$\therefore \log_{10}\left[10^{\frac{1}{5050}(\log 1 + 2\log 2 + \cdots, 00\,2 + \cdots + 100\log)}\right]$

$= \dfrac{1}{5050}(\log 1 + \cdots + 100\log 100)$

$= \log_{10}(G) \overset{簡記}{=} \log(G)$

$1 + \cdots + n = \dfrac{n \times (n+1)}{2}$

(3)及(4)：$1 + 2 + 3 + \cdots + 70 = 2485 < \boxed{\dfrac{5050}{2}} < 1 + 2 + 3 + \cdots + 71 = 2556$，

∴中位數為 71

(5)眾數 = 100

∴選(4)(5)

▶▶▶▶ Ans

(4)(5)

「100」出現 100 次，

出現次數最多

此意謂「第 2525、第 2526」個數

值，在「71」個「71」這一組內

$\because$ 總個數 $= \displaystyle\sum_{k=1}^{100} k = 5050$

$\therefore$ 中位數約在 $\dfrac{5050}{2} = 2525$ 及 2526 之間

設「$\dfrac{5050}{2} = 2525$」之前一組數為「k 個 k」，亦即：

「共有 $1 + 2 + \cdots + k = \dfrac{k(k+1)}{2}$」個數在「2525」前出現

$\therefore \dfrac{k(k+1)}{2} \overset{令}{<} 2525$

用「平方數」來猜 $k(k+1)$ 的大概位置」

$\therefore k(k+1) < 5050$

$\therefore$ 先設法找：「平方數」< 5050 且「最」接近「5050」

$\therefore$ 取「70×70」來當「$k \times k$」，進而檢查「$70 \times (70+1)$」是否仍「< 5050」

最後，再檢驗「確認」：$1 + \cdots + 70 = \dfrac{70 \times 71}{2} < \dfrac{5050}{2} = 2525 < \dfrac{71 \times 72}{2} = 1 + \cdots + 71$

且「最接近」2525

例題 16　調查某八個人的體重資料為：51，54，71，88，63，41，32，45（公斤），求(1)全距　(2)中位數？

⊙ 全距 = 最大數值 − 最小數值

⊙ 中位數 = 經「大小（重排）排序」後，

「位置」居中的數值

▶▶▶▶ **Sol**

將資料由小到大排列：32，41，45，51，54，63，71，88

(1)全距 $R = 88 - 32 = 56$（公斤）

(2)∵「總個數」$n = 8$

$\therefore \dfrac{n}{2} = \dfrac{8}{2} = 4$

$n = 偶數 \Rightarrow M_e = \dfrac{x_{(\frac{n}{2})} + x_{(\frac{n}{2}+1)}}{2}$

$\therefore$ 中位數為 $M_e = \dfrac{x_{(4)} + x_{(5)}}{2} = \dfrac{51 + 54}{2} = 52.5$（公斤）

▶▶▶▶ **Ans**

(1) 56　　(2) 52.5

$x_{(4)} = 51$，
$x_{(5)} = 54$

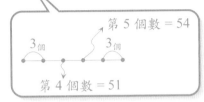

第 5 個數 = 54

3個　　3個

第 4 個數 = 51

例題 17　某生第一次月考六科的平均成績（算術平均）為 80 分。若已知其中五科的成績為 68，80，80，80，86，則其成績的標準差為_____分

（標準差公式：$S = \sqrt{\dfrac{1}{n}\sum_{i=1}^{n}(x_i - \bar{x})^2}$，$\bar{x} = \dfrac{1}{n}\sum_{i=1}^{n}x_i$）

需先確認「個別數值」，才能算「個別數值與平均值的差距」

▶▶▶▶ **Sol**

∵ 另一科成績為：$6 \times 80 - (68 + 80 + 80 + 80 + 86) = 86$

∴ 標準差 $= \sqrt{\dfrac{1}{6}[(-12)^2 + 0^2 + 0^2 + 0^2 + 6^2 + 6^2]} = \sqrt{36} = 6$（分）

▶▶▶▶ **Ans**

$(68 - 80)^2 + (80 - 80)^2 + (80 - 80)^2 + (80 - 80)^2 + (86 - 80)^2 + (86 - 80)^2$

6

∵「變異數」=（離均差）「平方」的「平均」且「標準差」= $\sqrt{變異數}$

∴ 需先逐一「求個別數值與平均數 80 的差」，再求「平方」的「平均」

例題 18　某班學生 50 人分為甲、乙兩組，甲組學生 30 人，學期成績平均 72 分，標準差 8 分；乙組學生 20 人，平均 67 分，標準差 7 分。試求：

(1)全班 50 人的學期成績平均　　(2)全班 50 人的標準差？

也可以用：變異數
=「（個別）平方的平均」
−「平均（數）的平方」
來處理

把「兩組資料」合併成「一組」的「平均數、標準差」問題，通常被稱之為「聯合平均數、聯合標準差」

「平均」問題，由「總量」下手

「人」的「平均分數」$= \dfrac{總「分」}{總「人」數}$

▶▶▶ Sol

(1)「全班」的成績平均為 $\dfrac{72 \times \boxed{30} + 67 \times \boxed{20}}{50} = 70$（分）

不知道「個別數值」或「單變數」時，用：
變異數 =「（個別）平方的平均」－「平均（數）的平方」且 標準差 = $\sqrt{變異數}$

(2)設合併的資料 x_1，x_2，$\cdots$，x_{30} 為甲組，x_{31}，x_{32}，$\cdots$，x_{50} 為乙組

「平方」去根號，並去分母「整式化」

$\therefore$ 可得：

變異數 $= \sigma^2 = \dfrac{\sum x_i^2}{N} - \mu^2 \overset{口訣}{=}$「（個別）平方的平均」－「平均（數）的平方」

$\sigma_{甲} = 8 \overset{令}{=} \sqrt{\dfrac{1}{30}(x_1^2 + \cdots + x_{30}^2) - \boxed{72^2}} \Rightarrow \displaystyle\sum_{i=1}^{30} x_i^2 = 30(8^2 + 72^2) = 157440$，

$\sigma_{乙} = 7 \overset{令}{=} \sqrt{\dfrac{1}{20}(x_{31}^2 + \cdots + x_{50}^2) - \boxed{67^2}} \Rightarrow \displaystyle\sum_{i=31}^{50} x_i^2 = 20(7^2 + 67^2) = 90760$，

$\therefore$ 所求「全班」的標準差 $\sigma = \sqrt{\left[\dfrac{1}{50}\displaystyle\sum_{i=1}^{50} x_i^2\right] - \mu^2} = \sqrt{\dfrac{157440 + 90760}{50} - 70^2}$

標準差 = $\sqrt{變異數}$

$= \sqrt{4964 - 4900} = \sqrt{64} = 8$（分）

▶▶▶ Ans

(1) 70 分　(2) 8 分

由(1)已知：
「全班」的平均 = 70

例題 19　有 10 個數據，其中 6 個數的算術平均數為 9，標準差為 3；剩餘 4 個數的算術平均數為 4，標準差為 2，求全部 10 個數的算術平均數及標準差？

▶▶▶ Sol

$\therefore$ 已知：前 6 個數 x_1，x_2，$\cdots$，x_6 的算術平均數為 9，標準差為 3 且剩下 4 個數 x_7，x_8，x_9，x_{10} 的算術平均數為 4，標準差為 2

(1)由算術平均數，可得：$\dfrac{x_1 + \cdots + x_6}{6} = 9 \Rightarrow x_1 + \cdots + x_6 = 54$ 且

$\dfrac{x_7 + \cdots + x_{10}}{4} = 4 \Rightarrow x_7 + \cdots + x_{10} = 16$

$\therefore$ 全部 10 個數的算術平均數為 $\dfrac{x_1 + \cdots + x_6 + x_7 + \cdots + x_{10}}{10} = \dfrac{54 + 16}{10} = 7$

標準差 $=\sqrt{變異數}$

不知道「個別數值」或「單變數」時，用：
變異數 = 「（個別）平方的平均」－「平均（數）的平方」

(2)由標準差，可得：

$$\sqrt{\left[\dfrac{\sum\limits_{i=1}^{6} x_i^2}{6}\right]-9^2}\overset{令}{=}3\Rightarrow\dfrac{\sum\limits_{i=1}^{6} x_i^2}{6}-81=9\Rightarrow\sum_{i=1}^{6} x_i^2=6\times(81+9)=540\ 且$$

「平方」去根號，
並去分母「整式化」

$$\sqrt{\left[\dfrac{\sum\limits_{i=7}^{10} x_i^2}{4}\right]-4^2}\overset{令}{=}2\Rightarrow\dfrac{\sum\limits_{i=7}^{10} x_i^2}{4}-16=4\Rightarrow\sum_{i=7}^{10} x_i^2=4\times(16+4)=80$$

$\therefore$ 全部 10 個數的標準差為：$\sqrt{\left[\dfrac{\sum\limits_{i=1}^{10} x_i^2}{10}\right]-7^2}=\sqrt{\dfrac{540+80}{10}-49}=\sqrt{13}$

▶▶▶ Ans

算術平均數 $=7$ 且 標準差 $=\sqrt{13}$

由(1)已知：10 個數的「平均數 $=7$」

例題 20　有一組數據 1，3，5，7，a，試求：

(1)若標準差為 $2\sqrt{2}$，則 $a=$ _____

(2)當 $a=$ _____ 時，標準差有最小值，其值為 _____

「母體」變異數，最愛用：
$\sigma^2=$ 變異數 = 「（個別）平方的平均」－「平均（數）的平方」

▶▶▶ Sol

(1)$\because \sigma=\sqrt{\left[\dfrac{1}{5}(1^2+3^2+5^2+7^2+a^2)\right]-\mu^2}$

「平方」去根號

「μ」=「1，3，5，7，a」的平均數 $=\dfrac{1+3+5+7+a}{5}=\dfrac{a+16}{5}$

$\therefore\left[\left(\dfrac{1^2+3^2+5^2+7^2+a^2}{5}\right)-\left(\dfrac{a+16}{5}\right)^2\right]\overset{令}{=}(2\sqrt{2})^2$

題目已知：$\sigma=2\sqrt{2}$

$\therefore\dfrac{1}{5}\left(84+a^2-\dfrac{a^2+32a+256}{5}\right)=8$

「等號」左側，外提「公因式 $\dfrac{1}{5}$」

$$\therefore \boxed{\dfrac{1}{5} \times \dfrac{4a^2 - 32a + 164}{5}} = 8$$

$\therefore 4a^2 - 32a + 164 = 8 \times 25$ ← 去分母，整式化

$\therefore a^2 - 8a + 41 = 50$

$\therefore a^2 - 8a - 9 = 0$

$\therefore (a-9)(a+1) = 0$

$\therefore a = 9$ 或 -1

由前面垂的處理過程，可知：$\sigma^2 = \dfrac{4a^2 - 32a + 164}{25}$

(2) $\therefore \sigma = \dfrac{1}{5}\sqrt{4a^2 - 32a + 164} = \dfrac{1}{5}\sqrt{4(a-4)^2 + 100}$

見「二次式」求極值，必用「配方法」

$\therefore$ 當 $a=4$ 時，σ 有最小值：$\dfrac{1}{5}\sqrt{100} = \dfrac{10}{5} = 2$

$\therefore$ 變數「a」沒有範圍限制
$\therefore$「( )$^2 \stackrel{\Leftrightarrow}{=} 0$」的發生處，便是「極值」的發生處

把 $a=4$，代回：$\dfrac{1}{5}\sqrt{4(a-4)^2 + 100}$

▶▶▶▶ Ans

(1) $a=9$ 或 -1

(2) $a=4$ 時，有最小值 2

意謂：2⋯ $\dfrac{\square}{20}$ 的代表意義
為「20 分」有「2 人」

例題 21　高中某班學生數學月考的成績皆為 10 的倍數，採用組距為 10 並且組中點是各組上、下限之平均數，將該班數學成績做成如下直方圖：

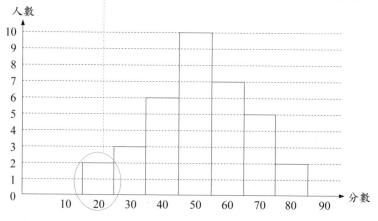

則該班數學月考成績之標準差為_____（求至個位數），
變異係數為_____%（求至個位數）

> 共 $2 + 3 + 6 + 10 + 7 + 5 + 2 = 35$（人）

▶▶▶▶ Sol

∵算術平均數 $\bar{x} = \dfrac{1}{35}(2 \times \boxed{20} + 3 \times \boxed{30} + 6 \times \boxed{40} + 10 \times \boxed{50} + 7 \times \boxed{60} + 5 \times \boxed{70} + 2 \times \boxed{80})$

$= \dfrac{360}{7}$

> 「20 分」有「2 人」，「30 分」有「3 人」，…

且變異數 $= [\dfrac{1}{35}(2 \times \boxed{400} + 3 \times \boxed{900} + 6 \times \boxed{1600} + 10 \times \boxed{2500}$

$+ 7 \times \boxed{3600} + 5 \times \boxed{4900} + 2 \times \boxed{6400}) - \left(\dfrac{360}{7}\right)^2$

> 變異數
>
> = 「（個別）平方的平均」
>   − 「平均（數）的平方」

$= \dfrac{20120}{7} - \dfrac{129600}{49} = \dfrac{11240}{49}$

∴標準差 $\sigma = \dfrac{\sqrt{11240}}{7} \doteq 15$

> $\sigma =$ 標準差 $= \sqrt{變異數}$

∴變異係數為 $\dfrac{\sigma}{\bar{x}} \times 100\% = \dfrac{15}{\frac{360}{7}} \times 100\% \doteq 29\%$

▶▶▶▶ Ans

標準差 $= 15$ 且變異係數 $= 29\%$

> 變異係數
>
> $= \dfrac{標準差}{平均數} \times 100\%$

例題 22 甲、乙、丙三位同學參加推薦甄選學科學能測驗，五科的成績如下表所示。設 $S_甲$、$S_乙$、$S_丙$ 分別代表甲、乙、丙三位同學五科成績的標準差。請仔細觀察表中數據，判斷下列哪一選項表示 $S_甲$、$S_乙$、$S_丙$ 的大小關係？

學 \ 成績 \ 科目	社會	國文	自然	英文	數學
甲	100	70	80	60	50
乙	90	60	70	50	40
丙	80	56	64	48	40

(A) $S_甲 > S_乙 > S_丙$　　(B) $S_丙 > S_甲 = S_乙$　　(C) $S_甲 > S_丙 = S_乙$

(D) $S_乙 > S_甲 = S_丙$　　(E) $S_甲 = S_乙 > S_丙$

▶▶▶▶ Sol

∵ $\overline{X_甲} = \dfrac{100 + 70 + 80 + 60 + 50}{5} = 72$，$\overline{X_乙} = \dfrac{90 + 60 + 70 + 50 + 40}{5} = 62$

$\overline{X_丙} = \dfrac{80 + 56 + 64 + 48 + 40}{5} = 57.6$

> 平均分數 $\overline{X} = \dfrac{總分}{總科目數}$

389

$$\therefore S_{甲} = \sqrt{\left[\frac{1}{5}(100^2 + 70^2 + 80^2 + 60^2 + 50^2)\right] - 72^2}$$

$$= \sqrt{5480 - 5184} = \sqrt{296} \fallingdotseq \boxed{17.2} \text{,}$$

$$\therefore S_{乙} = \sqrt{\left[\frac{1}{5}(90^2 + 60^2 + 70^2 + 50^2 + 40^2)\right] - 62^2}$$

$$= \sqrt{4140 - 3844} = \sqrt{296} \fallingdotseq \boxed{17.2} \text{,}$$

$$\therefore S_{丙} = \sqrt{\left[\frac{1}{5}(80^2 + 56^2 + 64^2 + 48^2 + 40^2)\right] - 57.6^2}$$

$$= \sqrt{3507.2 - 3317.76} = \sqrt{189.44} \fallingdotseq \boxed{13.76} \text{,}$$

⊙ 標準差 $= \sqrt{變異數}$

⊙ 變異數
$= $「平方的平均」$-$「平均（數）的平方」

$\therefore S_{甲} = S_{乙} > S_{丙}$

也可以：直接比較 "$\sqrt{數}$" 的「數大小」，就可以「不用求出 $\sqrt{數} \fallingdotseq ?$」，便可以看出「$S_{甲} = S_{乙} > S_{丙}$」

▶▶▶▶ Ans

(E)

誤記「平均數」$=$ 正確「平均數」$= 70$

例題 23　某班有 48 名學生，某次數學考試之成績，經計算得算術平均數為 70 分，標準差為 S 分。後來發現成績登錄有誤，某甲得 80 分，卻誤記為 50 分，某乙得 70 分，卻誤記為 100 分，更正後重算得標準差為 S_1 分，試 S_1 與 S 之間，有下列哪種大小關係？

「平均」問題，必由「總量」下手

（n 個數值 x_1，x_2，$\cdots$，x_n 的標準差公式為

$$S = \sqrt{\frac{1}{n}\sum_{i=1}^{n}(x_1 - \bar{x})^2} = \sqrt{\left[\frac{1}{n}\sum_{i=1}^{n}x_i^{\,2}\right] - \bar{x}^2} \text{，而 } \bar{x} = \frac{1}{n}\sum_{i=1}^{n}x_i\text{）}$$

(A) $S_1 < S - 5$　(B) $S - 5 \leq S_1 < S$　(C) $S_1 = S$　(D) $S < S_1 \leq S + 5$

(E) $S + 5 < S_1$

▶▶▶▶ Sol

$$\therefore \underbrace{\sum_{i=1}^{48} x_i}_{\text{正確總分}} = 48 \times 70 + \underbrace{\overbrace{(80 - 50)}^{\text{「加」少記分}} - \overbrace{(100 - 70)}^{\text{「扣」多記分}}}_{\text{誤記總分}} \stackrel{令}{=} \underbrace{48 \times \bar{x}}_{\text{正確總分}}$$

$\therefore \bar{x} = 70$　◀「正確」的「平均值」

$$\therefore S = \sqrt{\left[\frac{1}{48}\left(\begin{array}{c}誤記\\平方和\end{array}\right)\right] - 70^2}$$

$$\therefore S^2 = \left[\frac{1}{48}\left(\begin{array}{c}誤記\\平方和\end{array}\right)\right] - 70^2$$

$$\therefore (S^2 + 70^2) \times 48 = 誤記平方和$$

$$又因：\underbrace{\sum_{i=1}^{48} x_i^{\,2}}_{\text{正確平方和}} = \underbrace{48(70^2 + S^2)}_{\text{誤記平方和}} \underbrace{- 50^2 - 100^2}_{\text{「扣」誤記平方}} + \overbrace{80^2 + 70^2}^{\text{「加」正確平方}} = 48(70^2 + S^2) - 1200$$

S^2「扣」25，必小於 S^2

正確的「平方的平均」

$$\therefore \underbrace{S_1{}^2}_{\text{正確的「變異數」}} = \left[\frac{1}{48}[48(70^2+S^2)-1200]\right] - \underbrace{70^2}_{\text{正確的「平均（數）平方」}} = S^2 - 25 < S^2$$

變異數 =「（個別）平方的平均」-「平均（數）的平方」

$$\left[\frac{1}{48}[48(70^2+S^2)-1200]\right] - 70^2 = \left[(70^2+S^2)-\frac{1200}{48}\right] - 70^2 = S^2 - \frac{1200}{48} = S^2 - 25$$

已知：$S_1{}^2 = S^2 - 25$

$S_1{}^2 + 25$「加正數 $10S_1$」會變大

$\therefore S_1 < S$

再因：$S^2 = S_1{}^2 + 25 \leq S_1{}^2 + \boxed{10S_1} + 25 = (S_1+5)^2$

由 $S_1{}^2 + 25$，補加「$10S_1 \geq 0$」，以「配成：（完全）平方數」$(S_1+5)^2$

$\therefore S \leq S_1 + 5$

$\therefore S - 5 \leq S_1$

$\therefore S - 5 \leq S_1 < S$

$\because S^2 \leq (S_1+5)^2$ 且兩側的「S，S_1+5」都正數

$\therefore$ 兩側同「開平方，方向不變」

$\therefore$ 選(B)

▶▶▶▶ Ans

已知：$S_1^2 < S^2 \Rightarrow S_1 < S$

(B)

例題 24 某年聯考甲、乙兩科成績的直方圖如圖所示（由於考生人數眾多，成績分布的直方圖可視為平滑曲線），則下列哪些敘述是正確的？

(A)甲的算術平均數比乙的算術平均數大

(B)甲的中位數比乙的中位數大

(C)甲的全距比乙的全距大

(D)甲的標準差比乙的標準差大

(E)甲的變異係數比乙的變異係數大

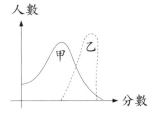

取「人數軸」的中點，畫「平行分數軸」直線，可知：乙的對應分數較大

越「右邊」分數「越高」

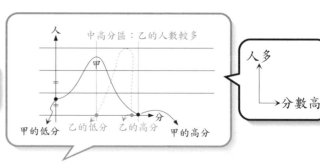

中高分區：乙的人數較多

甲的低分　乙的低分　乙的高分　甲的高分

人多

分數高

▶▶▶▶ Sol

(A) 乙的高分者多，而甲少，故甲的算術平均數較小　∴(A)不正確

(B) 乙的中位數大　∴(B)不正確

(C) ∵甲的最低分比乙小，但甲的最高分比乙大　∴甲的全距較大　∴(C)正確

(D) ∵甲較「分散」　∴標準差較大　∴(D)正確

(E) ∵變異係數＝標準差÷算術平均數，且甲的標準差大，平均數小

　　∴甲的變異係數較大　∴(E)也正確

▶▶▶▶ Ans

選 (C)(D)(E)

∵已知：「11」個數據的「算術平均數」為「6」
∴總量＝11×6＝66

例題 25　有一筆統計資料，共有 11 個數據如下（不完全依大小排列）：

2，4，4，5，5，6，7，8，11，x 和 y

已知這些數據的算術平均數和中位數都是 6，且 x 小於 y。

請選出正確的選項？

(1) $x+y=14$　(2) $y<9$　(3) $y>8$　(4) 標準差至少是 3

▶▶▶▶ Sol

2，4，4，5，5，6，7，8，11，$\boxed{x，y}$

(1) ∵ $2+4+4+5+5+6+7+8+11+x+y \overset{令}{=} 66$

　　∴ $x+y=14$

「平均」，必由「總量」下手

　　∴(1) 正確

(2)(3)：∵已知 $x<y$

先跟「已知中位數 6」比大小

　　∴若 $x<6$，則 $\underbrace{2，4，4，5，5，\boxed{x}}_{x 的次序尚未確定}$，$\underbrace{6，7，8，11，y}_{y 的次序尚未確定}$

　　　　　　　　　　5個　　　　　　　　5個

　　∴中位數 ＝ 5 或 x

都 ＜6

　　∴中位數 ≠ 6（不合題意）

題目已知：中位數 ＝ 6

$6 \le x \Rightarrow -x \le -6 \Rightarrow 14 - x \le 14 - 6 = 8$

標準差 $= \sqrt{變異數}$

(1)已知：$x + y = 14$

∵題目「沒說 y 是整數」
∴你不可以推論「$y = 7$」

$\therefore 6 \le x < y$

$6 \le x < y = 14 - x \le 14 - 6 = 8$ $\therefore 6 < y \le 8$ $\therefore$(2) 正確，但 (3) 不正確

題目已知：
平均值 $= 6$

(4)$\because$標準差 $S = \sqrt{\left[\dfrac{1}{11}(4 + 16 + 16 + 25 + 25 + 36 + 49 + 64 + 121 + x^2 + y^2)\right] - 6^2}$

$= \sqrt{\dfrac{1}{11}(x^2 + y^2 - 40)}$

變異數
= 「（個別）平方的平均」
－ 「平均（數）的平方」

∵題目「沒說 x 是整數」
∴你不可以推論「$x = 6$ 或 $x = 7$」

$x + y = 14$

又因：$6 \le x < 8$ 及 $x^2 + y^2 = x^2 + (14 - x)^2 = 2x^2 - 28x + 196 = 2(x - 7)^2 + 98$

$\therefore 98 \boxed{\le} x^2 + y^2 \boxed{\le} 100$ $\therefore \sqrt{5.28} \le S \le \sqrt{5.45}$

$\therefore$(4) 不正確

$\therefore$選 (1)(2)

見二次式，整併後，
仍需「配方」

▶▶▶▶ Ans

(1)(2)

$\because x = 7$ 在「$6 \le x < 8$」內
$\therefore x^2 + y^2 = 2(x - 7)^2 + 98$ 會有機會
「恰有最小值 98」
且 最大值為「$x = 6$」代入之所得「100」

$\because 98 \le x^2 + y^2 \le 100$

$\therefore 98 - \boxed{40} \le x^2 + y^2 - \boxed{40} \le 100 - \boxed{40}$

$\therefore \sqrt{\dfrac{58}{11}} \le \sqrt{\dfrac{x^2 + y^2 - 40}{11}} \le \sqrt{\dfrac{60}{11}}$

$\therefore \sqrt{5.28} \le \textcircled{S} \le \sqrt{5.45} < \sqrt{9} = \textcircled{3}$

例題 26 若已知某一筆數據之算術平均數 $\mu_X = 12$，標準差 $\sigma_X = 3$，中位數 $Me_X = 11$，眾數 $Mo_X = 8$，若 $y = \boxed{-4}x + \boxed{3}$，則對新數據 y 而言，下列何者正確？

(1)算術平均數 $\sigma_Y = -48$ (2)標準差 $\sigma_Y = -12$
(3)中位數 $Me_Y = -41$ (4)眾數 $Mo_Y = -32$

「全距、標準差」
「倍數」絕對值化 且
「平移」化為「0」

▶▶▶▶ Sol

(1)× ：$\mu_Y = a \times \mu_X + b = \boxed{-4} \times 12 + \boxed{3} = -45$

(2)× ：$\sigma_Y = 4\sigma_X = \boxed{4} \times 3 + \boxed{0} = 12$

(3)○ ：$Me_Y = aMe_X + b = \boxed{-4} \times 11 + \boxed{3} = -41$

(4)× ：$Mo_Y = a \times Mo_X + b = \boxed{-4} \times 8 + \boxed{3} = -29$

$\therefore$選 (3)

比照辦理

變異數：「倍數」
平方化 且「平移」
化為「0」

⊙ 「全距、標準差」：「倍數」絕對值化 且 「平移」化為「0」
⊙ 其他：比照辦理（亦即：照抄）

▶▶▶▶ Ans

(3)

例題 27 根據統計資料，1 月分臺北地區的平均氣溫是攝氏 16 度，標準差是攝氏 3.5 度。一般外國朋友比較習慣用華氏溫度來表示冷熱，已知當攝氏溫度為 x 時，華氏溫度為 $y = \dfrac{9}{5}x + 32$；若用華氏溫度表示，則 1 月分臺北地區的平均氣溫是華氏 _____ 度，標準差是華氏 _____ 度（計算到小數點後第一位，以下四捨五入）

▶▶▶▶ Sol

$\because y = \dfrac{9}{5}x + 32$

$\therefore \bar{y} = \boxed{\dfrac{9}{5}} \times \bar{x} + \boxed{32} = \dfrac{9}{5} \times 16 + 32 = 60.8$ ◀── 「平均數」：「同步」比照辦理

且 $S_Y = \boxed{\dfrac{9}{5}} \times 3.5 + \boxed{0} = 6.3$ ◀── 「標準差」：「倍數」絕對值化⑪「平移」化為「0」

▶▶▶▶ Ans

平均氣溫為華氏 60.8 度且標準差為 6.3 度

例題 28 某班數學老師算出學期成績後，鑑於學生平時都很用功，決定每人各加 5 分（加分後沒人超過 100 分），則加分前與加分後，學生成績統計數值絕對不會改變的有：

(A)算數平均數　(B)中位數　(C)標準差　(D)變異係數　(E)全距

▶▶▶▶ Sol

$\because$「加 5 分」是一種「平移」

「平移」化為「0」　　「平移」同步比照辦理

$\therefore$「全距、標準差、變異數」都「不變」且「平均，中位，眾數」都「加 5 分」

會改變

$\therefore$「變異係數」會改變，

$\therefore$ 正確為 (C)(E)

變異係數 $= \dfrac{\text{標準差（不變）}}{\text{平均數（變）}} \times 100\%$

▶▶▶▶ Ans

(C)(E)

「標準差」平方＝變異數＝（離均差）「平方」的「平均」，其中「離均差」依序為「-2，1，-4，0，-1，3，1，2，0」

例題 29　測量一物件的長度 9 次，得其長（公尺）為 2.43，2.46，2.41，2.45，2.44，2.48，2.46，2.47，2.45。將上面數據每一個都乘以 100，再減去 240 得一組新數據為 3，6，1，5，4，8，6，7，5。試問下列選項，何者為真？

(A) 新數據的算術平均數為 5
(C) 原數據的算術平均數為 2.45
(E) 原數據的中位數為 2.45

∵ $\mathbb{Y}$ 的數據較簡潔
∴ 先求 $\mathbb{Y}$ 的 $\overline{Y}$ 及 $S_{\mathbb{Y}}$，再「反求」$\mathbb{X}$ 的 $\overline{X}$ 及 $S_{\mathbb{X}}$ 更容易一些

▶▶▶ Sol

(1)設：X：2.43，2.46，2.41，2.45，2.44，2.48，2.46，2.47，2.45 且

Y：3，6，1，5，4，8，6，7，5

依題意，可得：

先「乘」以 100，再「減」240

$y_i = 100x_i - 240$，$1 \leq i \leq 9$

新算術平均數

(2)∵ $\overline{Y} = \dfrac{1}{9}(3+6+1+5+4+8+6+7+5) = 5$

新標準差

且 $S_Y = \sqrt{\dfrac{1}{9}(4+1+16+0+1+9+1+4+0)} = 2$

又因：$x_i = \dfrac{y_i + 240}{100} = \dfrac{1}{100} \times y_i + 2.4$

寫成：「$\mathbb{X} = a\mathbb{Y} + b$」的標準形式，才好判別「倍數」及「平移量」

∴ $\overline{X} = \boxed{\dfrac{1}{100}} \times \overline{Y} + \boxed{2.4} = \dfrac{1}{100} \times 5 + 2.4 = 2.45$

且 $S_X = \boxed{\dfrac{1}{100}} S_Y + \boxed{0} = \dfrac{1}{100} \times 2 = 0.02$

(3)「依大小重新排序」：2.41，2.43，2.44，2.45，2.45，2.46，2.46，2.47，2.48

∴ 原來之中位數為 2.45

∴ 選 (A)(B)(C)(E)

$\mathbb{X}$ 重排大小次序後，取第 5 個數值

4 個　　4 個

第 5 個

▶▶▶ Ans

(A)(B)(C)(E)

◉「全距、標準差」：「倍數」絕對值化 且「平移」化為「0」

變異數：「倍數」平方化 且「平移」化為「0」

◉ 其他：「同步」比照辦理

例題 30 高二仁班有 50 位學生，某次數學考試，有 25 格填充，每格 4 分。改完後統計發現最高分 80 分，全班平均 48 分，全距 64 分；後來老師決定改變計分方式，每格以 5 分計算，問下列各選項何者正確？

(1) 調整後的平均為 60 分　　(2) 調整後的全距為 80 分

(3) 調整後的全距不變　　　　(4) 調整後的標準差不變

(5) 調整後的標準差變大

> ∵ 原來 $\mathbb{X}$ 是「每格 4 分」且　調整後 $\mathbb{Y}$ 是「每格 5 分」
>
> ∴ $\mathbb{Y} = \dfrac{5}{4}\mathbb{X} + 0$　　小心！別誤列成「$\mathbb{Y} = \dfrac{4}{5}\mathbb{X} + 0$」喔！

▶▶▶▶ **Sol**

設 $\mathbb{Y} = \dfrac{5}{4}\mathbb{X}$

(1) $\mu_{\mathbb{Y}} = \dfrac{5}{4}\mu_{\mathbb{X}} = \dfrac{5}{4} \times 48 = 60$

(2)(3)：$R_{\mathbb{Y}} = \dfrac{5}{4}R_{\mathbb{X}} = \dfrac{5}{4} \times 64 = 80$，會「變大」

(4)(5)：$\sigma_{\mathbb{Y}} = \dfrac{5}{4}\sigma_{\mathbb{X}}$，會「變大」！

∴ 選 (1)(2)(5)

> ⊙「全距、標準差」：「倍數」絕對值化且「平移」化為「0」
>
> **變異數：「倍數」平方化且「平移」化為「0」**
>
> ⊙ 其他：「同步」比照辦理

▶▶▶▶ **Ans**

(1)(2)(5)

> 題目已知：$\mu_{\mathbb{X}} = 48$，$R_{\mathbb{X}} = 64$

例題 31 有一組資料共有 5 個數據，經過標準化的數據為 0.25，-0.75，1.25，0.75，-1.5。已知原來數據的算術平均數為 100，標準差為 8，則原來的 5 個數據為何？

▶▶▶▶ **Sol**

先將「標準化數據」分別：先乘以「8」，可得：$\overbrace{2 , -6 , 10 , 6 , -12}^{\text{「8 倍」} y_i}$，

再「加上 100」，可得：$\overbrace{102 , 94 , 110 , 106 , 88}^{\text{再「加」100}}$

∴ 原數據為：102，94，110，106，88

> ⊙ $\boxed{x_i} \xrightarrow{\text{標準化}} \dfrac{\boxed{x_i} - \text{平均數}}{\text{標準差}} = \dfrac{\text{離均差}}{\text{標準差}} \overset{\text{令}}{=} y_i$
>
> ⊙ ∵「平均數 = 100」且「標準差 = 8」
>
> ∴ $y_i = \dfrac{x_i - 100}{8}$
>
> ∴ $x_i = 8y_i + 100$

▶▶▶▶ **Ans**

102，94，110，106，88

⊙ 國文 $z_1 = 1 = 100\%$ ⇒ 國文 x_1 距「國文平均數」的差 = 國文平均誤差的 100%

⊙ 數學 $z_2 = \dfrac{3}{4} = 75\%$ ⇒ 數學 x_2 距「數學平均數」的差 = 數學平均差的 75%

例題 32 高三某班此次模擬考國文測驗成績，平均為 11 級分，標準差 2 級分；而數學測驗成績平均為 10 級分，標準差 4 級分，小明的國文和數學成績均為 13 級分，則就全班而言，小明哪一科表現較好？

$z_1 > z_2$

▶▶▶▶ **Sol**

將成績標準化，則國文 $z_1 = \dfrac{13-11}{2} = 1$，數學 $z_2 = \dfrac{13-10}{4} = \dfrac{3}{4}$，故小明的國文表現較好

▶▶▶▶ **Ans**

國文

$$y_i = \frac{x_i - 平均數}{標準差} = \frac{離均差}{標準差}$$

「不同質性」數據，欲作「優劣判斷」，只能取「標準化數據」來比較

例題 33 甲、乙兩位評審對 5 位參賽者評分結果如表，請畫出甲評審評分對乙評審評分的散佈圖？

		參賽者				
		A	B	C	D	E
評審	甲	4	5	6	7	8
	乙	2	4	6	8	10

▶▶▶▶ **Sol**

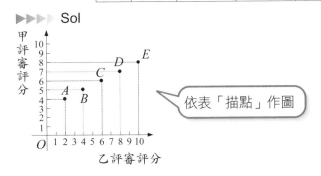

依表「描點」作圖

例題 34 下圖表兩組數據 x，y 的分佈圖，試問其相關係數 r 最接近下列何值？

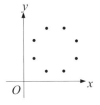

(A) 1　(B) 0.5　(C) 0　(D) −0.5　(E) −1

▶▶▶▶ Sol

∵各點散布範圍「上、下、左、右」成對稱狀態，毫無「向上 或 向下」的

「（接近）直線」趨勢。

∴為「零相關」

∴選 (C)

▶▶▶▶ Ans

(C)

例題 35　研究 10 位學生的性向測驗與成就測驗的關係，已知 10 位學生兩種測驗的得分如表，作 Y 對 X 的散佈圖，並標記 $\overline{X}$, $\overline{Y}$ 所在直線

學生代號		A	B	C	D	E	F	G	H	I	J	總計
得	性向 (X)	2	1	4	7	7	5	3	9	5	7	50
分	成就 (Y)	1	3	4	5	7	6	7	8	9	10	60

▶▶▶▶ Sol

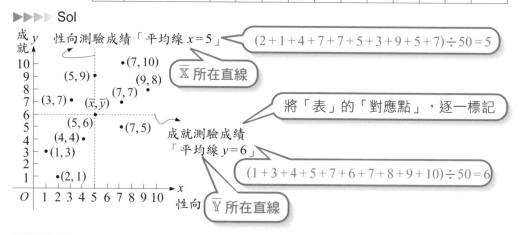

性向測驗成績「平均線 $x=5$」

$(2+1+4+7+7+5+3+9+5+7)\div 50=5$

$\overline{\mathbb{X}}$ 所在直線

將「表」的「對應點」，逐一標記

成就測驗成績「平均線 $y=6$」

$(1+3+4+5+7+6+7+8+9+10)\div 50=6$

$\overline{\mathbb{Y}}$ 所在直線

例題 36　如圖所示有 5 筆 (x,y) 資料，請問：去掉哪一筆資料後，剩下來 4 筆資料的相關係數最大？

(A) A　(B) B　(C) C　(D) D　(E) E

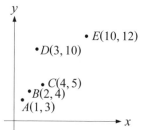

$$\bar{y} = \frac{3+4+5+10+12}{5} = 6.8$$

▶▶▶ Sol

找尋一條有「最多點靠近」的「直線」，再剔掉：離此直線「最遠」的點，便可得解！

∵ D 點去掉後，剩下來的 4 點「較靠近直線」，其「相關係數最大」

∴ 選 (D)

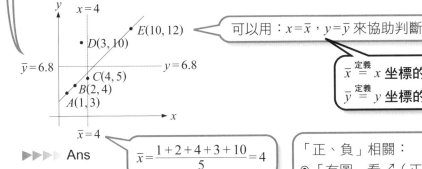

可以用：$x=\bar{x}$, $y=\bar{y}$ 來協助判斷

$\bar{x} \overset{\text{定義}}{=} x$ 坐標的平均數

$\bar{y} \overset{\text{定義}}{=} y$ 坐標的平均數

▶▶▶ Ans

(D)

$\bar{x} = \frac{1+2+4+3+10}{5} = 4$

「正、負」相關：
- ⊙「有圖」看 ↗（正）↘（負）直線
- ⊙「無圖」看「增減」是否「同向」

例題 37　小明參加某次路跑 10 公里組的比賽，下表為小明手錶所記錄之各公里的完成時間、平均心率及步數：

	完成時間	平均心率	步數
第一公里	5:00　大	161　小	990　小
第二公里	4:50　小	162　大	1000　大
第三公里	4:50	165	1005
第四公里	4:55	162	995
第五公里	4:40	171	1015
第六公里	4:41	170	1005
第七公里	4:35	173	1050
第八公里	4:35	181	1050
第九公里	4:40	171	1050
第十公里	4:34	188	1100

在這 10 公里的比賽過程，請依據上述數據，選出正確的選項？

(1) 由每公里的平均心率得知小明最高心率為 188

(2) 小明此次路跑，每步距離的平均小於 1 公尺

(3) 每公里完成時間和每公里平均心率的相關係數為正相關

(4) 每公里步數和每公里平均心率的相關係數為正相關

(5) 每公里完成時間和每公里步數的相關係數為負相關

▶▶▶ Sol

(1)「平均心率」最高 188，並不表示「最高心率是 188」

$\boxed{990} + 1000 + 1005 + \boxed{995} + 1015 + 1005 + 1050 + 1050 + 1050 + 1100 > 10 \times \boxed{1000} - 10,000$

「平均」是一種「大小的互補」概念，非個別數值的大小

(2)∵路跑總長 10 公里 = 10,000 公尺，「總步數」超過 10,000 步，

∴每步距離的平均 = $\dfrac{10,000 \text{ 公尺}}{\text{總步數}} < \dfrac{10,000 \text{ 公尺}}{10,000 \text{ 步}} = 1$ 公尺（／步）

(3)觀察第一到十公里：∵完成時間有減少的趨勢 且 平均心率有增加的趨勢

∴兩數據為負相關

(4)觀察第一到十公里：∵步數有增加的趨勢 且 平均心率有增加的趨勢

∴兩數據為正相關

(5)觀察第一到十公里：∵完成時間有減少的趨勢 且 步數有增加的趨勢

∴兩數據為負相關

看「增減」是否「同向」

∴選 (2)(4)(5)

▶▶▶ Ans

(2)(4)(5)

「正」分數：「分子」相同，「分母大」者，「分數小」

例題 38　下圖是某城市在 2018 年的各月最低溫（橫軸 x）與最高溫（縱軸 y）的散佈圖。

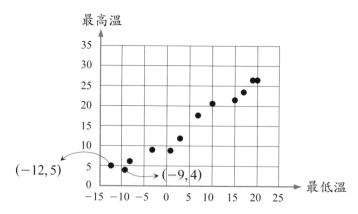

今以溫差（最高溫「減」最低溫）為橫軸且最高溫為縱軸重新繪製一散佈圖。試依此選出正的選項？

(1)最高溫與溫差為正相關，且它們的相關性比最高溫與最低溫的相關性強

(2) 最高溫與溫差為正相關，且它們的相關性比最高溫與最低溫的相關性弱

(3) 最高溫與溫差為負相關，且它們的相關性比最高溫與最低溫的相關性強

(4) 最高溫與溫差為負相關，且它們的相關性比最高溫與最低溫的相關性弱

(5) 最高溫與溫差為零相關

▶▶▶▶ Sol

溫度是大約值

① 散佈圖的點「由左而右」將各月的「最低溫，最高溫」及「溫差」列表如下：

最低溫	−12	−9	−8	−3	1	3	7	10	15	17	19	20
最高溫	5	4	6	9	9	12	18	21	22	24	27	27
溫差	17	13	14	12	8	9	11	11	7	7	8	7

② 再以「溫差」為橫軸，「最高溫」為縱軸繪製散佈圖如下：

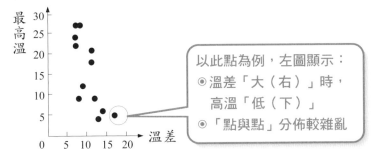

以此點為例，左圖顯示：
⊙ 溫差「大（右）」時，高溫「低（下）」
⊙ 「點與點」分佈較雜亂

∴ 散佈圖顯示：「溫差」越大「最高溫」有越低的趨勢　∴ 兩者為「負相關」

又因：「新圖」v.s.「最高溫與最低溫的散佈圖」，顯然，「新圖」比較「不接近」某條「直線」

∴「新圖」的相關性「較弱」！

▶▶▶▶ Ans

(4)

例題 39　蒐集某公司 30 位員工的年齡與薪資數據，結果發現有「年齡愈大，薪資愈高」的現象，請問下列各敘述何者為真？

(1) 年齡與薪資的相關係數是 1　(2) 年齡與薪資的相關係數至少是 0.5

(3) 年齡與薪資的相關係數至少是 0.3　(4) 年齡與薪資的相關係數是正的

(5) 年齡與薪資的相關係數是負的

∵增減「同步」

∴必「正相關」，但無其他「更多」訊息，可以「進一步」確定「相關係數」的具體數值

▶▶▶▶ Sol

(1)(2)(3)均不確定，但(5)一定是錯的

∴選 (4)

▶▶▶▶ Ans

(4)

例題 40　下圖為某年級國文、英文、歷史三科成績分布情形的直方圖。根據該圖，下列哪些推論是合理的？

(A) 歷史的平均分數比國文的平均分數低

(B) 歷史的平均分數最低

(C) 英文的標準差比國文的標準差小

(D) 英文的標準差最大

(E) 「國文與歷史之相關係數」比「國文與英文之相關係數」高

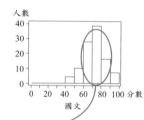 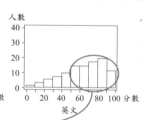 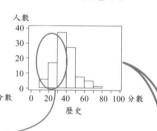

▶▶▶▶ Sol

① ∵國文、英文兩科 50 分以上的占多數 且 歷史 50 分以下的占多數

　∴歷史的平均分數最低

② ∵三圖予以「平滑曲線化」後，形如：

⦿高分群多者：「平均數」較大

⦿寬、矮、胖：「變異數、標準差」較大

　∴英文最「寬、矮、胖」

　∴英文的標準差最大

③只有「散佈圖」可以判讀「相關」

其他「圖表」都「無法判斷相關」

　∴選 (A)(B)(D)

▶▶▶▶ Ans

(A)(B)(D)

例題 41　下圖中，有五組數據，每組各有 A，B，C，D，E，F 等六個資料點

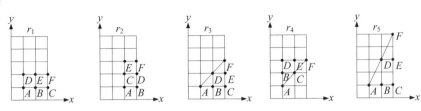

設各組的相關係數「由左至右」分別為 r_1，r_2，r_3，r_4，r_5，則下列關係式何者為真？

(A) $r_1 = r_2$　(B) $r_2 < r_3$　(C) $r_3 > r_4$　(D) $r_3 < r_5$　(E) $r_4 = r_5$

求「相關係數」

◉ 先求「平均數」μ_x，μ_y

◉ 再做「離均差」$x_i - \mu_x$，$y_i - \mu_y$「表」

數據少 且 簡單時，也可不用先做「製表」動作，而「直接在腦中」換算「離均差」

◉ 代入：$r = \dfrac{（離均差）「積」之「和」}{（離均差）「（平方）和」之「積」，再開「平方」}$

▶▶▶▶ Sol

（A 組）：

x	1	2	3	1	2	3
y	1	1	1	2	2	2

$\because \mu_x = \dfrac{1+2+3+1+2+3}{6} = 2$ 且

$\mu_y = \dfrac{1+1+1+2+2+2}{6} = \dfrac{3}{2}$

$\therefore r_1 = \dfrac{(-1) \times \left(\dfrac{-1}{2}\right) + (0) \times \left(\dfrac{-1}{2}\right) + (1) \times \left(\dfrac{-1}{2}\right) + (-1) \times \left(\dfrac{1}{2}\right) + (0) \times \left(\dfrac{1}{2}\right) + (1) \times \left(\dfrac{1}{2}\right)}{\sqrt{(1+0+1+1+1+0+1)\left(\dfrac{1}{4} + \dfrac{1}{4} + \dfrac{1}{4} + \dfrac{1}{4} + \dfrac{1}{4} + \dfrac{1}{4}\right)}} = 0$

（B組）：

x	2	3	2	3	2	3
y	1	1	2	2	3	3

$$\therefore \mu_x = \frac{2+3+2+3+2+3}{6} = \frac{5}{2} \quad 且$$

$$\mu_y = \frac{1+1+2+2+3+3}{6} = 2$$

$$\therefore r_2 = \frac{\left(\frac{-1}{2}\right)\times(-1)+\left(\frac{1}{2}\right)\times(-1)+\left(\frac{-1}{2}\right)\times(0)+\left(\frac{1}{2}\right)\times(0)+\left(\frac{-1}{2}\right)\times(1)+\left(\frac{1}{2}\right)\times(1)}{\sqrt{\left(\frac{1}{4}+\frac{1}{4}+\frac{1}{4}+\frac{1}{4}+\frac{1}{4}+\frac{1}{4}\right)(1+1+0+0+1+1)}} = 0$$

（C組）：

x	1	2	3	2	3	3
y	1	1	1	2	2	3

$$\therefore \mu_x = \frac{1+2+3+2+3+3}{6} = \frac{7}{3} \quad 且$$

$$\mu_y = \frac{1+1+1+2+2+3}{6} = \frac{5}{3}$$

$$\therefore r_3 = \frac{\left(\frac{-4}{3}\right)\times\left(\frac{-2}{3}\right)+\left(\frac{-1}{3}\right)\times\left(\frac{-2}{3}\right)+\left(\frac{2}{3}\right)\times\left(\frac{-2}{3}\right)+\left(\frac{-1}{3}\right)\times\left(\frac{1}{3}\right)+\left(\frac{2}{3}\right)\times\left(\frac{1}{3}\right)+\left(\frac{2}{3}\right)\times\left(\frac{4}{3}\right)}{\sqrt{\left(\frac{16}{9}+\frac{1}{9}+\frac{4}{9}+\frac{1}{9}+\frac{4}{9}+\frac{4}{9}\right)\left(\frac{4}{9}+\frac{4}{9}+\frac{4}{9}+\frac{1}{9}+\frac{1}{9}+\frac{16}{9}\right)}}$$

$$= \frac{\frac{15}{9}}{\frac{30}{9}} = \frac{1}{2}$$

（D組）：

x	1	1	2	1	2	3
y	1	2	2	3	3	3

$$\therefore \mu_x = \frac{1+1+2+1+2+3}{6} = \frac{5}{3} \quad 且$$

$$\mu_y = \frac{1+2+2+3+3+3}{6} = \frac{7}{3}$$

$$\therefore r_4 = \frac{\left(\frac{-2}{3}\right)\times\left(\frac{-4}{3}\right)+\left(\frac{-2}{3}\right)\times\left(\frac{-1}{3}\right)+\left(\frac{1}{3}\right)\times\left(\frac{-1}{3}\right)+\left(\frac{-2}{3}\right)\times\left(\frac{2}{3}\right)+\left(\frac{1}{3}\right)\times\left(\frac{2}{3}\right)+\left(\frac{4}{3}\right)\times\left(\frac{2}{3}\right)}{\sqrt{\left(\frac{4}{9}+\frac{4}{9}+\frac{1}{9}+\frac{4}{9}+\frac{1}{9}+\frac{16}{9}\right)\left(\frac{16}{9}+\frac{1}{9}+\frac{1}{9}+\frac{4}{9}+\frac{4}{9}+\frac{4}{9}\right)}}$$

$$= \frac{\frac{15}{9}}{\frac{30}{9}} = \frac{1}{2}$$

（E組）：

x	1	2	3	2	3	3
y	1	1	1	3	3	5

$\therefore \mu_x = \dfrac{1+2+3+2+3+3}{6} = \dfrac{7}{3}$ 且

$\mu_y = \dfrac{1+1+1+3+3+5}{6} = \dfrac{7}{3}$

$\therefore r_5 = \dfrac{\left(\dfrac{-4}{3}\right)\times\left(\dfrac{-4}{3}\right) + \left(\dfrac{-1}{3}\right)\times\left(\dfrac{-4}{3}\right) + \left(\dfrac{2}{3}\right)\times\left(\dfrac{-4}{3}\right) + \left(\dfrac{-1}{3}\right)\times\left(\dfrac{2}{3}\right) + \left(\dfrac{2}{3}\right)\times\left(\dfrac{2}{3}\right) + \left(\dfrac{2}{3}\right)\times\left(\dfrac{8}{3}\right)}{\sqrt{\left(\dfrac{16}{9}+\dfrac{1}{9}+\dfrac{4}{9}+\dfrac{1}{9}+\dfrac{4}{9}+\dfrac{4}{9}\right)\left(\dfrac{16}{9}+\dfrac{16}{9}+\dfrac{16}{9}+\dfrac{4}{9}+\dfrac{4}{9}+\dfrac{64}{9}\right)}}$

$= \dfrac{\dfrac{30}{9}}{\sqrt{\dfrac{30}{9}\times\dfrac{120}{9}}} = \dfrac{\dfrac{30}{9}}{\dfrac{60}{9}} = \dfrac{1}{2}$

$\therefore$ 選 (A)(B)(E)

▶▶▶▶ Ans

(A)(B)(E)

例題 42 甲、乙、丙、丁四人在四項評分的得分情形如表，則

(1) 甲、乙得分的相關係數為 -1　(2) 甲、丙得分的相關係數是 0

(3) 乙、丙得分的相關係數是 0　　(4) 丙、丁得分的相關係數是 0

(5) 甲、丁得分的相關係數是 0

甲	1	2	3	4
乙	4	3	2	1
丙	3	1	4	2
丁	1	3	2	4

> 數據少且簡單時，也可不用先做「製表」動作，而「直接在腦中」換算「離均差」

求「相關係數」

◉ 先求「平均數」μ_x，μ_y

◉ 再做「離均差」$x_i - \mu_x$，$y_i - \mu_y$「表」

◉ 代入：$r = \dfrac{（離均差）「積」之「和」}{（離均差）「（平方）和」之「積」，再開「平方」}$

▶▶▶▶ Sol

設 a，b，c，d 分別表甲、乙、丙、丁的評分，且 $\mu_a=\mu_b=\mu_c=\mu_d=2.5$

$\mu_甲=\mu_乙=\mu_丙=\mu_丁$

$a-\bar{a}=甲-\overline{甲}$

平均數
$=\dfrac{1+2+3+4}{4}=2.5$

$a-\bar{a}$	-1.5	-0.5	0.5	1.5
$b-\bar{b}$	1.5	0.5	-0.5	-1.5
$c-\bar{c}$	0.5	-1.5	1.5	-0.5
$d-\bar{d}$	-1.5	0.5	-0.5	1.5

甲的「離均差」

離均差

甲、乙：（離均差）「積」之「和」

(1)正確：$r_{甲,乙}=\dfrac{(-2.25)+(-0.25)+(-0.25)+(-2.25)}{\sqrt{(2.25+0.25+0.25+2.25)\times(2.25+0.25+0.25+2.25)}}=\dfrac{-5}{5}=-1$

甲、乙：（離均差）「（平方）和」之「積」再開「平方」

甲、丙：（離均差）「積」之「和」

(2)正確：$r_{甲,丙}=\dfrac{(-0.75)+(0.75)+(0.75)+(-0.75)}{5（分母與「甲 v.s.乙」相同）}=\dfrac{0}{5}=0$

(3)錯誤：$r_{乙,丙}=\dfrac{(0.75)+(-0.75)+(-0.75)+(0.75)}{5（分母與「甲 v.s.乙」相同）}=\dfrac{0}{5}=0$

(4)錯誤：$r_{丙,丁}=\dfrac{(-0.75)+(-0.75)+(-0.75)+(-0.75)}{5（分母與「甲 v.s.乙」相同）}=\dfrac{-3}{5}=-0.6$

(5)錯誤：$r_{甲,丁}=\dfrac{(2.25)+(-0.25)+(-0.25)+(2.25)}{5（分母與「甲 v.s.乙」相同）}=\dfrac{4}{5}=0.8$

∴ 選 (1)(2)(3)

▶▶▶▶ Ans

(1)(2)(3)

例題 43　某肥皂廠商欲推出一種新產品，在上市前以不同的單價 x

（單位：十元）調查市場的需求量 y（單位：萬盒）。調查結果如下：

x	8	9	10	11	12
y	11	12	10	8	9

問 x 和 y 的相關係數最接近下列哪一個值？

(A) $\dfrac{4}{5}$　(B) $\dfrac{2}{5}$　(C) 0　(D) $\dfrac{-2}{5}$　(E) $\dfrac{-4}{5}$

求「相關係數」

⊙ 先求「平均數」μ_x，μ_y

⊙ 再做「離均差」$x_i - \mu_x$，$y_i - \mu_y$「表」

> 數據少 且 簡單時，也可不用先做「製表」動作，
> 而「直接在腦中」換算「離均差」

⊙ $r = \dfrac{（離均差）「積」之「和」}{（離均差）「（平方）和」之「積」，再開「平方」}$

▶▶▶ Sol

∵ x 的算術平均數 $\mu_x = \dfrac{8+9+10+11+12}{5} = 10$ 且

　y 的算術平均數 $\mu_y = \dfrac{11+12+10+8+9}{5} = 10$

∴ 可得「離均差」數值表：

$x_i - \mu_x$	-2	-1	0	1	2
$y_i - \mu_y$	1	2	0	-2	-1
$(x_i - \mu_x)^2$	4	1	0	1	4
$(y_i - \mu_y)^2$	1	4	0	4	1
$(x_i - \mu_x)(y_i - \mu_y)$	-2	-2	0	-2	-2

分子：（離均差）「積」之「和」

∴ 相關係數 $r = \dfrac{\displaystyle\sum_{i=1}^{5}(x_i - \mu_x)(y_i - \mu_y)}{\sqrt{\left[\displaystyle\sum_{i=1}^{5}(x_i - \mu_x)^2\right] \times \left[\displaystyle\sum_{i=1}^{5}(y_i - \mu_y)^2\right]}}$

分母：（離均差）「（平方）和」之「積」，再開「平方」

$= \dfrac{-2+(-2)+0+(-2)+(-2)}{\sqrt{(4+1+0+1+4)(1+4+0+4+1)}} = \dfrac{-8}{10} = \dfrac{-4}{5}$

∴ 選 (E)

▶▶▶ Ans

(E)

例題 44　下表是 5 位同學參加學測的國文與英文考科成績，其中 X 為國文考科級分，Y 為英文考科級分，

考生	甲	乙	丙	丁	戊
國文級分（X）	11	13	15	7	9
英文級分（Y）	12	14	6	10	8

事後發現丙同學在考英文時由於肚子痛被迫提早交卷，以致於影響成績，若將丙同學的成績刪除，則：

⑴ 先從散佈圖上觀察，你覺得其餘 4 位同學國文考科與英文考科的相關係數大還是小？

⑵ 求出這 4 位同學國文考科與英文考科的相關係數？

> 因題目要求：「丙」的成績不計，先予以刪除

▶▶▶▶ Sol

⑴ 將點 $(15, 6)$ 刪去，並將「其他點」標記在平面上，可得：

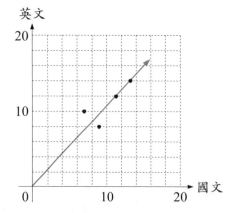

∴ 從散佈圖上觀察可知：應為「正相關」且「相關係數會大」

> ∵ 直線呈「左下右上」
> ∴ 為「正」相關

> 有「2 點」在線上 且 另外
> 「2 點」也很「接近」直線

求「相關係數」

◎ 先求「平均數」μ_x，μ_y

◎ 再做「離均差」$x_i - \mu_x$，$y_i - \mu_y$「表」

> **數據少 且 簡單時，也可不用先做「製表」動作，而「直接在腦中」換算「離均差」**

◎ 代入：$r = \dfrac{（離均差）「積」之「和」}{（離均差）「（平方）和」之「積」}$，再開「平方」

(2)將丙同學的成績刪除，則 $\mu_x = 10$，$\mu_y = 11$

$$\mu_x = \frac{11+13+7+9}{4} = \frac{40}{4} = 10$$
$$且\ \mu_y = \frac{12+14+10+8}{4} = \frac{44}{4} = 1$$

依題目要求

且得「離均差」表：

考生	甲	乙	丁	戊
數學級分（X）	11	13	7	9
自然級分（Y）	12	14	10	8
$x - \mu_x$	1	3	-3	-1
$y - \mu_y$	1	3	-1	-3
$(x - \mu_x)^2$	1	9	9	1
$(y - \mu_y)^2$	1	9	1	9
$(x - \mu_x)(y - \mu_y)$	1	9	3	3

分子：（離均差）「積」之「和」

$$\therefore 相關係數\ r = \frac{\displaystyle\sum_{i=1}^{4}(x_i - \mu_x)(y_i - \mu_y)}{\sqrt{\left[\displaystyle\sum_{i=1}^{4}(x_i - \mu_x)^2\right] \times \left[\displaystyle\sum_{i=1}^{4}(y_i - \mu_y)^2\right]}} = \frac{16}{\sqrt{20 \times 20}} = 0.8$$

▶▶▶▶ Ans

(1) 大　(2) 0.8

$\mu_x = 10$ 且 $\mu_y = 11$

分母：（離均差）「（平方）和」之「積」，再開「平方」

例題 45 研究十位學生某次段考甲、乙兩學科測驗成績的相關性，設其相關係數為 r，若 $r=1$ 表完全正相關，$r=-1$ 表完全負相關，$0.7 \leq |r| < 1$ 表高度相關，$0.3 \leq |r| < 0.7$ 表中度相關，$0 < |r| < 0.3$ 表低度相關，$r=0$ 表零相關。已知十位學生的成績如下：

學生代號	A	B	C	D	E	F	G	H	I	J	總計
甲科測驗	3	4	8	9	5	6	7	7	6	5	60(分)
乙科測驗	9	8	5	6	7	6	5	7	8	9	70(分)

則此次甲、乙兩學科測驗之相關程度為

(A)高度相關　(B)中度相關　(C)低度相關　(D)完全正相關

(E)完全負相關

> 數據少且簡單時，也可不用先做「製表」動作，而「直接在腦中」換算「離均差」

求「相關係數」
- 先求「平均數」μ_x，μ_y
- 再做「離均差」$x_i - \mu_x$，$y_i - \mu_y$「表」
- 代入：$r = \dfrac{（離均差）「積」之「和」}{（離均差）「（平方）和」之「積」，再開「平方」}$

> 平均分數 $= \dfrac{總分數}{總人數}$

▶▶▶▶ Sol

① 甲科的平均數 $\bar{x} = \dfrac{60}{10} = 6$ 且

$$\sum_{i=1}^{10}(x_i - \bar{x})^2 = (-3)^2 + (-2)^2 + 2^2 + 3^2 + (-1)^2 + 0^2 + 1^2 + 1^2 + 0^2 + (-1)^2 = 30$$

② 乙科的平均數 $\bar{y} = \dfrac{70}{10} = 7$ 且 ▷（離均差）「平方和」

$$\sum_{i=1}^{10}(y_i - \bar{y})^2 = 2^2 + 1^2 + (-2)^2 + (-1)^2 + 0^2 + (-1)^2 + (-2)^2 + 0^2 + 1^2 + 2^2 = 20$$

③ $\displaystyle\sum_{i=1}^{10}(x_i - \bar{x})(y_i - \bar{y})$

$= (-3) \times (2) + (-2) \times (1) + (2) \times (-2) + (3) \times (-1) + (-1) \times (0) + (0) \times (-1) + (1) \times (-2)$

$+ (1) \times (0) + (0) \times (1) + (-1) \times (2) = -19$ ◁ 分子：（離均差）「積」之「和」

$\therefore r = \dfrac{-19}{\sqrt{30 \times 20}} \doteq \dfrac{-19}{24.5} = -0.78$

> 分母：（離均差）「（平方）和」之「積」，再 $\sqrt{}$

又因：$0.7 \leq |r| < 1$

$\therefore$ 為高度相關

$\therefore$ 選 (A)

▶▶▶▶ Ans

(A)

例題 46 令 X 代表每個高中生平均每天研讀數學的時間（以小時計），則 $W=7(24-X)$ 代表每個高中生平均每週花在研讀數學以外的時間。令 Y 代表每個高中生數學學科能力測驗的成績。設 X，Y 之相關係數 $R_{X,Y}$，W，Y 之相關係數為 $R_{W,Y}$，則 $R_{X,Y}$ 與 $R_{W,Y}$ 兩數之間的關係，下列選項何者為真？

(A) $R_{W,Y}=7(24-R_{X,Y})$　(B) $R_{W,Y}=7R_{X,Y}$　(C) $R_{W,Y}=-7R_{X,Y}$

(D) $R_{W,Y}=R_{X,Y}$　(E) $R_{W,Y}=-R_{X,Y}$

▶▶▶▶ **Sol**

$R_{W,Y}=R_{7(24-X),Y}$

$=R_{\boxed{-7}X+168,\boxed{1}\times Y+0}$

倍數積 < 0

$r_{(\boxed{a}X+b),(\boxed{c}Y+d)}$

$=\begin{cases} r_{X,Y}, & ac>0 \\ -r_{X,Y}, & ac<0 \end{cases}$

$=-R_{XY}$

∴ 選 (E)

▶▶▶▶ **Ans**

(E)

例題 47 設散佈圖上有資料 $(1,1)$，$(2,1)$，$(2,2)$，$(3,2)$，利用最小平方法可求得迴歸直線方程式為＿＿＿＿，並推測當 $x=5$ 時，$y=$＿＿＿＿

▶▶▶▶ **Sol**

$\sum$（「資料點 與 直線」的 y 坐標差）^{2}
$=\sum(mx_i+k-y_i)^2$，並先對 m 配方，再對 k 配方

⑴令迴歸直線方程式為 $y=mx+k$

　令 $E(m,k)=(m\times①+k-①)^2+(m\times②+k-①)^2+(m\times②+k-②)^2$

　　　　　　$+(m\times③+k-②)^2$

　$=(m+k-1)^2+(2m+k-1)^2+(2m+k-2)^2+(3m+k-2)^2$

　$=[m^2+2(k-1)m+(k-1)^2]+[4m^2+4(k-1)m+(k-1)^2]$

　　$+[4m^2+4(k-2)m+(k-2)^2]+[9m^2+6(k-2)m+(k-2)^2]$

　$=18m^2+(16k-26)m+(4k^2-12k+10)$

　$=18\left[m^2+\dfrac{8k-13}{9}m\right]+(4k^2-12k+10)$

　$=18\left(m+\dfrac{8k-13}{18}\right)^2-\dfrac{(8k-13)^2}{18}+(4k^2-12k+10)$

先對 m 配方

411

$$= 18\left(m + \frac{8k-13}{18}\right)^2 + \frac{-64k^2 + 208k - 169 + (72k^2 - 216k + 180)}{18}$$

$$= 18\left(m + \frac{8k-13}{8}\right)^2 + \frac{8k^2 - 8k + 11}{18}$$

再對 k 配方 $\quad = 18\left(m + \frac{8k-13}{18}\right)^2 + \frac{8(k-\frac{1}{2})^2 - 2 + 11}{18}$

$\therefore$ 當 $\begin{cases} m + \dfrac{8k-13}{18} \overset{令}{=} 0 \\ k - \dfrac{1}{2} \overset{令}{=} 0 \end{cases}$ 時，$E(m,k)$ 有最小值 $\dfrac{-2+11}{18} = \dfrac{9}{18} = \dfrac{1}{2}$

兩個 $(\quad)^2 \overset{令}{=} 0$

$\therefore k = \dfrac{1}{2}$ 且 $m = \dfrac{1}{2}$

將「$k = \dfrac{1}{2}$」代回 $m + \dfrac{8k-13}{18} = 0$

$\therefore$ 迴歸直線為：$y = \dfrac{1}{2}x + \dfrac{1}{2}$

將「$m = \dfrac{1}{2}$，$k = \dfrac{1}{2}$」代回「$y = mx + k$」

(2)當 $x = 5$ 時，$y = \dfrac{1}{2} \times 5 + \dfrac{1}{2} = 3$

▶▶▶▶ Ans

將「$x = 5$」代入「$y = \dfrac{1}{2}x + \dfrac{1}{2}$」

(1) $y = \dfrac{1}{2}x + \dfrac{1}{2}$

(2) 3

例題 48　坐標平面上，給定三點 $P_1(1,3)$，$P_2(2,5)$，$P_3(3,4)$，試找一直線 $y = a + bx$ 使這三點到該直線的鉛直距離之平方和最小，亦即求常數 a，b，使 $[3-(a+b)]^2 + [5-(a+2b)]^2 + [4-(a+3b)]^2$ 之值最小？

$\sum[y_i - (a+bx_i)]^2$

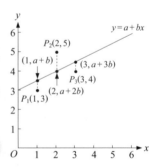

令「$(1,3)$，$(2,5)$，$(3,4)$」當「(x_i, y_i)」

▶▶▶▶ Sol

將各平方式展開，再重新配方如下：

$[3-(a+b)]^2 + [5-(a+2b)]^2 + [4-(a+3b)]^2$

$= [9 - 6(a+b) + (a+b)^2] + [25 - 10(a+2b) + (a+2b)^2] + [16 - 8(a+3b) + (a+3b)^2]$

$= [(a^2 + 2ab + b^2) - 6a - 6b + 9] + [(a^2 + 4ab + 4b^2) - 10a - 20b + 25]$

$\quad + [(a^2 + 6ab + 9b^2) - 8a - 24b + 16]$

$= 3a^2 + 12ab + 14b^2 - 24a - 50b + 50$

先對 a 配方

$= 3a^2 + (12b - 24)a + (14b^2 - 50b + 50)$

$= 3[a + (2b-4)]^2 + (14b^2 - 50b + 50) - 3(2b-4)^2$

再對 b 配方

$$= 3[a+(2b-4)]^2+(2b^2-2b+2)$$

兩個（ ）$^2 = 0$ 時，
會有「最小值」

$$= 3(a+2b-4)^2+2\left(b-\frac{1}{2}\right)^2+\frac{3}{2} \geq \frac{3}{2}$$

$\therefore$ 當 $a+2b-4=0$ 且 $b-\frac{1}{2}=0$ 時，可得到最小值為 $\frac{3}{2}$，

$\therefore$ 當 $a=3$ 且 $b=\frac{1}{2}$ 時，便可得滿足要求的直線 $y=3+\frac{1}{2}x$

將「$a=3$，$b=\frac{1}{2}$」
代回「$y=a+bx$」

▶▶▶ Ans

$$y=3+\frac{1}{2}x$$

$\because$「選項太多」且「斜率相同」

$\therefore$ 不要用「平方法」求「迴歸直線」，

應「直接代公式」$m=r\times\dfrac{\sigma_y}{\sigma_x}$，來處理！

題目已知：迴歸直線
「相同」

例題 49 已知以下各選項資料的迴歸直線（最適合直線）皆相同且皆為負相關，請選出相關係數最小的選項？

(1)
x	2	3	5
y	1	13	1

(2)
x	2	3	5
y	3	10	2

(3)
x	2	3	5
y	5	7	3

(4)
x	2	3	5
y	9	1	5

(5)
x	2	3	5
y	7	4	4

▶▶▶ Sol

$\because$ 迴歸直線的斜率 $m=r\times\dfrac{\sigma_y}{\sigma_x}$，

題目訊息：相同「迴歸直線」且「負相關 $r<0$」

$\therefore m$ 相同 且 $m=r\times\dfrac{\sigma_y}{\sigma_x}<0$

$\therefore r=\dfrac{m\times\sigma_x}{\sigma_y}$

又因：各選項的 m 及 σ_x 都相等，且 m 為負，

$\because x$ 都是 2，3，5
$\therefore \sigma_x$ 相同

$\therefore$ 哪一個選項的 σ_y 最小，其相關係數 r 就最小

$\because m<0$ 且 $\sigma_x>0$

$\sigma_y>0$

又因：

$\therefore \sigma_y$ 小時，$\dfrac{m\sigma_x}{\sigma_y}$「負多」

$\therefore \sigma_y$ 小時，r「較小」

$r=\dfrac{m\sigma_x}{\sigma_y}$

(1) $\sigma_y=\sqrt{\dfrac{16+64+16}{3}}=\sqrt{\dfrac{96}{3}}$

(2) $\sigma_y=\sqrt{\dfrac{4+25+9}{3}}=\sqrt{\dfrac{38}{3}}$

(3) $\sigma_y=\sqrt{\dfrac{0+4+4}{3}}=\sqrt{\dfrac{8}{3}}$

(4) $\sigma_y=\sqrt{\dfrac{16+16+0}{3}}=\sqrt{\dfrac{32}{3}}$

(5) $\sigma_y=\sqrt{\dfrac{4+1+1}{3}}=\sqrt{\dfrac{6}{3}}$

$\therefore$ 選 (5)

$\because \sigma=\sqrt{\text{（離均差）「平方」的「平均」}}$

$=\sqrt{\text{「（個別）平方的平均」}-\text{「平均（數）的平方」}}$

且各選項的 $\mu_y=\dfrac{1+13+1}{3}=\dfrac{3+10+2}{3}=\dfrac{5+7+3}{3}$

$=\dfrac{9+1+5}{3}=\dfrac{7+4+4}{3}=5$

$\therefore$(1) 的 $\sigma_y=\sqrt{\dfrac{(1-\boxed{5})^2+(13-\boxed{5})^2+(1-\boxed{5})^2}{3}}$

$=\sqrt{\dfrac{16+64+16}{3}}=\sqrt{\dfrac{96}{3}}$，

▶▶▶ Ans

(5)

（離均差）「平方」的「平均」

同理可求：(2)，(3)，(4)，(5) 的 σ_y

例題 50 經濟學者分析某公司服務年資相近的員工之「年薪」與「就學年數」的資料，得到這樣的結論：『員工就學年數每增加一年，其年薪平均增加 8 萬 5 千元』。試問上述結論可直接從下列哪些選項中的統計量得到？

(1)「年薪」之眾數與「就學年數」之眾數

(2)「年薪」之全距與「就學年數」之全距

(3)「年薪」之平均數與「就學年數」之平均數

(4)「年薪」與「就學年數」之相關係數

(5)「年薪」對「就學年數」之迴歸直線斜率

> 設起薪 k 萬元且每就學一年增 8.5 萬元
> $\therefore$ 就學 x 年後，年薪 $y = 8.5x + k$

▶▶▶▶ **Sol**

設「就學年數」為 x，「年薪」為 y，則 $y = 8.5x + k$（萬元），其中 k 為「起薪」常數

$\therefore$ 年薪對就學年數之迴歸線斜率為 8.5

$\therefore$ 選 (5)

> $\because x$，y 的關係
> 　「完全」受 $y = 8.5x + k$ 規範！
> 亦即：(x, y) 的最佳直線，
> 　　　就是 $y = 8.5x + k$
> $\therefore y = 8.5x + k$ 就是迴歸直線 $(y = mx + k)$

▶▶▶▶ **Ans**

(5)

例題 51 英國某實驗室研究一金屬圓柱（原高 70.5 英寸）在不同負重下對柱高的影響，其實驗結果如下：$(0，70.5)$，$(2，69.4)$，$(4，68.4)$，$(6，67.2)$，$(8，66.3)$，$(10，65.5)$，$(12，64.4)$ 其中測量單位分別為「英噸」和「英寸」。

將此筆資料的相關係數記為 r，以最小平方法決定的直線斜率記為 m，現為提供臺灣廠商資料，將單位轉換為「公噸」（1 英噸等於 1.016 公噸）及「公分」（1 英寸等於 2.54 公分），若單位換算後該資料的相關係數記為 R，以最小平方法決定的直線斜率記為 M。下列關係有哪些是正確的？

(1) $r \times m > 0$　(2) $r > 0$　(3) $r = R$　(4) $m = M$

▶▶▶▶ Sol

設 X 表圓柱的重量（英噸）且 Y 表圓柱的高度（英寸）

∴可將已知訊息，轉成 $\mathbb{X}$，$\mathbb{Y}$ 的數據表，如下：

X	0	2	4	6	8	10	12
Y	70.5	69.4	68.4	67.2	66.3	65.5	64.4

∴ $\bar{x}=6$，$\bar{y}=67.4$

①由

x_i	y_i	$x_i-\bar{x}$	$y_i-\bar{y}$	$(x_i-\bar{x})(y_i-\bar{y})$	$(x_i-\bar{x})^2$	$(y_i-\bar{y})^2$
0	70.5	-6	3.1	-18.6	36	9.61
2	69.4	-4	2	-8	16	4
4	68.4	-2	1	-2	4	1
6	67.2	0	-0.2	0	0	0.04
8	66.3	2	-1.1	-2.2	4	1.21
10	65.5	4	-1.9	-7.6	16	3.61
12	64.4	6	-3	-18	36	9
合計				-56.4	112	28.47

（離均差）「積」之「和」　　　（離均差）「（平方）和」

∴ $r=\dfrac{-56.4}{\sqrt{112\times 28.47}}\doteqdot -1<0$

且迴歸直線之斜率 $m=\dfrac{-56.4}{112}\doteqdot \dfrac{-1}{2}<0$

∴ $r\times m\doteqdot \dfrac{1}{2}>0$

⊙先求「$\mu_x=\bar{x}$，$\mu_y=\bar{y}$」

⊙再列「離均差」表，並代入：

$r=\dfrac{（離均差）「積」之「和」}{（離均差）「（平方）和」之「積」，再開「平方」}$

及

$m=r\times \dfrac{\sigma_y}{\sigma_x}=\dfrac{（離均差）「積」之「和」}{x\ 的（離均差）「（平方）和」}$

②現依題目要求，將單位轉換為「公噸」及「公分」，可得：

$X'=1.016X$（公噸）且 $Y'=2.54Y$（公分）

> 1 英寸 = 2.54 公分

> 1 英噸 = 1.016 公噸

$$\therefore \begin{cases} \sigma_{x'}=1.016\,\sigma_x \\ \sigma_{y'}=2.54\,\sigma_y \end{cases}$$

> 標準差：「倍數」絕對值化且「平移」化為「0」

且 $R=(X',Y')$ 之相關係數 $=(X,Y)$ 之相關係數 r

∴新單位的迴歸直線斜率

$$M=R\times\frac{\sigma_{y'}}{\sigma_{x'}}=r\times\frac{2.54\sigma_y}{1.016\sigma_x}=\frac{2.54}{1.016}\left(r\times\frac{\sigma_y}{\sigma_x}\right)\div 2.5m$$

$\therefore$ 選(1)(3)

$$r_{(aX+b),(cY+d)} = \begin{cases} r_{X,Y}\,,\ ac>0 \\ -r_{X,Y}\,,\ ac<0 \end{cases}$$

$$R = r_{\underbrace{(1.016X+0),(2.54Y+0)}_{\text{積}>0}}$$

$$= r_{X,Y}$$

$$= r$$

▶▶▶ Ans

(1)(3)

> $m=r\times\dfrac{\sigma_y}{\sigma_x}$

例題 52　下表為四位同學基測數學成績（X）與高一數學成績（Y）紀錄表。

基測數學成績（X）	41	39	37	43
高一數學成績（Y）	72	68	70	74

求(1) X 與 Y 的相關係數？　(2) Y 對 X 的迴歸直線方程式？

▶▶▶ Sol

(1) $\because \mu_x=\dfrac{41+39+37+43}{4}=40$，$\mu_y=\dfrac{72+68+70+74}{4}=71$

$\therefore$ 可得「離均差」表如下：

學生	$x-\mu_x$	$y-\mu_y$	$(x-\mu_x)^2$	$(y-\mu_y)^2$	$(x-\mu_x)(y-\mu_y)$
1	1	1	1	1	1
2	−1	−3	1	9	3
3	−3	−1	9	1	3
4	3	3	9	9	9
總和	（離均差）「（平方）和」		20	20	16

> （離均差）「積」之「和」

◉ 先求「$\mu_x=\bar{x}$，$\mu_y=\bar{y}$」

◉ 再列「離均差」表，並代入：

$$r=\frac{（離均差）「積」之「和」}{（離均差）「（平方）和」之「積」，再開「平方」}$$

及 $m=r\times\dfrac{\sigma_y}{\sigma_x}=\dfrac{（離均差）「積」之「和」}{x\ 的（離均差）「（平方）和」}$

$$\therefore 相關係數\ r = \frac{16}{\sqrt{20 \times 20}} = 0.8$$

(2) y 對 x 的迴歸直線 $y - \mu_y = m(x - \mu_x)$

其中 $m = \dfrac{16}{20} = \dfrac{4}{5}$

將「$\mu_x = 40$，$\mu_y = 71$，$m = \dfrac{4}{5}$」

代入「$y - \mu_y = m \times (x - \mu_x)$」

$\therefore$ 迴歸直線為：$y - 71 = \dfrac{4}{5}(x - 40)$

亦即：$y = \dfrac{4}{5}x + 39$

◉ 先求「$\mu_x = \bar{x}$，$\mu_y = \bar{y}$」

◉ 再列「離均差」表並代入：

$$= \frac{（離均差）「積」之「和」}{（離均差）「平（方和）」之「積」，再開「平方」}$$

及

$$m = r \times \frac{\sigma_y}{\sigma_x} = \frac{（離均差）「積」之「和」}{x\ 的（離均差）「（平方）和」}$$

▶▶▶ **Ans**

(1) 0.8

(2) $y = \dfrac{4}{5}x + 39$

例題 53　蒐集臺灣地區八個地點的公告地價與市價（單位：萬元／坪）如表，則

(1) 試求市價與公告地價相關係數？

(2) 試求市價對公告地價的迴歸方程式？

(3) 若某塊土地公告地價是每坪 28 萬元，試利用上面的迴歸方程式預測其市價？

公告地價X	12	10	22	30	8	40	20	18
市價Y	15	11	28	40	10	72	39	25

▶▶▶ **Sol**

(1) $\because \mu_x = \dfrac{160}{8} = 20$ 且 $\mu_y = \dfrac{240}{8} = 30$

$\therefore$ 可得「離均差」表，如下：

	x	y	$x - \mu_x$	$y - \mu_y$	$(x - \mu_x)(y - \mu_y)$	$(x - \mu_x)^2$	$(y - \mu_y)^2$
	12	15	-8	-15	120	64	225
	10	11	-10	-19	190	100	361
	22	28	2	-2	-4	4	4
	30	40	10	10	100	100	100
	8	10	-12	-20	240	144	400
	40	72	20	42	840	400	1764
	20	39	0	9	0	0	81
	18	25	-2	-5	10	4	25
總和	160	240			1496	816	2960

（離均差）「積」之「和」

（離均差）「（平方）和」

$$\therefore r = \frac{1496}{\sqrt{816 \times 2960}} \doteqdot \frac{1496}{1554.14} \doteqdot 0.9626$$

(2) $\because m = \frac{1496}{816} \doteqdot 1.83$

$\therefore y - 30 = 1.83(x - 20)$，

亦即：$y = 1.83x - 6.6$

> 將「$\mu_x = 20$，$\mu_y = 30$，$m = 1.83$」
> 代入「$y - \mu_y = m \times (x - \mu_x)$」

(3) 將「$x = 28$」代入「$y = 1.83x - 6.6$」，可得：

$y = 1.83 \times 28 - 6.6 = 44.64$（萬元）

▶▶▶▶ Ans

(1) $r = 0.9626$　(2) $y = 1.83x - 6.6$　(3) 44.64 萬元

> ⊙ 先求「$\mu_x = \bar{x}$，$\mu_y = \bar{y}$」
> ⊙ 再列「離均差」表並代入：
> $$= \frac{（離均差）「積」之「和」}{（離均差）「（平方）和」之「積」}，再開「平方」$$
> 及
> $$m = r \times \frac{\sigma_y}{\sigma_x} = \frac{（離均差）「積」之「和」}{x \text{ 的（離均差）「（平方）和」}}$$

例題 54　有一組二維數據如下表，若已知其迴歸直線方程式為 $y = \frac{1}{2}x + 3$，則

$(m, n) = $ _____

> $\mu_y = \dfrac{3+5+4+4}{4} = 4$

x	1	m	n	2
y	3	5	4	4

▶▶▶▶ Sol

由表中數據得知 $\mu_y = 4$ 且 $\mu_x = \dfrac{1+m+n+2}{4} = \dfrac{m+n+3}{4}$

$\because$ 迴歸直線是一條過 (μ_x, μ_y) 的直線

> 將 $(\mu_y = 4, \mu_x = \dfrac{m+n+3}{4})$ 代入：$y = \dfrac{1}{2}x + 3$

$\therefore 4 = \dfrac{1}{2} \times \dfrac{m+n+3}{4} + 3$

> 見「圖上點」，必將「點坐標」
> 代入「圖形方程式」

$\therefore m + n = 5$

$\therefore \mu_x = \dfrac{5+3}{4} = 2$

> $\mu_x = \dfrac{m+n+3}{4}$

（離均差）「積」之「和」

x 的（離均差）「（平方）和」

又因：迴歸直線之斜率為：$r \times \dfrac{\sigma_y}{\sigma_x} = \dfrac{\sum\limits_{i=1}^{4}(x_i - \mu_x) \times (y_i - \mu_y)}{\sum\limits_{i=1}^{4}(x_i - \mu_x)^2}$

$$= \frac{(-1) \times (-1) + (m-2) \times (1) + (n-2) \times (0) + (0) \times (0)}{(-1)^2 + (m-2)^2 + (n-2)^2 + 0^2}$$

$$= \frac{1 + m - 2}{1 + (m^2 - 4m + 4) + (n^2 - 4n + 4)}$$

$\mu_x = 2$，$\mu_y = 4$

$$= \frac{m - 1}{m^2 + n^2 - 4m - 4n + 9}$$

分式等式，必交叉相乘相等

$$\overset{令}{=} \frac{1}{2}$$

$\because$ 已知迴歸直線為 $y = \dfrac{1}{2}x + 3$

$\therefore m = \dfrac{1}{2}$　　$y = mx + k$

$\therefore$ 可得：$m^2 + n^2 - 4m - 4n + 9 = 2m - 2$

$\therefore m^2 + n^2 - 4(m+n) - 2m + 11 = 0$

又因：$m + n = 5$，可得：$n = 5 - m$

$\therefore m^2 + (5-m)^2 - 4 \times 5 - 2m + 11 = 0$

$\therefore 2m^2 - 12m + 16 = 0$

$\therefore m^2 - 6m + 8 = 0$

$\therefore (m-4)(m-2) = 0$

$\therefore m = 4, 2$

$\therefore n = 5 - m = 1, 3$　　把「$m = 4$，2」代入「$n = 5 - m$」

$\therefore$ 所求為：$(m, n) = (4, 1)$，$(2, 3)$

▶▶▶▶ Ans

$(m, n) = (4, 1)$，$(2, 3)$　　注意：m 及 n 的「對應次序」，只有 $(4, 1)$，$(2, 3)$

筆 記 欄

筆 記 欄

來吧!再也不用怕數學:用代數來思考 / 王富祥, 游雪玲編著. --
二版. -- 臺北市:八方出版, 2021.05
　面;　公分. -- (Super kid;17)
ISBN 978-986-381-227-2(平裝)

1.數學教育 2.中等教育

524.32　　　　　　　　　　　　　　　　110007701

Super Kid 17 修訂版

來吧!再也不用怕數學:用代數來思考
上大學前你必須全面掌握的數學概念

作　者 / 王富祥·游雪玲

發行人 / 林建仲
編輯 / 洪季楨
總編輯 / 賴巧凌
封面設計 / 王舒玗
國際版權室 / 本村大資、王韶瑜

出版發行 / 八方出版股份有限公司
地址 / 台北市中山區長安東路二段171號3樓3室
電話 / (02) 2777-3682　傳真 / (02) 2777-3672
郵政劃撥 / 19809050
戶名 / 八方出版股份有限公司

總經銷 / 聯合發行股份有限公司
地址 / 新北市新店區寶橋路235巷6弄6號2樓
電話 / (02)2917-8022　　傳真 / (02) 2915-6275

定價 / 新台幣490元
ISBN 978-986-381-227-2
二版 1 刷 2021 年 05 月
